U0758494

《刑事犯罪办案指引丛书》

编 委 会

刑事犯罪办案指引丛书

编委会主任：陈国庆

环境卫生犯罪
办案指引

劳 娃／主 编

HUANJING WEISHENG FANZUI
BANAN ZHIYIN

中国检察出版社

《环境卫生犯罪办案指引》

主编及编写人员

本册主编：劳　娃

编写人员：（按照姓氏笔画排序）

厉永佳　史运伟　刘明皓　许　蕾

连颖煜　邱颖颖　余　岚　林　峰

林　毅　郑　建　黄明雪　谢文文

编务人员：罗　强

序　言

陈国庆[*]

2021年6月，《中共中央关于加强新时代检察机关法律监督工作的意见》印发，这是党的历史上首次就加强检察机关法律监督工作作出明确部署，为新时代检察工作高质量发展提供了根本遵循和科学指南，也为检察工作带来了新的发展机遇。刑事检察是检察机关最基本、最核心的业务，是履行检察机关法律监督职能，发挥检察机关在国家政治、经济、社会生活中保障法律实施作用的最为重要的方式和途径。新时代刑事检察工作应当深入学习贯彻党的十九大和十九届历次全会精神，全面落实习近平法治思想，探索具有中国特色、符合司法规律的创新发展之路。

随着检察工作的发展、司法责任制的落实、内设机构的调整、“捕诉一体”办案机制的确立，刑事检察队伍的结构发生了很大的变化，检察人员的能力素养与新形势下刑事检察工作的需要仍有差距。为加强刑事检察队伍“革命化、正规化、专业化、职业化”建设，努力打造“四个铁一般”的刑事检察铁军，最高人民检察院刑事检察部门有关同志组织编写了《刑事犯罪办案指引丛书》(以下简称丛书)。

* 陈国庆，最高人民检察院党组成员、副检察长。

丛书突出“专业性、分层次、针对性”，集中解决各专业刑事办案领域中常见、多发、热点、新型犯罪的司法实务问题，立足检察机关批捕、起诉、监督工作一体化需要，兼顾法律职业共同体和学界需求，对重要罪名或类罪名，结合典型案例、法律规定，依据法律、政策、学理，进行深入分析、研讨，提示重点，提炼规则，提供有说服力的解决方案。

编写过程中，始终注意贯彻和体现本丛书的编写目的：

第一，立足检察，全面指引。丛书适应刑事检察专业化办案需要，融理论和实务、案例和法律、总则和分则、实体和程序、刑事法律和非刑事法律、定罪和量刑于一体，为办案工作提供全方位、多维度指引、帮助，实现“一卷在手、办案顺手”。

第二，立足办案，有的放矢。丛书紧贴办案工作，紧密结合不同领域、种类犯罪特点和司法实践，对办案工作中的重点、难点、热点问题，充分运用法律、原理、政策进行分析，提出解决方案；对相关的指导性案例、典型案例及相关法律作出梳理，提炼出切实管用的办案指引。

第三，立足实用，繁简得当。丛书摒弃大而全的刑法教科书模式，以问题为导向，打造精简、实用的刑事办案操作指南。对办案中的普遍困惑，结合学理通说给出权威观点，厘清问题，阐述本质；对办案中的争议问题，结合实践提出办案思路和倾向性观点，力求达致言之有理、持之有据，法理情相统一。

第四，立足指导，规范权威。力求以精干的作者团队确保丛书的高质量和指引借鉴价值。丛书由最高人民检察院第一、二、三、四检察厅等刑事检察部门领导、相关办案组主办检察官或高级检察官任分册主编。写作团队以高检院各专业办案组为主要作者，适当邀请地方检察机关司法实践经验丰富、研究能力强的检察官参与写作，经相关部门领导审稿后，由本书编委会审定。

新时代新理念新要求。希望丛书的出版能对刑事检察官的专业培训和自我学习提供有益参考，对检察系统内刑事领域高层次领军人才的培养挖掘提供交流平台，为全面提升法律监督质效，抓实刑事检察工作“质量建设年”起到积极作用。

2022 年 4 月

目 录

第一章

污染环境罪
办案指引

第一节　污染环境罪概述

一、污染环境罪的立法沿革

我国关于污染环境罪的立法沿革大致经历了1979年《刑法》的分散式规定、1997年《刑法》“重大环境污染事故罪”的增设、2011年《刑法修正案（八）》“污染环境罪”的独立以及2021年《刑法修正案（十一）》明确破坏环境资源者将入刑定罪严惩四个阶段。污染环境罪在这四个阶段经历了从无到有、从粗到细、从分散到集中、从规制滞后到规制前置，不断完善的蜕变过程。

第一阶段，关于污染环境犯罪的规定散布于其他章节、相关的单行刑法和附属刑法当中，对于刑事处罚污染环境行为具有萌芽意义，但立法目的并非基于专门保护环境资源法益的角度，保护环境资源力度明显欠缺。

第二阶段，刑法将分散凌乱的污染环境犯罪的规定加以整合并冠以“重大环境污染事故罪”，提高了污染环境犯罪的法律位阶，但是在适用对象和危害结果上均作出了限制性规定，保护环境资源力度仍需提高。

第三阶段，污染环境的行为独立成罪，并且取消了“致使公私财产遭受重大损失或者人身伤亡的严重后果”的限制，这种颠覆意义的修改使刑法更加注重环境本身的保护。此外，“环境法益”概念的提出，使得污染环境犯罪的刑事立法理念发生重大转变。而随着“两高”两次发布《关于办理环境污染刑事案件适用法律若干问题的解释》（以下简称《2013年解释》《2016年解释》）以及《关于办理环境污染刑事案件有关问题座谈会纪要》（以下简称《2019年纪要》）、《环境保护行政执法与刑事司法衔接工作办法》等规范性文件的相继出台，解决了罪状设置存在的诸多缺陷，提升了对污染环境犯罪的打击力度。

第四阶段，十三届全国人大第一次会议第三次全体会议，审议通过宪法修正案，将“生态文明”写入宪法。制定了《土壤污染防治法》《长江保护法》《资源税法》，修改《固体废物污染环境防治法》等12部生态环境领域专项法律。同时打造“绿色”民法典，将绿色原则确立为民法典的基本原则，特别是在侵权责任编“环境污染和生态破坏责任”一章中，对污染环境、破坏生态行为规定了较为完善的民事侵权责任制度。《刑法修正案（十一）》在《刑法》第338条基础上对“污染环境罪”做了三点修改：一是增加了特别严重情形；二是相应增加了更高的刑罚；三是补充了法条竞合及从一重处罚规则。一般情形的污染环境罪，是指违反国家规定，排放、倾倒或者处置有放射性的废物、含传染病病原体的废物、有毒物质或者其他有害物质，严重污染环境的，处3年以下有期徒刑或者拘役，并处或者单处罚金。情节严重的污染环境罪，是指违反国家规定，排放、倾倒或者处置有放射性的废物、含传染病病原体的废物、有毒物质或者其他有害物质，情节严重的，处3年以上7年以下有期徒刑，并处罚金。情节特别严重的污染环境罪，是指违反国家规定，排放、倾倒或者处置有放射性的废物、含传染病病原体的废物、有毒物质或者其他有害物质，情节特别严重的，处7年以上有期徒刑，并处罚金。所谓“情节特别严重”包括四种具体情节：（1）在饮用水水源保护区、自然保护地核心保护区等依法确定的重点保护区域排放、倾倒、处置有放射性的废物、含传染病病原体的废物、有毒物质，情节特别严重的；（2）向国家确定的重要江河、湖泊水域排放、倾倒、处置有放射性的废物、含传染病病原体的废物、有毒物质，情节特别严重的；（3）致使大量永久基本农田基本功能丧失或者遭受永久性破坏的；（4）致使多人重伤、严重疾病，或者致人严重残疾、死亡的。法条竞合的定罪量刑，是指行为人实施了违反国家规定，排放、倾倒或者处置有放射性的废物、含传染病病原体的废物、有毒物质或者其他有害物质，构成污染环境罪，同时其他行为方式或者结果触犯刑法其他相关法条，又构成其他犯罪，依照处罚较重的规定定罪处罚。修正案的出台反映了立法者直面现实、严惩犯罪的态度，同时也是对生效施行的民法典“绿色原则”的回应，真正将保护人民环境利益落到制度层面，守护人类共同的碧水蓝天。

二、污染环境罪的发案态势

（一）《2013 年解释》施行后环境污染刑事司法新态势[①]

《2013 年解释》自 2013 年 6 月 19 日起施行。2013 年 7 月至 2016 年 12 月，全国法院新收污染环境、非法处置进口的固体废物、环境监管失职刑事案件 4953 件，审结 4729 件，生效判决人数 7108 人。其中，新收污染环境刑事案件 4873 件，审结 4652 件，生效判决人数 7009 人；新收非法处置进口的固体废物刑事案件 15 件，审结 15 件，生效判决人数 24 人；新收环境监管失职刑事案件 65 件，审结 62 件，生效判决人数 75 人。发案态势呈现出新特点：一是污染环境刑事案件激增。《2013 年解释》实施后，污染环境犯罪刑事案件数量上升十分明显。二是污染环境刑事案件地域分布不均衡。全国八成以上污染环境刑事案件集中在浙江、河北、山东、广东、江苏五省，其中，浙江的收案量和结案量居首位。三是污染环境刑事案件适用《2013 年解释》的条文主要集中在第 1 条第 1 项至第 5 项的规定。四是污染环境入罪的主体主要是私营企业主、个体劳动者和农民。规模以上企业犯污染环境罪的数量逐渐上升。五是危险废物犯罪的惩治向纵深推进。各地对危险废物犯罪深挖细查，重点打源头、追幕后，取得了良好成效。六是非法处置进口的固体废物罪被激活。七是大气污染犯罪案件时有发生，但办理难度大。八是环境监管失职刑事案件相对数量下降明显。

（二）《2016 年解释》施行后环境污染刑事司法新态势

根据 2020 年最高人民检察院工作报告公布的数据，近年来污染环境罪主要呈现以下特点：一是犯罪主体以自然人居多，单位犯罪占比不足两成。二是冀苏粤地区的案例数量占比较高。三是污染物种类主要为危险废物和有毒物质。四是三成以上的被告因无危险废物许可证而犯罪。五是污染环境罪处罚“轻刑化”，被告人被判处缓刑或者有期徒刑 3 年以下的约占 80%，自然人罚金在 5 万元以下、单位罚金在 20 万元以下的居多，且有三成的被告人被认定为具有法定从轻、减轻和酌定从轻、减轻的量刑

① 喻海松：《环境资源犯罪实务精释》，法律出版社 2017 年版，第 27~35 页。

情节。①

三、污染环境罪的概念和构成特征

污染环境罪是指违反防治环境污染的法律规定，造成环境污染，后果严重，依照法律应受到刑事处罚的行为。

（一）客体特征

本罪的犯罪客体为国家对环境污染防治的管理制度。国家为了保护环境、防治环境污染制定了《环境保护法》《水污染防治法》《大气污染防治法》《固体废物污染环境防治法》《海洋环境保护法》等法律，及《放射性同位素与射线装置安全和防护条例》《危险化学品安全管理条例》和《农药管理条例》等法规。违反这些环境法律、法规构成犯罪的行为，就是对国家环境保护和环境污染防治管理制度的侵犯。

（二）客观方面特征

本罪在客观方面表现为违反国家规定，向土地、水体、大气排放、倾倒或者处置有放射性的废物、含传染病病原体的废物、有毒物质或者其他危险废物，严重污染环境的行为。具体包括三个方面的要件：

1. 违反国家规定。这是构成污染环境罪的前提条件，即违反《环境保护法》《大气污染防治法》《水污染防治法》等环境保护相关国家规定。

2. 排放、倾倒或者处置有放射性的废物、含传染病病原体的废物、有毒物质或者其他有害物质。“排放”是指将有放射性的废物、含传染病病原体的废物、有毒物质或者其他有害物质排入土地、水体和大气的行为，包括泵出、溢出、泄出、喷出等。“倾倒”是指通过船舶、航空器、平台或者其他运载工具，向土地、水体、大气倾卸上述污染物的行为。“处置”是指以焚烧、填埋或其他改变污染物的物理、化学、生物特性的方法处理污染物，以达到减少其数量、缩小其体积、减少或者消除其危险

① 《污染环境罪案例实证研究分析报告》，载 https://wenku.baidu.com/view/d4aeo2ccb5daa58dao116c175foe7cd185251821.html。

成分的活动，或者将污染物置于特定场所或者设施并不再取回的活动。处置行为一般针对固体污染物。

3. 对污染物的理解。认定有放射性的废物、含传染病病原体的废物、有毒物质或者其他有害物质，需要注意以下问题：

（1）有放射性的废物。《放射性污染防治法》规定，贮存、处置和向环境排放放射性废气、废液，必须符合国家放射性污染防治标准；禁止利用渗井、渗坑、天然裂隙、溶洞或者国家禁止的其他方式排放放射性废液。《放射性污染防治法》第62条第8项规定："放射性废物，是指含有放射性核素或者被放射性核素污染，其浓度或者比活度大于国家确定的清洁解控水平，预期不再使用的废弃物。"关于《刑法》第338条规定的"有放射性的废物"，应当按照上述界定予以把握。当然，鉴于"有放射性的废物"认定较为复杂，专业性强，故通常应当依据上述规定，结合鉴定意见或者检验报告予以把握。

（2）含传染病病原体的废物。《传染病防治法》规定对含传染病病原体的废物实行严格消毒处理，严禁非法排放、倾倒或者处置。所谓传染性病病原体，是指能在人体或者动物体内生长、繁殖，通过空气、饮食、接触等方式传播，能对人体健康造成危害的传染病菌种和毒种。而含传染病病原体的废物，是指含有传染病病菌的污水、粪便等废弃物。根据《传染病防治法》第3条的规定，传染病分为甲类、乙类和丙类。无论是哪一类传染病病原体的废物，都应该认定为《刑法》第338条规定的"含传染病病原体的废物"。同样，鉴于"含传染病病原体的废物"的认定较为复杂，专业性强，通常应当以鉴定意见或者检验报告为基础加以认定。

（3）有毒物质。《刑法修正案（八）》施行后，污染环境罪涉及的"有毒物质"与重大环境污染事故罪涉及的"有毒物质"差异较大。为统一法律适用，《2016年解释》第15条在《2013年解释》第10条规定的基础上，对"有毒物质"的范围作了明确。具体而言，下列物质应当认定为"有毒物质"：①危险废物，是指列入国家危险废物名录或者根据国家规定的危险废物鉴别标准和鉴别方法认定的，具有危险特性的废物；②《关于持久性有机污染物的斯德哥尔摩公约》附件所列物质；③含重金属的污染物；④其他具有毒性，可能污染环境的物质。

（4）其他有害物质。《刑法修正案（八）》将"其他危险废物"修改为“其他有害物质”，拓展了污染物的范围。需要注意的是，在具体把握“有害物质”的范围时，应当充分考虑《刑法修正案（八）》扩展污染环境罪排放、倾倒、处置对象的立法背景，只要所涉物质会对土地、大气、水体造成危害，污染环境，就可以认定为有害物质。特别是一些本身无害的东西，但直接在环境中排放、倾倒、处置，会对环境造成危害，可以认定为“有害物质”。

（三）主体特征

本罪的主体为一般主体，即凡是达到刑事责任年龄具有刑事责任能力的人，均可以构成本罪。单位可以成为本罪主体。

（四）主观方面特征

1. 主观罪过的形式。污染环境罪的主观方面为复合罪过，即包括故意和过失两种罪过形式。司法适用中需要注意的是，故意是通常的罪过形式，即污染环境罪通常由故意构成；过失是例外的罪过形式，即污染环境罪在一定条件下也可以由过失构成。而且，在过失污染环境的案件中，通常而言，行为人对于违反国家规定是明知故犯，而且限于造成实害后果的情形。此外在共同犯罪中，也限于共同故意犯罪，对于两人以上共同过失污染环境犯罪的，不以共同犯罪论处，应当负刑事责任的，按照他们所犯的罪分别处罚。

2. 主观故意的认定。行为人到案后对主观心态的供述是认定其主观罪过形式的重要证据。但是，如果行为人到案后否认其主观上的罪过，则无法直接根据其供述认定主观罪过形态。“主观见之于客观”，司法实践宜注重结合客观证据推定主观罪过形态，特别是行为人实施行为与正常经营活动明显不同的，可以认定其具有污染环境的主观故意。

3. 违法性认识的问题。目前，我国刑法学界主张犯罪故意的明知只要求行为人明知其行为及结果的危害性，而不要求行为人明知行为及结果的违法性。但是，例外情况下，可以因行为人无违法认识而否定其主观故意，即某种行为一向不为法律所禁止，后来在某个特殊时期或者某种特定情况下为刑法所禁止，如果行为人确实不知道法律所禁止，因为不具有对违法性认识的期待可能性，难以直接认定行为人具有犯罪的故意。对污染环境犯罪亦应坚持这一立场，即行为人对所实施污染环境行为是否构成犯罪以及构成何种犯罪的认识，通常不影响污染环境犯罪故意的认定。

四、污染环境罪的追诉标准

（一）一般追诉标准

污染环境罪是环境污染犯罪中最为基础和核心的罪名。《刑法修正案（十一）》实质上对《刑法》第338条在刑罚档次上进行了修改，从污染环境罪原来的两个法定刑档次修改为三个法定刑档次：一是严重污染环境的，处3年以下有期徒刑或者拘役，并处或者单处罚金；二是情节严重的，处3年以上7年以下有期徒刑，并处罚金；三是情节特别严重的，处7年以上有期徒刑，并处罚金。《2016年解释》第1条、第3条对污染环境罪的入罪标准和结果加重情节作了明确。严重污染环境的，符合基本法定刑档次；后果特别严重的，构成结果加重犯。《2016年解释》第1条对污染环境罪的入罪要件“严重污染环境”的具体认定标准作了规定，明确具有所列情形之一的，应当认定为“严重污染环境”；第3条对“后果特别严重”的具体认定标准作了规定，明确具有所列情形之一的，应当认定为“后果特别严重”。

（二）“严重污染环境”认定标准

《2016年解释》第1条设定了18项具体情形，对污染环境罪的入罪要件“严重污染环境”具体认定标准作了规定：（1）在饮用水水源一级保护区、自然保护区核心区排放、倾倒、处置有放射性的废物、含传染病病原体的废物、有毒物质的；（2）非法排放、倾倒、处置危险废物3吨以上的；（3）排放、倾倒、处置含铅、汞、镉、铬、砷、铊、锑的污染物，超过国家或者地方污染物排放标准3倍以上的；（4）排放、倾倒、处置含镍、铜、锌、银、钒、锰、钴的污染物，超过国家或者地方污染排放物标准10倍以上的；（5）通过暗管、渗井、渗坑、裂隙、溶洞、灌注等逃避监管的方式排放、倾倒、处置有放射性的废物、含传染病病原体的废物、有毒物质的；（6）2年内曾因违反国家规定，排放、倾倒、处置有放射性的废物、含传染病病原体的废物、有毒物质受过2次以上行政处罚，又实施前列行为的;（7）重点排污单位篡改、伪造自动监测数据或者干扰自动监测设施，排放化学需氧量、氨氮、二氧化硫、氮氧化物等污染物的;（8）违法减少防治污染设施运行支出100万元以上的;（9）违法所得或者致使公私财产损失30万元以上的;（10）造成生态环境严重损害的;（11）致使乡镇以上集中式饮用水水源取水中断12小时以上的;（12）致使基本农田、防护林地、特种用途林地5亩以上，其他农用地10亩以上，其他土地20亩以上基本功能丧失或者遭受永久性破坏的;（13）致使森林或者其他林木死亡50立方米以上，或者幼树死亡2500株以上的;（14）致使疏散、转移群众5000人以上的;（15）致使30人以上中毒的;（16）致使3人以上轻伤、轻度残疾或者器官组织损伤导致一般功能障碍的;（17）致使1人以上重伤、中度残疾或者器官组织损伤导致严重功能障碍的;（18）其他严重污染环境的情形。

（三）"情节特别严重"的认定

《刑法修正案（十一）》规定了"情节特别严重"包括四种具体情节：（1）在饮用水水源保护区、自然保护地核心保护区等依法确定的重点保护区域排放、倾倒、处置有放射性的废物、含传染病病原体的废物、有毒物质，情节特别严重的;（2）向国家确定的重要江河、湖泊水域排放、倾倒、处置有放射性的废物、含传染病病原体的废物、有毒物质，情节特别严重的;（3）致使大量永久基本农田基本功能丧失或者遭受永久性破坏的;（4）致使多人重伤、严重疾病，或者致人严重残疾、死亡的。

因此，对污染环境罪的入罪要件"严重污染环境""情节严重"和"情节特别严重"应结合《2016年解释》《刑法修正案（十一）》以及各地的具体情况予以认定。

第二节 污染环境罪的证据审查

一、污染环境罪的证据要件

（一）客体方面的证据要件

通过犯罪嫌疑人、被告人的供述和辩解、证人证言、书证、物证、鉴定意见、视听资料、电子数据等证据，证明行为人的行为已经严重污染环境，侵犯了国家的环境保护制度。

（二）客观方面的证据要件

客观方面的证据主要证实污染环境案件的客观行为及其造成的污染后果，包括案发及查处情况。

1. 案件线索来源

污染环境刑事案件的案件来源主要分为公民举报与生态环境保护行政机关移送两类。

（1）公民举报类来源案件应当收集的基本证据是受案登记表，在因他人报案而获知的案件中，还应当收集被害人（方）的陈述、“110”接警登记表等。

（2）生态环境保护部门向公安机关移送涉嫌环境犯罪案件时，应当附下列材料：

①案件移送书，载明移送机关名称、涉嫌犯罪罪名及主要依据、案件主办人及联系方式等，案件移送书应当附移送材料清单，并加盖移送机关公章；

②案件调查报告，载明案件来源、查获情况、犯罪嫌疑人基本情况、涉嫌犯罪的事实、证据和法律依据、处理建议和法律依据等；

③现场检查（勘察）笔录、调查询问笔录、现场勘验图、采样记录单等；

④涉案物品清单，载明已查封、扣押等采取行政强制措施的涉案物品名称、数量、特征、存放地等事项，并附采取行政强制措施、现场笔录等表明涉案物品来源的相关材料；

⑤现场照片或者录音录像资料及清单，载明需证明的事实对象、拍摄人、拍摄时间、拍摄地点等；

⑥监测、检验报告、突发环境事件调查报告、认定意见；

⑦其他有关涉嫌犯罪的材料。

（3）有下列情形的，还应当附相关证据材料：

①依法采取查封、扣押等行政强制措施的，应当附涉案物品清单，载明涉案物品名称、数量、特征、存放地等事项，并附采取行政强制措施、现场笔录等表明涉案物品来源的相关材料；

②涉及环境监测的，应当附环境监测报告、采样记录单等材料，同时附检测机构及人员的相关资质证明；

③涉及危险废物认定及其他鉴定的，应当附相关材料；

④对环境违法行为已经作出有关行政处罚决定的，还应当附行政处罚决定书。

2. 到案经过

查明到案经过应当收集的基本证据有：

（1）办案机关制作的全案侦破的情况说明。

（2）各犯罪嫌疑人的到案情况记录、抓获经过等，其中对犯罪嫌疑人是主动到案或者被动抓获、有无带捉其他犯罪嫌疑人等自首、立功情况要作出清晰完整的表述。

3. 污染环境行为的行政违法性

对于法律规定明确、性质无争议的污染环境行为，侦查机关可以依职权直接认定行为是否涉嫌犯罪；对于案情复杂、性质认定疑难或新类型案件，一般应要求生态环境部门或者其他行政主管机关出具涉案行为行政违法性的书面认定意见。生态环境部门或者其他行政主管机关对同类性质污染环境行为作出行政处罚的材料可以作为污染环境行为违法性司法判断的辅助性证据。

4. 证明犯罪行为的证据

（1）查明“作案时间”与“作案地点”应当收集的基本证据包括：

①犯罪嫌疑人排放、倾倒、处置污染物的内部记录；

②犯罪嫌疑人对犯罪事实的供述及辩解；

③证人关于污染事实的证言；

④被害人（方）关于污染事实的陈述；

⑤现场勘验笔录、现场勘验图、照片或者录音录像资料；

⑥污染物处理协议、交易单据记录；

⑦经营场所租赁合同。

对于“作案人员”，应当查明犯罪嫌疑人的身份事项、参与污染行为的情况以及违法所得。多人共同实施污染环境活动的，应当查明各犯罪嫌疑人的分工、地位和作用。

（2）证明犯罪嫌疑人“违法所得”应当收集的基本证据包括：

①处置污染物的相关记录；

②污染物承包、处理协议及其交易单据记录、转账凭证等；

③犯罪嫌疑人的供述；

④证人（内部人员等）证言。

（3）“作案手段”是指实施污染环境的具体方式。法律规定的具体方式包括违反国家规定，排放、倾倒或者处置。认定时，应当根据《固体废物污染环境防治法》和《2016年解释》等有关规定精神，从其行为方式是否违反国家规定或者行业操作规范、污染物是否与外环境接触、是否造成环境污染的危险或者危害等方面进行综合分析判断。对名为运输、贮存、利用，实为排放、倾倒、处置的行为，应当认定为非法排放、倾倒、处置行为，可以依法追究刑事责任。

认定犯罪嫌疑人“作案手段”的基本证据包括：

①通过犯罪嫌疑人的供述，了解有关生产工艺、流程情节和物耗、能耗情况等信息；

②证人（内部人员、目击者等）提供的证言；

③内部设备操作、污染物管理的相关规范，排放、倾倒、处置污染物的记录；

④污染物处理协议及其交易单据记录；

⑤案件调查报告、执法情况笔录、查封、扣押物品清单；

⑥企业监控视频、运输污染物的监控视频等视听资料；

⑦现场勘验、检查笔录及行政执法记录或刑事摄影件。

（4）对于共同犯罪的情形，还应注意收集以下证据：

①被提供或被委托者无危险废物经营许可证的证据；

②提供收集、储存、利用、处置危险废物的资金、场地或便利条件的证据；

③委托无危险废物经营许可证的他人收集、储存、利用、处置危险废物的书面合同、委托协议等证据。

5. 证明污染物种类的证据

污染物种类包括有放射性废物、含传染病病原体废物、有毒物质和其他有害物质。

（1）认定污染物种类与性质的基本证据包括：

①污染物处理经营许可资质证明；

②企业环评文件和审批、验收意见；

③行政执法机关出具的采样登记表；

④具有相关资质机构出具的鉴定、认定意见（物质鉴别证明）；

⑤专业机构出具的检验报告、监测数据；

⑥具有专门知识的人出具的相关意见，可以作为辅助性证据材料。

（2）证明污染物系危险废物的注意事项：

①关于危险废物的认定，对于列入《国家危险废物名录》的，如果来源和相应特征明确，司法人员根据自身专业技术知识和工作经验认定难度不大的，司法机关可以依据名录直接认定。

②对于来源和相应特征不明确的，由生态环境部门或者其他行政主管机关、公安机关等出具书面意见，司法机关可以依据涉案物质的来源、产生过程、被告人供述、证人证言以及经批准或者备案的环境影响评价文件等证据，结合上述书面意见作出是否属于危险废物的认定。

③对于需要生态环境部门、其他行政主管机关或者公安机关等出具书面认定意见的，区分下列情况分别处理：第一种情况，对已确认固体废物产生单位，且产废单位环评文件中明确为危险废物的，根据产废单位建设项目环评文件和审批、验收意见、案件笔录等材料，可对照《国家危险

废物名录》等出具认定意见。第二种情况，对已确认固体废物产生单位，但产废单位环评文件中未明确为危险废物的，应进一步分析废物产生工艺，对照判断其是否列入《国家危险废物名录》。列入名录的可以直接出具认定意见；未列入名录的，应根据原辅材料、产生工艺等进一步分析其是否具有危险特性，不可能具有危险特性的，不属于危险废物；可能具有危险特性的，抽取典型样品进行检测，并根据典型样品检测指标浓度，对照《危险废物鉴别标准》（GB5085.1—7）出具认定意见。第三种情况，对固体废物产生单位无法确定的，应抽取典型样品进行检测，根据典型样品检测指标浓度，对照《危险废物鉴别标准》（GB5085.1—7）出具认定意见。对确需进一步委托有相关资质的检测鉴定机构进行检测鉴定的，生态环境部门、其他生态环境部门、其他行政主管机关或者公安机关按照有关规定开展检测鉴定工作。

（3）证明污染物系其他有害物质的注意事项：办理非法排放、倾倒、处置其他有害物质的案件，应当坚持主客观相一致原则，从行为人的主观恶性、污染行为恶劣程度、有害物质危险性毒害性等方面进行综合分析判断，准确认定其行为的社会危害性。实践中，常见的有害物质主要有：工业危险废物以外的其他工业固体废物；未经处理的生活垃圾；有害大气污染物、受控消耗臭氧层物质和有害水污染物；在利用和处置过程中必然产生有毒有害物质的其他物质；国务院生态环境部门会同国务院卫生主管部门公布的有毒有害污染物名录中的有关物质等。

（4）关于鉴定的注意事项：对涉及案件定罪量刑的核心或者关键专门性问题难以确定的，由司法鉴定机构出具鉴定意见。实践中，这类核心或者关键专门性问题主要是案件具体适用的定罪量刑标准涉及的专门性问题，比如公私财产损失数额、超过排放标准倍数、污染物性质判断等。对案件的其他非核心或者关键专门性问题，或者可鉴定也可不鉴定的专门性问题，一般不委托鉴定。涉及案件定罪量刑的核心或者关键专门性问题难以鉴定或者鉴定费用明显过高的，司法机关可以结合案件其他证据，并参考生态环境部门或者其他行政主管机关意见、专家意见等作出认定。

6.“严重污染环境”“情节严重”和“情节特别严重”

除证明危害后果的证人证言、犯罪嫌疑人供述、现场勘验笔录、现场照片等证据外，还应结合具体案情，注意以下证据：

（1）《刑法修正案（十一）》对量刑适用7年以上有期徒刑的四种情形

《刑法修正案（十一）》将3年以上7年以下有期徒刑所对应的情节由“后果特别严重”修改为“情节严重”，一方面是为后面提高污染环境罪的量刑留下空间，另一方面也是为剥离“后果特别严重”的情形，以适用7年以上有期徒刑。在审查证据时需要结合污染地点、污染手段、危害后果等事实情节相关证据展开。比如，在饮用水水源保护区、自然保护地核心保护区等依法确定的重点保护区域排放、倾倒、处置有放射性的废物、含传染病病原体的废物、有毒物质，情节特别严重的，取证时需要注意：一是生产企业排放、倾倒或者处置有害物质地点与饮用水水源一级保护区、自然保护地核心保护区位置图等证据；二是环境监测站出具的监测报告、专业机构出具的检验报告、鉴定机构出具的鉴定意见等证据。

（2）非法排放、倾倒、处置危险废物3吨以上的

①证明该危险废物重量的称重或鉴定检验报告，扣押的运输车辆照片、车辆载重量或容量的现场检查笔录、装卸危险废物的工具照片、视听资料；

②非法处置危险废物的协议、资金往来记录、证人证言等；

③企业生产规模（如耗电量、耗水量、产品产量等）、生产时间、单位时间排污量等。

（3）排放、倾倒、处置含铅、汞、镉、铬、砷、铊、锑的污染物超过国家或者地方污染物排放标准3倍以上，含镍、铜、锌、银、钒、锰、钴的污染物超过国家或者地方污染物排放标准10倍以上的

①环境监测站出具的监测报告、专业机构出具的检验报告；

②环境监测站采样现场记录表及样品流转记录；

③国家排放标准或者地方排放标准规定；

④企业排污许可证；

⑤企业生产记录、废物产生率及处理记录等书证。

（4）通过暗管、渗井、渗坑、裂隙、溶洞、灌注等逃避监管的方式排放、倾倒、处置有放射性的废物、含传染病病原体的废物、有毒物质的

①埋暗管、挖渗坑的施工人员证人证言；

②设置暗管产生的费用收据、企业生产产生的废水等废物处理流

程图；

③生态环境部门或者其他行政主管机关限期整改通知；

④环境监测站监测数据、生态环境部门或者其他行政主管机关对排污方式的认定意见、专业机构出具的检验报告等。

（5）2 年内曾因违反国家规定，排放、倾倒、处置有放射性的废物、含传染病病原体的废物、有毒物质受过 2 次以上行政处罚，又实施前列行为的

① 2 年内犯罪嫌疑人所受 2 次以上行政处罚决定书；

②生态环境部门或者其他行政主管机关针对又实施污染行为出具的限期整改通知书或者行政处罚决定书、案件移送函、行政案件调查报告等。

（6）重点排污单位篡改、伪造自动监测数据或者干扰自动监测设施，排放化学需氧量、氨氮、二氧化硫、氨氮化物等污染物的

①设区的市级以上政府生态环境部门确定的重点排污单位名录；

②篡改、伪造数据或干扰设备的认定结论；

③自动监测设施的自动监测记录；

④自动监测设施管理机构的情况说明。

（7）违法减少防止污染设施运行支出成本 100 万元以上的

①企业环评材料、生产记录、废水废物处理流程图；

②防止污染设施正常运行支出记录；

③环境监测站监测数据、专业机构出具的检验报告等；

④违法减少防治污染支出的鉴定意见。

（8）违法所得 30 万元以上的

①违法所得数额的鉴定意见；

②专业机构出具的检验报告、环境生态损失评估报告、专家论证意见；

③证明通过污染环境获取违法所得的收据、发票、账目往来、银行记录等。

（9）致使公私财产损失 30 万元以上的

①证明财产损失的被害人（单位）陈述、证人证言；

②损失数额的鉴定评估、专业机构出具的检验报告、环境生态损失

评估报告、专家论证意见；

③为防止污染扩大、消除污染而采取的必要合理措施所产生的费用以及应急监测费用产生的票据、合同、说明等。

需要注意的是，“公私财产损失”不包括医疗费用、生态环境修复费用、日常环境监测费用、案件调查评估费用。

（10）造成生态环境严重损害的

①生态环境损害鉴定评估；

②污染前案发地生态质量评估报告；

③专业机构出具的环境生态损失评估报告、专家论证意见；

④证明生态环境损害的证人证言等。

（11）致使乡镇以上集中式饮用水水源取水中断12小时以上的

①自来水公司或者供水处出具的情况说明；

②乡镇人民政府或者县级以上人民政府突发环境事件应急领导机构出具的情况说明、公布的突发环境事件信息报告；

③饮用水水源管理人员等可以证明取水中断12小时以上的证人证言、受用水影响的居民的证人证言；

④视听资料、电子数据；

⑤环境监测站出具的监测报告、专业机构出具的检验报告等。

（12）致使基本农田、防护林地、特种用途林地5亩以上，其他农用地10亩以上，其他土地20亩以上基本功能丧失或者遭受永久性破坏的

①证实土地性质的相关文件；

②县级以上地方人民政府土地行政主管部门、农业行政主管部门、林业主管部门、生态环境部门或者其他行政主管机关出具的情况说明；

③农业技术人员、护林员的证人证言；

④鉴定机构的鉴定意见；

⑤环境监测站出具的监测报告、专业机构出具的检验报告等；

⑥生态环境、土地受损程度的鉴定检验意见或者生态评估报告结论。

（13）致使森林或者其他林木死亡50立方米以上，或者幼树死亡2500株以上的

①县级以上人民政府林业主管部门、生态环境部门或者其他行政主管机关出具的情况说明；

②护林员证人证言；

③鉴定意见。

（14）致使疏散、转移群众5000人以上的

①县级以上人民政府突发环境事件应急领导机构、应急救援队伍出具的情况说明、居委会、村委会、公安派出所出具的情况说明、公布的突发环境事件信息报告；

②被疏散、转移群众的证人证言、视听资料；

③生态环境部门或者其他行政主管机关出具的调查报告等。

（15）致使30人以上中毒，致使3人以上轻伤、轻度残疾或者器官组织损伤导致一般功能障碍，致使1人以上重伤、中度残疾或者器官组织损伤导致严重功能障碍的

①伤情鉴定意见；

②病历、医疗诊断记录等；

③证明被害人中毒、致伤、致残系污染环境所致的证人证言；

④环境监测站出具的监测报告、专业机构出具的检验报告、生态环境部门或者其他行政主管机关出具的调查报告等。

（三）主体方面的证据要件

本罪的主体为一般主体，包括单位和自然人。

1. 证明单位犯罪主体的证据

以单位名义实施污染环境犯罪行为，犯罪所得归单位所有的，是单位污染环境犯罪。

需要注意的是，个人为进行违法犯罪活动而设立的公司、企业、事业单位实施犯罪的，或者公司、企业、事业单位设立后，以实施犯罪为主要活动的，不以单位犯罪论处。

（1）证明主体为单位的证据

①证明国家机关、事业单位、社会团体性质的相应法律文件，机关、团体法人代码；

②企业法人营业执照、法人工商注册登记证明、法人设立证明、税务登记证等，从事危险废物经营等特殊行业的，应收集相应的批文或许可证；

③证明单位组织形式的有关合同、章程、协议、岗位职责等证据；

④证明单位管理情况及资产收益、流向、处分等情况的注册资料、年检情况、审计或清理证明、银行账号证明等证据；

⑤单位已经被撤销、注销、吊销营业执照或者宣告破产的，应有撤销、注销、吊销营业执照或者宣告破产的机构出具相关证明；

⑥单位为分支机构或者内设组织的，应有其与上级单位的关系、被授权的权限或者经营范围等证明材料；

⑦涉案单位为重点排污单位的，应调取生态环境部门或者其他行政主管机关出具的认定该单位为重点排污单位的书面证明；

⑧其他证明单位情况的相关材料等证据。

（2）证明“以单位名义”的证据

①经单位决策机构作出的决定、会议纪要；

②经单位主要负责人或者授权的分管负责人作出的决定、表示同意的审批流转单等；

③证明单位主要负责人或者分管负责人在得知单位成员实施污染环境犯罪行为后，并未加以制止或者及时采取措施，而是予以追认、纵容或者默许的证据；

④使用单位营业执照、合同书、公章、印鉴等对外开展活动，并调用单位车辆、船舶、生产设备、原辅材料等实施环境污染犯罪行为的证据等。

（3）证明“犯罪所得归单位所有”的证据

单位应当支出防治污染费用而未支出或者少支出以及非法收益归本单位所有的财务账册、转账凭证等证据。

需要注意的是，2 年内单位曾因违反国家规定，排放、倾倒、处置有放射性的废物、含传染病病原体的废物、有毒物质受过行政处罚的，应调取相应证据。

（4）证明行为人系单位实际控制人、主要负责人或者授权的分管负责人、高级管理人员的证据

①确定单位组织形式与职权结构的经营章程、合伙协议、岗位职责等；

②单位实际决策、运营、管理情况的内部文件等书证或者其他材料；

③承包协议等；

④单位内部人员、业务合作人员等的证人证言及犯罪嫌疑人、被告人自身的供述和辩解等证据。

（5）证明行为人系对排污工作负有决定、组织、指挥或者管理职责的负责人、管理人员的证据

①确定该岗位的职权范围和责任主体的岗位职责；

②相关责任人员的任职证明或劳务合同；

③相关责任人员事先签署的同意排污行为的文件；

④单位内部人员、业务合作人员等的证人证言及犯罪嫌疑人、被告人自身的供述和辩解等证据。

需要注意的是，应审慎对待直接负责的主管人员对排污行为不知情或在知道时明确表示反对的情形。

（6）证明行为人系直接从事排污工作的人员的证据

①相关责任人员的任职证明或劳务合同；

②单位内部人员、业务合作人员等的证人证言及犯罪嫌疑人、被告人自身的供述和辩解等证据。

2. 证明自然人犯罪主体的证据

（1）个人身份证据

①居民身份证、临时居住证、护照、工作证、港澳居民往来内地通行证、台湾居民往来大陆通行证、中华人民共和国旅行证、边民证；

②户口簿、常住人口基本信息或公安机关出具的户籍证明等；

③犯罪嫌疑人、被告人的供述等证据。

上述证据证明：自然人的姓名（曾用名）、性别、出生年月日、居民身份证号码、民族、籍贯、出生地、职业、住所地等情况。

（2）前科证据

①刑事判决书、裁定书；

②释放证明书、假释证明书；

③不起诉决定书；

④行政处罚决定书；

⑤其他证明材料等证据。

（四）主观方面的证据要件

污染环境罪的主观罪过通常是故意，但也可以由过失构成。

1. 证明故意的证据

证明犯罪嫌疑人、被告人具有环境污染犯罪的故意，在讯问犯罪嫌疑人、被告人时，应重点核实以下情况：行为人的犯罪动机、目的及预谋情况；关于违法性认识，仅需行为人明知其行为及结果的危害性即可，并不要求行为人明知行为及结果的违法性；行为的时间、地点、参与人、方式、经过、结果。

犯罪嫌疑人、被告人对于污染环境的故意存在辩解时，应当依据其任职情况、职业经历、专业背景、培训经历、本人因同类行为受到行政处罚或者刑事追究情况以及污染物种类、污染方式、资金流向等证据，结合其供述，进行综合分析判断。

如具有下列情形，且犯罪嫌疑人、被告人不能作出合理解释的，可以认定其故意实施环境污染犯罪，但有证据证明确系不知情的除外，结合具体案情，应注意以下证据：

（1）企业没有依法通过环境影响评价或未依法取得排污许可证，排放污染物的

①企业应进行环境影响评价的规范性文件；

②生态环境部门或者其他行政主管机关关于没有进行相应评价或取得许可证的说明等证据。

（2）已经通过环境影响评价并且防治污染设施验收合格后，擅自更改工艺流程、原辅材料，导致产生新的污染物质的

①企业环评材料，包括工艺流程、原辅材料、硬件设施、审查批复等；

②实施污染行为前后的工艺流程对比，包括现场检查的刑事摄影件、执法录像以及操作人员的证人证言等证据。

（3）不使用验收合格的防治污染设施或者不按规范要求使用的

①验收合格的相关批复；

②被验收合格的防治污染设施或者规范要求；

③证实操作不规范的操作人员的证人证言等证据。

（4）防治污染设施发生故障，发现后不及时排除，继续生产放任污染物排放的

①企业工艺流程、操作人员的证人证言等；

②设备故障被发现或者被上报的证人证言、书证等；

③污染后果持续产生的证人证言、监测数据等证据。

（5）生态环境部门或者其他行政主管机关责令限制生产、停产整治或者予以行政处罚后，继续生产放任污染物排放的，应由生态环境部门或者其他行政主管机关出具相应文书。

（6）将危险废物委托第三方处置，没有尽到查验经营许可的义务，或者委托处置费用明显低于市场价格或者处置成本的

①危险废物委托处置协议等；

②证明同期同类处置的市场价格合理区间，由生态环境部门或者其他行政主管机关或者危险废物处置企业出具的说明等证据。

（7）通过暗管、渗井、渗坑、裂隙、溶洞、灌注等逃避监管的方式排放污染物的，应由生态环境部门或者其他行政主管机关出具相应的认定等证据。

（8）通过篡改、伪造监测数据的方式排放污染物的，应有被篡改内容的数据对比等证据。

（9）其他足以认定的情形。

2. 证明过失的证据

过失的认定，应当综合犯罪嫌疑人、被告人的供述、证人证言、企业环评材料、工艺流程等证据，确认行为人是否违反相关操作规程，行为人对违规操作的认识不需要达到刑事违法性的认识程度，可根据一般常识予以推定。

3. 证明单位犯罪主观故意的证据

（1）单位的法定代表人、直接主管人员和其他负责人员的供述和辩解；

（2）相关承办人、经手人的证人证言；

（3）单位集体讨论记录；

（4）有关负责人签署的文件、单位的财务账目等书证。

上述证据证明：行为系由单位集体研究决定，或者由单位的负责人

或被授权的其他人员决定、同意的，谋取的不正当利益归属单位所有。

4. 证明共同犯罪主观故意的证据

证明以污染环境罪共犯论处的行为人的主观故意时，应重点收集和提取能够证明其知道或应当知道他人实施了污染环境的犯罪行为，并为其提供资金、许可证明等帮助的行为，查清各行为人在案件中的地位和作用，是否有主从犯等。

根据《2016年解释》第7条的规定，污染环境罪共犯的共同故意认定只需证明行为人明知对方无危险废物经营许可证或者超出经营许可范围，无须证明行为人明知危险废物的接收方会实施后续的污染环境的行为。

5. 关于犯罪情节的证据

（1）证明从重处罚情节的证据

第一，阻挠环境监督检查或者突发环境事件调查的：

①行政执法机关出具的情况说明；

②证人证言；

③录音录像等证据。

需要注意的是，这里的阻挠行为应指尚不构成妨害公务罪的情形。以暴力、威胁方法阻挠环境监督检查或者突发环境事件调查，可能同时构成污染环境罪和妨害公务罪。

第二，在人口集中的地区及其附近排放、倾倒、处置污染物的。

需要注意的是，在医院、学校、居民区等人口比较集中地区及其附近的认定，应结合人口集中地区的大小、人数以及距离等证据综合判断，以排放、倾倒、处置污染物能否直接影响人口集中地区作为标准。

第三，特定期间排放、倾倒、处置污染物的：

①证明排污行为在重污染天气预警期间、突发环境处置期间的生态环境部门或者其他行政主管机关出具的说明等；

②环境行政执法机关作出“责令限期整改”等措施的行政处罚决定书等；

③在特定期间依然排放、倾倒、处置污染物的监测数据、证人证言、现场检查笔录等证据。

需要注意的是，“责令限期整改”等措施包括责令限期整改、责令限期治理、责令停产整顿、责令停业整顿、责令停产停业整顿、责令停产整治等尚未丧失经营主体资格的情形，但不包括责令关闭的处罚。

第四，危险废物经营企业违规排放、倾倒、处置污染物的：

①具备危险废物经营资质的企业违规排污的经营资质复印件；

②排污记录；

③犯罪嫌疑人供述；

④证人（单位内部员工等）证言；

⑤其他证明对污染物做非正规处置的原因、行为、结果等证据。

第五，阻挠环境执法检查或者调查，案发后转移、毁灭物证或者提供虚假证明材料，尚不构成妨害公务、妨害司法等犯罪的。

第六，案发后为逃避法律追究，随意排放、倾倒、处置污染物质，造成更严重的污染环境后果的。

第七，对于发生在长江经济带十一省（直辖市）的下列环境污染犯罪行为，可以从重处罚：

①跨省（直辖市）排放、倾倒、处置有放射性的废物、含传染病病原体的废物、有毒物质或者其他有害物质的；

②向国家确定的重要江河、湖泊或者其他跨省（直辖市）江河、湖泊排放、倾倒、处置有放射性的废物、含传染病病原体的废物、有毒物质或者其他有害物质的。

（2）证明从宽处罚情节的证据

第一，证明行为人具有从宽情节需同时提供以下证据：

①证实行为人系初犯、偶犯，认罪认罚，确有悔罪表现的证据，包括到案经过；犯罪嫌疑人供述、亲笔供词、认罪认罚程序具结书等；所在单位或居委会出具的一贯表现证明书等。

②刚达到入罪标准，不包括结果加重的情形的证据。

③证明案发后及时采取措施，防止损失扩大、消除污染，主动赔偿损失、支付环境修复费用的证据，包括生态环境损害赔偿协议、收据、客户回单等；一般工业固体废物处理合同、环境修复申请书、关于对污染场地采取临时防护措施申请书等。

第二，对于行为人已经着手实施非法排放、倾倒、处置有毒有害污染物的行为，由于有关部门查处或者其他意志以外的原因未得逞的情形，可以污染环境罪（未遂）追究刑事责任，可以比照既遂犯从轻或者减轻处罚。

第三，根据最高检《检察机关依法保障和服务民营企业健康发展需要注意的几个问题》精神，以保护民营经济健康发展需要为出发点，可对涉案企业作出酌情从宽处理，应注意调取证明民营企业的经营情况及解决就业、税收状况的证据。

第四，认定单位犯罪时，应当依法合理把握追究刑事责任的范围，贯彻宽严相济刑事政策，重点打击出资者、经营者和主要获利者，既要防止不当缩小追究刑事责任的人员范围，又要防止打击面过大。

6. 收集认定证据应注意的问题

（1）取证主体。生态环境部门或者其他行政主管机关及其所属监测机构、执法机构、公安机关。

（2）现场取样，应注意取样容器和取样地点

①关于取样容器：原则上应使用专用容器；对没有使用专用容器取得的样本以及据此得出的污染数据，应作出排除其他污染源的合理性说明；不能作出合理解释的不能作为定案依据。

②关于取样地点：应严格按照污染物分类标准在规定的地方取样；对于没有按规定在应有的地点取样，或遗漏应取样的地点的，应作出合理解释；不能作出合理解释的不能作为定案依据。

（3）现场调查

①生态环境部门或者其他行政主管机关执法人员必须主体资格合法，现场调查取证以及笔录制作等环节，应当由两名以上工作人员共同完成；

②生态环境部门或者其他行政主管机关执法人员应当对案件的基本情况、违法事实、危害后果、违法情节等情况进行全面调查，对当事人、证人或检查、勘验、录音、录像、拍照、对涉案物品依法采取提存、代处理等行政强制措施或行政强制执行，并填写扣押物品清单，做好案件前期有关证据的收集固定工作；

③生态环境部门或者其他行政主管机关执法人员应对涉嫌环境污染违法行为的排他性进行重点调查，重点审查、核实企业的审批验收情况、实际生产工艺、原料采购和产品销售情况、污染物产生和处置情况，环保治理设施运行情况，以及对周边同行业企业的排污情况予以排除等；

④生态环境部门或者其他行政主管机关执法人员对调取的证据材料应当统一封存保管；现场检查全程应由专人负责同步录音录像，确保证据合法性及形成证据锁链。

（4）证据充分性及排他性说明

①相关待查证事实是否存在缺失；

②证据之间的矛盾是否得以合理排除，证据的瑕疵是否都已补正；

③犯罪嫌疑人的辩解是否都已查证并合理排除；

④是否遗漏共犯，能否排除其他人作案；

⑤其他应查证事项。

二、污染环境罪常见证据审查

（一）从环境保护机关的执法资格与鉴定资质等专业角度审查取证的合法性

审查证据的合法性，首先要审查调取证据的机关是否具有合法的授权、检测证据的机关是否有合法的资质。在污染环境犯罪案件中，应当根据污染环境案件的具体情况，审查执法机关是否有相关法律或行政机关的授权，大气污染、水污染的鉴定是否符合法定形式，证据的取得是否符合法律、法规、司法解释的要求，是否有影响证据效力的其他违法情形。

执法资格与鉴定资质从源头上决定了证据的合法性。缺乏执法权或鉴定资质，提取的相关证据会受到当然的质疑，并被认定为非法证据而予以排除。

1. 环境保护部门是授权的环保执法机关，但各地经济社会发展情况不平衡，不一定都有专门的环境保护厅（局），而是可能与其他相关部门合署或合并办公。故审查环保执法机关时需注意，相关办案机关只要取得政府授权即有环保执法权，而不必非得由环保局才能执法。

2. 污染物的鉴定原则上须由司法行政部门主管的鉴定机构进行，但有些新型污染源或鉴定业务由其他机构鉴定亦有法律效力。全国人民代表大会常务委员会 2005 年出台的《关于司法鉴定管理问题的决定》对司法鉴定机构的资质作出了相关规定，明确司法行政部门主管鉴定人和鉴定机构的登记管理，司法鉴定业务包括法医类鉴定、物证鉴定及声像鉴定三大类，对三大类之外的鉴定业务未明确范围与管理方式，由其他法律另行规定。该立法解释既规定了鉴定机构由司法行政部门主管，又规定了有些未明确的鉴定业务由其他法律另行规定。在环境污染案件中，存在许多新型污染源或法律规定不明确的鉴定业务，例如现行立法中没有明确海域污染损害司法鉴定的范围与管理方式，对鉴定主体也没有明确的标准。

（二）根据污染物的特征从提取与检测等方面分析证据的真实性

在环境污染犯罪中，应当根据不同案件的具体情况，从以下几个方面审查证据的真实性，如证据形成的原因，发现环境污染时的客观环境，证据是否原件原物，复印件、复印品与原件原物是否相符等，尤其需要注意的是证据收集的程序是否合法等问题。

1. 严格审查污染物提取与保存程序的合法性。执法机关合理取样与保存，才能回击犯罪嫌疑人的质疑，否则不能消除犯罪嫌疑人的疑惑，证据也得不到法院的采纳。作为审判机关，必须从严格样本提取、及时固定证据、规范样本保存与送检等诉讼要求的各个环节审查办案机关的取证过程，确认证据提存的程序合法。

2. 严格审查监测数据与结果的真实性。如上所述，监测机构需要有监测资质，其数据才能确保真实有效，《2013 年解释》第 11 条第 2 款专门规定："县级以上环境保护部门及其所属监测机构出具的监测数据，经省级以上环境保护部门认可的，可以作为证据使用。"该解释设置了省级以上环保部门的认可程序，而《刑事诉讼法》第 54 条第 2 款规定："行政机关在行政执法和查办案件过程中收集的物证、书证、视听资料、电子数据等证据材料，在刑事诉讼中可以作为证据使用"。故《2016 年解释》进行了修改，明确环保部门及其所属监测机构在行政执法和查办案件过程中收集的监测数据具有刑事证据资格，不需要再经过省级以上环保部门的认可。

（三）从排污行为与危害结果的因果关系分析证据的关联性

在污染环境犯罪案件中，分析犯罪嫌疑人排污行为与危害结果的因果关系时，既要结合刑事诉讼法的一般规则，也要考虑环境污染诉讼的特殊性。

1. 对比犯罪嫌疑人的排污行为以及污染造成的损害，分析行为与结果的内在关联。在环境污染造成人身损害的案件中，着重分析医院的病历、诊断书、被害人的病历症状，尤其要注重对能反映污染造成相应症状的证据的分析，得出犯罪嫌疑人的排污行为与被害人病理的内在联系；在环境污染造成财产损失的案件中，在确认污染事实存在后，要分析财物损失（如动植物的死因）与污染的联系。

2. 注意环境污染案件中因果关系的认定与一般刑事诉讼的区别。在环境污染诉讼中，侵权行为与损害结果之间的因果关系认定较之普通案件更为困难，损害的发生是经过较长时间的持续作用、多因素复合累积共同作用的结果；污染物的鉴定与危害涉及多种科学领域，工作量繁杂，费用高昂。对于环境污染诉讼而言，因果关系的论证不能简单适用举证责任倒置，但在实践中也应考虑环境污染诉讼的特殊性，从保护公益和受害方的角度出发，适当降低控诉方的证明力标准，对此类因果关系进行举证责任的合理分配。

（四）通过客观方面推断犯罪嫌疑人的主观故意

环境污染罪往往不是单独犯罪，有些没有直接参与实施排放、倾倒、处置有毒有害污染物的行为人，更可能会以自己不知道实施者进行污染环境行为为借口，但主观往往会通过客观行为表现出来。《2019 年纪要》认为，犯罪嫌疑人、被告人是否具有环境污染犯罪的故意，应当依据犯罪嫌疑人、被告人的任职情况、职业经历、专业背景、培训经历、本人因同类行为受到行政处罚或者刑事追究情况以及污染物种类、污染方式、资金流向等证据，结合其供述，进行综合分析判断。有下列情形之一的，足以推断行为人存在故意的主观心态：

1. 企业没有依法通过环境影响评价，或者未依法取得排污许可证，排放污染物，或者已经通过环境影响评价并且防治污染设施验收合格后，擅自更改工艺流程、原辅材料，导致产生新的污染物质的。

2. 不使用验收合格的防治污染设施或者不按规范要求使用的。

3. 防治污染设施发生故障，发现后不及时排除，继续生产放任污染物排放的。

4. 生态环境部门责令限制生产、停产整治或者予以行政处罚后，继续生产放任污染物排放的。

5. 将危险废物委托第三方处置，没有尽到查验经营许可的义务，或者委托处置费用明显低于市场价格或者处置成本的。

6. 通过暗管、渗井、渗坑、裂隙、溶洞、灌注等逃避监管的方式排放污染物的。

7. 通过篡改、伪造监测数据的方式排放污染物的。

8. 其他足以认定的情形。

第三节 污染环境罪的认定处理

一、污染环境罪的罪与非罪

（一）《刑法修正案（十一）》对污染环境罪的修改

修改后的《刑法》第 338 条不但将污染环境罪的法定刑增加到 7 年以上，最高可判处 15 年有期徒刑，还将 3 年以上 7 年以下有期徒刑所对应的“后果特别严重”情节修改为“情节严重”。同时，还规定了同一行为构成其他犯罪的，“择一重罪”的处罚原则。解决了污染环境罪量刑偏低的现状，加大了对污染环境犯罪的惩处力度。

（二）排放、倾倒、处置危险废物超标构成“严重污染环境”的情形

《2016 年解释》第 1 条第 2 项将“非法排放、倾倒、处置危险废物三吨以上”作为认定“严重污染环境”的情形之一。

1. 非法处置危险废物的认定

《2016 年解释》第 6 条专门规定：“无危险废物经营许可证从事收集、贮存、利用、处置危险废物经营活动，严重污染环境的，按照污染环境罪定罪处罚；同时构成非法经营罪的，依照处罚较重的规定定罪处罚。实施前款规定的行为，不具有超标排放污染物、非法倾倒污染物或者其他违法造成环境污染的情形的，可以认定为非法经营情节显著轻微危害不大，不认为是犯罪；构成生产、销售伪劣产品等其他犯罪的，以其他犯罪论处。”

（1）处置危险废物的形式多样。《固体废物污染环境防治法》第 124 条第 9 项规定：“处置，是指将固体废物焚烧和用其他改变固体废物的物理、化学、生物特性的方法，达到减少已产生的固体废物数量、缩小固体

废物体积、减少或者消除其危险成分的活动，或者将固体废物最终置于符合环境保护规定要求的填埋场的活动。”“焚烧”属于其中之一，未取得危险废物处置许可证，焚烧危险废物，违法造成环境污染的，应当认定为非法处置危险废物。

（2）非法处置危险废物以违法造成环境污染为实质要件。根据《2016年解释》第1条第2项的规定，“非法处置危险废物3吨以上”是认定“严重污染环境”的具体情形之一。同时，第6条作了明确规定，一方面，确立无危险废物经营许可证从事收集、贮存、利用、处置危险废物经营活动的入罪以违法造成环境污染为实质要件，未违法造成环境污染的，可以认定为情节显著轻微危害不大，不认为是犯罪；另一方面，加大对此类行为的刑事惩处力度，允许适用非法经营罪，对同时符合污染环境罪和非法经营罪的情形，择一重罪处断。

（3）非法处置危险废物“违法造成环境污染”的判定。非法处置危险废物应当以违法造成环境污染为要件，不具有超标排放污染物、非法倾倒污染物或者其他违法造成环境污染情形的，可以认定为情节显著轻微危害不大，不认为是犯罪。需要注意的是，对于“违法造成环境污染”要件的判断应当把握相对宽泛的标准，即不要求一定达到《2016年解释》第1条其他项规定的“严重污染环境”的具体情形。例如，未按规定安装特定污染防治设施，处置过程中超过标准排放污染物（虽然未达到超过特定标准3倍以上），或者将处置剩余的污染物违反规定倾倒的，可以认定为具备“违法造成污染环境”的要件，以污染环境罪论处；相反，如果在处置危险废物的过程中采取了特定的污染防治措施，未违法造成环境污染的，通常情况下应当认定为情节显著轻微危害不大，不认为是犯罪。

（4）非法利用危险废物的定性。《固体废物污染环境防治法》第124条第8项规定：“利用，是指从固体废物中提取物质作为原材料或者燃料的活动。”司法实践中，对于非法处置危险废物的认定，特别是处置危险废物与利用危险废物之间的关系，存在较大认识分歧。经研究认为，利用本身也是一种处置行为，其核心在于判断是否违法造成环境污染。为尽量扩充“非法处置危险废物”的范围，统一相关案件的处理，《2016年解释》第16条专门规定：“无危险废物经营许可证，以营利为目的，从危险废物中提取物质作为原材料或者燃料，并具有超标排放污染物、非法倾倒污染物或者其他违法造成环境污染的情形的行为的，应当认定为非法处置危险废物。”

2. 危险废物的数量认定

根据《2016 年解释》第 1 条第 2 项规定，非法排放、倾倒、处置危险废物 3 吨以上的，才认定为“严重污染环境”。因此，“3 吨以上”成为非法排放、倾倒、处置危险废物构成污染环境罪的入罪门槛。

（1）危险废物数量的累计。对于行为人多次排放、倾倒、处置危险废物的，原则上应当将数量累计计算。同样，行为人一次将危险废物在不同地点分别排放、倾倒、处置的，数量也应当累计计算。

（2）非法排放、倾倒、处置危险废物未遂的处理。对于行为人未来得及倾倒的危险废物，可以依法认定为犯罪未遂。对于行为人未遂部分，可以从轻或者减轻处罚。

（3）危险废物数量综合全案证据的认定。《2016 年解释》专门确立了对危险废物数量的认定规则，第 13 条第 2 款规定，“对于危险废物的数量，可以综合被告人供述，涉案企业的生产工艺、物耗、能耗情况，以及经批准或者备案的环境影响评价文件等证据作出认定”。

（三）排放、倾倒、处置重金属污染物超标构成“严重污染环境”的情形

《2016 年解释》第 1 条第 3 项、第 4 项将“排放、倾倒、处置含铅、汞、镉、铬、砷、铊、锑的污染物，超过国家或者地方污染物排放标准 3 倍以上”“排放、倾倒、处置含镍、铜、锌、银、钒、锰、钴的污染物，超过国家或者地方污染物排放标准 10 倍以上”作为认定“严重污染环境”的情形，以进一步细化重金属污染环境的入罪标准。

1. 地方污染物排放标准优于国家污染物排放标准适用

地方污染物排放标准优于国家污染物排放标准适用，是环境保护法及相关法律确立的原则。根据《刑法》第 338 条规定，构成污染环境罪的前提条件是“违反国家规定”，而根据《刑法》第 96 条的规定，违反国家规定，是指违反全国人民代表大会及其常务委员会制定的法律和决定，国务院制定的行政法规、规定的行政措施、发布的决定和命令。需要注意的是，国务院环境保护行政主管部门的规章和规定本身并非“国家规定”。

因此，单纯违反国务院环境保护行政主管部门的规章和规定的行为，不能认定为“违反国家规定”。但是，环境保护法已经授权国务院环境保护行政主管部门制定国家污染排放标准。因此，违反了国家污染物排放标准，也就相应违反了环境保护法的规定，属于“违反国家规定”。因此，从严格意义上来讲，判断排放污染物超标程度从而认定是否构成污染环境罪的标准，应当是国务院环境保护行政主管部门依照环境保护法的规定，根据国家环境质量标准和国家经济、技术条件制定的国家污染物排放标准。但是，地方污染物排放标准不同于其他类型的地方标准，是省、自治区、直辖市人民政府根据环境保护法及相关法律授权制定的标准，且法律明确规定了其优于国家污染物排放标准适用。因此，违反地方污染物排放标准排放污染物的行为，相应地违反了环境保护法及相关法律的规定，也应当认定为“违反国家规定”。

2. “非法排放”的认定

对于《2016 年解释》第 1 条第 3 项、第 4 项应当作为整体解释，不能人为割裂其中的内容。经过批准的排放污染物行为，仅仅是批准在污染物排放标准范围内排放污染物，并未批准其超标排放，因此对于排放相关污染物超过污染物排放标准的，自然就属于“非法排放”。

3. 超过污染物排放标准的认定

《刑法》第 99 条规定，“本法所称以上、以下、以内，包括本数。”相应地，对于“超过”，则应当理解为不包括本数。因此，对于《2016 年解释》第 1 条第 3 项、第 4 项规定的“超过国家污染物排放标准或者地方污染物排放标准 3 倍 /10 倍以上”，则应当理解为不包括本数在内，对于非法排放有关污染物浓度恰好为国家或者地方污染物排放标准 3 倍 /10 倍的情形，不能认定为“严重污染环境”。

4. 监测取样点的选定

关于监测取样点的问题，应当依据环境监测的相关规定，不一定要以最终排入外环境点位标准。对于依照有关规定对污染物进行监测，在不同取样点获取不同值的，应当以最高值进行评价。但同时应当注意的是，要排除由于其他原因形成的含量明显异于标准的情形，如根据工艺排除所排放的污染物为监测最高值的可能（最高值可能是由于沉淀物累积而成），则应当根据实际情况选择适当的监测值。

5. 其他严重危害环境、损害人体健康的污染物超标排放的处理

《2013 年解释》第 1 条第 3 项规定的污染物的对象为“重金属、持久性有机污染物等严重危害环境、损害人体健康的污染物”。《2016 年解释》第 1 条第 3 项、第 4 项未再留有“等”字。实践中对于此类案件，确有必要的，可以考虑适用第 1 条第 18 项“其他严重污染环境的情形”的规定。

6. 不可避免的超标排污行为不宜认定为犯罪

构成污染环境罪需存在主观罪过，对于主观上无罪过的事件不能进行刑事归责。而从污染物的排放实践来看，受技术条件和各种因素限制，确实存在行为人意志无法左右的超标排污行为。对此种情形，应当根据刑法规定和刑法理论，实事求是地处理，即使超过污染物排放标准 3 倍 /10 倍以上，也不能认定为犯罪。具体而言，主要有如下两种情形:（1）防治污染设施及相关设备的安装、调试期间发生的超标排放情形;（2）防治污染设施及相关设备发生故障，在故障发生后、发现前这段时间内的超标排放也是人力所不能抗拒的，不能认定为犯罪。但是，如果行为人明知防治污染设施及相关设备发生故障，而故意或者违反有关规定未及时采取措施，则可能构成污染环境罪或者其他相应犯罪。

（四）隐蔽排污构成“严重污染环境”的情形

《2016 年解释》第 1 条第 5 项将“通过暗管、渗井、渗坑、裂隙、溶洞、灌注等逃避监管的方式排放、倾倒、处置有放射性的废物、含传染病病原体的废物、有毒物质”作为认定“严重污染环境”的情形之一。该项规定针对当前较为普遍且危害性较大的隐蔽排放、倾倒、处置污染物行为专门作出了隐蔽排污情形的认定。关于《2016 年解释》第 1 条第 5 项的理解和适用问题，主要注意两点：一是排污的方式，即通过暗管、渗井、渗坑、裂隙、溶洞、灌注等逃避监管的方式；二是排污的对象，特指放射性的废物、含传染病病原体的废物以及有毒物质。

1. 对“暗管”等隐蔽排污方式的理解

对《2016 年解释》第 1 条第 5 项规定的排污方式（注意含“等”字）的理解，重点在于隐蔽式排污的本质特征在于通过隐蔽的方式达到逃避监管的目的。暗管等逃避监管方式是污染环境罪入罪行为方式之一，直接关系到案件罪与非罪的认定，但是司法实践中却存在重大分歧。在暗管的定

义、内涵等没有法律明确规定的情况下，一方面要考虑其字面含义，另一方面在相关法律法规中探寻其本意，对其进行实质解释。

首先，“暗”的本质在于未经审批。“暗管”概念最早出现在《2013年解释》中，该解释却没有规定明确的定义，这是实务中分歧较大的直接原因。2014年公安部、工业和信息化部、环境保护部等部门发布《行政主管部门移送适用行政拘留环境违法案件暂行办法》第5条第2款规定：“暗管是指通过隐蔽的方式达到规避监管目的而设置的排污管道，包括埋入地下的水泥管、瓷管、塑料管等，以及地上的临时排污管道。”由此规定可以看出，暗管包含以下三个要素：隐蔽方式、规避监管、排污管道。“暗”字本身具有隐蔽的含义，“管”字意味着排污管道，隐蔽的目的在于逃避监管方式，似乎暗管的定义已经非常明确。但是，隐蔽的含义却并不是十分明确，是以肉眼能否看见为标准，还是以是否经环保等主管部门许可为标准，存在争议。[①]2016年10月27日，环境保护部出台的《关于逃避监管违法排污情形认定有关问题的复函》中明确规定：“通过暗管等逃避监管的方式违法排放污染物，是指通过暗管等不经法定排放口排放污染物等逃避监管的方式违法排放污染物”。该回复直接明确“不经法定排放口排放”属于逃避监管方式，由此可知隐蔽的本质在于未经环保等部门审批。同时，司法解释规定通过暗管等逃避监管方式排放即达到严重污染环境程度，主要是因为暗管等方式没有经过环保等主管部门审批，而现实中这也很难被监管，对环境潜在危害极大。如果将暗管的隐蔽性停留于在肉眼可见的判断标准，会造成打击范围过于缩小。[②]

其次，“管”的本质不应局限于成型管道。“管”本身的字面含义是管道。根据司法解释规定，“管”是与坑、井、隙、洞等在形态上不同但性质上相同的排污方式。实践中，逃避监管的排污方式花样百出，如果仅将“管”局限为成型管道，则利用不符合坑、井、缝、溶洞等外形特征的沟、渠进行排污的，必然无法受到打击，有放纵犯罪之嫌，也违背立法本义。我们认为，“管”的认定不应局限于表义，而应从法律角度进行认定，

① 钱小平：《环境法益与环境犯罪司法解释之应然立场》，载《社会科学》2014年第8期。

② 史运伟：《污染环境罪司法适用疑难问题研究》，载《重庆理工大学学报（社会科学版）》2020年第8期。

沟、渠等只要具有一定的逃避监管、隐蔽性或者未经环保机关等允许，均可以认定为是暗管的一种形式。对“管”不能狭义地理解为仅指成型管道，应当界定为所有具有排放流动性物质功能的通道，包括为逃避监管目的而利用的沟、渠等排放方式。[①]

2. 对隐蔽式排污对象的理解

隐蔽式排污的对象，是有放射性的废物、含传染病病原体的废物、有毒物质，不包括一般污染物等其他有害物质。但对于“有毒物质”应当从实质上加以把握，而不应从形式上理解。如《2016 年解释》规定的有毒物质中的“含重金属的污染物”，由于国家允许达标排放含重金属的污染物，故不应认为只要污染物中含有重金属即属“有毒物质”，而应限于浓度超过相应标准的重金属的污染物。对于通过暗管、渗井、渗坑、裂隙、溶洞、灌注等逃避监管的方式排放含重金属的物质，但经监测发现浓度并未超过国家污染物排放标准的案件，由于隐蔽排污的物质并不属于刑法意义上的有毒物质，通常不宜认定为犯罪。[②]

（五）多次污染环境构成“严重污染环境”的情形

《2016 年解释》第 1 条第 6 项将“二年内曾因违反国家规定，排放、倾倒、处置有放射性的废物、含传染病病原体的废物、有毒物质受过两次以上行政处罚，又实施前列行为的”作为认定“严重污染环境”的情形之一。该项规定针对受过行政处罚后屡教不改，仍非法排放、倾倒、处置污染物的行为作出专门规定，彰显了污染环境罪情节犯的立法宗旨。

1.“二年内”的把握

《2016 年解释》第 17 条第 1 款规定：“本解释所称‘二年内’，以第一次违法行为受到行政处罚的生效之日与又实施相应行为之日的时间间隔计算确定。”需要注意以下两点：（1）“两次以上行政处罚”均应当处于二年内。“二年内”的起算时间以第一次行政处罚发生法律效力之日为标准。具体而言：应以第一次行政处罚生效而非行政立案查处之日作为起算时间；如果行政相对人针对第一次行政处罚提起行政复议或者行政诉讼的，

---

① 薄晓波：《污染环境罪司法解释评析》，载《环境经济》2013 年第 10 期。

② 喻海松：《污染环境罪若干争议问题之厘清》，载《法律适用》2017 年第 23 期。

除复议或者诉讼不停止执行的情形外，应以行政复议决定或者行政诉讼裁决生效之日作为起算之日。（2）第三次实施的违规排放、倾倒、处置有放射性的废物、含传染病病原体的废物、有毒物质的行为也应当发生在二年内。

2. “两次以上行政处罚”的认定

《2016 年解释》第 1 条第 6 项并未将“两次以上行政处罚”的主体范围限定为环境保护主管部门。因此，“两次以上行政处罚”不限于环境保护主管部门的行政处罚，也可能包括其他部门，如水行政主管部门对违反水污染防治法行为的行政处罚，甚至是公安机关的行政处罚。无论是受过两次以上行政处罚的行为，还是又实施的排放、倾倒、处置行为，行为对象均应为“有放射性的废物、含传染病病原体的废物、有毒物质”，但并不要求每次行为所涉物质为同种物质。

（六）篡改、伪造自动监测数据排污构成“严重污染环境”的情形

《2016 年解释》第 1 条第 7 项将“重点排污单位篡改、伪造自动监测数据或者干扰自动监测设施，排放化学需氧量、氨氮、二氧化硫、氮氧化物等污染物的”规定为“严重污染环境”的情形之一。

1. 重点排污单位的确定

《2016 年解释》第 17 条第 2 款专门规定：“本解释所称‘重点排污单位’，是指设区的市级以上人民政府环境保护主管部门依法确定的应当安装、使用污染物排放自动监测设备的重点监控企业及其他单位”。可见，重点监控企业属于重点排污单位的主要组成部分，具体包括国家重点监控企业、省级重点监控企业和市级重点监控企业。

2. 行为方式的认定

根据《2016 年解释》第 1 条第 7 项的规定，具体行为方式包括篡改、伪造自动监测数据和干扰自动监测设施。自动监测数据造假大致可以分为两类：一类是有形方式，又称“硬手段”，主要表现为通过破坏采样系统等硬件手段造假，如在设备采样管上私接稀释装置或者通过其他方式稀释采集的污染物样品（如废气样品）；另一类是采取无形方式，又称“软手段”，即通过对自动监控系统中存储、处理、传输的数据和应用程序进行

删除、修改、增加的，主要表现为修改自动监测设施工作参数，或者利用造假软件模拟数据等。

需要注意以下几点。第一，当前自动监测设施主要监测化学需氧量、氨氮、二氧化硫、氮氧化物，而这些物质并不必然属于“有毒物质”，故该项并未要求排放有毒物质。第二，考虑到未来自动监测设施监测的污染物范围可能会拓展，故该项的表述为“化学需氧量、氨氮、二氧化硫、氮氧化物等污染物”，为未来的发展留有适当的空间。第三，该项只是要求“篡改、伪造自动监测数据或者干扰自动监测设施”的同时“排放化学需氧量、氨氮、二氧化硫、氮氧化物等污染物”，即行为人篡改、伪造自动监测数据或者干扰自动监测设施的同时还在排放上述污染物即可，并未要求超标排放。

（七）减少支出、违法所得或者致使公私财产损失构成“严重污染环境”的情形

1. 违法减少防治污染设施运行支出 100 万元以上的

为与环境保护法的相关规定相衔接，《2016 年解释》第 1 条第 8 项将“违法减少防治污染设施运行支出 100 万元以上”规定为“严重污染环境”的具体情形之一。需要注意的是，此处特指“违法减少”的支出，如果排污单位提供技术革新等合法途径减少污染防治设施运行支出，符合清洁生产、循环经济的要求，应予以鼓励。

2. 违法所得或者致使公私财产损失 30 万元以上的情形

《2016 年解释》第 1 条第 9 项将“违法所得 30 万元以上”增列为“严重污染环境”的情形之一，这主要是考虑到实践中实施污染环境行为，除了客观上造成公私财产损失外，行为人的主要目的是牟利，而这通常表现为增加收入（违法所得），而且，违法所得的计算在一些案件中更具可操作性。

（八）造成生态环境损害构成“严重污染环境”的情形

《2016 年解释》第 17 条第 5 款进一步规定：“本解释所称‘生态环境损害’，包括生态环境修复费用，生态环境修复期间服务功能的损失和生态环境功能永久性损害造成的损失，以及其他必要合理费用。”

（九）致使取水中断构成"严重污染环境"的情形

根据环境保护部《集中式饮用水水源环境保护指南（试行）》的规定，集中式饮用水水源是指进入输水管网送到用户的和具有一定供水规模（供水人口大于1000人）的饮用水水源。因此，对于未进入输水管网或者供水规模较小的饮用水水源，虽然供附近的单位或者居民取水使用，但也不能认定为《2016年解释》第1条第11项规定的"集中式饮用水水源"。

关于《2016年解释》第1条第11项"致使乡镇以上集中式饮用水水源取水中断12小时以上"的规定，适用中尚有不同认识。我们认为，该项规定应当仅理解为致使乡镇集中式饮用水水源取水中断12小时以上的情形。对于非法排放、倾倒或者处置污染物，致使县级以上城区集中式饮用水水源取水中断12小时以上的情形，应当认定为污染环境"情节严重"，在3年以上7年以下有期徒刑的幅度内量刑。

实践中还需要注意，一些地方存在饮用水备用水源，在集中式饮用水水源被污染无法正常饮用、饮用水水源不能正常供水的情况下，根据应急机制的相关规定，有关部门会及时启用备用水源，通过备用水源取水进入输水管网送到用户。此种情况下面临的问题是，即使被污染的乡镇集中式饮用水水源取水中断12小时以上，但通过启用备用水水源使得居民仍能正常用水的，能否认为符合《2016年解释》第1条第11项的规定。我们认为，此种情况下虽然由于及时启用备用水源使得居民用水未受到影响，但行为人对饮用水水源的污染是客观存在的，如果致使该乡镇集中式饮用水水源经及时、正常处理（须排除由于人为原因未及时处理污染的情形）在12小时后才达到正常供水要求的，仍应认定为"致使乡镇以上集中式饮用水水源取水中断12小时以上"，构成严重污染环境。

例如，被告人杨某某开办废旧塑料加工点，从事废旧塑料加工处置，每年收购的废旧塑料中含有大量一次性注射器、一次性输液器等医疗废物。杨某某对医疗废物进行分拣，再将医疗废物及性质相近的其他废旧塑料一起进行破碎加工，然后将破碎的废料出售。经认定，杨某某的塑料加工点位置在一级水源保护区范围。2013年7月，环保部门在执法过程中两次发现杨某某的塑料加工点存有大量医疗废物，并进行封存。2013年8月，公安机关在对杨某某的塑料加工点现场勘查时，发现存有约290件一次性输液器等医疗废物尚未处置破碎。[1]

本案主要涉及医疗废弃物的属性认定和在饮用水水源一级保护区处置医疗废物行为的入罪标准两个问题。根据《医疗废物分类目录》的规定，使用后的一次性医疗器械，不论是否剪除针头，是否被病人体液、血液、排泄物污染，均应作为医疗废物进行管理。另外，杨某某的塑料加工点位于沙河地下水一级水源保护区范围内。根据《2013 年解释》第 1 条第 1 项的规定，在饮用水水源一级保护区处置有毒物质的，应当认定为“严重污染环境”。如本案发生在《刑法修正案（十一）》实施后，杨某某的行为应在 7 年以上有期徒刑范围内量刑。

二、污染环境罪的此罪与彼罪

（一）污染环境罪与非法经营罪

《2013 年解释》施行以后，司法机关发现无危险废物经营许可证从事收集、贮存、利用、处置危险废物经营活动，是污染环境犯罪案件高发的源头。《2016 年解释》出台，明确了在无证经营危险废物污染环境刑事案件中可以适用非法经营罪，与污染环境罪择一重罪处罚。

1. 非法经营罪在环境污染刑事案件中的适用依据

《2016 年解释》第 6 条规定：“无危险废物经营许可证从事收集、贮存、利用、处置危险废物经营活动，严重污染环境的，按照污染环境罪定罪处罚；同时构成非法经营罪的，依照处罚较重的规定定罪处罚。实施前款规定的行为，不具有超标排放污染物、非法倾倒污染物或者其他违法造成环境污染的情形的，可以认定为非法经营情节显著轻微危害不大，不认为是犯罪；构成生产、销售伪劣产品等其他犯罪的，以其他犯罪论处。”根据这一规定，无证收集、贮存、利用、处置危险废物的环境污染刑事案件，将会产生污染环境罪和非法经营罪的竞合，可能会面临最高刑 15 年有期徒刑的处罚。明确判断是否在环境污染刑事案件中适用非法经营罪，要以违法造成环境污染为实质要件，否则即认定为非法经营情节轻微，不认定为犯罪。

[1] 参见河北省新乐市人民法院（2013）新刑公初字第 142 号刑事判决书。

2. 非法经营罪在环境污染刑事案件中的适用原则

污染环境罪与非法经营罪竞合适用要注意把握两个原则：一是要坚持实质性判断原则。对行为人非法经营危险废物行为的社会危害性作实质性判断，如一些单位或者个人虽未依法取得危险废物经营许可证，但其收集、贮存、利用、处置危险废物经营活动，没有超标排放污染物、非法倾倒污染物或者其他违法造成环境污染情形的，则不宜以非法经营罪论处。二是要坚持综合判断原则，对行为人非法经营危险废物行为，根据其在犯罪链条中的地位、作用综合判断其社会危害性。比如，有证据证明单位或个人的无证经营危险废物行为属于危险废物非法经营产业链的一部分，并且已形成了分工负责、利益均沾、相对固定的犯罪链条，如果行为人或者与其联系紧密的上游或者下游环节具有排放、倾倒、处置危险废物违法造成环境污染的情形，且交易价格明显异常的，对行为人可以根据案件具体情况在污染环境罪和非法经营罪中择一重罪处断。

例如，阿散酸是一种兽药的药物饲料添加剂，属于农业部严格限制生产的产品。于某甲未经批准于 2009 年 4 月开始生产阿散酸，非法经营额共计 194 万元。于某甲将生产过程中产生的含砷量严重超标的废水存放于已做防渗处理的专用蓄水池内，未进行净化处理。于某甲明知生产阿散酸产生的是高浓度含砷剧毒废水，也明知排放该剧毒废水可能产生的严重后果，仍指使时任该公司生产厂长的许某某、时任公司采购员的于某乙二人将池内的有毒废水在适当时予以排出。2009 年 7 月，许某某、于某乙分两次将蓄水池内 700 余立方米的废水排至南涞河中，致使高新区、罗庄区、南涞河、老涞河、五里河等主要河流严重污染，造成经济损失共计人民币 3700 余万元。法院认为，三被告人的行为危害了公共安全，使国家财产遭受重大损失，均已构成投放危险物质罪。此外，被告人于某甲还构成非法经营罪。对被告人于某甲以投放危险物质罪、非法经营罪数罪并罚。[①]

本案的处理体现了《2016 年解释》规定的，在无证经营危险废物污染环境刑事案件中可以适用非法经营罪，与污染环境罪择一重罪处罚。

---

① 参见吴献萍：《我国水污染犯罪刑法适用的困境及其解决途径——以盐城水污染案为视角》，载《河北法学》2011 年第 11 期。

（二）污染环境罪与投放危险物质罪

1. 处理原则

投放危险物质罪，是指故意投放毒害性、放射性、传染病病原体等物质，危害公共安全的行为。从实践来看，违反国家规定，故意排放、倾倒、处置含有毒害性、放射性、传染病病原体等物质的污染物，实质上是直接投放毒害性、放射性、传染病病原体等物质，根据刑罚理论，属于想象竞合犯，可依照《刑法》第 114 条、第 115 条第 1 款的规定，以投放危险物质罪定罪处罚。

《刑法修正案（八）》将重大环境污染事故罪修改为污染环境罪后，一般认为污染环境罪的主观方面通常系故意，即行为人的非法排放、倾倒、处置行为对环境污染主观上系故意。但是，对于违反国家规定，排放、倾倒、处置含有毒害性、放射性、传染病病原体等物质的污染物，造成十分严重后果的，是否适用投放危险物质罪，实践中存在不同认识。针对上述情况，司法解释有必要对此予以明确，以统一法律适用。经研究认为，污染环境的行为能否构成其他犯罪，关键取决于所涉行为是否同时符合污染环境罪与其他犯罪的构成要件。这并不违反罪刑法定原则，罪刑法定原则也并不意味着某种行为只符合某一个犯罪构成，否则，就不可能存在竞合犯的问题了。行为人违反国家规定，排放、倾倒、处置污染物，严重污染环境的行为，原则上只能定性为污染环境罪，但如果所涉犯罪同时符合了投放危险物质罪的构成要件，如污染物系含有毒害性、放射性、传染病病原体等物质的污染物，可以认定为投放危险物质罪的对象“危险物质”；污染行为构成对公共安全的危害的，则应当认定该行为同时符合污染环境罪与投放危险物质罪，以处罚较重的犯罪定罪处罚。基于此，《2013 年解释》第 8 条规定：“违反国家规定，排放、倾倒、处置含有毒害性、放射性、传染病病原体等物质的污染物，同时构成污染环境罪、非法处置进口的固体废物罪、投放危险物质罪等犯罪的，依照处罚较重的犯罪定罪处罚。”《2016 年解释》第 8 条沿用上述规定。

2. 污染环境罪与投放危险物质罪的竞合

污染环境罪与投放危险物质罪竞合，必须满足下列条件：（1）排放、倾倒或者处置的废物必须是有放射性、含传染病病原体、有毒物质。如果排放、倾倒或者处置的是其他有害物质，只是污染环境，不致于危害公共安全。（2）排放、倾倒或者处置的有放射性的废物、含传染病病原体的废物、有毒物质，必须是已造成危害公共安全的后果或者存在足以危害人生命和健康的可能。如果没有证据证明排放、倾倒或者处置的污染物足以危害人体健康，也就无法认定危害公共安全。比如将有害物质排放到湖泊、河流中，稀释后含量极低，对人体健康已构不成危害，也就不能危害公共安全。（3）排放、倾倒或者处置有放射性废物、含传染病病原体的废物、有毒物质，主观方面必须系故意，过失不能构成投放危险物质罪。

3. 需要注意的其他问题

司法适用中需要特别注意，对污染环境的行为，原则上应当适用污染环境罪，投放危险物质罪的适用，应当特别慎重。

（1）认定行为人主观方面应综合行为人供述、认知能力、犯罪行为等证据，不能仅以犯罪危害后果严重反推行为人的主观方面具有危害公共安全的故意。

（2）对涉案行为人主观上是否符合投放危险物质罪所要求的要件，客观上是否对公共安全造成危害的判断，需从严把握。特别是排放、倾倒、处置的污染物的危害程度，可能影响行为的定性。

例如，胡某某、丁某某投放危险物质案。[①] 本案中，法院以被告人胡某某、丁某某明知其公司在生产过程中所产生的废水含有毒害性物质，仍然直接或间接地向其公司周边的河道大量排放，放任危害不特定多数人的生命、健康和公私财产安全结果的发生，使公私财产遭受重大损失，构成投放危险物质罪为由，判处胡某某有期徒刑 10 年。

由此可见，发生了污染环境和生态损害事件后，触犯的罪名不仅仅是污染环境罪这一个罪名，还有可能是其他较重的罪名。在量刑方面，虽然《刑法修正案（十一）》已经将污染环境罪的刑期提高至 15 年，但如果同时触犯其他罪名，比如投放危险物质罪，最高量刑可能就是死刑。

---

① 参见江苏省盐城市中级人民法院（2009）盐刑一终字第 0089 号刑事判决书。

三、污染环境罪的其他有关问题

（一）单位污染环境犯罪的问题

1. 单位污染环境犯罪的认定

关于单位污染环境犯罪的认定，需要根据案件具体情况准确把握，重点从是否为了单位利益和是否经单位集体研究决定，或者由单位负责人决定、同意，或者被授权的其他人决定、同意实施两个方面进行判断。

2. 直接负责的主管人员和其他直接责任人员的认定

对于单位犯污染环境罪、非法处置进口的固体废物罪、擅自进口固体废物罪的，刑法明确规定实行“双罚制”，即对单位判处罚金，并对其直接负责的主管人员和其他直接责任人员依照自然人犯罪的规定处罚。所谓直接负责的主管人员，主要是指单位犯罪内对单位犯罪起了主要决策作用的主管人员。所谓直接责任人员，主要是指在直接负责的主管人员的授意、指挥下积极参与实施单位犯罪的一般工作人员。

（二）污染环境共同犯罪的认定

在污染环境案件中，两人以上具有共同的污染环境故意，通过分工配合，共同实施污染环境犯罪行为，即成立污染环境罪的共同犯罪。在污染环境案件的共同犯罪中，既有实施污染环境行为的实行犯，也有教唆犯以及帮助犯，如明知行为人实施非法倾倒、处置危险废物污染环境犯罪行为，而为其提供场地、帮助看管场地、望风的，构成帮助犯。

实践中，一些单位和个人非法排放、倾倒、处置危险废物，行为人分工明确，相互配合，呈现出明显的产业化迹象，甚至形成了“一条龙”作业。对于此类犯罪，不仅要依法惩治直接污染环境的行为人，更要打源头、追幕后，依法追究危险废物提供者的刑事责任。为此，《2016年解释》第7条明确规定：“明知他人无危险废物经营许可证，向其提供或者委托其收集、贮存、利用、处置危险废物，严重污染环境的，以共同犯罪论处。”关于本条的适用，办案中需要注意以下几点：

1. 上游单位或个人构成污染环境罪共犯的认定

针对上游单位或个人构成污染环境罪的共犯，司法机关只需要证明行为人明知对方无危险废物经营许可证，不需要证明行为人明知对方后续会实施非法排放、倾倒、处置行为。根据《固体废物污染环境防治法》第 80 条的规定，从事收集、贮存、利用、处置危险废物经营活动的单位，应当按照国家有关规定申请取得许可证。许可证的具体管理办法由国务院制定。禁止无许可证或者未按照许可证规定从事危险废物收集、贮存、利用、处置的经营活动。禁止将危险废物提供或者委托给无许可证的单位或者其他生产经营者从事收集、贮存、利用、处置活动。从该规定可知，从事危险废物经营活动只能以单位形式不能以个人形式，从事危险废物经营活动必须按照有关规定申领许可证，将危险废物提供或者委托给其他单位处理必须查验对方有无许可证。危险废物经营行业是需要准入门槛的技术行业，无危险废物许可证的个人后续实施非法排放、倾倒、处置行为的可能性极大。因此，行为人作为危险废物行业人员，只要其明知对方无危险废物许可证，就可以推定其明知对方后续会实施非法排放、倾倒、处置行为。

2. 委托人与被委托人构成污染环境罪共犯的认定

无论经过多少层委托，只要行为人主观上具有污染环境的故意，委托人与被委托人都依法构成污染环境罪，而且，委托人系犯意的提起者，被委托人系污染环境行为的实行者，可依法不区分主从犯进行定罪量刑。

（三）延伸犯罪的打击

对于排污单位存在自动监测数据弄虚作假的污染环境案件，不仅要重点打击篡改、伪造自动监测数据或者干扰自动监测设施中涉及的破坏计算机信息系统犯罪，还应当通过执法司法联动机制，要求公安机关、生态环境执法部门对违法案件中出具比对监测报告的第三方监测单位进行延伸检查，依法严肃查处提供虚假证明文件或出具证明文件重大失实的环境领域违法犯罪行为。

（四）环境污染犯罪相关术语

《2016 年解释》对“有毒物质”的规定作出调整，删去“剧毒化学品、列入重点环境管理危险化学品名录的化学品，以及含有上述化学品的物质”的表述，第 15 条规定：“下列物质应当认定为刑法第三百三十八条规定的‘有毒物质’:(一)危险废物，是指列入国家危险废物名录，或者根据国家规定的危险废物鉴别标准和鉴别方法认定的，具有危险特性的废物;(二)《关于持久性有机污染物的斯德哥尔摩公约》附件所列物质;(三)含重金属的污染物;(四)其他具有毒性，可能污染环境的物质。”

1. 危险废物

(1)危险废物的范围。根据《2016 年解释》第 15 条第 1 项的规定，危险废物的具体范围如下：一是列入《国家危险废物名录》的固体废物(包括液态废物)，共有 46 大类别 479 种危险废物。二是列入《医疗废物分类目录》的医疗废物，对医疗废物作了明确，具体分为感染性废物、病理性废物、损伤性废物、药物性废物、化学性废物五大类。三是按照国家规定的危险废物鉴别标准和鉴别方法认定的具有危险特性的固体废物。

(2)废弃危险化学品。此次危险废物名录修订中，根据我国危险废物鉴别标准对危险特性的规定，将具有危险特性的危险化学品全部纳入。《2016 年解释》第 15 条未再单独规定危险化学品，但是，根据该条第 1 项的规定，所有废弃危险化学品都属于危险废物，可以纳入“有毒物质”的范畴。

(3)危险废物豁免管理清单。《危险废物豁免管理清单》仅豁免了危险废物在特定环节的部分管理要求，在豁免环节的前后环节，仍应按照危险废物进行管理；且在豁免环节内，可以豁免的内容也仅限于满足所列条件下列明的内容，其他危险废物或者不满足豁免条件的此类危险废物的管理，仍需执行危险废物管理的要求。

(4)危险废物的认定。对于危险废物的认定问题不宜一概而论，而应区分不同情况处理。原则上，对于列入《国家危险废物名录》的废物，可以直接依据目录认定，无须通过鉴定等方式进行鉴别。如果该危险废物已经同非危险废物混合，或者未列入目录的，则原则上应当对物品的特性进行鉴别，符合相应特征的，才能认定为危险废物。

(5)危险废物的鉴别。一是对于危险废物和非危险废物的混合物，需要根据国家危险废物鉴别标准和鉴别方法进行鉴别，如果仍然具有危险特性，则应当将混合物全部认定为危险废物；如果混合物已不具有危险特性，则不再认定为危险废物。而且，该问题系环境污染专门性问题，在难以确定的情况下，应当由司法鉴定机构出具鉴定意见，或者由环境保护部、公安部指定的机构出具检验报告。二是危险废物处置后的属性判定，应当根据《危险废物鉴别标准通则》的第 6 条“危险废物利用处置后判定规则”进行判定，具有毒性和感染性等一种或一种以上危险特性的危险废物处置后的废物仍属于危险废物，国家有关法规、标准另有规定的除外。仅具有腐蚀性、易燃性或反应性的危险废物处理后，经 GB5085.1、GB5085.4 和 GB5085.5 鉴别不再具有危险特性的，不属于危险废物。

（6）危险废物的鉴别程序。《危险废物鉴别标准通则》第 4.4 条规定，对未列入《国家危险废物名录》且根据危险废物鉴别标准无法鉴别，但可能对人体健康或生态环境造成有害影响的固体废物，由国务院生态环境主管部门组织专家认定。

2. 其他有毒物质

污染环境罪的对象包含放射性废物、含传染病病原体废物、有毒物质和其他有害物质，该规定有两层解读，第一，有害物质是对环境危害程度与其他三种物质相当的其他物质。第二，有害物质作为兜底条款性质的规定。对于有害物质的认定，因缺少法律规定成为空白，《2019 年纪要》规定了认定方法：根据行为人主观恶性、污染行为恶劣程度、有害物质危险性、毒害性等方面综合分析判断。该认定有害物质的方法已经超越物质本身的判断，因为物质直接的有害性、有毒性等特性仅仅是考量因素之一。行为人主观恶性、污染行为恶劣程度等既作为犯罪成立的要件，又直接作为构成要件中有害物质的判断依据，存在重复认定的逻辑不规范问题。我们认为，有害物质的认定应当与有毒物质等认定的逻辑思维一致，就物质本身的有害性进行探究，该有害性程度与其他物质的放射性、传染性、有毒性程度方面具有一致性。有毒物质通常被认为一定是有害物质，但是有害物质的范围要远远大于有毒物质的范围。具体评价某种物质的有害性，需要专业机构作出专业的认定。例如，养猪场排放的废水中经监测氨氮、总磷等物质超标，该废水是否认定为有害物质，则需要环保等主管部门出具关于氨氮、总磷等物质超标对生态环境造成危害的评估报告，该危害一方面要考虑氨氮、总磷等超标对环境的潜在危害后果，另一方面也要考虑具体的排放量对环境造成的实际危害后果。所以有害物质的认定，同时要考虑物质的潜在有害性和现实危害性，潜在有害性需要环境专家出具专家意见来解决，实际危害性则需要实际危害后果鉴定来解决。[①]

（五）“公私财产损失”的计算

1.“公私财产损失”的范围

《2016年解释》第17条第4款规定：“本解释所称‘公私财产损失’，包括实施刑法第三百三十八条、第三百三十九条规定的行为直接造成财产损毁、减少的实际价值，为防止污染扩大、消除污染而采取必要合理措施所产生的费用，以及处置突发环境事件的应急监测费用”。司法实践中，对于污染环境行为造成人体损伤的，不应根据医疗费用的数额定罪量刑，而应当从中毒人数、致人伤害的人数和程度等方面作出判断，从而准确定罪量刑。

2. 对“为防止污染扩大、消除污染而采取必要合理措施所产生的费用”的把握

为防止污染扩大而采取必要合理措施所产生的费用，实际上是在污染发生后，针对未受到污染的周边环境采取防范措施所产生的费用。

3.“公私财产损失”计算的适格主体

对于环境污染刑事案件公私财产损失的计算，可以由上述环境损害司法鉴定机构出具鉴定意见，也可以由环境保护部、公安部指定机构出具报告。

---

① 喻海松：《污染环境罪若干争议问题之厘清》，载《法律适用》2017年第3期。

第四节　相关案例评析

案例一　广东省中山市彭某某等4人污染环境案[①]

【基本案情】

2016年7月至8月期间，被告人彭某某、冯某某、何某甲、何某乙四人共谋，由彭某某联系雇佣船舶分三次将1200立方废弃胶纸（其中含纸屑、碎布和塑胶粒等）运至广东省中山市衡门东出海航道12号灯标北堤围垦（指在海滩上建造围筑的堤坝），由何某甲、何某乙提供钩机并雇请司机，将废弃胶纸倾倒至围垦内。同年8月26日，彭某某等四人第三次向围垦内倾倒废弃胶纸时，被行政执法机关当场查获。经查，四名被告人非法获利6万元。经鉴定，倾倒的废弃胶纸为含镉等有毒有害物质的混合废弃物，已对土壤和周边地表水造成严重污染，经济损失达386万元。

【判决情况】

2016年8月17日，中山市第一人民法院一审判决四名被告人犯污染环境罪，分别判处有期徒刑3年3个月至3年7个月不等，并处罚金6万元至8万元不等。判决后，被告人冯某某、何某甲、何某乙以量刑过重为由，提出上诉。2017年12月28日，中山市中级人民法院作出终审判决，驳回上诉，维持原判。2018年6月26日，广州海事法院判决四名被告人连带赔偿环境修复费、生态环境功能损失费及鉴定评估费等合计780余万元。

① 参见最高人民检察院发布全国检察机关服务保障打好污染防治攻坚战典型案例之三“广东省中山市彭某某等4人污染环境案”。

【典型意义】

1. 依法规范开展海洋污染案件的鉴定活动。目前，对海洋污染损害的司法鉴定，虽有一些部门规范和地方性规范，但鉴定标准繁杂。为确保鉴定程序合法规范、结论客观，检察机关应与鉴定机构保持充分沟通，详细阐明鉴定需求和鉴定目的。审查鉴定意见时，要结合在案证据，对鉴定意见进行实质性审查，详细了解鉴定意见的形成过程和依据。对鉴定事项所用的鉴定技术和方法争议较大的，应先对其鉴定技术和方法的科学可靠性进行审查。所涉鉴定技术和方法没有科学可靠性的，相关鉴定意见应不予采信。

2. 善于借助“外脑”提升指控证明犯罪的效果。污染海洋犯罪案件存在专业性、技术性强，相关专业标准不明确的特点。为提高指控犯罪的准确性和有效性，检察机关在审查案件时应充分借助“外脑”做好知识储备，有针对性地做好庭前准备，以便庭审中准确应对，确保案件办理质量和庭审效果。

案例二 江苏省苏州市倪某某、周某某等 9 人污染环境案①

【基本案情】

2016 年 4 月下旬，天顺垃圾清运公司（以下简称“天顺公司”）与浙江省海盐县环境卫生管理中心签订协议，约定由天顺公司将生活垃圾从海盐县运至正规焚烧厂处置，垃圾处置费用为 227 元 / 吨。为谋取非法利益，被告人倪某某等天顺公司股东，明知被告人张某某等人无生活垃圾处置资质，仍以明显低于合法处置成本的价格将从海盐县黄桥码头运出的 42921.72 吨生活垃圾交由张某某、洪某某等人处置，后张某某等人将 4 万多吨垃圾分别抛入长江或运至浙江湖州、安徽当涂等地填埋。其中 20088.89 吨生活垃圾被直接抛入长江南通段、太仓段位于江苏省太仓市两处饮用水水源保护区上游，致使太仓市 2016 年 12 月 19 日启动供水突发重大事故应急处置预案，该市集中式饮用水水源第二水厂长江取水口

① 参见最高人民检察院发布全国检察机关服务保障打好污染防治攻坚战典型案例之一“江苏省苏州市倪某某、周某某等 9 人污染环境案”。

取水中断 48 小时 45 分钟，第三水厂长江取水口取水中断 55 小时。其余 22832.83 吨生活垃圾被运至浙江湖州、安徽当涂等地非法填埋，造成当地环境严重污染。经鉴定，天顺公司非法处置的生活垃圾为含有毒、有害物质的固体废物。上述抛江及填埋行为造成公私财产损失、生态环境损失及环境修复费用逾千万元。

苏州检察机关应公安机关要求提前介入侦查后，就案件管辖、公私财产损失计算方式和范围、垃圾属性及同一性认定等方面提出具体意见，进一步明确侦查方向。根据当地有关环境资源案件集中管辖的相关规定，长江航运公安局苏州分局于 2017 年 3 月 23 日将案件移送常熟市人民检察院审查起诉。审查中，检察机关发现部分同案人员因在浙江等地倾倒涉案垃圾，已被浙江警方移送当地检察机关审查起诉。由于案件证据调取尚不完全，天顺公司在各地倾倒、填埋垃圾的数量，非法处置垃圾的利益链条，非法处置垃圾的方式和地点等尚未完全查清。为此，常熟市人民检察院先后三次派员赴浙江检察机关协调对接，并引导公安机关补充案件证据共 35 卷。从补充的证据看，涉案人员不仅有将生活垃圾抛入长江的行为，还有将生活垃圾非法填埋的行为。最终，检察机关追加认定非法倾倒垃圾数量 17000 余吨，非法填埋垃圾数量 22000 余吨。

【判决情况】

2018 年 12 月 21 日，江苏省常熟市人民法院一审判决认定被告人倪某某等人的行为构成污染环境罪，分别判处有期徒刑 6 年 6 个月至 1 年 6 个月不等，并处罚金 100 万元至 5 万元不等。部分被告人不服判决，提出上诉。2019 年 3 月，江苏省苏州市中级人民法院二审裁定驳回上诉，维持原判。

【典型意义】

1. 办理跨区域污染环境案，应注重不同地域办案单位间的协同配合，构建司法保护合力。在办理跨区域污染环境案件时，检察机关要与外省、市检察机关加强案件信息互通，全面收集证据，最大限度还原案件事实真相，精准指控犯罪，筑牢生态环境保护司法屏障。

2. 全面取证、科学论证、准确认定生态环境损害结果。为确定已灭失垃圾的性质，可由有资质的机构对与涉案垃圾同源的垃圾抽样取证，作出同一性认定后出具认定意见。可参考的同源垃圾包括但不限于同一案件中查获的尚未处置的同一来源地垃圾及渗滤液、同一案件中以其他方式处置的同一来源地垃圾及渗滤液、同一来源地同类垃圾中转站等处采集的垃圾及渗滤液。为解决已灭失垃圾的数量测算难题，可根据案件证据情况，采用科学测算与合理推定相结合的方式，认定非法处置、倾倒垃圾的数量。在涉案生活垃圾已灭失的情况下，由符合资质的专业鉴定机构根据生态环境损害评估公式，参照案发地生活垃圾处理费用，计算得出的已灭失垃圾造成损害的虚拟治理成本，可作为认定生态环境损害的依据。

案例三　湖北省武汉市青山区长江武惠堤段违法堆存固体废物破坏生态环境系列案①

【基本案情】

2018 年 5 月 20 日，武汉市青山区长江武惠堤段新集码头附近因堆存大量工业矿渣等固体废物，被中央广播电视总台财经频道《经济信息联播》以“武汉：巨量工业废渣现身长江边 现场触目惊心”为题报道，人民群众反映强烈。固体堆场占据岸线较长且距离长江水面不足 200 米，致使长江武惠堤段生态环境遭受破坏，公益受到损害。

【调查和督促履职】

从媒体报道发现该线索后，2018 年 5 月 23 日武汉市青山区人民检察院决定立案并迅速开展调查，经调查查明：2008 年至 2015 年间，武汉市一投资公司从武钢矿渣厂购进矿渣提取铁矿，将 5 万多吨尾渣直接堆存在长江武惠堤段新集码头外滩地，占地 60 余亩。同时，该院举一反三深入调查新集码头周边武惠堤段其他岸线区域，又陆续发现 19 个矿渣、煤渣等违法固体废物堆存点。这些违法堆存的固体废物不仅破坏岸线资源、威胁长江汛期行洪安全，还可能产生有毒有害滤液，直接危害长江生态环境。

随后，青山区检察院分别向负有监督管理职能的青山区环保局、青山区水务局发出检察建议。建议区水务局对违法堆存固体废物行为进行处理；加强对辖区内倾倒垃圾、渣土等危险堤防安全和妨碍行洪活动的监

① 参见最高人民检察院“检察公益诉讼全面实施两周年典型案例”。

管。建议区环保局依法处理违法堆存固体废物行为，监督固体废物的依法依规处理；加强对辖区长江河道管理范围内堆放固体废物或者其他污染物的监管。此后，该院多次与区水务局、环保局沟通座谈，建议两家细化整改目标任务、明确责任分工等。并主动向青山区委、区政府汇报该案情况。区委、区政府领导高度重视，明确表示支持检察机关开展监督。在区委、区政府的领导下，相关部门组成联合执法专班，于2018年5月底至7月初调动200余辆工程车，将堆存在长江武惠堤段的22万余吨固体废物全部清除。青山区环保局对固体废物清除后的土壤进行了勘验检查，并依法对违法公司处以15万元人民币的罚款。

为巩固整治成果，青山区检察院进一步跟进监督，督促区水务局在通往武惠堤江滩的21处下堤路采取了管控措施，对全堤段采取24小时巡查，并就长江岸线生态环境修复问题与环保、水务部门协商沟通。2018年9月，青山区水务局正式启动长江武惠堤岸线复绿工程。2019年4月10日，青山区检察院对该案开展“回头看”，确认固体废物已全部清除，复绿岸线面积共计480亩，恢复了长江流域“自然、生态、野趣”的岸线风光，中央广播电视总台、检察日报等媒体对该案进行了宣传报道。

【典型意义】

2018年4月，习近平总书记考察长江、视察湖北时，明确提出要把长江生态环境摆在压倒性位置，共抓大保护、不搞大开发。检察机关服务国家重大发展战略，紧紧围绕长江生态环境和自然资源保护，为长江经济带高质量发展提供有力司法保障。本案中，武汉市青山区长江武惠堤段违法堆存工矿渣、煤渣等固体废物历时10年，长期未能整改，侵占长江岸线资源、妨碍河道行洪，破坏长江生态环境。青山区检察院从新闻报道中发现该案线索后，没有就案办案，而是举一反三、以点及面，对周边类似违法固体废物堆存点问题深入调查，并通过检察建议推动相关部门对区域固体废物破坏长江生态环境问题进行全面整治。针对行政机关履职中存在的客观困难，检察机关主动沟通协调，争取党委政府的重视和支持，共同推进整治工作。为巩固整治成果，检察机关还督促行政机关采取管控措施，加强巡查力度，形成了后续固体废物污染防控的长效机制，根除了长江武惠堤段环境污染的顽疾，并开展了复绿工程，逐步恢复了长江武惠堤段生态环境。

第五节　相关法律规定

一、法律

1.《中华人民共和国刑法》第三百三十八条

2.《中华人民共和国环境保护法》

3.《中华人民共和国大气污染防治法》

4.《中华人民共和国固体废物污染环境防治法》

5.《中华人民共和国海洋环境保护法》

6.《中华人民共和国环境影响评价法》

二、行政法规及部门规章

1.《危险废物经营许可证管理办法》第二条、第三条、第三十一条

2.《国家危险废物名录》（2021 年版）第四条、第六条、第八条

3.《危险化学品名录》（2020 版）第一条、第二条

4. 环境保护部办公厅关于印发《环境损害鉴定评估推荐机构名录（第一批）》的通知

5. 环境保护部办公厅关于印发《环境损害鉴定评估推荐机构名录（第二批）》的通知

三、司法解释

最高人民法院、最高人民检察院《关于办理环境污染刑事案件适用法律若干问题的解释》

第二章

非法捕捞水产品罪
办案指引

第一节　非法捕捞水产品罪概述

一、非法捕捞水产品罪的立法沿革

1979年《刑法》第129条非法捕捞水产品罪规定："违反保护水产资源法规，在禁渔区、禁渔期或者使用禁用的工具、方法捕捞水产品，情节严重的，处二年以下有期徒刑、拘役或者罚金"。但当时非法捕捞水产品罪属于"破坏社会主义经济秩序罪"一章，立法者认为非法捕捞水产品罪主要体现为对经济秩序的破坏，更多地关注水产品本身的经济价值。然而，随着社会公众环保意识的不断提高和人民对环境质量需求的日益增长，水产品的环境资源价值愈加突显。因此，1997年修改刑法时，虽然仍然保留了非法捕捞水产品罪这一罪名，但将该罪移至第六章"妨害社会管理秩序罪"中第六节"破坏环境资源保护罪"，规定于第340条，并将原法条规定的最高有期徒刑二年改为三年，增加了管制刑。

非法捕捞水产品罪自设立以来，有相当长一段时间司法实践中适用非法捕捞水产品罪追究刑事责任的案例极少，其中一个重要原因是"情节严重"的界定标准不明确，存在诸多分歧。渔业行政执法部门无法准确把握本罪的刑事移送标准，而司法机关对于"情节严重"的理解不一致，在一定程度上影响了对该类犯罪行为的打击力度。因此，2008年6月25日最高人民检察院、公安部《关于公安机关管辖的刑事案件立案追诉标准的规定（一）》（以下简称《立案追诉标准规定（一）》）第63条细化了非法捕捞水产品罪的具体追诉标准，明确规定"情节严重"的具体标准，完善了该罪名的司法适用。

对于涉海非法捕捞，一般由有组织的船队在远洋水域实施，一次捕捞量往往很大，若一概适用《立案追诉标准规定（一）》的定罪量刑标准，则会导致罪刑不相适应。为有效解决这一问题，最高人民法院于2016年5月9日通过了《关于审理发生在我国管辖海域相关案件若干问题的规定（二）》（以下简称《海域规定（二）》），对涉海非法捕捞的定罪标准作了明确规定，如把非法捕捞水产品的重量从原来的2000公斤提高到10000公斤，将水产品价值由2万元提高到10万元。

2020年12月17日，为了规范长江流域非法捕捞水产品犯罪的打击标准，最高人民法院、最高人民检察院、公安部、农业农村部联合印发《依法惩治长江流域非法捕捞等违法犯罪的意见》（以下简称《非法捕捞意见》），对准确把握非法捕捞水产品罪的入罪标准、准确把握非法捕捞水产品罪与其他关联犯罪的界限、落实贯彻宽严相济刑事政策等问题作出明确规定，进一步完善非法捕捞水产品罪的司法适用。

2022年4月9日实施的最高人民法院、最高人民检察院《关于办理破坏野生动物资源刑事案件适用法律若干问题的解释》，贯彻落实少捕慎诉慎押刑事司法政策，为办理破坏水生生物资源危害明显较轻的非法捕捞案件提供指引，"两禁"行为不再一律入罪。

二、非法捕捞水产品罪的发案态势

2008年之前，非法捕捞水产品罪由于追诉标准不明确，导致司法实践中适用非法捕捞水产品罪的司法案例数量较少。随着2008年追诉标准的明确，非法捕捞刑事犯罪案件逐渐增多。

表1　非法捕捞水产品罪司法裁判数量表[①]

审判年份（年）	案件数量（件）
2011	4
2012	5
2013	22
2014	265
2015	488
2016	1048

① 数据来源于中国裁判文书网。

续表

审判年份（年）	案件数量（件）
2017	1609
2018	2208
2019	2744
2020	5363

在内陆水域，尤其是长江流域非法捕捞案件增长速度快，部分区域呈多发态势，作案手段多为“电、毒、炸”、使用“绝户网”等，导致渔业资源急剧减少，严重影响到水生生物物种的多样性。近年来，随着市场需求的不断加大，在利益驱动下不法分子竭泽而渔，非法捕捞的手段和工具层出不穷，例如翻版钩、爆炸钩等以钓鱼为名行捕捞之实，甚至使用无人机等各种探鱼设备和高科技装置，对水生生物资源造成了极大的破坏。长江作为世界上水生生物多样性最为丰富的河流之一，水生生物生存环境日益恶化，水域生态功能明显退化，珍稀特有鱼类全面衰退，白鳍豚和白鲟已多年未见，渔业资源显著下降，捕捞产量每年已经不足10万吨，基本丧失捕捞生产价值，长江达到“无鱼”等级。基于此，国家实行长江流域“十年禁渔”重大决策，各地纷纷开展针对非法捕捞的专项整治行动，非法捕捞水产品犯罪呈现高压打击态势，长江沿岸非法捕捞水产品案件呈现井喷态势。随着长江“十年禁渔”宣传深入和对非法捕捞水产品的严厉打击，非法捕捞犯罪数量会逐年下降，但作案手段和方法也会更加隐蔽。

在海洋水域，我国拥有绵长的海岸线，海洋捕鱼从业人员逐日增长，非法捕捞现象也日益严重，非法捕捞行为基本集中在我国的近海水域，违法人员也以本国渔民为主。随着浅海渔业的逐步枯竭，大多数渔民的目光逐步转向远洋区域，远洋捕捞业发展迅速，远洋捕捞的监管难度更大，导致非法捕捞行为在远洋水域呈现多发态势。随着国际社会对海洋权益越来越重视，渔业资源成为海洋权益中的热点。尤其是随着南海海域管辖范围的争端，导致我国与周边海上邻国的交界地点成为非法捕捞的多发地，非法捕捞违法人员既有本国渔民，也有周边邻国渔民，存在案件管辖权争议、执法查处难度大、法律依据不完善等问题。

非法捕捞水产品犯罪不论是内陆水域还是海洋水域，都存在如下共性问题：

第一，侦查取证难。非法捕捞犯罪发生在内陆及海洋水域，作案地点分散，手段比较隐蔽，存在线索发现难的情况。非法捕捞作案多在夜间进行，能见度低，执法记录仪取证难。如果近距离取证，容易被发现，非法捕捞行为人通常会将捕捞工具及渔获物等涉案物品扔到水中，导致重要物证灭失。

第二，价格鉴定难。非法捕捞渔获物的价值认定难，涉嫌犯罪的非法捕捞渔获物多在禁渔期或者禁渔区捕获，司法机关将渔获物委托物价部门进行鉴定时，存在物价部门以此类渔获物没有参照价格为由无法提供鉴定意见，影响了司法办案。尤其在长江十年禁渔背景下，市场上禁止销售长江野生鱼类，销售的水产基本以养殖为主，故物价部门对渔获物市场采价时只能参照市场上养殖的水产品价格，而养殖的水产与长江野生水产价格相差悬殊，按照养殖的水产价格来认定渔获物价值明显不当。

第三，监禁刑适用率低。在刑罚适用方面，实践中非法捕捞水产品罪判处拘役、管制、单处罚金刑等轻缓刑罚种类居多，且监禁刑适用缓刑现象普遍，过低的监禁刑适用率降低了刑罚的威慑力，造成违法犯罪成本太低，客观上导致非法捕捞犯罪现象屡禁不止。

三、非法捕捞水产品罪的概念和构成特征

非法捕捞水产品罪，是指违反保护水产资源法规，在禁渔区、禁渔期或者使用禁用的工具、方法捕捞水产品，情节严重的行为。

（一）客体特征

非法捕捞水产品罪的客体是国家的水产资源保护制度，即行为人实施非法捕捞行为侵害了国家保护生态环境的正常秩序，破坏了国家的水产资源。

（二）客观方面特征

非法捕捞水产品罪在客观方面表现为，违反保护水产资源法规，在禁渔区、禁渔期或者使用禁用的工具、方法捕捞水产品，情节严重的行

为。其中主要包含以下要素：

1. 行为人实施了捕捞水产品的行为

所谓水产品，目前我国相关法律法规并没有一个明确的定义，但理论界和司法实务界普遍认为是指具有一定经济价值的水生生物，根据《水产资源繁殖保护条例》第4条列举的重要或名贵的水生动物和植物来看，水产品应包括鱼类、虾蟹类、贝类、海藻类、淡水食用水生植物类等。需要注意的是，非法捕捞水产品罪中的"水产品"不包括"人工养殖的水产品"。因为非法捕捞他人人工养殖的水产品，主要破坏的是私人的财产所有权，应按财产犯罪来处理；如果是针对自己人工养殖的水产品，无论是电捕、通过拖网还是其他方式，都只是养殖承包户处分私有财产的一种方式。

2. 行为人的行为具有非法性

此处的"非法性"，主要指违反了四个禁止要素中的一项或多项，四个禁止要素分别为禁渔区、禁渔期、禁用工具、禁用方法。

（1）禁渔区。是指对某些重要鱼、虾、贝类或其他水生经济动植物资源的产卵场、越冬场、幼体索饵场、洄游通道及生长繁殖场所等，划定禁止全部作业或者限制作业的一定区域。禁渔区通常系由国务院渔业行政主管部门或者县级以上人民政府渔业行政主管部门规定，为某些重要鱼、虾、蟹、贝、藻类以及其他重要水生生物的产卵场、索饵场、越冬场和洄游通道所划定的区域[①]。如2019年12月27日农业农村部发布的《关于长江流域重点水域禁捕范围和时间的通告》（农业农村部通告〔2019〕4号），其中将《农业部关于公布率先全面禁捕长江流域水生生物保护区名录的通告》（农业部通告〔2017〕6号）公布的长江上游珍稀特有鱼类国家级自然保护区等332个自然保护区和水产种质资源保护区、《农业部关于调整长江流域禁渔期制度的通告》（农业部通告〔2015〕1号）公布的长江干流和重要支流等长江流域重点水域划定为禁渔区。

（2）禁渔期。是指政府规定的禁止或者限制捕捞水产品的期间，是对某些鱼类幼苗出现的不同时期，规定禁止作业或者限制作业的一定期

① 《水产资源繁殖保护条例》第7条规定："对某些重要鱼虾贝类产卵场、越冬场和幼体索饵场，应当合理规定禁渔区、禁渔期，分别不同情况，禁止全部作业，或限制作业的种类和某些作业的渔具数量。"

限，其目的是保护水产品的正常生长或繁殖，保证水产资源得以不断恢复和发展。如农业农村部《关于长江流域重点水域禁捕范围和时间的通告》规定："长江干流和重要支流除水生生物自然保护区和水产种质资源保护区以外的天然水域，最迟自 2021 年 1 月 1 日 0 时起实行暂定为期 10 年的常年禁捕"。为保护长江渔业资源和水生生物环境，设置了 10 年的长江禁渔期。

（3）禁用的方法。是指禁止使用的捕捞方法，也就是严重损害水产资源正常繁殖和生长的方法。如《渔业法》第 30 条所禁止的炸鱼、毒鱼、电鱼等破坏渔业资源的方法。这类方法破坏性大，影响了水生生物的正常繁殖和生长，对水域生态环境的危害较大。以电鱼为例，电压释放的瞬间，电线附近的小鱼一般直接被电死，大鱼即使未当场死亡，性腺也会受损，基本丧失繁殖能力，已经产下的卵也不会孵化，直接造成渔业资源的减少。同时，由于电击会造成一定水域面积内氧气耗尽，对于该水域内的水生生物，如虾类、贝类、藻类、浮游生物等，同样也会因电击或窒息而死亡，这些水生生物若未被及时打捞，腐烂变质后会造成水体污染，不利于渔业的可持续发展。

（4）禁用的工具。是指禁止使用的小于国家对不同捕捞对象所规定的最小网目尺寸的网具，以及其他禁止使用的破坏渔业资源和水域生态环境的渔具。"最小网目尺寸制度"是国家为了防止未达到性成熟的鱼、虾类幼体被一网打尽，控制捕捞强度，保护和合理利用渔业资源所制定的。如对于长江流域重点水域内禁用工具的规定，主要有农业部《关于长江干流实施捕捞准用渔具和过渡渔具最小网目尺寸制度的通告（试行）》（农业部通告〔2017〕1 号）、《长江流域重点水域禁用渔具名录》（农业农村部通告〔2021〕4 号）；对于海洋水域内禁用工具的规定，主要有《关于实施海洋捕捞准用渔具和过渡渔具最小网目尺寸制度的通告》（农业部通告〔2013〕1 号）和《关于禁止使用双船单片多囊拖网等十三种渔具的通告》（农业部通告〔2013〕2 号）。

3. 必须是情节严重的行为

2022 年 4 月 9 日实施的最高人民法院、最高人民检察院《关于办理破坏野生动物资源刑事案件适用法律若干问题的解释》规定，从重处罚的情节包括：（1）暴力抗拒、阻碍国家机关工作人员依法履行职务，尚未构成妨害公务罪、袭警罪的；（2）二年内曾因破坏野生动物资源受过行政处罚的；（3）对水生生物资源或者水域生态造成严重损害的；（4）纠集多条船只非法捕捞的；（5）以非法捕捞为业的。

是否“情节严重”是区分非法捕捞违法行为与犯罪行为的重要标准。作为破坏环境资源犯罪之一，非法捕捞水产品的行为只有达到一定的数量或者价值，或者危害性较大时，才足以侵害到本罪的客体。司法实践中，非法捕捞水产品罪“情节严重”的认定，主要根据作业水域的不同，以《立案追诉标准规定（一）》第63条、《海域规定（二）》第4条、《非法捕捞意见》第2条、《关于办理破坏野生动物资源刑事案件适用法律若干问题的解释》第3条等司法解释规定作为参照依据。

需要注意的是，行为人的行为虽然在形式上违反了禁止要素中的多项，但根据渔获物的数量、价值和捕捞方法、工具等，认为对水生生物资源危害明显较轻的，综合考虑行为人自愿接受行政处罚、积极修复生态环境等情节，可以认定为犯罪情节轻微，不起诉或者免予刑事处罚；情节显著轻微危害不大的，不作为犯罪处理。

（三）主体特征

本罪的主体是一般主体，既可以是达到刑事责任年龄、具有刑事责任能力的自然人，也可以是单位。如《非法捕捞意见》第2条第4款规定：“水产品交易公司、餐饮公司等单位实施本意见规定的行为，构成单位犯罪的，依照本意见规定的定罪量刑标准，对直接负责的主管人员和其他直接责任人员定罪处罚，并对单位判处罚金。”

（四）主观方面特征

非法捕捞水产品罪主观方面表现为故意，对于是基于营利还是其他目的，并不影响犯罪故意的认定。犯罪故意包括认识因素和意志因素两方面。

认识因素是指认识到作为评价基础的事实，包括对行为性质、行为对象及行为后果的认识。非法捕捞水产品罪的认识因素方面，行为人应当认识到自己所捕捞的是水产品，但并不要求他能认清所捕捞的水产品的种类、数量、作业水域属性、具体的危害后果。

意志因素是指希望或者放任结果的发生。非法捕捞水产品罪的意志因素方面，行为人知道或者应当知道在禁渔期、禁渔区内，或者使用禁用的方法或者工具进行捕捞，仍积极追求或放任对渔业资源及水域生态环境资源的破坏结果发生。

综上，本罪的主观方面并不要求行为人明知自己的行为具体违反了哪项水产资源法规，也不要求明知自己的行为被刑法所禁止，但是需要认识到自己捕捞的为水产品，并且知道或应当知道自己捕捞时是在禁渔期、禁渔区内或者使用的是禁用方法、禁用工具。

四、非法捕捞水产品罪的追诉标准

2008 年 6 月 25 日，最高人民检察院、公安部《立案追诉标准规定（一）》第 63 条规定："违反保护水产资源法规，在禁渔区、禁渔期或者使用禁用的工具、方法捕捞水产品，涉嫌下列情形之一的，应予立案追诉：（一）在内陆水域非法捕捞水产品五百公斤以上或者价值五千元以上的，或者在海洋水域非法捕捞水产品二千公斤以上或者价值二万元以上的；（二）非法捕捞有重要经济价值的水生动物苗种、怀卵亲体或者在水产种质资源保护区内捕捞水产品，在内陆水域五十公斤以上或者价值五百元以上，或者在海洋水域二百公斤以上或者价值二千元以上的；（三）在禁渔区内使用禁用的工具或者禁用的方法捕捞的；（四）在禁渔期内使用禁用的工具或者禁用的方法捕捞的；（五）在公海使用禁用渔具从事捕捞作业，造成严重影响的；（六）其他情节严重的情形。"

2016 年 8 月 1 日，最高人民法院《海域规定（二）》调整了海洋水域非法捕捞水产品行为的追诉标准，其中第 4 条规定："违反保护水产资源法规，在海洋水域，在禁渔区、禁渔期或者使用禁用的工具、方法捕捞水产品，具有下列情形之一的，应当认定为刑法第三百四十条规定的'情节严重'：（一）非法捕捞水产品一万公斤以上或者价值十万元以上的；（二）非法捕捞有重要经济价值的水生动物苗种、怀卵亲体二千公斤以上或者价值二万元以上的；（三）在水产种质资源保护区内捕捞水产品二千公斤以上或者价值二万元以上的；（四）在禁渔区内使用禁用的工具或者方法捕捞的；（五）在禁渔期内使用禁用的工具或者方法捕捞的；（六）在公海使用禁用渔具从事捕捞作业，造成严重影响的;（七）其他情节严重的情形。”

2020年12月17日，最高人民法院、最高人民检察院、公安部、农业农村部《非法捕捞意见》第2条第1款规定:“违反保护水产资源法规，在长江流域重点水域非法捕捞水产品，具有下列情形之一的，依照刑法第三百四十条的规定，以非法捕捞水产品罪定罪处罚: 1. 非法捕捞水产品五百公斤以上或者一万元以上的; 2. 非法捕捞具有重要经济价值的水生动物苗种、怀卵亲体或者在水产种质资源保护区内捕捞水产品五十公斤以上或者一千元以上的; 3. 在禁捕区域使用电鱼、毒鱼、炸鱼等严重破坏渔业资源的禁用方法捕捞的; 4. 在禁捕区域使用农业农村部规定的禁用工具捕捞的; 5. 其他情节严重的情形。”

2022年4月9日，最高人民法院、最高人民检察院《关于办理破坏野生动物资源刑事案件适用法律若干问题的解释》第3条第1款规定:“在内陆水域，违反保护水产资源法规，在禁渔区、禁渔期或者使用禁用的工具、方法捕捞水产品，具有下列情形之一的，应当认定为刑法第三百四十条规定的‘情节严重’，以非法捕捞水产品罪定罪处罚:（一）非法捕捞水产品五百公斤以上或者价值一万元以上的;（二）非法捕捞有重要经济价值的水生动物苗种、怀卵亲体或者在水产种质资源保护区内捕捞水产品五十公斤以上或者价值一千元以上的;（三）在禁渔区使用电鱼、毒鱼、炸鱼等严重破坏渔业资源的禁用方法或者禁用工具捕捞的;（四）在禁渔期使用电鱼、毒鱼、炸鱼等严重破坏渔业资源的禁用方法或者禁用工具捕捞的;（五）其他情节严重的情形。”

上述司法解释分别规定了一般水域、海域、长江流域非法捕捞水产品罪的追诉标准，既有渔获物数量或价值来作为情节严重情形的标准，也有在禁渔期或禁渔区使用禁用的工具或者方法捕捞入罪的情形。同时，都规定了“其他情节严重”的兜底性情形。基于现在水产品资源的匮乏，非法捕捞渔获物数量少、价值低，适用数量或者价值标准入罪的案件非常少。

第二节 非法捕捞水产品罪的证据审查

非法捕捞水产品犯罪证据种类不复杂，数量也不大，且证据在时间跨度和空间跨度上都比较集中。但该类犯罪证据收集存在较强的时效性，即在案发时就要尽最大可能将所有证据收集到位，后期补查证据的可能性较小。检察机关应紧紧围绕证据的真实性、合法性、关联性，引导侦查部门依法全面、客观、及时收集、固定相关证据，保证办案质效。

同时，非法捕捞水产品罪作为行政犯，在收集证据时应注意行政执法过程中收集的证据的有效转化。2019 年 12 月 30 日起施行的《人民检察院刑事诉讼规则》第 64 条规定："行政机关在行政执法和查办案件过程中收集的物证、书证、视听资料、电子数据等证据材料，经人民检察院审查符合法定要求的，可以作为证据使用。行政机关在行政执法和查办案件过程中收集的鉴定意见、勘验、检查笔录，经人民检察院审查符合法定要求的，可以作为证据使用。"《非法捕捞意见》第 3 条第 3 款也规定，"对于农业农村（渔政）部门等行政机关在行政执法和查办案件过程中收集的物证、书证、视听资料、电子数据等证据材料，在刑事诉讼或者公益诉讼中可以作为证据使用"。所以，行政执法过程中收集的实物证据与鉴定意见可以直接作为刑事证据使用，除鉴定意见以外的言词证据需要重新收集。

一、非法捕捞水产品罪的证据要件

（一）客体方面的证据要件

收集证据用以证实行为人非法捕捞的行为造成了渔业资源的减少，或者可能造成水域生态环境的破坏。应当重点收集并审查以下证据：

1. 审查渔获物情况

（1）渔获物的扣押笔录、扣押清单、称重记录、种类鉴定意见、价值认定意见、处理情况说明，证明涉案渔获物的重量、种类、价值、存活、放生情况，以体现捕捞行为对渔业资源的影响。

具有重要经济价值的水生动物苗种、怀卵亲体的认定意见，同渔获物品种的认定，需出具行政执法机关认定意见或者专业鉴定机构的鉴定意见。

对于渔获物是否系活体的审查。非法捕捞的渔获物系胭脂鱼等国家重点保护的珍贵、濒危野生动物的情况下，可能构成危害珍贵、濒危野生动物罪，捕捞的水生保护鱼类系活体还是死体，会影响犯罪事实、量刑情节的认定。

（2）渔获物的称重证据。非法捕捞的渔获物应当经犯罪嫌疑人清点并称重，并对称重过程采用录像、照片等形式予以固定。

（3）渔获物的价值，根据销赃数额认定；无销赃数额、销赃数额难以查证或者根据销赃数额认定明显偏低的，根据市场价格核算；仍无法认定的，由农业农村（渔政）部门认定或者由有关价格认证机构作出认证并出具报告。

（4）收集参与恢复性司法的相关证据。如果行为人在犯罪后积极参与赔偿生态环境修复费、劳务代偿、增殖放流等对渔业资源和水域生态环境的修复活动，也应当收集相关证据，主要为行为人与鱼苗场签订的增殖放流工作备案、收据、劳役代偿协议等。

2. 审查下游犯罪及共同犯罪情况

（1）审查有无行为人事先参与非法捕捞犯罪同谋，进行内部分工，实施运输、销售等行为，对此类行为人应以非法捕捞水产品罪共犯论处。

（2）审查有无行为人明知他人从事非法捕捞活动，仍长期为他人提供运输工具、交易场所、便利设施谋取利益的，对此类行为应以非法捕捞水产罪共犯论处。

（3）讯问犯罪嫌疑人时，详细讯问渔获物的去向及赃款的下落。

（二）客观方面的证据要件

对于非法捕捞水产品的行为人，在客观上要注意对四个禁止要素的审查，即行为人是否在禁渔期、禁渔区、使用禁用的工具或禁用的方法进行捕捞，实务中应围绕构成要件要素进行重点审查。

1. 禁渔区

禁渔区的认定主要有两个步骤，第一步是明确非法捕捞的作业水域，第二步是确认该作业水域系禁渔区。主要审查以下证据：

（1）犯罪嫌疑人对非法捕捞地点的辨认笔录、录像照片资料、行政执法机关或侦查机关出具的水域位置说明，证实进行捕捞活动的具体水域位置。

（2）涉案水域的禁渔区管理规定、行政执法机关出具的水域情况说明，证实涉案水域属于禁渔区。

2. 禁渔期

禁渔期的认定也有两个步骤，第一步是核实非法捕捞的作业时间，第二步是明确案发时在该作业水域的禁渔期内。主要审查以下证据：

（1）犯罪嫌疑人的供述、目击者或抓获者等证人证言，证实进行捕捞活动的作业时间。

（2）犯罪嫌疑人对非法捕捞地点的辨认笔录、录像照片资料、行政执法机关或侦查机关出具的水域位置说明，证实进行捕捞活动的具体水域位置。

（3）涉案水域的禁渔期规定、行政执法机关出具的水域情况说明，证实案发时间属于涉案水域的禁渔期。

3. 禁用的工具

根据《渔业法》第 30 条第 2 款的规定，重点保护的渔业资源品种及其可捕捞标准，禁渔区和禁渔期，禁止使用或者限制使用的渔具和捕捞方法，最小网目尺寸以及其他保护渔业资源的措施，由国务院渔业行政主管部门或者省、自治区、直辖市人民政府渔业行政主管部门规定。据此，行为人使用的渔具是否属于禁用的工具应当由渔政部门进行确认，主要是由渔政部门在上述渔具渔法评估报告和检测报告的基础上，结合涉案水域禁止使用的渔具目录和最小网目尺寸规定，出具涉案渔具认定意见，证实渔具属于涉案水域内禁止用于捕捞的工具。主要审查以下证据：

（1）渔具的扣押笔录、扣押清单、刑事摄影照片，如实填写品名、数量、特征，并妥善保管，证实涉案渔具被用于捕捞活动，以及其外观特征。

（2）渔具渔法评估报告，证实渔具的作业原理、方法及属性；对于没有查获渔获物的案件，还应委托检测机构进行渔具检测，如对电捕鱼工具的输出峰值电压、输出脉冲重复周期、输出脉宽等项目进行测试，证明渔具可以正常运转，能被用于捕捞活动，必要时可开展侦查实验。

（3）渔业主管部门出具的关于作案工具、作案方法的认定意见，审查认定部门的资格、认定依据等。

4. 禁用的方法

禁用方法的证据审查由渔政部门进行确认，主要是由渔政部门在上述渔具渔法评估报告和检测报告的基础上，结合渔具的工作原理，比照渔业法等规定，出具涉案渔具作业方法的认定意见，证实该种捕捞方法属于禁用方法。难以确定的，可由司法鉴定机构出具鉴定意见，或者由农业农村部指定的机构出具报告。证据审查的重点与禁用工具的大致相同。

5. “情节严重”程度

对于行为人是否具有“情节严重”情形，主要可以围绕两方面开展审查：一方面是对非法捕捞行为的后果进行评价，另一方面是对既往非法捕捞行为进行审查。前者包括的证据内容已在“客体方面的证据要件”部分予以列明，对于后者需要收集和审查的证据主要如下：

（1）犯罪嫌疑人及同案犯的供述、相关目击者或涉案人员等证言，证实既往非法捕捞行为的实施情况，以及相关渔获物的处理方式、去向。

（2）相关渔获物的销赃记录，包括账本、账单等书证，及微信、支付宝记录等电子数据，证实既往非法捕捞的数额。对于证明销赃的交易记录，某些渔获物的种类名或重量记录较为简略，如大刀、中刀、小刀、毛刀具体指向何种鱼种、规格，重量单位是斤还是公斤，都需要通过制作讯问笔录向犯罪嫌疑人进一步核实，必要时，可将交易记录整理成表格，交犯罪嫌疑人确认。

对于携带相关工具但是否实施电鱼、毒鱼、炸鱼等非法捕捞作业，是否进入禁捕水域范围以及非法捕捞渔获物种类、数量等事实难以直接认定的，可以根据现场执法记录视频、案发现场周边视频监控、证人证言等证据材料，结合犯罪嫌疑人的供述和辩解等，综合作出认定。

6. 从重处罚情节

行为人的从重处罚情节主要包括：（1）暴力抗拒、阻碍国家机关工作人员依法履行职务，尚未构成妨害公务罪、袭警罪的；（2）二年内曾因破坏野生动物资源受过行政处罚的；（3）对水生生物资源或者水域生态造成严重损害的；（4）纠集多条船只非法捕捞的；（5）以非法捕捞为业的。

上述第（2）种情形需要的证据内容包含主体方面前科劣迹查证部分；第（5）种情形需要的证据内容与主观方面证据要件审查行为人职业、工作情况相重合。其余情形需要收集和审查的证据主要如下：暴力抗拒、阻碍国家机关工作人员依法履行职务情形，需要结合犯罪嫌疑人和同案犯的供述，相关目击证人、涉案人员、执法人员等证言，执法记录仪等监听监控设备拍摄的视听资料，现场照片，执法机关出具的执法经过，侦查机关出具的到案经过，人身检查记录和鉴定意见等，查明国家机关工作人员履行职务情况、行为人客观行为的暴力特征和阻碍情况。纠集多条船只非法捕捞情形，需要结合上一情形中除人身检查记录、鉴定意见以外的证据，再结合船舶登记情况、行驶轨迹等客观证据予以认定。对水生生物资源或者水域生态造成严重损害情形，需要结合水域特征、功能、生态链体系，渔获物的种类、数量、价值，非法捕捞行为对水域和水生物造成的直接和间接危害予以认定，必要时可由农业农村（渔政）部门、生态环境资源保护单位以及有专门知识的人出具意见，综合认定损害情形。

（三）主体方面的证据要件

非法捕捞水产品罪的主体为一般主体，司法实践中多以自然人犯罪为主，其中共同犯罪占比较大，故在收集和审查证据过程中，不仅要注意准确区分自然人犯罪和单位犯罪，而且要注意对个人犯罪、共同犯罪的区分。

1. 自然人犯罪主体

证明自然人已达刑事责任年龄，且具备刑事责任能力，证据要件如下：

（1）公安机关出具的户籍证明、身份证、护照或者其他有效证件，证明犯罪嫌疑人已达到刑事责任年龄；对身份信息真实性有疑问的，还应向犯罪嫌疑人户籍所在地户籍管理部门进行查证；无护照、有效证件或者对护照、有效证件的真实性有疑问的，应当通过外事部门进行调查；如可能为未成年犯罪嫌疑人，可收集其出生医学证明、户籍资料底卡、人口普查材料、学籍登记、兵役登记、独生子女登记、亲友证言等，查证犯罪嫌疑人的真实年龄，必要时，可以委托鉴定机构进行骨龄鉴定。

（2）如犯罪嫌疑人的言行举止反映其可能患有精神性疾病，可能缺乏全部或部分辨认能力或控制能力，应当收集其病历、亲属证言等证明犯罪嫌疑人刑事责任能力的证据，必要时，应对犯罪嫌疑人的精神状况进行鉴定。

（3）刑事判决书、裁定书、释放证明书、行政处罚决定书等，证明犯罪嫌疑人的前科劣迹情况。

（4）如同案有多名犯罪嫌疑人，则应收集微信聊天记录、通话记录、犯罪嫌疑人的供述、辨认笔录、相关涉案人员的证人证言，区分个人犯罪与共同犯罪，查证各犯罪嫌疑人在共同犯罪中的地位和作用，以及是否存在事先共谋。

2. 单位犯罪主体

要区分自然人犯罪和单位犯罪，需重点围绕犯罪体现的是个人意志还是单位意志进行证据收集和审查判断，如构成单位犯罪，则还需进一步明确负直接责任的主管人员和其他直接责任人员的情况。需要注意的是，如果单位已被撤销、注销、吊销营业执照或者宣告破产的，则可以对直接负责的主管人员和其他直接责任人员予以追诉；如果单位已经分立或合并，提起公诉时应当将原单位列为被告单位，并注明合并、分立情况，同时对原被告单位的直接负责的主管人员和其他直接责任人员追究刑事责任。

（1）证明单位犯罪主体，应主要收集证明单位基本情况的证据，具体包括：

①证明国家机关、事业单位、社会团体性质的相应法律文书，机关、团体法人代码。

②企业法人营业执照、法人工商注册登记证明、法人设立证明、税务登记证、享受税收减免优惠政策的有关证明、办公地和主要营业地证明等。

③银行账号证明、注册资料、年检情况、审计或清理证明等，证明单位管理情况及资产收益、流向、处分等情况。

④单位已经被撤销、分立、合并的，应由主管单位及分立、合并后

的单位出具证明。

（2）证明单位意志，应主要收集体现经单位集体研究决定，且违法所得归单位所有的证据，具体包括：

①集体讨论记录、有关负责人签署的文件、法定代表人的供述、相关人员的证人证言，证实决定为经单位集体研究决定。

②相关业务合同、银行账号交易记录、财务账目，证实违法所得归单位所有。

（3）证明直接责任的主管人员和其他直接责任人员的情况及作用的证据，具体包括：

①单位章程、组织人事部门的任命文件、岗位职责说明等，证实单位的组织形式，以及直接负责的主管人员和其他直接责任人员情况。

②犯罪嫌疑人供述、相关人员的证人证言，证实单位犯罪中直接责任的主管人员和其他直接责任人员的作用。

（四）主观方面的证据要件

主观方面的证据审查是非法捕捞水产品犯罪证据审查的重点和难点。因为关于“禁渔区、禁渔期或者使用禁用的工具、方法”这些客观行为方式的界定一般由相关法规或规章予以明确，但主观方面的证据根据不同的追诉标准有不同的要求。一般来说，判断非法捕捞水产品犯罪的主观故意应当根据行为人的供述和辩解，并结合其住址、职业、身份、前科劣迹情况、现场收集的书证等证据综合判断。

1. 讯问犯罪嫌疑人注重从以下几个方面审查主观明知：

（1）平时的职业和工作情况，是渔民还是其他从业人员，渔民一般知晓禁渔期、禁渔区的相关规定，其他从业人员尤其是一些外地无业人员，对当地的禁渔制度认知程度不高。

（2）户籍及经常居住地情况，经常居住在海边、江边的人员对禁渔的相关规定更清楚。

（3）对禁渔期、禁渔区的认知，是否知晓捕捞水域或附近水域有禁渔的规定，是通过何种渠道知道这些规定的，相关新闻媒体有无宣传报道，行政执法部门有无开展过巡查活动，捕捞水域附近有相关告示牌或张贴宣传单，对禁渔期的起始时间是否知晓，对禁渔区的范围是否知晓。

（4）审查作案手段，讯问使用的捕捞工具或方法的工作原理、结构构造，捕捞工具的来源，捕捞作业时对渔业资源和周边水域环境的影响。

（5）对自然保护区或水产种质资源保护区的主观明知，有无在捕捞水域附近看见或听说相关公示牌，捕捞水域与其他水域在渔业资源数量、质量、渔政部门巡查频次、保护程度等方面有无差异，为何在该水域非法捕捞而不在其他水域非法捕捞，选择捕捞地点的理由。

（6）审查作案时间，一般犯罪嫌疑人多选择晚上或凌晨作案，讯问选择作案时间的理由。

2. 收集渔政部门在涉案水域附近开展非法捕捞巡查及开展大范围宣传的相关证据，收集案发水域附近对禁渔区、禁渔期及禁用工具、方法的宣传资料，包括案发水域附近张贴的禁渔宣传单、设置的告示牌，以及上述宣传地点距离案发水域的距离，综合判断行为人对禁渔期、禁渔区的主观明知。

3. 随机找犯罪嫌疑人居住地的居民取证，询问是否对禁渔期、禁渔区、禁用的工具、禁用的方法有所了解，收集足以证明犯罪嫌疑人对禁渔期、禁渔区、禁用的工具、禁用的方法在主观上应当明知的证据。

二、非法捕捞水产品罪常见证据审查

（一）禁渔区、禁渔期、禁用的工具、禁用的方法的认定及审查

对于禁渔区、禁渔期、禁用的工具、禁用的方法的认定，一些常识性的问题可以由检察机关直接比对相关行政法规予以认定，不需要相关部门出具认定意见或鉴定意见。例如禁渔区、禁渔期的认定，检察机关可以根据禁渔期、禁渔区的公告直接认定作案时间是否在禁渔期，作案地点是否在禁渔区。又如电鱼、炸鱼等一些常识性的禁用的工具或者禁用的方法，可以由检察机关直接认定。对于禁渔期的争议一般不大，实践中基本都是办案机关直接认定。

但对于有争议的水域、有争议的禁用的工具、禁用的方法，则要由渔政部门出具认定意见或者由鉴定机构出具鉴定意见。尤其是随着非法捕

捞手段的更新变化，一些新型的捕捞工具或方法层出不穷，因涉及作案工具的工作原理、设备性能、对渔业资源的影响等专业判断，检察机关一般不直接认定，要由渔政部门出具认定意见或鉴定机构出具鉴定意见。

值得注意的是，以上认定意见或鉴定意见并不当然被采信，检察机关要从认定对象、认定主体、认定依据等方面对认定意见进行审查，要从鉴定资格资质、鉴定人员资质、送检程序、鉴定程序等多方面进行审查，以确定该认定意见或鉴定意见是否可以采信。对于禁渔区的认定，要结合现场检查笔录、现场辨认笔录等证据确定非法捕捞的确切地点，必要时认定或鉴定人员要赴案发现场确认。对于禁用的工具、禁用的方法，原则上要进行实物审查，侦查机关做好涉案工具的扣押及移送手续，对于实物实在不宜移送的，才结合刑事摄影照片、犯罪嫌疑人供述等证据进行审查认定。

（二）渔获物的价值认定及审查

渔获物较少且系普通渔获物、渔获物价值非必需的入罪要件的，可以不进行价格鉴定。例如符合“双禁”的非法捕捞行为，渔获物的价值数额不影响入罪。但在渔获物数量多或存在珍贵、濒危鱼种的情况下，渔获物价值即使不影响入罪，也会影响量刑，因此需确认渔获物的价值。认定渔获物的价值，分为已销售渔获物的价值认定和未销售渔获物的价值认定两种情况。

1. 已销售渔获物的价值认定

主要根据渔获物的销售价格来确定，通过调取账本、相关转账记录、支付凭证确认渔获物价值。上述书证缺失的情况下，可结合犯罪嫌疑人及渔获物获取者的言词证据等确定。但如果价格明显不符合市场行情，明显偏低的，应根据《非法捕捞意见》第3条第4项的规定，委托价格认证机构根据市场价格来核算涉案渔获的价值。

2. 未销售渔获物的价值认定

在渔获物没有销售或者准备销售的情况下，审查行为人的销货渠道、之前的销售价格等来确定销售价格。如果无法查证销赃价格，或根据销赃数额认定明显偏低的，委托价格认证机构根据市场价格来核算涉案渔获的价值。

第三节　非法捕捞水产品罪的认定处理

一、非法捕捞水产品罪的罪与非罪

（一）合法捕捞与非法捕捞水产品

《渔业法实施细则》第19条规定："因科学研究等特殊需要，在禁渔区、禁渔期捕捞，或者使用禁用的渔具、捕捞方法，或者捕捞重点保护的渔业资源品种，必须经省级以上人民政府渔业行政主管部门批准。"根据上述规定，行为人出于科学研究等特殊需要，经省级以上人民政府渔业行政主管部门批准后，即使客观上实施了在禁渔区、禁渔期捕捞，或者使用禁用的渔具、捕捞方法，或者捕捞重点保护的渔业资源品种，也不具有违法性。

区分合法捕捞和非法捕捞水产品犯罪，可以重点关注以下三个方面：

1. 非法捕捞的目的。合法捕捞的目的是基于科学研究等特殊需要，而非出于牟利目的，具体可以通过询问行为人、查验行为人的身份、查明渔获物的去向等方式进行核查。

2. 是否获得合法批准。我国对捕捞业实行捕捞许可证制度，行为人合法捕捞的前提是因教学、科研等特殊需要，向省级以上人民政府渔业行政主管部门提交项目计划、调查区域及上船科研人员名单，用于申请专项（特许）渔业捕捞许可证，租用渔船进行科研、资源调查活动，还需提供租用使用协议，行政执法机关或司法机关可以通过查验专项（特许）渔业捕捞许可证来认定捕捞行为是否获得合法批准。

3. 作业内容是否在核准范围内。行为人出于科研等特殊需要，虽然可以在禁渔区、禁渔期捕捞，或者使用禁用的渔具、捕捞方法，或者捕捞重点保护的渔业资源品种，但必须严格按照专项（特许）渔业捕捞许可证核准的捕捞内容进行作业，其中包括作业类型、作业场所、捕捞品种等，超出核准范围的行为依然具有违法性。

（二）一般违法行为与犯罪行为

一般违法行为和犯罪行为都是具有社会危害性的行为，二者的区别在于危害程度的大小。根据《刑法》第13条的规定，情节显著轻微危害不大的，不认为是犯罪。这是罪与非罪的界限。从非法捕捞水产品罪的罪状表述来看，一般违法行为要上升到犯罪，必须满足“情节严重”。所以，区分非法捕捞水产品违法行为与犯罪行为，需要重点关注行为人违法的严重程度。

上文已经以《立案追诉标准规定（一）》《海域规定（二）》和《非法捕捞意见》为依据，对属于本罪“情节严重”的情形进行了分析，由于相关规定采用了列举模式，所以不属于明文列举的内容，不应做扩大解释。对于未按渔业法规定取得捕捞许可证而擅自进行捕捞，数量不大的，或是违反捕捞许可证关于作业类型、场所、方式等核准内容进行捕捞的，这类行为本身社会危害性并不大，也仅属于一般违法行为，由渔业主管部门等依据渔业法等法律法规予以行政处罚；构成违反治安管理行为的，由公安机关依法给予治安管理处罚。同时，如“禁渔区+禁渔期”或“禁用工具+禁用方式”等未达到数量或者价值入罪标准的情形，虽然也具有比较严重的社会危害性，但是由于入罪依据的缺失，不应作为犯罪进行打击。

二、非法捕捞水产品罪的此罪与彼罪

（一）非法捕捞水产品罪与掩饰、隐瞒犯罪所得罪

收售非法捕捞渔获物的行为在非法捕捞水产品案件中极为常见。对于收赃者，司法实践中存在认定为非法捕捞水产品罪的共犯和认定构成掩饰、隐瞒犯罪所得罪两种不同的结果，区分的关键在于行为人之间是否存在非法捕捞的事先共谋。

最高人民法院、最高人民检察院、公安部、司法部《关于依法惩治

非法野生动物交易犯罪的指导意见》第5条规定："明知他人实施非法野生动物交易行为，有下列情形之一的，以共同犯罪论处：（一）提供贷款、资金、账号、车辆、设备、技术、许可证件的；（二）提供生产、经营场所或者运输、仓储、保管、快递、邮寄、网络信息交互等便利条件或者其他服务的；（三）提供广告宣传等帮助行为的。"《非法捕捞意见》第2条第3款规定："明知是在长江流域重点水域非法捕捞犯罪所得的水产品而收购、贩卖，价值一万元以上的，应当依照刑法第三百一十二条的规定，以掩饰、隐瞒犯罪所得罪定罪处罚。"

由上述规定可知，对于事先有预谋、有组织地实施团伙式的非法捕捞犯罪，即经事先共谋，上游由渔民负责沟通联络、物资补给、渔获物处置，下游由水产品经营商负责收购非法捕捞所得后转销，违法所得根据事先约定予以分配，对于这种模式中的收赃者，应当一并认定为非法捕捞水产品罪的共犯。对于事先没有参与预谋，只是明知所收购的渔获物为非法捕捞所得，如果收购的赃物价值达到追诉标准，则应当认定收赃者构成掩饰、隐瞒犯罪所得罪。

例如，2018年6月初，被告人肖某某、陈某某、鲍某甲、何某某、纪某某、叶某某及鲍某乙（另案处理）等人商量禁渔期出海捕捞事宜，鲍某甲、何某某、纪某某、叶某某等人负责出海捕捞，陈某某负责收购各船渔获物，肖某某负责销售渔获物，陈某某、肖某某从每艘船的渔获物售卖款中共同抽成23%，根据捕捞情况进行五五或四六分成。2018年6月11日、12日，被告人鲍某甲、何某某、纪某某、叶某某、朱某某等人的8艘船相继出海，使用禁用网具在南韭山海域多次进行流刺网作业，非法捕捞水产品约2400箱，共约37000千克（价值共计约人民币60万元）。被告人钱某某经陈某某雇佣驾驶浙椒渔运88626船在海上将上述大部分渔获物予以收购，交由肖某某售卖。

法院认为，被告人肖某某、陈某某、鲍某甲、何某某、纪某某、叶某某、钱某某、朱某某违反保护水产资源法规，结伙在禁渔期使用禁用的工具非法捕捞水产品，情节严重，其行为均已构成非法捕捞水产品罪，且系共同犯罪。[①]

① 参见宁波市北仑区人民法院（2018）浙0206刑初615号刑事判决书。

通过上述案例可以发现，有事先预谋的全链条式非法捕捞水产品犯罪，其恶性明显高于无预谋的掩饰、隐瞒犯罪所得犯罪，但是比较两罪的法定刑却呈现不相适应的情况。根据刑法规定，非法捕捞水产品罪的法定最高刑为3年有期徒刑，而掩饰、隐瞒犯罪所得罪，情节严重的，最高可判处7年有期徒刑，不认定为有预谋的非法捕捞水产品罪的共犯，反而量刑标准更高，这样明显不符合罪责刑相适应的原则。司法机关在罪名适用中应当调整非法捕捞水产品罪的量刑适用标准，以达到罪责刑相适应。

（二）非法捕捞水产品罪与危害珍贵、濒危野生动物罪

危害珍贵、濒危野生动物罪是指违反野生动物保护法规，非法猎捕、杀害国家重点保护的珍贵、濒危野生动物的行为。根据《立案追诉标准规定（一）》第64条第2款的规定，上文所述“珍贵、濒危野生动物”，包括列入《国家重点保护野生动物名录》的国家一、二级保护野生动物、列入《濒危野生动植物种国际贸易公约》附录一、附录二的野生动物以及驯养繁殖的上述物种。

行为人在实施捕捞行为时，由于无法对捕捞的对象进行人为选择，一旦捕到了“珍贵、濒危野生动物”，如我国一级保护野生动物库氏砗磲、中华鲟等，且未在第一时间放生，则可认为其主观上有非法猎捕珍贵、濒危野生动物的故意，并已实施了客观行为，在非法捕捞后杀害或放任该珍贵、濒危野生动物死亡，则构成危害珍贵、濒危野生动物罪。

因此，非法捕捞水产品罪与危害珍贵、濒危野生动物罪的界限，在于捕捞的水产品种类中有“珍贵、濒危野生动物”，行为人的行为可能既符合非法捕捞水产品罪的构成要件，也构成危害珍贵、濒危野生动物罪，根据想象竞合从一重罪处断的原则进行处理。

例如，2019年8月6日，被告人邢某某在未取得捕捞许可证的情况下，驾驶自购渔船，行驶至上海市崇明区佘山岛北面水域，拖网作业实施捕捞，捕获疑似中华鲟活体一条及花鲢、鲈鱼若干，后将上述渔获物放入冰柜。2019年8月7日凌晨，上海市崇明区渔政执法人员至被告人邢某某的渔船进行执法检查，查获已死亡的上述渔获物，并移交公安机关侦查。经上海野生动植物鉴定中心及司法鉴定科学研究院鉴定，确认该疑似中华鲟死亡个体为中华鲟，系国家一级保护野生动物。被告人邢某某的行

为造成国家野生动物资源损失共计4万元。

法院认为，被告人邢某某非法猎捕国家一级保护野生动物中华鲟，并致其死亡，其行为已构成非法猎捕、杀害珍贵、濒危野生动物罪。[①]

（三）非法捕捞水产品罪与投放危险物质罪

投放危险物质罪，是指行为人投放毒害性、放射性、传染病病原体等物质，危害公共安全的行为。如行为人通过毒鱼的方式进行非法捕捞，当该行为可能危害公共安全时，就会同时触犯非法捕捞水产品罪和投放危险物质罪，属于想象竞合犯。由于投放危险物质罪的法定最低刑为3年有期徒刑，而非法捕捞水产品的法定最高刑为3年有期徒刑，所以根据想象竞合从一重罪处罚的处断原则，以投放危险物质罪入罪处罚。区别两罪的关键，在于审查非法捕捞的行为是否可能危害公共安全，即在造成渔业资源和水域生态环境遭受破坏的同时，对不特定多人的生命、健康或者其他财产也造成严重威胁。

例如，2017年11月2日晚上21时许，被告人邹某某准备了甲氰菊酯、头灯、下水裤、蛇皮袋、捞网、剪刀等工具来到松阳县周岭根村。邹某某沿着“金坑源”上游往上，在周岭根村自来水饮用水池上游200米“和尚山”处倒入3瓶甲氰菊酯农药用以毒鱼，后又在周岭根村自来水饮用水池斜对面的“柿树弯”处再次倒入2瓶甲氰菊酯，并将农药空瓶扔在附近。投毒后，邹某某一路沿着溪水往下捡石斑鱼，直至次日凌晨2、3点时，共捡得石斑鱼约3斤，石蛙3只。后周岭根村村民在“金坑源”溪水里发现大量石斑鱼、螃蟹、石蛙尸体，捡得石斑鱼约8斤、石蛙30余只。被告人邹某某的投毒行为导致“金坑源”溪里的大量水生生物死亡，且导致周岭根村自来水饮用水池污染，造成整村停水2日的严重后果。

法院认为，被告人邹某某在饮用水水源保护区投放毒害性物质，危害公共安全，尚未造成严重后果，其行为已构成投放危险物质罪。[②]

本案中，邹某某明知甲氰菊酯是剧毒农药，仍为了捕鱼在饮用水水

---

① 参见上海市崇明区人民法院（2020）沪0151刑初144号刑事附带民事判决书。需注意的是，“两高”《关于执行〈中华人民共和国刑法〉确定罪名的补充规定（七）》已将该罪名修改为危害珍贵、濒危野生动物罪。

② 参见浙江省松阳县人民法院（2018）浙1124刑初27号刑事判决书。

源保护区内进行投放，投毒行为造成村内饮用水池被污染，整村停水48小时，可以认定其行为对不特定多数人的生命、健康或者其他财产造成严重威胁，在主体、客观方面、主观方面、客体均符合投放危险物质罪的犯罪构成。

（四）非法捕捞水产品罪与盗窃罪

非法捕捞水产品罪与盗窃罪在主观、客观方面并无明显区别，非法捕捞行为也能成为盗窃手段之一，但在犯罪客体和犯罪主体方面有所不同：在犯罪客体方面，非法捕捞水产品罪侵犯的客体是渔业资源和水域生态环境，主要针对的是自然资源，属于破坏环境资源保护犯罪，而盗窃罪侵犯的客体为对公私财产的占有，属于侵财类犯罪；在犯罪主体方面，非法捕捞水产品罪为自然人和单位，而盗窃罪的主体只能是自然人。在司法实践中，可能构成盗窃罪的情形主要为非法捕捞他人人工养殖的水产品。

例如，2017年12月2日18时许，被告人焦某某、魏某某等人明知嘉陵江亭子湖水域已由广元市人民政府许可给广元市嘉某生态渔业开发有限公司（以下简称"嘉某渔业公司"）经营，为捕鱼销售，仍无证驾驶自家机动船使用刺网到嘉陵江水域亭子湖内（小地名：白果乡山溪村十组柳树河附近区域）偷偷拦网捕鱼。当晚21时许，广元市嘉某渔业有限公司管护人员发现后报警。广元市公安局昭化区分局红岩水陆派出所、昭化区农业局渔政管理股到达现场执法，查扣涉案无证船只，捕鱼工具以及渔获物。其中被告人焦某某捕鱼914.76斤，魏某某捕鱼730.2斤。经昭化区发展和改革局价格认证中心鉴定：焦某某所捕鱼价值人民币7374元；魏某某所捕鱼价值人民币8016元。

法院认为，被告人焦某某、魏某某以非法占有为目的，盗捕广元市嘉某生态渔业开发有限公司养殖区域内的鱼，属于秘密窃取他人财物行为，且数额较大，其行为触犯《中华人民共和国刑法》第264条的规定，构成盗窃罪。①

① 参见四川省广元市昭化区人民法院（2018）川0811刑初36号刑事判决书。

三、非法捕捞水产品罪的其他有关问题

（一）恢复性司法的适用

对于非法捕捞水产品的犯罪行为进行入罪打击，体现了刑事司法的惩罚和规制功能，但是由于非法捕捞行为会造成渔业资源和水域生态环境资源的破坏，所以在惩罚犯罪的同时，也要注重对于生态环境的修复，建议适用恢复性司法。司法机关可以积极探索恢复性司法理念与认罪认罚从宽制度的相互衔接，督促犯罪嫌疑人通过"增殖放流"等方式，修复其犯罪行为给渔业资源及生态环境造成的损害。所谓"增殖放流"是指由犯罪嫌疑人购买鱼苗后，通过人工放生的方法，将鱼苗投放入海洋、江河、水库等自然水域，以恢复或者增加种群的数量，加速渔业资源的修复，这是保持生物多样性、促进生态环境可持续发展的一项有效举措。

（二）专门性问题的认定

对于是否在禁渔期、禁渔区内，是否使用禁用工具、禁用方法，渔获物的种类及对水生生物资源的危害程度等专门性问题的认定，侦查机关可以商请农业农村（渔政）部门出具认定意见；难以确定的，由司法鉴定机构出具鉴定意见，或者由农业农村部指定的机构出具报告。对于农业农村（渔政）部门等行政机关在行政执法和查办案件过程中收集的物证、书证、视听资料、电子数据等证据材料，在刑事诉讼或者公益诉讼中，可以作为证据使用。

（三）"反向移送"机制的构建

对于危害水生生物资源的违法行为，如检察机关经审查认为不构成犯罪，或者犯罪情节轻微不需要判处刑罚的，应依法对行为人作出不起诉决定。如认为对被不起诉人还需要给予行政处罚、处分或者需要没收违法所得的，应当根据《刑事诉讼法》第177条的规定，提出检察意见，移送有关主管机关依据《渔业法》等法律法规予以依法处理，并加强跟踪监督，督促主管机关及时将处理结果通知检察机关，加强刑事处罚与行政处罚之间的有效衔接，确保罪责刑相适应。

第四节　相关案例评析

湖南省岳阳市张某节等10人非法捕捞水产品、吴某龙等10人掩饰、隐瞒犯罪所得案①

【基本案情】

2018年4月至2019年5月间，被告人张某节、肖某意、涂某成等10人单独或伙同他人，在禁渔期或在洞庭湖水域的禁渔区内，多次采取电击等禁用方法，或采用“丝网”（注：一种用透明细小尼龙线编织成的小孔径渔网）、“地笼网”（注：一种由网线编成、铁丝或竹篾撑开的，多节、小孔径捕鱼工具）等禁用工具非法捕鱼后，分别销售给被告人吴某龙、伍某区和舒某权等人的收鱼团伙。

吴某龙、伍某区以及舒某权的犯罪团伙均明知收购的鱼系非法捕捞的渔获物，仍加价卖给个体鱼贩被告人朱某辉、蒋某、林某兵和任某。为逃避打击，吴某龙、伍某区和舒某权团伙从不在交易现场露面，只通过电话、微信等方式与朱某辉等鱼贩确定鱼的交易种类、数量、单价和交易地点，再联系非法捕捞人员张某节等人直接将捕得的鱼送至交易地点装车。后朱某辉等人雇车将收购的鱼运至重庆贩卖。

至案发，张某节等10名非法捕捞人员非法获利13万余元，吴某龙、朱某辉等10人非法获利29万余元。

【检察履职】

2020年6月18日，湖南省岳阳市公安局水上警察支队以张某节等10人涉嫌非法捕捞水产品罪、吴某龙等10人涉嫌掩饰、隐瞒犯罪所得罪向

① 参见最高人民检察院“检察为民办实事”之检察机关依法惩治长江流域非法捕捞水产品犯罪典型案例。

湖南省岳阳市君山区人民检察院移送审查起诉。君山区人民检察院针对涉案人员较多、法律关系复杂、涉案时间和地点跨度大等问题，进一步补充收集、固定了相关证据，明确了张某节等人为牟利非法捕捞，并与吴某龙等人建立了相对固定的捕、运、销合作关系，已经形成了“捕捞—收购—运输—销售”非法捕捞渔获物的完整利益链条；进一步核实了涉案水产品的数量和各被告人非法交易的金额。11 月 4 日，君山区人民检察院以被告人张某节等 10 人涉嫌非法捕捞水产品罪、被告人吴某龙等 10 人涉嫌掩饰、隐瞒犯罪所得罪向君山区人民法院提起公诉，并提起附带民事公益诉讼。

2021 年 1 月 26 日至 27 日，君山区人民法院开庭审理了本案。检察机关邀请部分人大代表、政协委员、江豚保护协会的工作人员和渔民代表旁听了庭审。2 月 8 日，君山区人民法院判决认定张某节等 10 人犯非法捕捞水产品罪，吴某龙等 10 人犯掩饰、隐瞒犯罪所得罪，分别判处有期徒刑一年六个月到拘役不等，并处或单处罚金共计 28 万余元，没收全部违法所得 42 万余元。同时，判决 20 名被告人连带承担生态修复费用 59 万余元、专家鉴定费 4 万元。

【典型意义】

我国自 2002 年起试行春季禁渔期（即每年 4 月 1 日至 6 月 30 日），到 2016 年调整禁渔期（即每年 3 月 1 日至 6 月 30 日），再到 2020 年长江流域重点水域实行全面禁渔。禁令之下，虽然各地不断加大打击力度，但长期以来，仍有不法人员为牟取非法利益不惜铤而走险，甚至形成了捕捞、收购、贩卖长江野生鱼的完整产业链。产业链环环相扣、分工明确，通过多次交易，各环节得到不断加固，不仅危害十分严重，打击也十分困难。

为有效预防、惩治非法捕捞水产品犯罪，检察机关要紧盯非法捕捞“捕运销”全链条，将职业化、团伙化非法捕捞作为重点打击、从重处罚的情形。坚持“全链条”打击、打深打透，配合其他执法司法机关斩断非法捕捞供销产业链。对以牟取非法利益为目的非法捕捞的，采取没收违法所得、罚金刑等多种措施进行经济惩罚，并责令其承担生态修复费用，铲除滋生非法捕捞水产品犯罪的土壤。

第五节　相关法律规定

一、法律

1.《中华人民共和国刑法》第三百四十条

2.《中华人民共和国渔业法》第三十条、第三十一条、第三十八条、第三十九条

二、司法解释及规范性文件

1. 最高人民法院《关于审理发生在我国管辖海域相关案件若干问题的规定（二）》第四条

2. 最高人民检察院、公安部《关于公安机关管辖的刑事案件立案追诉标准的规定（一）》第六十三条

3. 最高人民法院、最高人民检察院、公安部、农业农村部《依法惩治长江流域非法捕捞等违法犯罪的意见》第二条、第三条

第三章

危害珍贵、濒危野生动物罪办案指引

第一节 危害珍贵、濒危野生动物罪概述

一、危害珍贵、濒危野生动物罪的立法沿革

我国1979年《刑法》并未就破坏野生动物资源犯罪进行专门的规定，只是把非法狩猎和非法捕捞水产品情节严重的行为规定为犯罪。当时，猎捕、杀害珍贵、濒危野生动物的，以非法捕捞水产品罪或非法狩猎罪定罪处罚，法定最高刑为2年有期徒刑。1980年12月25日，中国加入《濒危野生动植物种国际贸易公约》（简称《华盛顿公约》，英文缩写“CITES”），并于1981年4月8日对中国正式生效。随着经济社会的发展，野生动物资源不断被掠取，国家对野生动物的重视日益加强，颁布了一系列法律、法规和政策。其中，国务院在1983年4月发布了《关于严格保护珍贵稀有野生动物的通令》，在1987年8月发布了《关于坚决制止乱捕滥猎和倒卖、走私珍稀野生动物的紧急通知》，明确禁止猎捕珍稀野生动物和买卖珍贵稀有野生动物及其产品。1988年11月，全国人大常委会审议通过了《野生动物保护法》，同时审议通过了《关于惩治捕杀国家重点保护的珍贵、濒危野生动物犯罪的补充规定》，对1979年《刑法》规定的涉野生动物犯罪作了重要补充，规定“非法捕杀国家重点保护的珍贵、濒危野生动物的，处7年以下有期徒刑或者拘役，可以并处或者单处罚金；非法出售倒卖、走私的，按投机倒把罪、走私罪处刑”。由此将濒危野生动物纳入刑法保护范畴，把珍贵、濒危野生动物从非法捕捞水产品罪、非法狩猎罪中剥离出来，增设了“非法捕杀珍贵、濒危野生动物罪”，把法定最高刑提高到7年有期徒刑，还增补了出售、倒卖、走私珍贵、濒危野生动物的行为以投机倒把罪或走私罪论处的规定，强化了对珍贵、濒危野生动物进行特殊保护的理念。1989年初，根据《野生动物保护法》的相

关规定，原林业部和农业部发布实施了《国家重点保护野生动物名录》，为我国珍贵、濒危野生动物保护起到重要的指引和参考作用。1993年4月14日，原林业部发出通知，决定将《濒危野生动植物种国际贸易公约》（CITES）附录一和附录二所列非原产中国的所有野生动物（如犀牛、食蟹猴、袋鼠、鸵鸟、非洲象、斑马等），分别核准为国家一级和国家二级保护野生动物。[①]1994年5月25日，林业部、公安部发布了《关于陆生野生动物刑事案件的管辖及其立案标准的规定》[②]，规定了非法捕杀国家重点保护珍贵、濒危陆生野生动物犯罪的立案标准和重大案件、特大案件标准，为惩处非法猎捕、杀害野生动物的行为提供指引。上述规定的出台一定程度上填补了1979年《刑法》的空白，也为完善相关立法奠定了基础。

1997年《刑法》将《关于惩治捕杀国家重点保护的珍贵、濒危野生动物犯罪的补充规定》的主要内容纳入刑法规定，同时取消了投机倒把罪，把非法收购、运输、出售珍贵、濒危野生动物、珍贵、濒危野生动物制品的行为从破坏社会主义经济秩序罪转设到“妨害社会管理秩序罪”章的“破坏环境资源保护罪”专节中，表明立法机关充分认识到包括珍贵、濒危野生动物资源在内的环境资源对于人类社会可持续发展、人与自然和谐共处的重要性。专门规定了非法猎捕、杀害珍贵、濒危野生动物罪，增设非法收购、运输、出售珍贵、濒危野生动物、珍贵、濒危野生动物制品罪，适当调整了法定刑幅度。同时，规定了单位犯本罪的处罚：单位犯本罪的，对单位判处罚金，并对其直接负责的主管人员和其他直接责任人员，依照该条规定处罚。此外，1997年《刑法》还将走私珍贵野生动物及其制品罪与一般的走私罪加以区别，不仅认可了珍贵、濒危野生动物及

---

① 1993年4月14日林业部发布《关于核准部分濒危野生动物为国家重点保护野生动物的通知》（林护通字〔1993〕48号）。2003年2月21日，国家林业局令第7号发布，将麝科麝属所有种由国家二级保护野生动物调整为国家一级保护野生动物，以全面加强麝资源保护。2019年，打击野生动植物非法贸易部际联席会议第二次会议，调整发布《国家重点保护野生动物名录》《国家重点保护野生植物名录》。2020年6月，为进一步加大对穿山甲的保护力度，我国将穿山甲属所有种由国家二级保护野生动物提升至一级。2020年6月19日，国家林业和草原局、农业农村部发布关于《国家重点保护野生动物名录》，并公开向社会征求意见。

② 该部门规范性文件被国家林业局、公安部在2001年5月9日发布《关于森林和陆生野生动物刑事案件管辖及立案标准》时废止。

其制品的经济价值，更对其独特的生态资源价值有了深刻的认识。

从1997年《刑法》颁布至今，为强化野生动物保护，依法处理涉野生动物犯罪中的具体问题，我国多次修正《野生动物保护法》《渔业法》等行政法律法规，修订刑法，还发布了一系列司法解释和司法解释性文件，严密打击危害珍贵、濒危野生动物违法犯罪行为的法网。

2000年11月27日，最高人民法院发布了《关于审理破坏野生动物资源刑事案件具体应用法律若干问题的解释》(法释〔2000〕37号)，该解释对《刑法》第341条第1款规定的“珍贵、濒危野生动物”规定为“包括列入《国家重点保护野生动物名录》的国家一、二级保护野生动物、列入《濒危野生动植物种国际贸易公约》附录一、附录二的野生动物以及驯养繁殖的上述物种”，对犯罪行为方式、犯罪情节等进行了详细界定。该解释是近年来司法机关对珍贵、濒危野生动物违法犯罪案件定罪量刑的主要依据。

2001年5月9日，原国家林业局和公安部联合发布《关于森林和陆生野生动物刑事案件管辖及立案标准》，详细规定了有关陆生野生动物刑事案件的管辖范围和立案标准等内容。

2008年6月，最高人民检察院、公安部《关于公安机关管辖的刑事案件立案追诉标准的规定（一）》第64条明确了“珍贵、濒危野生动物”的范围。

2014年4月24日，全国人大常委会《关于〈中华人民共和国刑法〉第三百四十一条、第三百一十二条的解释》，明确了知道或者应当知道是国家重点保护的珍贵、濒危野生动物及其制品，为食用或者其他目的而非法购买的，属于“非法收购”行为。

2016年8月1日，最高人民法院发布了《关于审理发生在我国管辖海域相关案件若干问题的规定（一）》《关于审理发生在我国管辖海域相关案件若干问题的规定（二）》。两个规定明确“中国公民或者外国人在我国管辖海域实施非法猎捕、杀害珍贵濒危野生动物或者非法捕捞水产品等犯罪的，依照我国刑法追究刑事责任”，并对我国管辖海域发生的《刑法》第341条第1款规定犯罪的“情节严重”“情节特别严重”进行了解释。

2018年修订的《野生动物保护法》在珍贵、濒危野生动物保护名录、人工繁育、法律责任等方面有了新的突破。

2020年2月27日，为了全面禁止和惩治非法野生动物交易行为，革除滥食野生动物的陋习，维护生物安全和生态安全，有效防范重大公共卫生风险，切实保障人民群众生命健康安全，加强生态文明建设，促进人与自然和谐共生，全国人大常委会发布实施了《关于全面禁止非法野生动物交易、革除滥食野生动物陋习、切实保障人民群众生命健康安全的决定》。2020年12月26日，第十三届全国人民代表大会常务委员会第二十四次会议通过了《刑法修正案（十一）》，在《刑法》第341条中增加一款作为第3款，落实全国人大常委会发布的《关于全面禁止非法野生动物交易、革除滥食野生动物陋习、切实保障人民群众生命健康安全的决定》。

2021年3月1日实施的最高人民法院、最高人民检察院《关于执行〈中华人民共和国刑法〉确定罪名的补充规定（七）》，取消了《刑法》第341条第1款规定的非法猎捕、杀害珍贵、濒危野生动物罪和非法收购、运输、出售珍贵、濒危野生动物、珍贵、濒危野生动物制品罪罪名，上述两个罪名合二为一，改为危害珍贵、濒危野生动物罪。

2022年4月9日实施的最高人民法院、最高人民检察院《关于办理破坏野生动物资源刑事案件适用法律若干问题的解释》，调整破坏野生动物资源犯罪的定罪量刑标准，全链条惩治破坏野生动物资源犯罪，并对人工繁育野生动物案件的处理规则作出了特殊规定。

二、危害珍贵、濒危野生动物罪的发案态势

据国家林业局森林公安局专报显示，2015年全国森林公安机关共办理破坏野生动物资源案件8493起，非法收购、运输、出售珍贵濒危野生动物及其制品案件数占全部野生动物案件数的42%。利用互联网跨国、跨区域贩卖野生动物案件呈上升趋势，近年来公安机关查办了一批利用互联网贩卖野生动物大案，案件涉案省区多、人数多、价值高，犯罪组织化、团伙化、跨区域化趋势明显。公安部有关人士介绍称，2019年开展的专项行动中，破坏野生动物资源的案件立案1.3万起。据2020年2月27日国务院联防联控机制发布会介绍称，2020年初全国人大常委会出台《关于全面禁止非法野生动物交易、革除滥食野生动物陋习、切实保障人民群众生命健康安全的决定》以来，各地公安机关陆续开展专项打击整治行

动，进一步严厉打击涉野生动物的违法犯罪活动，目前涉及野生动物的新发案件已明显减少，但在一些地区仍时有发生。

根据中国裁判文书网的数据显示，2014 年至 2020 年，已有生效刑事判决的非法收购、运输、出售珍贵、濒危野生动物、珍贵、濒危野生动物制品案件共 6466 宗。首先，从发案趋势来看，在 2014 年至 2020 年期间涉及该罪名的案件整体呈上升趋势，从 2014 年的 429 宗到 2017 年的 926 宗翻了一倍，再到 2020 年的 1914 宗，法院判决生效的案件数在六年间翻了三倍多。其次，从案件的审级来看，其中 94.5% 的案件即 6111 宗在基层法院终审，5.2% 的案件即 337 宗在中级法院终审。最后，从案发地域来分析，案件数量居全国前五的省份分别为云南 1255 宗、广东 648 宗、江苏 503 宗、福建 362 宗、四川 316 宗，该特点与野生动物资源的分布情况、当地的饮食传统习惯等因素有关。从中国裁判文书网的数据来看，2021 年前三个月已有生效刑事判决的非法收购、运输、出售珍贵、濒危野生动物、珍贵、濒危野生动物制品案件仅 114 宗，可见该类案件有下降的趋势。

虽然涉野生动物的新发案件减少，但随着网络形态日益丰富，短视频、直播、微信朋友圈、手机 App 等平台陆续出现为涉嫌非法猎捕行为或非法贩卖野生动物提供便利的内容，网络交易珍贵、濒危野生动物及其制品的违法犯罪行为具有隐蔽性强、违法成本低等特点，交通运输方式多样化也为查处违法犯罪行为增加了难度，司法机关对于危害珍贵、濒危野生动物违法犯罪行为的打击整治仍然任重道远。

三、危害珍贵、濒危野生动物罪的概念和构成特征

危害珍贵、濒危野生动物罪，是指违反野生动物保护法律法规，猎捕、猎杀国家重点保护的珍贵、濒危野生动物的行为，或者收购、运输、出售国家重点保护的珍贵、濒危野生动物及其制品的行为。

由于法律并未对《刑法》第 341 条第 1 款规定的具体罪状和法定刑进行修改，因此本书对客观特征等相关方面仍然按照非法猎捕、杀害珍贵、濒危野生动物和非法收购、运输、出售珍贵、濒危野生动物、珍贵、

濒危野生动物制品两大类别予以阐述。[①]

（一）客体特征

本罪侵犯的客体是国家对珍贵、濒危野生动物及其制品的管理制度。认定本罪时，要特别注意行为是否侵犯了国家对珍贵、濒危野生动物资源的保护管理制度，而不能仅凭客观行为来认定本罪。例如，动物园管理者因搬迁需要，但未经林业主管部门批准，将动物园的华南虎运输至异地，不能认定为非法运输珍贵、濒危野生动物。

珍贵、濒危野生动物是国家的宝贵自然资源，对维护生物多样性和生态安全具有重要意义。因此，国家通过一系列法律、法规保护野生动物，特别是对珍贵、濒危野生动物予以重点保护。如，2018 年修订的《野生动物保护法》规定，野生动物资源属于国家所有，保护野生动物及其栖息地，禁止猎捕、杀害国家重点保护野生动物。2016 年修订的《陆生野生动物保护实施条例》第 8 条规定，县级以上各级人民政府野生动物行政主管部门，应当组织社会各方面力量，采取生物技术措施和工程技术措施，维护和改善野生动物生存环境，保护和发展野生动物资源。禁止任何单位和个人破坏国家和地方重点保护野生动物的生息繁衍场所和生存条件。《水生野生动物保护实施条例》也有类似规定。非法猎捕、杀害、收购、运输、出售珍贵、濒危野生动物，将加剧珍贵、濒危野生动物灭绝的危险，这严重侵害了国家对珍贵、濒危野生动物的保护和管理制度，危害生态安全，应依法惩处。

例如，2019 年 2 月，犯罪嫌疑人杜某某驾车回乡祭祖行至通江县松溪乡杜家坪村地段，发现附近水沟处有一只左后腿受伤的猴子，在未向野生动物保护相关部门报告、未经相关部门同意的情况下，将该猴子带回通江县家中处理伤口、饲养。同年 4 月，犯罪嫌疑人杜某某外出工作，遂让好友刘某帮忙照顾猴子。后经群众举报案发。经认定，案涉猴子为猕猴，系国家二级保护重点保护动物。

该案中，犯罪嫌疑人杜某某将受伤猕猴带离野外时，虽然未经相关部门同意，也未向野生动物保护相关部门报告，但是，其实施的是治疗、

① 本书类似情形均按照该体例分类阐述。

饲养的行为，不会对当地猕猴的生存造成危险，也没有侵害国家对珍贵、濒危野生动物的保护和管理制度。因此，杜某某的行为没有侵害珍贵、濒危野生动物的法益。

本罪的犯罪对象是国家重点保护的珍贵、濒危野生动物及其制品。按照动物学界通说，野生动物是指生存在自然状态，或来源于自然虽经人工驯养繁殖，但没有发生明显、稳定的遗传变异的动物。[①] 按照全国人大常委会法工委编著的《中华人民共和国刑法释义》的解释，珍贵野生动物，是指在科学研究、生态、艺术、经济文化交往方面有着重要价值的野生动物；濒危野生动物，是指除珍贵、稀有以外，种群处于急剧下降的趋势，面临灭绝危险的野生动物。最高人民法院、最高人民检察院《关于办理破坏野生动物资源刑事案件适用法律若干问题的解释》第 4 条规定，《刑法》第 341 条第 1 款规定的“国家重点保护的珍贵、濒危野生动物”，包括列入《国家重点保护野生动物名录》的野生动物和经国务院野生动物保护主管部门核准按照国家重点保护的野生动物管理的野生动物。需要注意的是，涉案动物虽然符合前述标准，但系人工繁育，且已被列入人工繁育国家重点保护野生动物名录，或者人工繁育技术成熟、已成规模，作为宠物买卖、运输的，所涉案件一般不作为犯罪处理；需要追究刑事责任的，应当依法从宽处理。

需要说明的是，2021 年初，国家林业和草原局、农业农村部联合发布公告，公布了新调整的《国家重点保护野生动物名录》，这是《名录》1989 年 1 月发布施行以来的首次大幅调整。变化主要体现在以下几个方面：一是在保留原《名录》所有物种的基础上，新增 517 种（类）野生动物，比原来受保护物种总量还多，其中大斑灵猫等 43 种列为国家一级保护野生动物，狼等 474 种（类）列为国家二级保护野生动物；二是将豺、长江江豚等 65 种野生动物，由国家二级保护野生动物升为国家一级；熊猴、北山羊、蟒蛇 3 种野生动物，由国家一级保护野生动物调整为国家二级；三是新《名录》共列入野生动物 988 种（类），其中国家一级保护野生动物 234 种和 1 类，国家二级保护野生动物 746 种和 7 类。上述物种中，686 种为陆生野生动物，294 种和 8 类为水生野生动物。在新《名录》

① 陆承平:《动物保护概论》(第 3 版)，高等教育出版社 2009 年版。

中，有60余种物种被标注了"仅限野外种群"，因为一些物种有成熟的养殖技术、有稳定的人工种群，列入《国家畜禽遗传资源目录》管理，比如梅花鹿、马鹿等。这样标注区分了物种的野外种群和人工种群，不搞"一刀切"，体现了可持续发展的理念。

例如，犯罪嫌疑人蹇甲、蹇乙二人通过持枪射杀的方式猎杀了陆生野生动物环颈雉3只、山斑鸠2只、珠颈斑鸠4只、灰胸竹鸡2只，共计11只野生动物，带回家食用或出售。经鉴定，上述11只野生动物死体均为具有重要生态、科学、社会价值的陆生野生动物。

因上述动物不属于我国国家重点保护野生动物名录中的国家一、二级保护的野生动物，也不属于《濒危野生动植物种国际贸易公约》附录一、附录二的野生动物，故此蹇甲、蹇乙的行为不构成我国《刑法》第341条第1款规定的危害珍贵、濒危野生动物罪。①

（二）客观方面特征

本罪在客观方面表现为违反国家有关野生动物保护的法律法规，非法猎捕、杀害珍贵、濒危野生动物或者非法收购、运输、出售珍贵、濒危野生动物及其制品。

1. 关于非法猎捕、杀害珍贵、濒危野生动物

非法猎捕，是指出于牟利、驯养或者食用等目的，以猎具、药物或者其他方式捕捉或者捕捞珍贵、濒危野生动物的行为。②非法杀害是指出于牟利、驯养或者食用等目的，以任何可能的方式杀伤、杀死珍贵、濒危野生动物的行为。其行为方式包括非法猎捕珍贵、濒危陆生野生动物，非法捕捞珍贵、濒危水生野生动物，非法杀害珍贵、濒危陆生、水生野生动物。

例如，2019年11月19日，犯罪嫌疑人刘某某在未取得狩猎证的情况下，为食用或牟利，其在位于乐至县良安镇某村家中的菜地内，采用铺塑料网的方式网鸟。次日上午，刘某某发现网中了疑似鹰类动物一只，并

① 在此不讨论是否构成非法猎捕、收购、运输、出售陆生野生动物罪，也不讨论涉案枪支定性问题。本罪涉及的罪数形态问题见后文。

② 熊选国主编：《中国刑案侦、诉、辩、审办案通——破坏环境资源保护罪办案一本通》，中国长安出版社2007年版，第85页。

前往乐至县良安镇街上准备出售该只疑似鹰类动物时，被资阳市森林公安局民警挡获。经鉴定，被非法捕获的疑似鹰类动物是国家重点保护的珍贵、濒危野生动物——松雀鹰，系国家二级重点保护野生动物。刘某某被公安机关以涉嫌非法猎捕珍贵、濒危野生动物罪立案侦查。

本案中犯罪嫌疑人刘某某虽未到野外网鸟，行为地系自家菜地，除却其他构成要件，仅从客观要件来看，刘某某网捕国家二级重点保护野生动物松雀鹰的行为，符合非法猎捕、杀害珍贵、濒危野生动物罪的客观特征。

2. 非法收购、运输、出售珍贵、濒危野生动物及其制品

根据 2022 年《关于办理破坏野生动物资源刑事案件适用法律若干问题的解释》的规定，"收购"包括营利、自用等为目的的购买行为。即无论是为了赚取利润的倒卖行为，还是为了自己食用的购买行为，都属于本罪的"收购"行为。"运输"包括采用携带、邮寄、利用他人、使用交通工具等方法进行运送的行为，但不包括跨越国（边）境的运送行为。对于跨越国（边）境的运送行为，按照走私珍贵动物、珍贵动物制品罪定罪处罚。"出售"包括出卖和以营利为目的的加工利用行为。司法实践中有的案件存在争议，行为人因某些野生动物及制品如虎骨、红毛鸡、海马等具有药用价值而购买，仅放在家中浸泡药酒或直接食用是否触犯刑法，实际上该司法解释已作出明确规定属于本罪的"收购"行为，即行为人客观上已经实施"收购"行为，是否构成犯罪则需要审查其主观上是否明知或应当知道该动物属于珍贵、濒危野生动物或者其制品。

对本罪客观特征的把握需要注意：行为的非法性是构成危害珍贵、濒危野生动物罪的前提条件。只要违反野生动物保护法律法规而猎捕、杀害、收购、运输、出售珍贵、濒危野生动物的，都属于非法行为。《野生动物保护法》第 21 条规定，"禁止猎捕、杀害国家重点保护野生动物。因科学研究、种群调控、疫源疫病监测或者其他特殊情况，需要猎捕国家一级保护野生动物的，应当向国务院野生动物保护主管部门申请特许猎捕证；需要猎捕国家二级保护野生动物的，应当向省、自治区、直辖市人民政府野生动物保护主管部门申请特许猎捕证。"因此，没有特许猎捕证或者虽有特许猎捕证，但未按照猎捕证规定的种类、数量、地点、期限、方式捕杀的，都属非法猎捕、杀害行为。该法第 27 条规定，"禁止出售、购

买、利用国家重点保护野生动物及其制品。因科学研究、人工繁育、公众展示展演、文物保护或者其他特殊情况，需要出售、购买、利用国家重点保护野生动物及其制品的，应当经省、自治区、直辖市人民政府野生动物保护主管部门批准，并按照规定取得和使用专用标识，保证可追溯，但国务院对批准机关另有规定的除外。”换言之，若未经相关主管部门批准而实施收购、运输、出售珍贵、濒危野生动物及其制品的，认定为违法，构成犯罪的则应依法追究刑事责任。实践中，一般包括自己没有或明知他人没有人工繁育许可证而向他人购买、运输的，自己没有或明知他人没有人工繁育许可证而向他人出售、运输的，许可证已过期或超出许可证范围购买、运输、出售等情形。本罪属于法定犯，需注意此处的“非法性”与违法阻却事由中的“违法性认识”不应混同。

（三）主体特征

本罪的主体是一般主体，单位和达到法定刑事责任年龄、具备刑事责任能力的自然人，都可以构成本罪。

（四）主观方面特征

本罪的主观方面只能是故意，包括直接故意和间接故意，过失不能构成本罪。

在本罪的认识因素中，主要包括行为人对行为对象及危害结果的认识。全国人大常委会2014年4月24日《关于〈中华人民共和国刑法〉第三百四十一条、第三百一十二条的解释》规定：“知道或者应当知道是国家重点保护的珍贵、濒危野生动物及其制品，为食用或者其他目的而非法购买的，属于《刑法》第341条第1款规定的非法收购国家重点保护的珍贵、濒危野生动物及其制品的行为。”也就是说，认定构成本罪，要求行为人在主观上知道或者应当知道行为对象是珍贵、濒危野生动物及其制品的前提下，实施了非法猎捕、杀害、收购、运输、出售行为，若在没有认识可能性的情况下实施上述行为则不构成本罪。

“珍贵、濒危野生动物”属于刑法上的规范性构成要件要素，规范性构成要件要素在“故意”的认定上一般根据社会一般人的价值观念进行评价，即“行为人所属的外行人的平行判断”。因此，如果行为人非法收购大壁虎（国家二级保护动物），即使他本人不认为大壁虎是珍贵、濒危野生动物，但社会一般人会认为大壁虎是珍贵、濒危野生动物，则可以认为他具有非法收购珍贵、濒危野生动物的犯罪故意。因此，本罪的主观故意的构成并不要求行为人对行为对象认识得非常具体准确，即行为人不需要认识到该种动物是国家一级还是二级保护动物，以及该动物所属的纲、目、科、种等具体情况，只要行为人不发生对象认识错误（如将草原狼错认成狗）即可。

四、危害珍贵、濒危野生动物罪的追诉标准

根据最高人民法院、最高人民检察院《关于办理破坏野生动物资源刑事案件适用法律若干问题的解释》，非法猎捕、杀害国家重点保护的珍贵、濒危野生动物，或者非法收购、运输、出售国家重点保护的珍贵、濒危野生动物及其制品，价值2万元以上不满20万元的，应当依照《刑法》第341条第1款的规定，以危害珍贵、濒危野生动物罪处5年以下有期徒刑或者拘役，并处罚金；价值20万元以上不满200万元的，应当认定为“情节严重”，处5年以上10年以下有期徒刑，并处罚金；价值200万元以上的，应当认定为“情节特别严重”，处10年以上有期徒刑，并处罚金或者没收财产。

根据最高人民法院、最高人民检察院、公安部、农业农村部《依法惩治长江流域非法捕捞等违法犯罪的意见》，非法收购、运输、出售在长江流域重点水域非法猎捕、杀害的中华鲟、长江鲟、长江江豚或者其他国家重点保护的珍贵、濒危水生野生动物及其制品，价值2万元以上不满20万元的，应当依照《刑法》第341条的规定，以非法收购、运输、出售珍贵、濒危野生动物、珍贵、濒危野生动物制品罪，[①] 处5年以下有期徒刑或者拘役，并处罚金。

需要注意的是，由于非法猎捕、杀害珍贵、濒危野生动物的行为社会危害性很大，只要行为人实施了非法捕杀珍贵、濒危野生动物的行为，

① “两高”《关于执行〈中华人民共和国刑法〉确定罪名的补充规定（七）》已将该罪名修改为危害珍贵、濒危野生动物罪。

可能导致该物种灭绝的危险，就构成犯罪，不以“情节严重”作为划分罪与非罪的界限。

最高人民法院、最高人民检察院《关于办理破坏野生动物资源刑事案件适用法律若干问题的解释》第18条规定，餐饮公司、渔业公司等单位实施破坏野生动物资源犯罪的，与自然人采取同样的追诉标准。

第二节　危害珍贵、濒危野生动物罪的证据审查

一、危害珍贵、濒危野生动物罪的证据要件

本罪证据包括构成犯罪的基本证据和证明量刑情节的量刑证据，通常按客体方面、客观方面、主体方面、主观方面四个维度划分。

（一）客体方面的证据要件

证明目的是，证明犯罪对象是珍贵、濒危野生动物，即被列入《国家重点保护野生动物名录》的国家一、二级保护野生动物，或被列入《濒危野生动植物种国际贸易公约》附录一、附录二的野生动物，行为人的非法行为侵害了国家对珍贵、濒危野生动物的保护制度。应当收集的证据包括：

1. 鉴定意见、认定意见，证明涉案野生动物是否被列入《国家重点保护野生动物名录》的国家一、二级保护野生动物，或被列入《濒危野生动植物种国际贸易公约》附录一、附录二的野生动物。

2. 书证，行为人是否持有特许猎捕证，持有特许猎捕证的，是否按规定猎捕、杀害野生动物，以及其捕杀的种类、数量、地点、方式、方法等；行为人是否持有珍贵、濒危野生动物人工繁育许可证、收购、出售、运输行政审批决定书等，证明行为人收购、出售、运输珍贵、濒危野生动物及其制品行为的非法性。

3. 对不宜移送的涉案野生动物及其制品的照片、录像、电子数据。

（二）客观方面的证据要件

本罪的客观行为表现之一：行为人非法猎捕、杀害珍贵、濒危野生动物。包括基本证据和量刑情节证据，具体如下：（1）证明行为人猎捕国家重点保护的珍贵、濒危野生动物行为的证据；（2）证明行为人杀害国家重点保护的珍贵、濒危野生动物行为的证据；（3）证明行为人实施猎捕、杀害国家重点保护的珍贵、濒危野生动物情节严重的证据；（4）证明行为人实施猎捕、杀害国家重点保护的珍贵、濒危野生动物情节特别严重的证据。

对于行为人非法猎捕、杀害珍贵、濒危野生动物行为，实践中的证据收集、审查通常有：

1. 物证、书证

（1）作案工具的实物、照片、录像，如猎枪、套索、毒物、炸药、粘网等，以及留存犯罪对象或作案工具、过程的手机；

（2）查获的野生动物的实物或照片等；

（3）狩猎证、猎捕许可证、持枪证；

（4）证明行为人到达作案地的时间、地点的票证、登记记录等证据。

2. 证人证言

（1）现场目击证人等知情人的证言，证明行为人捕杀珍贵、濒危野生动物的时间、地点、方式、方法等；

（2）举报人、抓获人的证言，证实发案和抓获犯罪嫌疑人的时间、地点和经过。

3. 犯罪嫌疑人、被告人的供述与辩解

（1）前往作案地的经过和作案现场、周边环境的有关情况；

（2）实施非法猎捕、杀害行为和事后转移、运输、出售或处理涉案野生动物的时间、地点、参与人员和作案的详细经过；

（3）作案工具的来源、特征、数量、去向，作案工具如猎枪、地弓、地笼、炸药、毒物、网具、车辆等；

（4）作案的方式、方法，如枪击、下套、电击、网捕、烟熏、麻醉等；

（5）犯罪对象即涉案野生动物的种类、数量、价值等；

（6）赃物的去向等处理情况，如自用、出售、赠与等；

（7）共同犯罪中起意、共谋、分工、实施、分赃等情况，证明每个犯罪嫌疑人的行为、地位、作用。

4. 鉴定意见、认定意见

（1）证明涉案野生动物种类、目、科及等级的鉴定意见或认定意见；

（2）文检鉴定、指纹鉴定，证明行为人与涉案野生动物的关联性。

5. 勘验、检查笔录

（1）猎捕、杀害现场的勘验、检查笔录及照片；

（2）物证的勘验、检查笔录及照片。

6. 视听资料、电子数据

包括录音、录像、准备作案工具和处理赃物的聊天记录等。

7. 搜查、扣押、起赃、收缴、封存笔录或证明。

通过上述证据证明行为人事前预谋、准备作案工具、实施非法猎捕、杀害珍贵、濒危野生动物的时间、地点、方式方法、捕杀对象及数量等方面的事实；如果是共同犯罪的，收集证明行为人参与犯罪的行为、在犯罪中所处地位、作用的证据。

本罪的客观行为表现之二：非法收购、出售、运输珍贵、濒危野生动物及其制品。但是收购、出售、运输行为与猎捕、杀害行为不同，行为人一般与买家、卖家或委托运输方之间具有沟通协商、交接配合等行为，各方的言词证据之间、言词证据与其他种类证据之间应当相互印证，各个环节的证据之间不应存在无法排除的矛盾，方能达到犯罪事实清楚、证据确实充分的认定标准。因此，应当收集以下客观方面的证据，用以证明行为人实施的具体行为：

1. 合同、协议、银行流水、账本等书证，证明行为人收购、出售、运输珍贵、濒危野生动物及其制品的数量、价格。

2. 电子数据：从犯罪嫌疑人、证人的手机、U 盘、计算机硬盘等介质提取的，微信、QQ 等聊天软件对话记录，微信、支付宝转账记录，证明行为人收购、出售、运输珍贵、濒危野生动物及其制品的数量、价格。

3. 犯罪嫌疑人的供述和辩解、证人证言，证明收购、出售、运输珍贵、濒危野生动物及其制品的时间、地点、数量、价格、路线等细节，注意审查言词证据是否与上述客观证据印证。

4. 高速路口的卡口信息，证明运输珍贵、濒危野生动物或其制品的运输路线。

5. 车辆管理部门的车辆查询信息资料，证明行为人实施犯罪所使用的犯罪工具情况。

6. 犯罪地点监控视频，证明行为人交接、运输珍贵、濒危野生动物及其制品的影像，对视频画面进行截图并由行为人进行签认。

7. 野生动物或其制品等物证，现场勘验、检查笔录，搜查、扣押笔录，扣押物品清单等，证明起获野生动物或其制品的情况，注意审查在案物证是否与现场照片、扣押笔录、鉴定意见一致。

8. 侦破、抓获经过，证明案件的破获经过是否与犯罪嫌疑人供述、证人证言、现场照片等其他证据相矛盾。

（三）主体方面的证据要件

本罪主体方面的证据包括证明犯罪嫌疑人和犯罪嫌疑单位主体情况的证据。

1. 犯罪嫌疑人身份证明、户籍材料，证明犯罪嫌疑人刑事责任年龄、身份等情况。

2. 犯罪嫌疑单位的工商登记资料，证明犯罪嫌疑单位的名称、住所地、性质、法定代表人或单位负责人、是否依法成立或设立、经营范围等情况。

（四）主观方面的证据要件

1. 证明犯罪嫌疑人主观方面的证据

（1）学历证明、专业资质证书，犯罪嫌疑人的供述和辩解，证人证言，证明犯罪嫌疑人从业经历、学历、专业知识水平、对野生动物资源保护的认知程度。

（2）犯罪嫌疑人是否被处以行政处罚或刑事处罚的书证材料，证明行为人是否因破坏野生动物资源的违法犯罪行为被处罚过，从而认定其主观上是否知道或者应当知道其猎捕、杀害、收购、运输、出售珍贵、濒危野生动物及其制品行为的非法性。

（3）犯罪嫌疑人的供述与辩解、证人证言、聊天记录，证明行为人是否知道行为对象是珍贵、濒危野生动物及其制品，以及收购、运输、出售珍贵、濒危野生动物及其制品的目的和用途。

2. 证明单位犯罪主观方面的证据

证明单位非法猎捕、杀害珍贵、濒危野生动物的主观故意时，不仅要收集前述证明犯罪嫌疑人主观故意的证据，犯罪嫌疑单位是否被处以行政处罚或刑事处罚的书证材料，还要收集单位法定代表人、直接主管人员或其他负责人员的供述与辩解、单位集体讨论或决定的记录、有关负责人签署的文件、单位的财务资料等书证、电子数据及相关证人证言，从而证明非法猎捕、杀害、收购、运输、出售珍贵、濒危野生动物行为是由单位集体研究决定或者由单位负责人或被授权的经营管理人员决定、同意的，谋取的不正当利益或违法所得归单位所有或大部分归单位所有。

通过上述证据证实行为人“知道”或“应当知道”其危害对象是国家重点保护的珍贵、濒危野生动物，其行为违反了国家的相关法律法规，并且希望或放任危害结果发生。虽然行为动机不影响本罪成立，但是对量刑评价具有意义。

二、危害珍贵、濒危野生动物罪常见证据审查

（一）物证、书证的审查判断

危害珍贵、濒危野生动物罪中犯罪对象和作案工具的确定非常重要，因此，通过物证、书证确定涉案野生动物和作案工具是证据审查的重点之一。物证、书证都是客观证据，独立性较强，不容易被篡改，但是作为间接证据，其不能直接证明犯罪事实，需要与行为人建立关联性。

1. 物证

（1）野生动物及其制品在被收集、保管、鉴定过程中是否受到破坏或者改变。

（2）野生动物及其制品等物证的收集、提取主体是否合法，是否符合法定程序，是否有见证人，见证人、持有人是否在提取笔录上签字；物证是否经过辨认、鉴定，有无关于原物存放于何处的文字说明及签名。

（3）物证是否交由犯罪嫌疑人辨认、指认，物证的特征与犯罪嫌疑人或被告人供述与辩解、证人证言描述是否相符。

（4）侦查机关移送物证照片、录像或复制品的，是否属于原物不便搬运、不易保存或者依法应当由有关部门保管、处理或者依法应当返还的法定情形；照片、录像、复制品的拍摄或制作是否足以反映原物外形或者内容，是否与原物相符；物证的照片、录像、复制品是否经与原物核实无误或者经鉴定证明为真实，或者以其他方式证明其真实性。

（5）物证照片、录像、复制品证明的犯罪对象是同一物还是不同物，能否证明作案对象的数量或作案方式、方法异同，是否交犯罪嫌疑人或被告人辨认。

2. 书证

（1）人工繁育许可证、收购、出售、运输行政审批决定书等书证的收集、提取主体是否合法，是否符合法定程序，是否有见证人，见证人、持有人是否在提取笔录上签字。

（2）书证的来源，是否为原件或与原件相符；提取的书证是复印件的，要审查其来源是否合法，复印件的制作是否符合规定，内容是否客观，保管期间是否发生变化，有无被篡改、污染的可能。

（3）书证中记载的审批时间、许可范围、许可期限，是否经犯罪嫌疑人签字确认，内容与犯罪嫌疑人或被告人供述与辩解、证人证言是否相符。

（4）关于户籍资料、单位证明、前科证明等书证，应审查以下内容：犯罪嫌疑人的身份、职业、学历情况，是否因野生动物案件被行政处罚或刑事处罚过。

（5）关于转账记录，应审查以下内容：犯罪嫌疑人收购、运输、出售珍贵、濒危野生动物及其制品的价格，结合犯罪嫌疑人供述、证人证言来认定涉案野生动物的数量、价值、犯罪嫌疑人非法获利情况。转账记录是否经犯罪嫌疑人、相关证人签认。

（二）犯罪嫌疑人的供述和辩解的审查判断

应审查以下内容：犯罪嫌疑人的基本情况（职业、单位、学历、专业），前科情况；何时、何地运输或者向何人收购、出售珍贵、濒危野生动物或制品；交易、运输的动物名称、种类、来源、目的、价格等。

（三）证人证言的审查判断

主要是持许可证的交易对象（若无许可证则可能构成犯罪）、共同乘坐交通工具人员、报案人、现场目击证人等证言。应审查以下内容：犯罪嫌疑人收购、出售、运输珍贵、濒危野生动物或制品的具体情况等，是否与犯罪嫌疑人所供述的内容一致。

（四）鉴定意见的审查判断

鉴定意见是认定被猎捕、杀害野生动物的种属、等级、确定涉案野生动物属于珍贵、濒危野生动物的关键。应当重点审查以下内容：

1. 鉴定机构和鉴定人是否具备鉴定珍贵、濒危野生动物的资格。

2. 检材的来源、取得、保管、送检是否符合法律和有关规定，与扣押物品清单等记载内容是否相符，是否具备鉴定条件。

3. 鉴定对象与送检材料、样本是否一致。

4. 鉴定程序是否符合规定。

5. 鉴定过程和方法是否符合相关专业的规范要求。

6. 鉴定意见的形式要求是否完备，是否加盖鉴定机构专用章和鉴定人签名、盖章。

7. 鉴定意见与案件待证事实是否有关联，是否超出委托鉴定范围。

8. 鉴定意见与勘验、检查笔录及相关照片等其他证据是否矛盾。

9. 鉴定意见是否依法及时告知相关人员，当事人对鉴定意见是否有异议。

10. 鉴定人是否存在应当回避的情形。

（五）勘验、检查笔录的审查判断

应审查以下内容：勘验、检查人员和见证人是否签名，是否准确记录勘验、检查时间、地点、现场方位、周围环境等，文字记载的涉案野生动物与现场所拍摄的动物照片是否相符。

（六）视听资料的审查判断

应审查以下内容：是否为原件，制作的时间、地点，若为复制件的，原件存放地点及无法调取原件的理由。具体包括：

1. 犯罪嫌疑人收购、运输、出售野生动物的监控录像。应审查录像中记载的时间、地点、人员、具体行为，是否与在案其他证据相矛盾。

2. 犯罪嫌疑人的审讯同步录音录像。应审查讯问的合法性，是否与笔录内容一致、是否与其他证据存在矛盾，是否需要排除非法证据。

（七）电子数据的审查判断

主要是微信或QQ聊天记录、电子邮件、手机短信、计算机或U盘中的交易表格等。一些危害珍贵、濒危野生动物刑事案件中，行为人通过网络购买作案工具，共谋策划，展示猎捕、杀害的野生动物，联络转移、出售的下家，电子数据的收集、审查、判断是该类案件审查判断证据的重点。参照2019年2月1日实施的《公安机关办理刑事案件电子数据取证规则》规定，电子数据的审查判断应注意以下几点：

1. 审查取证主体和取证设备是否符合相关技术规范标准。电子数据的侦查取证主体是侦查人员，技术人员是提供协助人员。

2. 查明电子数据是否真实，审查是否提取电子数据原始存储的介质，如计算机硬盘、存储芯片、U盘、电子设备等，对电子数据的完整性进行校验，得出校验值。

3. 审查电子数据与犯罪嫌疑人之间的关系，如电子数据的制作者、持有者、转发者，并通过IP地址、上网终端归属、犯罪嫌疑人供述与辩解、证人证言，确定犯罪嫌疑人或被告人网络身份与现实身份的统一性。

4. 侦查机关以打印、拍照、录像等方式收集、固定电子数据的，注意审查电子数据的来源是否合法、内容与原介质内容是否一致，制作主体或程序是否符合相关规定。

5. 内容方面，应重点审查：犯罪嫌疑人之间或与其他人员交谈的内容，包含交易、运输野生动物或制品的来源、数量、价格等具体情况，以及犯罪嫌疑人对涉案野生动物的名称、种类、生存环境、饲养方法、价值、物种稀有性等方面的认识程度。结合言词证据来审查犯罪嫌疑人供述和辩解的真实性。

第三节 危害珍贵、濒危野生动物罪的认定处理

一、危害珍贵、濒危野生动物罪的罪与非罪

判断危害珍贵、濒危野生动物罪的罪与非罪，要正确理解和把握本罪的构成要件，不能把所有捕杀、收购、运输、出售野生动物的行为都以本罪定罪处罚。

（一）主观明知的认定

虽然危害珍贵、濒危野生动物罪主观故意包括“知道”或“应当知道”两种情形，但是学者对犯罪故意中的认识内容存在分歧[①]，实践中对“明知”的理解与把握也存在分歧。有的认为本罪的犯罪故意中的“明知”需要知道涉案动物为国家保护的珍贵野生动物；有的认为本罪中的“明知”不仅要知道涉案动物是国家保护的珍贵、濒危野生动物，还要知道具体物种名称；还有的认为本罪中的“明知”既要知道涉案动物是国家保护的珍贵、濒危野生动物，又要知道具体物种名称，还要知道保护的等级。我们认为，对于犯罪故意认识要素的把握，应当坚持行为人主观上对其行为具有社会危害性认识或者违法性认识二者之一，都可以认为行为人具有犯罪故意，即本罪中行为人必须明知涉案动物是国家重点保护的珍贵、濒危野生动物即可，不要求认识到涉案野生动物的保护级别以及具体名称，或者明知其捕杀行为是被法律所禁止的即可。

实践中，主观明知的认定应当结合犯罪嫌疑人、被告人的认知能力、

① 高铭暄:《刑法专论》，高等教育出版社 2006 年版，第 255~266 页。

曾实施非法猎捕、杀害国家重点保护的珍贵、濒危野生动物，或者非法收购、运输、出售国家重点保护的珍贵、濒危野生动物及其制品违法犯罪的情况，相关部门的宣传情况，以及进货渠道、进货价格，销售渠道、销售价格等进行综合判断。对行为人辩解自己主观上并不明知的案件，应由司法机关综合相关证据进行判定，不能简单推定行为人对相关法律具有明知，也不能简单根据行为人的供述和辩解认定。

司法实践中，危害珍贵、濒危野生动物案件犯罪嫌疑人最常用的辩解是“不知道是珍贵、濒危野生动物”。根据全国人大常委会 2014 年 4 月 24 日《关于〈中华人民共和国刑法〉第三百四十一条、第三百一十二条的解释》可知，本罪的主观明知包括“知道”或者“应当知道”，即只要知道或应当知道行为对象是珍贵、濒危野生动物及其制品，便可构成本罪。当行为人辩解自己不知道是珍贵、濒危野生动物时，就需要司法人员运用现有的证据判断其“知道”或者“应当知道”。

1. 社会公众认知水平

对于认知水平，主要参考本地区长期以来一般民众的认识状况、饮食习惯、思想观念等因素进行考量。例如，在广东部分地区的民众素有用海马干煲汤的习惯，药店、干货店普遍有售，每只价格从几十到几百元不等。实际上，《濒危野生动植物种国际贸易公约》将“海马属所有种”全部列入附录二，即所有海马均属于本罪保护范畴。对此，相关监管部门并未就此开展大规模普法宣传，就本地一般社会公众来看，难以认识到购买海马作为食材是违法行为。若将所有购买海马干的市民和售卖的小摊贩一律定罪起诉，会造成处罚范围不当扩大的后果。因此，当地饮食习惯、法律宣传力度等多种因素决定的社会公众认知水平，是判断行为人违法性认识可能性的重要考量因素。

2. 个人认知能力

对于个人认知能力，需要依照行为人的学历、年龄、职业、生活状况等方面的证据，依据经验法则予以判断。同样是售卖海马制品的案例，按照《野生动物保护法》，野生动物及其制品作为药品经营和利用的，应当遵守有关药品管理的法律法规，因此作为大型正规药店的经营者，应当知道销售海马制品需要特殊许可，其对海马的认识能力要高于一般民众，具有违法性认识的可能性。又如，“深圳鹦鹉案”中，辩护人称被告人不知道涉案鹦鹉为法律所保护，不存在犯罪故意，但是在案证据反映，被告人熟知鹦鹉的繁育和饲养技术，不仅自己饲养多只，还常与网友交流心得，属于鹦鹉深度爱好者，其对于鹦鹉的品种不可能不知晓，故辩护人关于被告人违法性认识错误的理由不能成为免责事由。同时，司法人员应全面审查在案证据中是否有体现行为人知晓涉案野生动物特殊属性的情况，在实施交易、运输涉案野生动物时是否具有反常行为，是否因同类违法行为被处罚过等，来综合判断行为人是否具有本罪的主观明知。

例如，2019 年 12 月 22 日，犯罪嫌疑人贵某甲在某村贵某乙包产地中架网猎鸟，并捕获两只疑似“猫头鹰”的野生动物。两日后，贵某甲将捕获的两只疑似“猫头鹰”的野生动物用一个铁笼装至甲县城区进行出售过程中，被人举报挡获。经鉴定，涉案动物为领角鸮，属鸟纲鸮形目鸱鸮科物种，系国家二级重点保护野生动物。本案犯罪嫌疑人辩解其不知道自己猎捕的是国家重点保护的野生动物。

该案的焦点是，贵某甲主观上是否应当知道其捕获的是国家重点保护的野生动物。公安机关收集了行政主管单位工作人员和该村干部、同村村民的证人证言，证实该村进行了野生动物保护的相关宣传，投放了宣传资料，村民也知道不能猎捕鸟等野生动物。且贵某甲实施猎捕行为的地点是他人的包产地，工具是捕鸟网，捕获的鸟是“猫头鹰”，其外形特征明显，与人工饲养的禽类明显不同。犯罪嫌疑人贵某甲辩解，其在外打工才回到村里，并不知道不能打鸟。我们认为，无论贵某甲是否外出打工，其对于架网捕获的猫头鹰是国家保护的野生动物应当是明知的，也应当知道架网捕鸟是非法的；至于是否知道或应当知道所捕的鸟是国家重点保护的珍贵野生动物，根据一般人的认知来判断，也比较符合常理。因此，根据主客观一致原则，应当认定贵某甲具有非法猎捕珍贵、濒危野生动物的主观故意。

（二）人工驯养繁殖的珍贵、濒危野生动物是否属于本罪的犯罪对象

根据最高人民法院、最高人民检察院《关于办理破坏野生动物资源刑事案件适用法律若干问题的解释》第 13 条规定，涉案动物系人工繁育的，有下列情形之一的，对所涉案件一般不作为犯罪处理；需要追究刑事

责任的，应当依法从宽处理:（1）列入人工繁育国家重点保护野生动物名录的;（2）人工繁育技术成熟、已成规模，作为宠物买卖、运输的。辩护人常见观点认为，驯养繁育技术有利于野生动物资源的保护，不应当认定为犯罪。我们认为，根据该条款规定，除特殊规定之外，驯养繁殖的种源来自野外种群的动物，依然属于珍贵、濒危野生动物的范畴。

作为例外，司法解释规定的两类人工繁育野生动物，以及特定环境如动物园、公园中经过人工驯养的野生动物、科学研究过程中使用的野生动物，前者属于法有明文规定，猎捕、杀害等行为对野生动物资源危害较轻，后者属于法无明文限制性规定，缺乏入罪依据，前者一般不作为犯罪处理，后者不应当作为犯罪处理。

需要注意的是，我国《野生动物保护法》严格限制人工繁育野生动物行为。国家支持有关科研机构出于物种保护目的人工繁育国家重点保护野生动物，除此以外的人工繁育国家重点保护野生动物实行许可制度。人工繁育应当使用人工繁育子代种源，即在人工控制条件下繁殖出生的子代个体且其亲本也在人工控制条件下出生。只有人工繁育技术成熟稳定，才能在不依赖于野外种群的基础上实现规模化、生产性养殖，因此对人工繁育技术成熟稳定的国家重点保护野生动物，经科学论证才能纳入人工繁育国家重点保护野生动物名录。由此可见，国家并不禁止单位或个人对野生动物进行人工繁育，但需要注意的是，不得破坏野外种群资源，应以非野外种源进行人工繁育，并取得相应级别主管部门颁发的人工繁育许可证及出售、利用专用标识。根据《野生动物保护法》的规定，国务院野生动物保护主管部门每五年对国家重点保护野生动物名录进行科学评估调整，对于人工繁育技术成熟稳定野生动物的人工种群，不再列入国家重点保护野生动物名录。如农业农村部公告第69号《〈濒危野生动植物种国际贸易公约〉附录水生动物物种核准为国家重点保护野生动物名录》仅将限于野外种群的暹罗鳄、箱龟等部分物种核准为国家一级保护动物，即人工驯养、繁育的暹罗鳄、箱龟等部分物种不作为国家重点保护动物。国家林业和草原局与农业农村部于2020年6月19日发布的《国家重点保护野生动物名录》（征求意见稿）中也将仅限野外种群的梅花鹿、大鲵、虎纹蛙等物种规定为国家重点保护野生动物。

因此，在认定人工驯养繁殖的珍贵、濒危野生动物是否本罪犯罪对象时，不能机械地适用原则性规定，而是应当考察当地的现实情况，进行综合认定。例如虎纹蛙属于国家二级保护野生动物，依照2000年《关于审理破坏野生动物资源刑事案件具体应用法律若干问题的解释》收购、出售200只已达“情节特别严重”，应处10年以上有期徒刑。而广东某市一个大型水产交易市场一年销售量可达200吨，可见虎纹蛙的驯养繁殖、商业利用在当地已成规模，且虎纹蛙曾被国家林业局列入“商业性经营利用驯养繁殖技术成熟54种陆生野生动物名单”，国家林业和草原局与农业农村部于2020年6月19日发布的《国家重点保护野生动物名录》（征求意见稿）中也将仅限野外种群的虎纹蛙规定为国家重点保护野生动物，人工驯养繁殖的虎纹蛙则不宜认定为本罪犯罪对象。

实践中需要注意的另一个问题是，特定环境中珍贵、濒危野生动物的认定，即在动物园或公园中经人工驯养的野生动物以及科学研究过程中使用的野生动物，能否成为本罪犯罪对象。有学者认为，“现有关法律、法规未就捕杀野生动物的区域以及捕杀特定环境中的野生动物作出任何限制性规定，因此，无论行为人于何处非法捕杀珍贵、濒危野生动物，都可以构成本罪。”[①] 我们认为如此界定，有利于有效打击非法猎捕、杀害珍贵、濒危野生动物犯罪活动。

（三）犯罪阻却事由

我国刑法规定了正当防卫、紧急避险两种违法性阻却事由。近年来，随着生态环境保护力度的加大，部分地区出现了野生动物伤人事件。实践中需要注意的是，在野生动物侵害人的生命、健康的情况下，行为人出于紧急避险而杀害珍贵、濒危野生动物的，阻却违法性，不负刑事责任。但要注意紧急避险的适用条件，假想避险、超过必要限度的避险行为，仍应承担相应的刑事责任。正如有的观点所言，如果行为人违反相关规定，携带武器私自进入凶猛野生动物保护区，因受到野兽的攻击而杀死珍贵、濒危野生动物的，应以非法猎捕、杀害珍贵、濒危野生动物罪论处。[②]

---

① 赵秉志：《中国刑法案例与学理研究》（第五卷），法律出版社2004年版，第270页。

② 段启俊：《非法猎捕、杀害珍贵、濒危野生动物罪之情节认定》，载《岳麓法学评论》2000年第1期。

在合法使用珍贵、濒危野生动物过程中，如驯养繁殖、科学实验、展览等，野生动物发生死亡的，应根据具体情况区别对待。如果珍贵、濒危野生动物是在非人为因素情况下，在适应环境中自然死亡的，属意外事件，行为人不构成犯罪。如因管理不善或对野生动物习性不了解、喂养不当造成死亡的，不构成犯罪；经合法审批，在科学实验中解剖珍贵、濒危野生动物造成死亡的，也不构成犯罪。但是如果以驯养繁殖、科学实验之名，故意杀害珍贵、濒危野生动物的，应以危害珍贵、濒危野生动物罪论处。

二、危害珍贵、濒危野生动物罪的此罪与彼罪

司法实践中适用危害珍贵、濒危野生动物罪时应注意与相关罪名的区分和罪数形态认定。

（一）危害珍贵、濒危野生动物罪与非法经营罪

2020 年 2 月 6 日“两高两部”《关于依法惩治妨害新型冠状病毒感染肺炎疫情防控违法犯罪的意见》规定：违反国家规定，非法经营非国家重点保护野生动物及其制品（包括开办交易场所、进行网络销售、加工食品出售等），扰乱市场秩序，情节严重的，以非法经营罪定罪处罚。

非法收购、运输、出售珍贵、濒危野生动物及其制品罪属于破坏环境资源保护罪，侵犯的客体是国家对野生动物资源的管理制度；若行为人实施的行为侵犯的是特许经营制度，则构成非法经营罪。例如前文所述的虎纹蛙，虽为国家二级保护野生动物，因人工繁育技术成熟，在某些地区驯养繁殖、商业利用已成规模，取得省级以上林业主管部门的批准后便可经营，基于商业经营利用目的而人工养殖的虎纹蛙不属于危害珍贵、濒危野生动物罪的犯罪对象。但大多数经营者因程序烦琐而未持许可证私自出售，该行为实质上侵犯的是国家对野生动物的特许经营制度，属于扰乱市场秩序的行为，若达到追诉标准，则应以非法经营罪定罪处罚。

（二）危害珍贵、濒危野生动物罪与走私珍贵动物、珍贵动物制品罪

二者的犯罪对象一致。2014 年 8 月 12 日“两高”《关于办理走私刑事案件适用法律若干问题的解释》（法释〔2014〕10 号）第 10 条已明确，走私珍贵动物、珍贵动物制品罪的“珍贵动物”，包括列入《国家重点保护野生动物名录》的国家一、二级保护野生动物，列入《濒危野生动植物种国际贸易公约》附录一、附录二的野生动物以及驯养繁殖的上述动物。

二者侵犯的客体存在区别。危害珍贵、濒危野生动物罪侵犯的是国家对环境资源的管理制度，其直接客体是国家对珍贵、濒危野生动物资源的保护制度；走私珍贵动物、珍贵动物制品罪侵犯的客体是我国对外贸易管理制度，其直接客体是国家对珍贵动物及其制品禁止进出口的制度。

二者犯罪客观方面不同。危害珍贵、濒危野生动物罪表现为非法收购、运输、出售珍贵、濒危野生动物及其制品的行为；而走私珍贵动物、珍贵动物制品罪的客观方面则表现为非法运输、携带、邮寄国家禁止进出口的珍贵动物及其制品进出境的行为。

（三）危害珍贵、濒危野生动物罪与非法捕捞水产品罪、非法狩猎罪

危害珍贵、濒危野生动物罪侵害的对象是珍贵、濒危野生动物；非法捕捞水产品罪、非法狩猎罪侵害的对象是国家重点保护的珍贵、濒危野生动物以外的水产品或陆生野生动物。只要实施了非法猎捕、杀害珍贵、濒危野生动物的，就构成危害珍贵、濒危野生动物罪，而无论实施行为的时间、地点、工具、方法；而非法捕捞水产品罪、非法狩猎罪对实施行为的时间、地点、工具、方法都有一定要求。

例如，叶某某等非法狩猎、非法猎捕、杀害珍贵、濒危野生动物案。[①]2018 年 9 月至 2019 年 3 月期间，被告人叶某某为狩猎，通过网络购买射钉枪，后加装枪管、瞄准器等物件自行组装成火药土枪 2 支，于

① “两高”《关于执行〈中华人民共和国刑法〉确定罪名的补充规定（七）》已将该罪名修改为危害珍贵、濒危野生动物罪。

2019年6月30日被公安机关缴获。经鉴定，该2支类枪物均为以火药为动力发射弹丸的枪支。2019年5月，被告人叶某某在临安区清凉峰镇石长城村洋山岗山上，采用自制捕兽夹埋设陷阱的方式，非法猎捕国家一级保护野生动物梅花鹿1只，并将该梅花鹿剥皮后食用。2018年10月至2019年6月期间，被告人叶某某、涂某某、许某某单独或分别结伙，在清凉峰镇范围内的野外山林，在禁猎期，采用自制火药枪射击、自制弹簧套埋设陷阱、夜间照明等方式非法猎捕野生动物，共计作案6起，猎捕野猪1只、黄麂3只、果子狸1只、野鸡2只、竹鸡5只、棘胸蛙20余只，捕获的动物均自行食用或者出售。

法院经审理认为，被告人叶某某等人长期以来猎捕、杀害野生动物，经鉴定，其中的梅花鹿属于国家一级保护野生动物，野猪、果子狸、棘胸蛙等为国家保护的有益或者有重要经济、科学研究价值的陆生野生动物，除20余只棘胸蛙被出售外，其余野生动物均被杀害并食用。被告人叶某某猎捕、杀害珍贵、濒危野生动物，又在禁猎期使用禁用的工具、方法狩猎，法院认定其行为分别构成非法猎捕、杀害珍贵、濒危野生动物罪和非法狩猎罪并二罪并罚。被告人涂某某、许某某与叶某某违反狩猎法规，单独或结伙在禁猎期使用禁用的工具、方法狩猎，其行为均已构成非法狩猎罪，部分系共同犯罪。

正如该案的法官对于该案涉及的罪数问题进行了阐述。实践中危害珍贵、濒危野生动物罪与非法狩猎罪常常相伴发生，择一重罪处罚还是数罪并罚的问题，应当根据罪数的基本理论，区别不同情形具体分析：第一，仅实施一次狩猎行为的情况下，不能数罪并罚。如果行为人违反狩猎法规，以“三禁”行为，实施了一次非法狩猎行为并达到了情节严重的标准，同时又捕获了国家重点保护的珍贵、濒危野生动物。其行为同时符合了非法猎捕、杀害珍贵、濒危野生动物罪与非法狩猎罪的构成要件，但行为人主观上通常只具有猎捕野生动物的概括故意，客观上仅实施了一个猎捕的行为，其行为应从一重罪处罚，以非法猎捕、杀害珍贵、濒危野生动物罪定罪处罚。第二，实施多次狩猎行为的情况下是定一罪还是数罪，不能一概而论。如行为人以“三禁”行为多次实施非法猎捕、杀害野生动物的行为，每次分别或同时猎捕、杀害国家重点保护的珍贵、濒危野生动物和非国家重点保护野生动物，则会出现更复杂的罪数问题。以本案为例，被告人叶某某实施了三次非法猎捕、杀害野生动物的行为，前两次是与被告人许某某结伙，以火药枪射击的方式非法猎捕野鸡、竹鸡，时隔几个月后，单独以自制捕兽夹埋设陷阱的方式猎捕了梅花鹿，时间上无明显的连续性，客观上针对不同的猎捕对象，选择了不同的狩猎区域并有选择性地使用了不同的工具、方法。其主观故意内容比较明确，不宜认定行为人所实施的三次非法猎捕、杀害野生动物的行为都是在同一概括故意下实施的，因此对其二罪并罚更合适。

我们赞同该案法官对于犯罪对象叠加导致的罪数问题的分析。实施一次猎捕行为，猎获物中犯罪对象叠加，同时构成危害珍贵、濒危野生动物罪和非法狩猎罪或者非法猎捕陆生野生动物罪的，应依法择一重罪处罚，对此无须再作探讨。多次猎捕行为的情况下，仍应结合案情具体分析。如果数个非法猎捕、杀害野生动物的行为，能够评价为在同一概括故意下连续实施的、具有相同性质的犯罪行为，可参照连续犯判断的规则，择一重罪处；如果行为人实施不同犯罪的主观故意内容比较明确，客观上针对不同的猎捕对象，选择了不同的猎捕区域，并有选择性地使用了不同的猎捕工具或方法，作案时间无明显连续性，从行为人的主观故意到行为性质、对象、方式、环境、结果等主客观方面综合，则以危害珍贵濒危野生动物罪、非法狩猎罪数罪并罚处理更合适。

（四）危害珍贵、濒危野生动物罪与其他犯罪

1. 根据最高人民法院《关于审理发生在我国管辖海域相关案件若干问题的规定（二）》第 8 条的规定，实施破坏海洋资源犯罪行为，同时构成非法捕捞罪、非法猎捕、杀害珍贵、濒危野生动物罪、组织他人偷越国（边）境罪、偷越国（边）境罪等犯罪的，依照处罚较重的规定定罪处罚。有破坏海洋资源犯罪行为，又实施走私、妨害公务等犯罪的，依照数罪并罚的规定处理。

2. 根据最高人民法院、最高人民检察院、公安部、农业农村部联合制定的《依法惩治长江流域非法捕捞等违法犯罪的意见》，明知是在长江流域重点水域非法捕捞犯罪所得的水产品而收购、贩卖，价值 1 万元以上的，应当依照《刑法》第 312 条的规定，以掩饰、隐瞒犯罪所得罪定罪处罚。非法收购、运输、出售在长江流域重点水域非法猎捕、杀害的中华

鲟、长江鲟、长江江豚或者其他国家重点保护的珍贵、濒危水生野生动物及其制品，价值 2 万元以上不满 20 万元的，应当依照《刑法》第 341 条的规定，以非法收购、运输、出售珍贵、濒危野生动物、珍贵、濒危野生动物制品罪[①]定罪处罚。

三、危害珍贵、濒危野生动物罪的其他有关问题

（一）“情节显著轻微”的把握

最高人民法院、最高人民检察院《关于办理破坏野生动物资源刑事案件适用法律若干问题的解释》第 6 条规定，非法猎捕、杀害国家重点保护的珍贵、濒危野生动物，或者非法收购、运输、出售国家重点保护的珍贵、濒危野生动物及其制品，价值价值 2 万元以上不满 20 万元的，不具有司法解释规定的从重情节，且未造成动物死亡或者动物、动物制品无法追回，行为人全部退赃退赔，确有悔罪表现的，可以认定为犯罪情节轻微。在此基础上，结合《刑法》第 13 条“但书”规定，对行为人系初犯、认罪悔罪态度较好、涉案动物及制品数量价值不高、对野生动物资源危害较小、对环境影响较轻的案件，在综合评估社会危害性的基础上，可以不作为犯罪处理，由相关行政主管部门给予行政处罚。司法实践中，由于情节的多样化，也使得犯罪认定复杂化。此外，决定犯罪成立与否的情节有时会随着情势变迁而发生变化，因而不可能片面地以定量的方式（如仅因涉案野生动物经济价值较低）认定行为人是否属于“情节显著轻微”，作出出罪入罪的处理。在案件办理中，应坚持实质判断，综合考虑行为人的行为侵害国家对珍贵、濒危野生动物保护管理制度、对珍贵、濒危野生动物资源的危害，根据案件具体情况作出具体分析。

（二）涉珍贵、濒危野生动物制品的犯罪情节认定

1. 最高人民法院、最高人民检察院《关于办理破坏野生动物资源刑事案件适用法律若干问题的解释》第 6 条规定，出售国家重点保护的珍贵、

---

① “两高”《关于执行〈中华人民共和国刑法〉确定罪名的补充规定（七）》已将该罪名修改为危害珍贵、濒危野生动物罪。

濒危野生动物制品，价值20万元以上不满200万元的，应当认定为“情节严重”，处5年以上10年以下有期徒刑，并处罚金；价值200万元以上的，应当认定为“情节特别严重”，处10年以上有期徒刑，并处罚金或者没收财产。此外，该条还规定了从重处罚的四种情形：(1) 属于犯罪集团的首要分子的；(2) 为逃避监管，使用特种交通工具实施的；(3) 严重影响野生动物科研工作的；(4) 二年内曾因破坏野生动物资源受过行政处罚的。

2. 根据最高人民法院、最高人民检察院、国家林业局、公安部、海关总署《关于破坏野生动物资源刑事案件中涉及的CITES附录Ⅰ和附录Ⅱ所列陆生野生动物制品价值核定问题的通知》(林濒发〔2012〕239号)，破坏野生动物资源案件中涉及的CITES附录Ⅰ和附录Ⅱ所列陆生野生动物制品的价值标准规定如下：

(1) CITES附录Ⅰ、附录Ⅱ所列陆生野生动物制品的价值，参照与其同属的国家重点保护陆生野生动物的同类制品价值标准核定；没有与其同属的国家重点保护陆生野生动物的，参照与其同科的国家重点保护陆生野生动物的同类制品价值标准核定；没有与其同科的国家重点保护陆生野生动物的，参照与其同目的国家重点保护陆生野生动物的同类制品价值标准核定；没有与其同目的国家重点保护陆生野生动物的，参照与其同纲或者同门的国家重点保护陆生野生动物的同类制品价值标准核定。

(2) 同属、同科、同目、同纲或者同门中，如果存在多种不同保护级别的国家重点保护陆生野生动物的，应当参照该分类单元中相同保护级别的国家重点保护陆生野生动物的同类制品价值标准核定；如果存在多种相同保护级别的国家重点保护陆生野生动物的，应当参照该分类单元中价值标准最低的国家重点保护陆生野生动物的同类制品价值标准核定；如果CITES附录Ⅰ和附录Ⅱ所列陆生野生动物所处分类单元有多种国家重点保护陆生野生动物，但保护级别不同的，应当参照该分类单元中价值标准最低的国家重点保护陆生野生动物的同类制品价值标准核定；如果仅有一种国家重点保护陆生野生动物的，应当参照该种国家重点保护陆生野生动物的同类制品价值标准核定。

(3) 同一案件中缴获的同一动物个体的不同部分的价值总和，不得超过该种动物个体的价值。

(4) 核定价值低于非法贸易实际交易价格的，以非法贸易实际交易价格认定。

3. 非法收购、运输、出售象牙及其制品价值认定标准。依照国家林业局《关于发布破坏野生动物资源刑事案中涉及走私的象牙及其制品价值标准的通知》(林濒发〔2001〕234号)规定：一根未加工象牙的价值为25万元；由整根象牙雕刻而成的一件象牙制品，应视为一根象牙，其价值为25万元；由一根象牙切割成数段象牙块或者雕刻成数件象牙制品的，这些象牙块或者象牙制品总合，也应视为一根象牙，其价值为25万元；对于无法确定是否属一根象牙切割或者雕刻成的象牙块或象牙制品，应根据其重量来核定，单价为41667元/千克。按上述价值标准核定的象牙及其制品价格低于实际销售价的按实际销售价格执行。

4. 非法收购、运输、出售犀牛角价值认定标准。依照国家林业局《关于发布破坏野生动物资源刑事案件中涉及犀牛角价值标准的通知》(林护发〔2002〕130号)，破坏野生动物资源刑事案件中涉及犀牛角的价值标准确定为：每千克犀牛角的价值为25万元，实际交易价高于上述价值的按实际交易价执行。

(三) 在长江流域重点水域危害珍贵、濒危水生野生动物的规定

根据最高人民法院、最高人民检察院、公安部、农业农村部《依法惩治长江流域非法捕捞等违法犯罪的意见》，非法收购、运输、出售在长江流域重点水域非法猎捕、杀害的中华鲟、长江鲟、长江江豚或者其他国家重点保护的珍贵、濒危水生野生动物及其制品，价值20万元以上不满200万元的，应当认定为“情节严重”，处5年以上10年以下有期徒刑，并处罚金；价值200万元以上的，应当认定为“情节特别严重”，处10年以上有期徒刑，并处罚金或者没收财产。

贯彻落实宽严相济刑事政策。多次实施本意见规定的行为构成犯罪，依法应当追诉的，或者二年内二次以上实施本意见规定的行为未经处理的，数量数额累计计算。

涉案渔获物系国家重点保护的珍贵、濒危水生野生动物的，动物及其制品的价值可以根据国务院野生动物保护主管部门综合考虑野生动物的生态、科学、社会价值制定的评估标准和方法核算。

依法严惩危害水生生物资源的单位犯罪。水产品交易公司、餐饮公司等单位实施本意见规定的行为，构成单位犯罪的，依照本意见规定的定罪量刑标准，对直接负责的主管人员和其他直接责任人员定罪处罚，并对单位判处罚金。

（四）在我国管辖海域危害珍贵、濒危水生野生动物的规定

1. 管辖规定。根据最高人民法院《关于审理发生在我国管辖海域相关案件若干问题的规定（一）》第3条，中国公民或者外国人在我国管辖海域实施非法猎捕、杀害珍贵濒危野生动物或者非法捕捞水产品等犯罪的，依照我国刑法追究刑事责任。

2. 犯罪情节的认定。根据最高人民法院《关于审理发生在我国管辖海域相关案件若干问题的规定（二）》第5条，非法采捕珊瑚、砗磲或者其他珍贵、濒危水生野生动物，具有下列情形之一的，应当认定为《刑法》第341条第1款规定的“情节严重”：（1）价值在50万元以上的；（2）非法获利20万元以上的；（3）造成海域生态环境严重破坏的；（4）造成严重国际影响的；（5）其他情节严重的情形。实施前款规定的行为，具有下列情形之一的，应当认定为《刑法》第341条第1款规定的“情节特别严重”：（1）价值或者非法获利达到本条第1款规定标准5倍以上的；（2）价值或者非法获利达到本条第1款规定的标准，造成海域生态环境严重破坏的；（3）造成海域生态环境特别严重破坏的；（4）造成特别严重国际影响的；（5）其他情节特别严重的情形。其第6条规定，非法收购、运输、出售珊瑚、砗磲或者其他珍贵、濒危水生野生动物及其制品，具有下列情形之一的，应当认定为《刑法》第341条第1款规定的“情节严重”：（1）价值在50万元以上的；（2）非法获利在20万元以上的；（3）具有其他严重情节的。非法收购、运输、出售珊瑚、砗磲或者其他珍贵、濒危水生野生动物及其制品，具有下列情形之一的，应当认定为《刑法》第341条第1款规定的“情节特别严重”：（1）价值在250万元以上的；（2）非法获利在100万元以上的；（3）具有其他特别严重情节的。其第7条规定，对案件涉及的珍贵、濒危水生野生动物的种属难以确定的，由司法鉴定机构出具鉴定意见，或者由国务院渔业行政主管部门指定的机构出具报告。珍贵、濒危水生野生动物或者其制品的价值，依照国务院渔业行

政主管部门的规定核定。核定价值低于实际交易价格的，以实际交易价格认定。本解释所称珊瑚、砗磲，是指列入《国家重点保护野生动物名录》中国家一、二级保护的，以及列入《濒危野生动植物种国际贸易公约》附录一、附录二中的珊瑚、砗磲的所有种，包括活体和死体。

同时，农业部《关于确定野生动物案件中水生野生动物及其产品价值有关问题的通知》（农渔发〔2002〕22 号）规定：国家一级保护水生野生动物的价值标准，按照该种动物资源保护费的 8 倍执行；国家二级保护水生野生动物的价值标准，按照该种动物资源保护费的 6 倍执行。水生野生动物产品的价值标准如下：（1）水生野生动物标本的价值标准按照该种动物价值标准的 100% 执行。（2）水生野生动物的特殊利用部分和主要部分，其价值标准按照该种动物价值标准的 80% 执行。（3）上述规定以外的其他水生野生动物产品的价值标准，有交易价格的，按照该产品的交易价格执行；没有交易价格的，按照该种动物价值标准的 5%–20% 核定执行。而国家计委、财政部下发的《关于水生野生动物资源保护费收费标准及其有关事项的通知》（计价格〔2000〕393 号）曾对水生野生动物资源保护费收费标准进行规定，虽然该文件已失效，但可以作为司法鉴定的参考标准。可以根据珍贵、濒危水生野生动物的资源保护费标准计算出该种动物及其制品的价值，从而判断是否属于“情节严重”。

第四节　相关案例评析

案例一　如何准确把握概括故意下危害珍贵、濒危野生动物犯罪的定罪量刑①

【关键词】

危害珍贵、濒危野生动物罪　数罪并罚　牵连犯　想象竞合犯

【基本案情】

2011 年 10 月 26 日，被告人代某某在位于上海市浦东新区老港处置场东侧的南汇东滩野生动物禁猎区内一水塘内，用布置的一张翻网，猎捕到鸳鸯 1 只和绿翅鸭 4 只。后代某某因形迹可疑被公安机关盘问时，主动交代了全部犯罪事实。案发后，公安机关将缴获的上述鸳鸯、绿翅鸭及猎捕的网具交给林业部门。代某某在到案后检举他人犯罪，公安机关根据其提供的线索抓获了其他犯罪嫌疑人。

经上海野生动植物鉴定中心鉴定，鸳鸯被列入《国家重点保护野生动物名录》，为国家二级重点保护野生动物；绿翅鸭被列入《国家保护的有益的或者有重要经济、科学研究价值的陆生野生动物名录》和《中华人民共和国政府和日本国政府保护候鸟及其栖息环境的协定》的保护名录。

【诉讼过程和结果】

法院经审理认为，被告人代某某违反野生动物保护法规，非法猎捕国家重点保护的珍贵、濒危野生动物，构成非法猎捕珍贵、濒危野生动物

① 参见代某某危害珍贵、濒危野生动物、非法狩猎案：（2012）浦刑初字第 195 号刑事判决书，载《人民司法·案例》2012 年第 10 期。需要注意的是，“两高”《关于执行〈中华人民共和国刑法〉确定罪名的补充规定（七）》已将非法猎捕、杀害珍贵、濒危野生动物罪修改为危害珍贵、濒危野生动物罪。

罪。被告人代某某的行为同时还触犯了非法狩猎罪，为避免对同一行为的重复评价，应择一重罪即非法猎捕珍贵、濒危野生动物罪定罪处罚，猎捕的其他野生鸟类作为量刑情节予以考虑。法院依法对被告人代某某定罪处罚。

宣判后，被告人未提出上诉，检察院亦未抗诉。

【主要问题】

行为人主观上基于概括故意，实施了一次在禁猎区猎捕的行为，同时触犯非法狩猎罪和非法猎捕珍贵、濒危野生动物罪的，应如何论处？

【案件分析】①

被告人代某某主观上基于猎捕野生动物的概括故意，客观上实施了在禁猎区内使用禁用的工具进行狩猎的行为，捕获国家二级重点保护的野生鸟类1只及其他野生鸟类4只，其行为同时触犯了非法猎捕珍贵、濒危野生动物罪和非法狩猎罪。对被告人的行为是数罪并罚还是择一罪处罚，是该案争议焦点。

（一）对非法狩猎行为罪数形态的不同观点

数罪并罚的观点认为，非法猎捕珍贵、濒危野生动物罪与非法狩猎罪的关系是并列关系，应参照并列式罪名的处理方法，对非法狩猎行为实际触犯的罪名定罪，构成数罪的，应数罪并罚。

法官认为，非法猎捕珍贵、濒危野生动物罪与非法狩猎罪的关系，由于城市化进程的加快，野生动物的聚居地越来越集中和减少，行为人的狩猎区域基本都在野生动物聚集的禁猎区或自然保护区内，这也导致：（1）从主观上看，非法狩猎者系基于一个概括的猎捕故意，对其要捕杀的野生动物的种类一般没有明确的限定，基本囊括了所有具有经济价值的野生动物，而非具有猎捕珍贵野生动物或一般野生动物的具体故意；（2）从客观上看，行为人不会就猎捕珍贵野生动物和猎捕一般野生动物分别采取不同的行为，二者在客观行为上具有极大的重合可能性，且在实践中基本相伴相生，一个猎捕的自然行为无法分解为彼此独立的猎捕珍贵野生动物行为和猎捕一般野生动物行为。这完全不同于并列式罪名中各个罪名间完

① 该评析节选自叶菊芬：《代某某非法猎捕珍贵、濒危野生动物、非法狩猎案》，载《人民司法·案例》2012年第10期。

全独立的主观与客观构成要件，因此两个罪名间并非并列关系，不能以此理由数罪并罚。

（二）基于想象竞合犯或牵连犯理论择一重罪处罚

持想象竞合犯观点的人认为，当行为人仅实施了一次在禁猎区架设网具或投放毒药的猎捕行为，捕到一般野生动物数量达到情节严重标准的，触犯非法狩猎罪；同时捕到珍贵野生动物的，触犯非法猎捕珍贵、濒危野生动物罪。这属于同一行为触犯数个罪名，系想象竞合犯，应择一重罪处罚。

持牵连犯观点的人则认为，当行为人猎捕到珍贵野生动物，构成非法猎捕珍贵、濒危野生动物罪；同时狩猎的方法行为（即在禁猎区使用禁用的方法或工具）又触犯了非法狩猎罪。行为人主观上有犯意的继续，客观上非法猎捕珍贵野生动物与该方法行为具有通常的内在牵连关系，属于牵连犯，应择一重罪处罚。

两种观点分别针对不同的具体案情，但殊途同归，即以法定刑较重的非法猎捕珍贵、濒危野生动物罪定罪。但是若行为人在同一禁猎区多次使用禁用的工具或方法捕猎，有时猎得珍贵野生动物，有时猎得一般野生动物，有时二者皆有猎得，根据单纯的想象竞合犯或牵连犯理论不能解决此种情形下的罪数问题。

（三）对非法狩猎行为的罪数辨析

法官认为，当行为人的狩猎行为具有主观故意、客观行为、危害结果的一致性、行为时间上的持续性和行为地域的关联性时，应从整体上择一重罪处罚，触犯其他罪名的行为则作为量刑情节予以考虑。

1. 实施一次狩猎行为的罪数分析

非法狩猎者在为狩猎而架设网具或投洒毒药时，其对于狩猎的对象，即所要猎捕的野生动物的种类，除略有侧重外，并无十分明确和严格的选择，基本上可以说凡是具有经济价值的动物，对其来说都是见啥打啥，能捕则捕。若捕到珍贵野生动物，那么构成非法猎捕珍贵、濒危野生动物罪。若系在禁猎区或禁猎期内以禁用的工具或方法狩猎，无论是否实际猎捕到一般野生动物，均达到司法解释规定的情节严重的标准，构成非法狩猎罪；若狩猎行为未同时满足禁猎区或禁猎期与禁用的工具或方法这两个条件，那么当猎捕到一定数量的一般野生动物时，也属于情节严重，构成非法狩猎罪。前一种情况下，系非法猎捕珍贵、濒危野生动物罪的方法行为同时构成非法狩猎罪，适用牵连犯理论择一重罪处罚；后一种情况下，系一个行为同时触犯两个罪名，适用想象竞合犯理论择一重罪处罚。）

实际上，由于禁用的工具、方法范围极为广泛，而行为人又多数在禁猎区狩猎，当构成非法猎捕珍贵、濒危野生动物罪的，其方法行为一般也同时构成非法狩猎罪。若对一次狩猎行为同时触犯两个罪名实行数罪并罚，那么几乎对所有猎捕到珍贵野生动物的行为均需数罪并罚，显然不符合实际。

2. 实施多次狩猎行为的罪数分析

实践中那些肆意破坏野生动物资源的犯罪分子，通常系在一段较长的时间内，多次实施在禁猎区内用不同的禁用工具或方法猎捕的行为，每次分别猎得珍贵野生动物、一般野生动物或二者均猎得。有的法院以构成两罪为由实行数罪并罚。

对于这种持续时间长、情况较为复杂的犯罪，到底看作一罪还是数罪，要从整个犯罪行为的发生、发展进行具体分析、综合判定。通过分析行为人实施犯罪行为的全过程可知，其在整个犯罪过程中的犯罪故意和目的是同一且稳定的，即猎捕野生动物，猎捕到一般野生动物也可，猎捕到珍贵野生动物更佳是其主观心理的生动体现；行为人的犯罪方法也具有同一性，一般每次均采取同一种方法，也可能为了增加捕获量而更换方法或同时采取多种方法，但均属于禁用的工具或方法。这种行为模式类似于多次盗窃，系基于一个概括的犯意，反复实施了多个相同或类似的具有连续性的行为。鉴于数个行为的性质相同，在定罪时可将多次分别实施的自然行为视为一个法律行为，因此在认定罪数时也与一次狩猎行为相同，择一重罪处罚。

实践中还存在一种极端的情形，即行为人并非在一个禁猎区内持续多次狩猎，而是在不同的禁猎区狩猎，或前后数次狩猎的时间相隔较远。这种情况下对同时触犯多个罪名的罪数认定也应综合犯罪行为的主观故意、客观行为及危害后果的特质来分析。例如，行为人为了尽量多地猎取到野生动物，在同一时间段内同时在上海的南汇东滩野生动物禁猎区和崇明东滩鸟类自然保护区内非法狩猎，由于其主观上是基于同一个猎取野生动物的概括故意，客观上狩猎行为的发生地点临近、发生时间有同时或前后相接的关系，危害的也是上海的野生动物资源保护环境，故当同时触犯数个罪名时也应择一重罪处罚。反之，当行为人前后两次非法狩猎的时间相隔数年，或分别在地理区域相隔较远的东北和上海的禁猎区狩猎，无论是主观故意的产生时间、客观行为的表现方式还是危害后果的影响范围，均具有明显的彼此独立性，则应根据每次行为实际触犯的不同罪名定罪，构成数罪的，实行数罪并罚。

对非法狩猎行为触犯数罪名也并非一概择一重罪处罚，当被告人因触犯一个罪名被采取强制措施或被判刑后发现漏罪或又犯新罪的，无论数个罪名是否相同，均应数罪并罚。

3. 择一重罪处罚更符合刑法对野生动物的保护目的

有一种观点认为将非法猎捕珍贵、濒危野生动物罪与非法狩猎罪数罪并罚，能够实现保护、拯救珍贵、濒危野生动物及保护、发展、合理利用野生动物资源的双重价值，还能体现对珍贵、濒危野生动物资源的重点保护。若择一重罪处罚，那么给公众一种感觉，即只有猎捕、杀害珍贵、濒危野生动物的行为才构成犯罪，而猎捕一般野生动物的行为在案件中没有得到评价。

事实上不然，根据《刑法》第 341 条的立法渊源，刑法将非法猎捕珍贵、濒危野生动物罪独立出来，并非基于这两种罪名在本质上有何区别，而是因为非法狩猎罪法定刑过低且仅有一档法定刑幅度，与非法猎捕珍贵、濒危野生动物的社会危害性不相称。当行为人同时触犯两个罪名时，根据想象竞合犯或牵连犯理论择一重罪处罚，显示了对珍贵、濒危野生动物的特殊保护；而猎捕一般野生动物的行为作为从重量刑的考虑因素得到了评价，也并未放纵猎捕一般野生动物的行为；同时由于非法狩猎罪与非法猎捕珍贵、濒危野生动物罪相比法定刑较低，择一重罪从重处罚完全能够达到罪刑相适应的目的，数罪并罚也显得并非必要。若实行数罪并罚，可能从以下方面违反了刑法保护野生动物的目的：一是由于狩猎行为无法分解为两个完全独立的法律行为，数罪并罚导致对同一行为的重复评价；二是由于非法猎捕珍贵、濒危野生动物罪的方法行为一般均构成非法狩猎罪，若一律数罪并罚，反而混淆了对珍贵、濒危野生动物的特殊保护，还违反了规定罪名时在一般情形下行为罪刑之间的一一对应关系；三是若因猎捕到不同野生动物触犯数个罪名而数罪并罚，可能导致社会危害性相同的行为，仅因实际猎捕到野生动物种类的不同而产生定罪乃至量刑上的巨大差异。因此，择一重罪从重处罚能在全面考虑定罪量刑情节的同时避免对被告人的行为重复评价，更突出了刑法对珍贵、濒危野生动物区别于一般野生动物的保护力度，与数罪并罚相比更符合刑法对野生动物的保护目的。

此外，根据最高人民法院《关于审理破坏森林资源刑事案件具体应用法律若干问题的解释》（法释〔2000〕36号）第8条的规定，盗伐、滥伐珍贵树木，同时触犯《刑法》第344条、第345条规定的（即同时触犯非法采伐、毁坏国家重点保护植物罪和盗伐林木罪、滥伐林木罪），依照处罚较重的规定定罪处罚。触犯非法猎捕珍贵、濒危野生动物罪和非法狩猎罪的情形与此类似，择一重罪处罚能够保持刑法处理类似情形的统一性，也更符合宽严相济的刑事政策。

综上，本案认定被告人代某某构成非法猎捕珍贵、濒危野生动物罪，其在禁猎区使用禁用的工具狩猎及实际猎捕到4只绿翅鸭的行为则作为从重量刑的情节。

案例二　如何认定危害珍贵、濒危野生动物罪的主观故意①

——招顺镇、潘志铖、招添锴非法收购、出售珍贵、濒危野生动物案

【关键词】

主观明知　非法收购、出售　数量认定　个别相对不起诉

【基本案情】

2016年6月14日，被告人招顺镇在佛山市禅城区某街道小组成立佛山顺兆农业养殖有限公司（以下简称“顺兆公司”），经广东省林业厅批准，于同年8月30日获得驯养繁殖国家二级保护动物苏卡达陆龟的资质，并从2018年6月1日至2019年5月31日可以对外销售由顺兆公司人工繁育所得的苏卡达陆龟。但出售对象仅限获得苏卡达陆龟人工繁育许可或持有相应物种人工繁育许可证，并经省级野生动物保护主管部门批准的单位。

① 参见广东省佛山市禅城区人民法院（2020）粤0604刑初423号刑事判决书。

被告人招顺镇在明知其出售许可证已过期的情况下，为赚取利润，分别于2019年9月28日向无养殖许可资质的被告人潘志铖非法销售苏卡达陆龟幼苗20只。被告人潘志铖因饲养陆龟不当，致10只陆龟死亡，并将死亡的陆龟扔弃。

2020年2月5日10时许，民警在佛山市顺德区抓获被告人招顺镇，并扣押手机1部；同日15时许，民警在佛山市禅城区抓获被告人潘志铖，并在房内查获苏卡达陆龟10只。

经鉴定，在被告人潘志铖住处查获的上述10只陆龟均为爬行纲龟鳖目陆龟科苏卡达陆龟幼体。根据《濒危野生动植物种国际贸易公约》（CITES）附录（2019年版）规定，苏卡达陆龟被列入《濒危野生动植物种国际公约》附录Ⅱ。根据《野生动物及其制品价值评估方法》第4条第1款的规定，国家二级保护野生动物，按照所列野生动物基准价值的5倍核算，涉案的10只苏卡达陆龟的总价值为25000元。

2020年5月15日，被告人招顺镇上缴违法所得共计人民币9300元。

【诉讼过程和结果】

广东省佛山市公安局禅城分局分别于2020年2月26日以被告人潘志铖、招添锴涉嫌非法收购珍贵、濒危野生动物罪，2020年3月13日以被告人招顺镇涉嫌非法出售珍贵、濒危野生动物罪，向佛山市禅城区人民检察院移送审查起诉。佛山市禅城区人民检察院于2020年3月15日依法并案处理，经审查认为，被告人招顺镇、潘志铖分别构成非法出售珍贵、濒危野生动物罪和非法收购珍贵、濒危野生动物罪，于2020年3月26日向广东省佛山市禅城区人民法院提起公诉；并对招添锴作出相对不起诉决定。

经审理，佛山市禅城区人民法院于2020年3月26日作出一审判决认为，对于招顺镇，考虑到其案发前已依法取得驯养繁殖国家二级保护动物苏卡达陆龟的资质及出售许可，后出售许可期限过期未及时办理相关手续，出售陆龟主观上仅是为了获取较小经营收益；对于潘志铖，其主观上是为了观赏，主观恶性均不深。依照司法解释，本应对招顺镇和潘志铖二人判处10年以上有期徒刑，二被告人均不具有刑法规定的减轻处罚情节，但结合二被告人的犯罪情节、认罪态度和行为社会危害性，对其判处10年以上有期徒刑会造成罪责刑明显不相适应的结果，故依照《刑法》第

63条第2款规定："犯罪分子虽然不具有本法规定的减轻处罚情节，但是根据案件的特殊情况，经最高人民法院核准，也可以在法定刑以下判处刑罚。"本案最终判决招顺镇犯非法出售珍贵、濒危野生动物罪，判处有期徒刑1年2个月，罚金人民币10000元；潘志铖犯非法收购珍贵、濒危野生动物罪，判处有期徒刑1年，罚金人民币5000元。由于对被告人招顺镇、潘志铖在法定刑以下判处刑罚，依法层报最高人民法院核准。最高人民法院依法裁定予以核准。

【主要问题】

1. 如何认定招顺镇主观明知苏卡达陆龟属于珍贵、濒危野生动物？

2. 招顺镇的行为是否构成刑事犯罪？

3. 本案的数量如何认定？

【案件分析】

（一）招顺镇是否明知涉案陆龟属于珍贵、濒危野生动物

苏卡达陆龟属于爬行纲、龟鳖目、陆龟科、象龟属，根据《濒危野生动植物种国际贸易公约》（CITES）附录（2019年版）规定，苏卡达陆龟被列入《濒危野生动植物种国际公约》附录Ⅱ。根据司法机关办案时适用的最高人民法院《关于审理破坏野生动物资源刑事案件具体应用法律若干问题的解释》第10条规定，非法猎捕、杀害、收购、运输、出售《濒危野生动植物种国际贸易公约》附录一、附录二所列的非原产于我国的野生动物"情节严重"、"情节特别严重"的认定标准，参照本解释附表所列与其同属的国家一、二级保护野生动物的认定标准执行；没有与其同属的国家一、二级保护野生动物的，参照与其同科的国家一、二级保护野生动物的认定标准执行。参照其附表中与苏卡达陆龟同科的国家二级重点保护动物凹甲陆龟（爬行纲、龟鳖目、陆龟科、凹甲陆龟属）的数量认定标准，非法出售、收购6只达到本罪"情节严重"标准，非法出售、收购10只达到本罪"情节特别严重"标准。

被告人招顺镇辩解其主观上不清楚潘志铖是否具备收购苏卡达陆龟的资质，辩护人还辩称招顺镇有经营陆龟养殖场的资质。在案证据证实，被告人招顺镇从2016年开始经营养殖苏卡达陆龟，至2019年已有三年时间，期间曾向有资质的企业销售过100只，其职业属性要求其有义务对所销售的苏卡达陆龟的流程进行了解和认知，省林业厅颁发的委托事项准予

行政许可决定书显示行为人销售的对象必须是具备繁殖许可的单位或个人，其理应尽到审查和注意义务。且从招顺镇和潘志铖二人的微信聊天记录可以看出，招顺镇与潘志铖谈到低价非法收购野生陆龟事宜，还谈到潘志铖有出售其养殖的苏卡达陆龟盈利的意愿，故招顺镇的辩解不能成立。招顺镇销售苏卡达陆龟给潘志铖的期间，已经超过许可证的有效期 2019 年 5 月 31 日，属于非法出售行为，其辩护人的意见也不能成立。

（二）招顺镇的行为是否构成刑事犯罪

招顺镇的辩护人辩解其行为仅构成行政违法，不构成刑事犯罪。非法出售珍贵、濒危野生动物罪的“出售”行为包括赎买和以盈利为目的的加工利用行为，“非法”包括无出售许可资格向他人出售和向不具备收购资质的人出售，该罪侵犯的法益是国家对珍贵、濒危野生动物的管理秩序，妨害数量稀少有濒于灭绝危险的野生动物的多样性生长。行为人的行为是否构成犯罪，应当结合刑法对该罪的犯罪构成要件进行界定。就本案而言，被告人招顺镇出售的苏卡达陆龟经鉴定为国家二级保护动物，招顺镇在销售许可证过期后，不再具备销售的资质，且向无收购资质的潘志铖、招添锴等人出售，其销售行为属于非法，侵犯了国家对苏卡达陆龟的管理秩序，影响该濒临灭绝陆龟正常生长和繁育，出售 10 只以上已达“情节特别严重”标准。综上，被告人招顺镇的行为符合非法出售珍贵、濒危野生动物罪的犯罪构成，应以本罪定罪处罚。

（三）本案数量认定问题

应认定被告人招顺镇非法出售苏卡达陆龟给被告人潘志铖的数量为 20 只。民警在潘志铖家里共扣押 10 只陆龟活体，经鉴定，均为苏卡达陆龟，被告人潘志铖承认该 10 只陆龟系其向招顺镇购买，其供述与被告人招顺镇的供述能够互相印证，应予认定。关于另外死亡的 10 只陆龟，根据被告人潘志铖的供述，其在没有养殖苏卡达陆龟资质的情况下，以 8500 元的价格向招顺镇购买 20 只苏卡达陆龟，在家中喂养时病死 10 只并将其扔掉，被告人招顺镇审查起诉阶段也供述潘志铖在购买上述陆龟后，经常向其请教如何喂养陆龟，且因喂养不善病死了几只，二人的供述互相印证，另有微信聊天记录证实二人交易的数量为 20 只，转账金额为 8500 元。对于病死的 10 只陆龟，虽然没有品种鉴定意见，但上述证据能够互相印证，形成了完整的证据链条，应予认定。

关于不起诉的犯罪嫌疑人招添错，应当认定犯罪嫌疑人招添错向招顺镇非法收购苏卡达陆龟2只。根据招添错的供述，其明知苏卡达陆龟系国家保护动物，依然在没有养殖资质的情况下，向招顺镇以现金800元的价格在招顺镇的养殖场购买2只陆龟，但在喂养的过程中陆龟死掉，后将死掉的陆龟扔弃，其妻子李家宜也证实，招添错购买的2只苏卡达陆龟病死。招顺镇供述其有向招添错销售2只苏卡达陆龟的行为，二人的供述能够互相吻合，招添错、其妻子李家宜均辨认出招添错购买的陆龟与本案扣押的潘志铖所购买的10只陆龟属于同一种龟（或外形一样）。本案虽无招添错购买2只陆龟的鉴定意见，证据相对薄弱，但在案证据也足以证实其购买养殖的2只陆龟是苏卡达陆龟，故应予认定。

此外，被告人招顺镇供述其非法出售的陆龟数量共计100余只，其中出售给潘志铖、招添错的陆龟数量为22只，因本案其他买家均未找到，也无相关的交易和转账记录，仅有招顺镇与部分客户之间的微信聊天记录，未形成完整的证据链条，无法证实上述买家向其购买了苏卡达陆龟，故不宜认定。综上，应当认定被告人招顺镇非法出售的陆龟数量为22只，法院在审理查明的事实中认定了招顺镇出售20只陆龟幼苗给潘志铖。

（四）对犯罪嫌疑人招添错作相对不起诉处理

鉴于招添错如实供述自己的犯罪事实，收购2只陆龟的目的为观赏，主观恶性不大，结合犯罪嫌疑人招添错购买陆龟的数量、用途、情节，其行为的社会危害性不大，犯罪情节较轻微，对其作相对不起诉处理。

案例三　如何准确把握危害珍贵、濒危野生动物罪的量刑标准①

【关键词】

非法运输、出售 鉴定价值 量刑标准

【基本案情】

2013年6月22日12时许，被告人郑锴将金钱豹毛皮1张（价值6

① 参见山东省济南市中级人民法院（2015）济刑一终字第57号刑事裁定书，来源于最高人民法院刑事审判第一、二、三、四、五庭：《刑事审判参考》（总第108集），法律出版社2017年版。

万元）、雪豹毛皮1张（价值10万元）、云豹毛皮1张（价值3万元）、赛加羚羊角4根（价值共计12万元）、象牙制品4个（非洲象或亚洲象，价值共计8291元）及其他动物制品装在两个旅行包中放在轿车后备厢里，后驾驶该轿车携带上述物品从山东省淄博市沿309国道于当日13时许来到济南市历下区经十路。在与朋友苗涵见面后，郑错以其驾驶的车辆手续不全、不能在济南市区行驶为由，将两个旅行包放在苗涵驾驶的丰田牌轿车的后备厢里，但苗涵不知旅行包内有何物。苗涵载郑错及其朋友到一歌厅唱歌。其间，被告人逯艺通过网络向郑错购买赛加羚羊角2根（价值6万元），二人通过网络讨价还价。后苗涵应郑错的要求驾驶丰田牌轿车载郑错及其朋友到济南市槐荫区经六路绿地小区附近与逯艺见面。19时许，郑错与逯艺正在讨价还价并查看郑错带来的羚羊角时，被公安人员抓获，当场查获金钱豹毛皮1张、雪豹毛皮1张、云豹毛皮1张、赛加羚羊角4根、象牙制品4个等物品。经鉴定，上述金钱豹、雪豹、云豹、赛加羚羊、非洲象或亚洲象均为国家一级重点保护动物，涉案物品价值共计31.8291万元。

【诉讼过程和结果】

山东省济南市槐荫区人民检察院以被告人郑错犯非法运输、出售珍贵濒危野生动物制品罪[①]，向济南市槐荫区人民法院提起公诉。济南市槐荫区人民法院认为，被告人郑错违反国家野生动物保护法规，运输珍贵、濒危野生动物制品，情节特别严重，并出售珍贵、濒危野生动物制品，其行为已构成非法运输、出售珍贵、濒危野生动物制品罪。对被告人郑错判处有期徒刑10年6个月，并处罚金人民币2万元。

宣判后，被告人郑错提出上诉。济南市中级人民法院经审理认为，本案应由济南市森林公安机关管辖，原公诉机关提交给原审法院的证据均系济南市公安局槐荫区分局提供，侦查主体违反了相关法律法规关于案件管辖的规定，从而导致对本案事实的认定缺少合法证据予以支持，决定将案件发回济南市槐荫区人民法院重新审理。

济南市槐荫区人民法院重审后认为，济南市公安局槐荫区分局对本

① “两高”《关于执行〈中华人民共和国刑法〉确定罪名的补充规定（七）》已将该罪名修改为危害珍贵、濒危野生动物罪。

案具有管辖权。本罪属于行为犯，只要行为人实施了相关行为即构成犯罪既遂，不能因被告人郑锴、逯艺未完成出售和收购行为而认定为犯罪未遂。鉴于本案现有证据不能证实郑锴对羚羊角之外的豹皮等非法运输的大部分珍贵、濒危野生动物制品有出售的意图，且在商谈价格的过程中即被抓获，未造成严重社会危害，其虽不具有法定减轻处罚情节，但根据案件的特殊情况，对其处以10年以上有期徒刑的刑罚过重，为罪责刑相均衡，可在法定刑以下判处刑罚，并报请最高人民法院核准。依照《刑法》第341条第1款、第63条第2款，最高人民法院《关于审理破坏野生动物资源刑事案件具体应用法律若干问题的解释》第5条第2款第1项之规定，判决如下：

被告人郑锴犯非法运输、出售珍贵、濒危野生动物制品罪，判处有期徒刑5年，并处罚金人民币2万元。宣判后，被告人郑锴以一审认定的事实不清、证据不足、程序违法等理由提出上诉。其辩护人提出，郑锴随身携带的豹皮和象牙小件并无出卖意图，不应认定为非法运输珍贵、濒危野生动物制品罪；本案鉴定主体不合法，且对涉案羚羊角的鉴定价值过高；量刑过重。

济南市中级人民法院经二审审理，驳回上诉人郑锴的上诉，维持原判，并依法报请山东省高级人民法院复核。

山东省高级人民法院经复核认为，本案侦查管辖合法、理由充分，鉴定主体不违法，鉴定意见合法有效。被告人郑锴的行为构成非法运输、出售珍贵、濒危野生动物制品罪。郑锴对羚羊角之外的豹皮等非法运输的大部分珍贵、濒危野生动物制品予以出售的意图不明显，且在商谈羚羊角价格的过程中即被抓获，未造成严重社会危害，其虽不具有法定减轻处罚情节，但根据案件的特殊情况，为罪责刑相均衡，可在法定刑以下判处刑罚，并报请最高人民法院核准。

最高人民法院经复核认为，被告人郑锴违反国家野生动物保护法规，运输、出售国家重点保护的珍贵、濒危野生动物制品，其行为构成非法运输、出售珍贵、濒危野生动物制品罪。郑锴非法运输、出售珍贵、濒危 野生动物制品价值31万余元，情节特别严重，本应处10年以上有期徒刑，但考虑到涉案野生动物制品已全部被查获，郑锴非法出售野生动物制品行为属未遂且欲售价格明显低于鉴定价值等特殊情况，为实现罪责刑相适应，可以对郑锴在法定刑以下判处刑罚。第一审判决、第二审裁定认定的事实清楚，证据确实、充分，定罪准确，量刑适当，审判程序合法。依照《刑法》第 63 条第 2 款和最高人民法院《关于适用〈中华人民共和国刑事诉讼法〉的解释》第 338 条[①] 的规定，裁定核准山东省济南市中级人民法院（2015）济刑一终字第 57 号维持第一审以非法运输、出售珍贵、濒危野生动物制品罪对被告人郑锴在法定刑以下判处有期徒刑 5 年，并处罚金人民币 2 万元的刑事裁定。

【主要问题】[②]

1. 本案的侦查管辖是否合法？

2. 如何审查判断涉案野生动物制品的鉴定意见？

3. 如何准确把握非法运输、出售珍贵、濒危野生动物制品罪的量刑标准？

【案件分析】

（一）本案的侦查机关具有侦查管辖权

被告人郑锴及其辩护人提出，本案不应由济南市公安局槐荫区分局营市街派出所侦查，应由济南市森林公安机关侦查，侦查程序违法，收集的证据不合法。经审查，国家林业局、公安部制定的《关于森林和陆生野生动物刑事案件管辖及立案标准》规定，对于未建立森林公安机关的地方，森林和陆生野生动物刑事案件由地方公安机关负责查处。槐荫区分局营市街派出所出具书面说明称，2013 年 6 月 22 日案发时，该派出所即向山东省公安厅森林警察总队请示有关涉林案件管辖权问题。山东省公安厅森林警察总队答复：济南市槐荫区无森林警察机构，涉林案件一直由各区公安机关自行侦办。2014 年 9 月 18 日，该派出所派员赴山东省公安厅森林警察总队请示有关涉林案件管辖权问题。山东省公安厅森林警察总队答复：涉林侦查管辖属于公安机关内部工作分工；在未设置森林公安机构的地区，由各分局自行侦办涉林案件。济南市森林公安局出具书面说明称，

---

① 2021 年 3 月 1 日实施的新解释，相应内容调整为第 417 条。

② 该部分内容节选自李晓光、邓克珠：《郑锴非法运输、出售珍贵、濒危野生动物制品案——如何把握非法运输、出售珍贵濒危野生动物制品罪的量刑标准》，载最高人民法院刑事审判第一、二、三、四、五庭：《刑事审判参考》（总第 108 集），法律出版社 2017 年版，第 92~99 页。

本案可由济南市公安局槐荫区分局管辖。可见，本案由济南市公安局槐荫区分局侦查有相关规范性文件作为依据，且槐荫区分局营市街派出所在案发时及侦办过程中两次请示上级森林公安机关以确定其是否有侦查权限，均得到肯定答复。故本案侦查管辖合法，槐荫区分局营市街派出所收集的材料可作为证据使用。

另外，山东省高级人民法院、山东省人民检察院、山东省公安厅、山东省林业厅 2013 年 11 月 1 日印发的《关于森林公安机关办理森林和陆生野生动物刑事治安和林业行政案件有关问题的通知》要求，自文件下发之日起，省、市、县（市、区）森林公安机关依照《关于森林和陆生野生动物刑事案件管辖及立案标准》《公安机关办理刑事案件程序规定》和本通知，公安机关各警种及其他部门在工作中发现属于森林公安机关管辖的案件或案件线索，应及时移送森林公安机关。虽然上述文件未规定对于未建立森林公安机关的地方发生的森林和陆生野生动物刑事案件由地方公安机关负责查处，但相对于《关于森林和陆生野生动物刑事案件管辖及立案标准》，该文件属于下位规定，且该文件出台于本案已侦查完毕移送审查起诉之后，故不影响本案的侦查管辖。综上，一、二审法院认定济南市公安局槐荫区分局对本案具有侦查管辖权，其收集的相关证据合法有效，是正确的。

（二）本案对野生动物制品的鉴定符合法律和有关规定

最高人民法院《关于适用〈中华人民共和国刑事诉讼法〉的解释》第 84 条[①] 规定，对鉴定意见应当着重审查以下内容：“（一）鉴定机构和鉴定人是否具有法定资质；……（五）鉴定程序是否符合法律、有关规定；………（十）鉴定意见是否依法及时告知相关人员，当事人对鉴定意见有无异议。”司法实践中，被告人及其辩护人经常对鉴定机构和鉴定人是否具有法定资质、鉴定程序是否合法以及鉴定的过程和方法是否符合相关专业的规范要求等提出质疑。本案中，被告人郑锴及其辩护人提出，涉案野生动物制品价值鉴定的主体不合法，涉案赛加羚羊角的价值认定过高。

---

① 2021 年 3 月 1 日实施的新解释，相应内容调整为第 97 条。

1. 对涉案动物制品进行鉴定的机构无须在司法行政机关编制的鉴定机构名册内

全国人民代表大会常务委员会发布的《关于司法鉴定管理问题的决定》第 2 条规定："国家对从事下列司法鉴定业务的鉴定人和鉴定机构实行登记管理制度：（一）法医类鉴定；（二）物证类鉴定；（三）声像资料鉴定；（四）根据诉讼需要由国务院司法行政部门商最高人民法院、最高人民检察院确定的其他应当对鉴定人和鉴定机构实行登记管理的鉴定事项。法律对前款规定事项的鉴定人和鉴定机构的管理另有规定的，从其规定。"《关于司法鉴定管理问题的决定》的释义指出，对于其第 2 条规定以外的其他鉴定种类，不实行登记制度。之所以这样规定，主要是考虑到司法鉴定涉及的专门性问题十分广泛，将各行各业的技术部门全部纳入登记管理范围不现实也不可能。实践中如果有的案件涉及的专门性问题需要鉴定，而登记范围以内的鉴定人或鉴定机构不能进行鉴定的，可以要求登记范围以外的技术部门或人员进行鉴定，并不妨碍司法鉴定工作。此外，对于这类特殊性质鉴定，最高人民法院 2011 年对山东省高级人民法院关于司法鉴定的复函和 2015 年对黑龙江省司法鉴定管理意见的复函均表明，《关于司法鉴定管理问题的决定》规定的三大类鉴定以外的特殊鉴定，目前不受司法行政登记管理的限制。

本案中，对扣押的疑似豹皮、羚羊角及象牙制品等动物制品种属、保护级别及价值认定不属于《关于司法鉴定管理问题的决定》规定的需要实行登记制度的鉴定种类，故进行鉴定的机构并非必须在《关于司法鉴定管理问题的决定》规定的范围内。本案涉案野生动物制品的鉴定机构和鉴定人——国家林业局森林公安司法鉴定中心的鉴定机构资格证书及两名鉴定人资格证书系公安部颁发，济南市价格认证中心的价格鉴证机构资质证和两名鉴定人资格证书均是国家发展和改革委员会颁发，均具有相应的鉴定资质。因此本案鉴定主体合法，辩护人在二审阶段提出的国家林业局森林公安司法鉴定中心系公安部批准，按照《关于司法鉴定管理问题的决定》其不属于具有司法行政部门管理登记的鉴定资质，主体不合法，鉴定结论不应作定案根据的辩护意见不能成立。

2. 涉案野生动物制品价值鉴定的过程和方法符合相关规范要求

关于野生动物制品的价值认定依据，国家发展和改革委员会价格认证中心制定的《野生动物及其产品（制品）价格认定规则》第5条规定，国家重点保护野生动物，依法获得出售、收购行政许可的，按野生动物许可交易市场的中等价格认定。未依法获得出售、收购行政许可的，按国家野生动物价值标准相关规定进行价格认定。国家林业局、卫生部、国家工商行政管理总局、国家食品药品监督管理局、国家中医药管理局于2007年11月12日下发的《关于加强赛加羚羊、穿山甲、稀有蛇类资源保护和规范其产品入药管理的通知》要求："为确保对资源消耗总量的宏观控制，今后所有赛加羚羊、穿山甲原材料仅限用于定点医院临床使用和中成药生产，并不得在定点医院外以零售方式公开出售……因中成药生产需要利用赛加羚羊角、穿山甲片和稀有蛇类原材料的，必须是已取得国家食品药品监督管理部门相应药品生产批准文号的企业"。

本案中，被告人郑锴的辩护人提出，案发后郑锴的父母在淄博药店以每根3000元左右的价格购买过2根赛加羚羊角，鉴定意见认定涉案的4根赛加羚羊角价值12万元偏高，明显不合理。关于郑锴的父母案发后从淄博市淄博齐鲁医药商场连锁有限公司购买的2根赛加羚羊角一节，该公司工作人员解释，该羚羊角系该公司1997年开业时从药材展销会上买来作为展品的，属非卖品，当时购买者称家中有高烧病人，需要羚羊角治病，并称担心羚羊角粉不纯，强烈要求购买整根羚羊角，为了治病救人，药店根据羚羊角粉的价格进行折算，先后出售2根羚羊角。但是，赛加羚羊角除有药用价值外，还具有工艺观赏性，以药用品或药粉折算其价值既不合理，也不科学。并且，根据上述规定，赛加羚羊角原材料仅限于定点医疗临床使用和中成药生产，在市场上是不允许销售的，故郑锴父母通过非正常手段购买的羚羊角的价格不具有参考价值。因此，不能依据并非通过合法途径购买的赛加羚羊角的价格认定其价值，涉案赛加羚羊角的价值应当按照国家野生动物产品（制品）价值标准相关规定进行计算、认定。

关于涉案野生动物制品价值的计算方法，林业部发布的《关于在野生动物案件中如何确定国家重点保护野生动物及其产品价值标准的通知》[①]

① 依国家林业局《关于废止部分规范性文件的通知》（林策发〔2017〕129号），已失效。——编者注

规定，国家一级保护陆生野生动物的价值标准，按照该种动物资源保护管理费的12.5倍执行；国家重点保护陆生野生动物具有特殊利用价值或者导致野生动物死亡的主要部分，其价值标准按照该种动物价值标准的80%予以折算。林业部、财政部、国家物价局发布的《陆生野生动物资源保护管理费收费办法》附录2规定，高鼻羚羊（即赛加羚羊）保护管理费6000元/只。本案中，涉案赛加羚羊角属具有特殊利用价值部分，其价值为：4根 ×6000元 ×12.5倍 ×0.8 ÷ 2=120000元。此外，最高人民法院《关于审理破坏野生动物资源刑事案件具体应用法律若干问题的解释》第11条规定，珍贵、濒危野生动物制品的价值，依照国家野生动物保护主管部门的规定核定；核定价值低于实际交易价格的，以实际交易价格认定。本案中，根据供证情况，郑锴出售2根赛加羚羊角的价格为3000元左右，低于核定价值6万元，故应按核定价值认定。

综上，本案扣押的疑似豹皮、羚羊角及象牙制品等动物制品种属、价值及保护级别先经国家林业局森林公安司法鉴定中心进行鉴定，后二审法院为稳妥起见，又对其中价值认定存在争议的4根赛加羚羊角送济南市价格认证中心进行鉴定，所认定的价值与国家林业局森林公安司法鉴定中心的认定一致。因此，上述鉴定意见应当采信，被告人郑锴及其辩护人提出的相关辩解和辩护意见均不能成立。

（三）对本案被告人郑锴所犯非法运输、出售珍贵、濒危野生动物制品罪，可以在法定刑以下判处刑罚

关于非法运输、出售珍贵、濒危野生动物制品罪的具体量刑标准，司法机关办理该案时仍在适用的最高人民法院《关于审理破坏野生动物资源刑事案件具体应用法律若干问题的解释》第5条的规定，非法收购、运输、出售珍贵、濒危野生动物制品，价值在10万元以上的，属于犯罪情节严重，处5年以上10年以下有期徒刑，并处罚金；价值在20万元以上的，属于犯罪情节特别严重，处10年以上有期徒刑，并处罚金或者没收财产。而关于走私珍贵动物及其制品罪的量刑标准，近年来已经被大幅度提高。2000年起施行的最高人民法院《关于审理走私刑事案件具体应用法律若干问题的解释》（现已失效）第4条规定，走私珍贵动物制品价值10万元以上不满20万元，处5年以上有期徒刑，并处罚金；走私珍贵动物制品价值20万元以上的，属于犯罪情节特别严重，处无期徒刑或者死

刑，并处没收财产。但2014年起施行的最高人民法院、最高人民检察院《关于办理走私刑事案件适用法律若干问题的解释》第9条规定，走私珍贵动物制品数额不满20万元的，可以认定为犯罪情节较轻；走私珍贵动物制品数额在20万元以上不满100万元的，处5年以上10年以下有期徒刑，并处罚金；走私珍贵动物制品数额在100万元以上的，属于犯罪情节特别严重。

上述司法解释表明，为适应社会经济的发展变化，走私珍贵动物、珍贵动物制品罪的数额标准自2014年9月以来已经大幅度提高，面非法运输、出售珍贵、濒危野生动物制品罪的量刑标准却没有及时做出相应调整。由此，原则上非法运输、出售珍贵、濒危野生动物制品罪仍须依照原数额标准量刑。但是，在走私珍贵动物、珍贵动物制品罪的数额标准已大幅度提高的情况下，如果仍然按照原数额标准对非法运输、出售珍贵、濒危野生动物制品罪予以量刑，势必与走私珍贵动物、珍贵动物制品罪的量刑存在明显差异，有违罪责刑相适应原则。因此，根据这一特殊情况，为实现罪责刑相均衡，对于此类案件，可以考虑在法定刑以下判处刑罚。本案即是适例。

本案被告人郑锴所涉犯罪数额为31万余元，依照前述司法解释的规定，应判处10年以上有期徒刑。但本案具有特殊性：一方面，本案具有需要体现从严的情节，包括郑锴所犯非法运输珍贵、濒危野生动物制品罪系既遂，而非法出售的2根赛加羚羊角包含在运输的涉案物品之中，不能因非法出售珍贵、濒危野生动物制品罪系未遂而对郑锴减轻处罚；郑锴非法运输珍贵、濒危野生动物制品的种类较多，社会危害性相对较大；郑锴在侦查后期开始部分翻供，认罪态度不好。但另一方面，本案需要体现从宽处罚的情节更为突出：（1）涉案野生动物制品全部被查获。由于被人举报，郑锴与逯艺正在交易赛加羚羊角时即被公安人员抓获，郑锴持有的豹类毛皮、羚羊角、象牙雕件等野生动物制品当场被查获，没有进一步流入社会，郑锴的犯罪行为未造成严重危害。（2）郑锴非法出售珍贵、濒危野生动物制品的行为属未遂。公诉机关认为郑锴上述非法出售行为属于犯罪未遂，一、二审均认为系犯罪既遂。根据在案证据，郑锴与逯艺仅开始看货检验，尚未确认质量、重量，更未谈妥价款即被抓获，即该二人已经着手犯罪，由于意志以外的原因而未得逞，应当认定为未遂。（3）郑锴欲出售赛加羚羊角的价格明显低于鉴定价值。虽然郑锴非法运输珍贵、濒危野生动物制品价值31万余元，非法出售珍贵、濒危野生动物制品（赛加羚羊角2根）价值6万元，但在案证据证实，对于准备非法出售的赛加羚羊角，郑锴要价每克30元或20元，逯艺还价每克17元，且根据郑锴供述，每根羚羊角重五六十克（鉴定意见书表明未对羚羊角进行称重），按此计算，二人交易的赛加羚羊角的价格3000元左右。虽然鉴定意见认定的赛加羚羊角价值6万元于法有据，但实际交易价格较低在一定程度上反映出郑锴主观恶性相对较小。

根据本案的上述特殊情况，一、二审法院对被告人郑锴在法定刑有期徒刑10年以下量刑，判处有期徒刑5年，基本上实现了罪责刑相适应，故最高人民法院依法裁定予以核准。

第五节 相关法律规定

一、法律

1.《中华人民共和国刑法》第三百四十一条

2.《中华人民共和国野生动物保护法》第二条、第十条、第二十一条、第二十七条、第三十条至第三十三条、第三十五条、第四十四条、第四十五条、第四十八条

3. 全国人民代表大会常务委员会《关于全面禁止非法野生动物交易、革除滥食野生动物陋习、切实保障人民群众生命健康安全的决定》

二、行政法规及部门规章

1. 国务院《关于严格保护珍贵稀有野生动物的通令》

2. 国务院《关于坚决制止乱捕滥猎和倒卖、走私珍稀野生动物的紧急通知》

3.《中华人民共和国陆生野生动物保护实施条例》第二条、第十一条、第二十六条、第二十八条、第二十九条、第三十二条、第三十六条

4.《中华人民共和国水生野生动物保护实施条例》第二条、第十二条、第十八条、第二十条、第二十六条

5. 国家林业和草原局、农业农村部《国家重点保护野生动物名录》

6. 国家林业局《关于发布破坏野生动物资源刑事案中涉及走私的象牙及其制品价值标准的通知》

7. 国家林业局《关于发布破坏野生动物资源刑事案件中涉及犀牛角价值标准的通知》

8. 国家林业局、公安部《关于森林和陆生野生动物刑事案件管辖及

立案标准》第二条、第三条

9. 国家林业局《关于缅甸陆龟有关问题的复函》

三、立法、司法解释及规范性文件

1. 全国人民代表大会常务委员会《关于〈中华人民共和国刑法〉第三百四十一条、第三百一十二条的解释》

2. 最高人民法院、最高人民检察院《关于办理破坏野生动物资源刑事案件适用法律若干问题的解释》

3. 最高人民检察院、公安部《关于公安机关管辖的刑事案件立案追诉标准的规定（一）》第六十四条、第六十五条

4. 最高人民法院《关于审理发生在我国管辖海域相关案件若干问题的规定（一）》第三条

5. 最高人民法院《关于审理发正在我国管辖海域相关案件若干问题的规定（二）》第五条至第八条

6. 最高人民法院、最高人民检察院、公安部、司法部《关于依法惩治妨害新型冠状病毒感染肺炎疫情防控违法犯罪的意见》

7. 最高人民法院、最高人民检察院、国家林业局等《关于破坏野生动物资源刑事案件中涉及的 CITES 附录Ⅰ和附录Ⅱ所列陆生野生动物制品价值核定问题的通知》

8. 最高人民法院、最高人民检察院、公安部、司法部《关于依法惩治非法野生动物交易犯罪的指导意见》

9. 最高人民法院、最高人民检察院、公安部、农业农村部《依法惩治长江流域非法捕捞等违法犯罪的意见》

10. 最高人民法院研究室《关于收购、运输、出售部分人工驯养繁殖技术成熟的野生动物适用法律问题的复函》

11. 国家林业局办公室《关于国家重点保护野生动物行政许可相关问题的复函》

第四章

非法狩猎罪
办案指引

第一节 非法狩猎罪概述

一、非法狩猎罪的立法沿革

乱捕滥猎野生动物破坏野生动物资源的行为一直受到立法界的高度重视，亦是国家严厉打击的对象，1979 年《刑法》就将非法狩猎罪纳入刑法调整范围，但此时的犯罪对象尚未区分国家重点保护野生动物与非国家重点保护野生动物，1979 年《刑法》第 130 条只笼统地规定“珍禽、珍兽或者其他野生动物”，该条规定：违反狩猎法规，在禁猎区、禁猎期或者使用禁用的工具、方法进行狩猎，破坏珍禽、珍兽或者其他野生动物资源，情节严重的，处 2 年以下有期徒刑、拘役或者罚金。

为了加强对国家重点保护的珍贵、濒危野生动物的保护，1988 年第七届全国人民代表大会常务委员会第四次会议通过《关于惩治捕杀国家重点保护的珍贵、濒危野生动物犯罪的补充规定》指出，非法捕杀国家重点保护的珍贵、濒危野生动物的，处 7 年以下有期徒刑或者拘役，可以并处或者单处罚金；非法出售倒卖、走私的，按投机倒把罪、走私罪处刑。后因 1997 年《刑法》的修订，该补充规定废止。

1988 年《野生动物保护法》和 1992 年《陆生野生动物保护实施条例》也分别设立了刑事责任条款，但仅仅规定“依法追究刑事责任”，对具体如何追究刑事责任未作详细规定。

1997 年《刑法》对非法狩猎罪的犯罪对象和法定刑进行了修改，将非法狩猎罪的犯罪对象限定在除珍贵、濒危的陆生野生动物和水生野生动物以外，有益的或者有重要经济、科学研究价值的陆生野生动物。将非法狩猎罪的法定刑调整为 3 年以下有期徒刑、拘役、管制或者罚金。1997 年《刑法》第 341 条第 2 款规定：违反狩猎法规，在禁猎区、禁猎期或者使用禁用的工具、方法进行狩猎，破坏野生动物资源，情节严重的，处3年以下有期徒刑、拘役、管制或者罚金。

2000年，最高人民法院发布《关于审理破坏野生动物资源刑事案件具体应用法律若干问题的解释》，对非法狩猎罪的侵害对象、行为方式、情节严重、情节特别严重的情形等做了进一步的解释。

野生动物资源是一种宝贵的自然资源，它不仅具有重要的经济价值，为开展科学研究和加强国际文化交流提供重要资源，而且对维护生态平衡具有非常重大的意义。《野生动物保护法》第3条规定："野生动物资源属于国家所有。国家保障依法从事野生动物科学研究、人工繁育等保护及相关活动的组织和个人的合法权益。"第6条第1款规定："任何组织和个人都有保护野生动物及其栖息地的义务。禁止违法猎捕野生动物、破坏野生动物栖息地。"第20条规定："在相关自然保护区域或禁猎（渔）区、禁猎（渔）期内，禁止猎捕以及其他妨碍野生动物生息繁衍的活动，但法律法规另有规定的除外。"

2020年2月24日，全国人大常委会表决通过《关于全面禁止非法野生动物交易、革除滥食野生动物陋习、切实保障人民群众生命健康安全的决定》，其第1条规定："凡《中华人民共和国野生动物保护法》和其他有关法律禁止猎捕、交易、运输、食用野生动物的，必须严格禁止。对违反前款规定的行为，在现行法律规定基础上加重处罚。"第2条规定："全面禁止食用国家保护的'有重要生态、科学、社会价值的陆生野生动物'以及其他陆生野生动物，包括人工繁育、人工饲养的陆生野生动物。全面禁止以食用为目的的猎捕、交易、运输在野外环境自然生长繁殖的陆生野生动物。对违反前两款规定的行为，参照适用现行法律有关规定处罚。"

2022年4月9日实施的最高人民法院、最高人民检察院《关于办理破坏野生动物资源刑事案件适用法律若干问题的解释》，积极贯彻落实少捕慎诉慎押刑事司法政策，妥善调整非法狩猎定罪量刑标准，对非法狩猎不再以数量而改以价值作为基本标准，以更好体现罪责刑相适应原则的要求；对于破坏野生动物资源危害明显较轻的非法狩猎案件，存在"两禁"行为的，强调不宜一律入罪，要注意区分犯罪情节轻微和情节显著轻微，杜绝对价值小的动物"一只入罪"的现象。

二、非法狩猎罪的发案态势

近年来破坏环境资源犯罪频发，严重影响了黄河流域森林资源安全和生物多样性，非法狩猎犯罪呈高发多发态势。我们以通过中国裁判文书网设置“非法狩猎罪”“一审”“2016年、2017年、2018年、2019年、2020年”检索的近五年数据为样本，结合办案实际，对该类案件发案态势进行梳理总结，具体如下：

（一）从受理案件情况看，非法狩猎犯罪呈上升趋势

2016年至2020年公布的一审生效判决书为8721份，其中2016年为1039份，2017年为1195份，2018年为1427份，2019年为2067份，2020年为2993份，从该组数据可以看出，非法狩猎案件呈逐年递增趋势，五年案发数量增加了近三倍。

（二）从犯罪地域来看，非法狩猎犯罪数量主要集中在少数省份

2016年至2020年公布的一审判决为8721起，其中2016年案件量排名前三的分别是江苏省267起、河南省152起、浙江省82起；2017年案件量排名前三的分别是江苏省280起、河南省168起、浙江省107起；2018年案件量排名前三的分别是河南省223起、江苏省186起、安徽省131起；2019年案件量排名前三的分别是河南省266起、湖南省207起、江苏省157起；2020年案件量排名前三的分别是河南省402起、湖南省294起、湖北省207起。从案发地域来看，河南省非法狩猎案发率一直居高不下，并呈上升趋势；江苏省的案发率呈递减趋势；湖南省的案发率逐年上升，至2019年进入全国前三名；湖北省在2020年的案发率呈爆发式增长。

（三）从犯罪主体来看，涉案人员文化程度普遍不高

涉案被告人多集中在农民和无业人员中，且大多无固定职业，文化程度均为高中以下学历。分析原因应是此类人群时间自由、较容易接触到野生动物，存在实施犯罪的时间和空间条件。

（四）从作案动机来看，主要是经济利益的驱动和法治观念淡薄

一方面是高利润经济利益的驱动，被告人多为农民或无业人员，无其他经济来源，而市场上对野生动物的需求一直存在，且利润可观，导致一部分人铤而走险非法猎捕野生动物；另一方面是法制观念淡薄，有的被告人为了防止鸟偷吃自己的庄稼或果子在田间私拉电网猎捕鸟类，有的被告人仅仅因为在家待着无聊或者是想吃点野味，便去地里猎捕野鸡、野兔等，根本没有意识到会造成法律后果。

三、非法狩猎罪的概念和构成特征

本罪是指行为人违反狩猎法规，在禁猎区、禁猎期或使用禁用工具、方法进行狩猎，破坏野生动物资源，情节严重的行为。

（一）客体特征

本罪侵犯的客体是国家对野生动物资源的管理制度。犯罪对象是野生动物资源。国家对野生动物的狩猎活动进行必要的管理，其根本目的是保证野生动物的正常生息繁衍，保证一定的种群数量。

（二）客观方面特征

本罪在客观方面表现为违反狩猎法规，在禁猎期、禁猎区内狩猎野生动物或使用禁用工具、方法在任何时间、地点猎捕野生动物，破坏野生动物资源，情节严重的行为。违反狩猎法规，主要指违反《野生动物保护法》《陆生野生动物保护实施条例》等有关法律法规。这是构成本罪的前提条件。“禁猎区”是指国家对适宜野生动物栖息繁殖的地区，不准狩猎；需要保护自然环境的地区，包括城镇、工矿区、革命圣地、名胜古迹、风景旅游区等，也不准狩猎。“禁猎期”，是指根据野生动物的繁殖、肉食、皮毛成熟的季节，分别规定禁止猎捕的期限。“禁用的工具”，是指足以破坏野生动物资源，危害人畜安全，或者破坏森林、草原的工具，如地枪、猎套、猎夹、排铳等。《野生动物保护法》第 24 条明确规定：“禁止使用

毒药、爆炸物、电击或者电子诱捕装置以及猎套、猎夹、地枪、排铳等工具进行猎捕，禁止使用夜间照明行猎、歼灭性围猎、捣毁巢穴、火攻、烟熏、网捕等方法进行猎捕，但因科学研究确需网捕、电子诱捕的除外。前款规定以外的禁止使用的猎捕工具和方法，由县级以上地方人民政府规定并公布。”《陆生野生动物保护实施条例》第18条规定：“禁止使用军用武器、气枪、毒药、炸药、地枪、排铳、非人为直接操作并危害人畜安全的狩猎装置、夜间照明行猎、歼灭性围猎、火攻、烟熏以及县级以上各级人民政府或者其野生动物行政主管部门规定禁止使用的其他狩猎工具和方法狩猎。”“禁用的方法”，是指禁止使用的损害野生动物资源正常繁殖、生长的方法，如使用炸药、毒药、火攻、烟熏、掏窝、捡蛋等方法。

（三）主体特征

本罪的主体是一般主体，即自然人和单位都可以成为本罪的主体。无论是专门从事狩猎的人员还是其他公民，只要达到刑事责任年龄，具备刑事责任能力的，都可以构成本罪。单位亦可以构成本罪主体。

（四）主观方面特征

本罪在主观方面表现为故意，即明知是在禁猎区、禁猎期或者使用禁止的工具、方法进行狩猎而故意为之。至于是为了营利或者其他目的，均不影响本罪的成立。过失不能构成本罪。

四、非法狩猎罪的追诉标准

根据最高人民检察院、公安部《关于公安机关管辖的刑事案件立案追诉标准的规定（一）》的规定，违反狩猎法规，在禁猎区、禁猎期或者使用禁用的工具、方法进行狩猎，破坏野生动物资源，涉嫌下列情形之一的，应予立案追诉：（1）非法狩猎陆生野生动物20只以上的；（2）在禁猎区或者禁猎期使用禁用的工具、方法狩猎的；（3）具有其他严重破坏野生动物资源情节的。

第二节　非法狩猎罪的证据审查

一、非法狩猎罪的证据要件

（一）客体方面的证据要件

证明行为人侵犯了国家对野生动物资源的保护和管理制度，未经批准实施非法狩猎行为。应当收集的证据包括以下内容：

1. 县级以上人民政府关于禁猎区、禁猎期的规定，证明案发地是否属于禁猎区、案发时间是否属于禁猎期。

2. 有关机关颁发的狩猎证，证明行为人是否具有狩猎资格。

3. 有资格的鉴定机构出具的鉴定文书，证明犯罪对象是否是国家重点保护的珍贵、濒危野生动物以外的各种野生动物及其价值等。

（二）客观方面的证据要件

非法狩猎罪的客观行为表现为在禁猎区、禁猎期或使用禁用工具、方法进行狩猎，破坏野生动物资源，情节严重的行为。根据司法解释的规定，情节严重有"非法狩猎野生动物 20 只以上；违反狩猎法规，在禁猎区或者禁猎期使用禁用的工具、方法狩猎的；具有其他严重情节的"，因此认定非法狩猎行为应围绕非法狩猎野生动物的数量、作案地点是否属于禁猎区、作案时间是否属于禁猎期、作案工具是否属于禁用的工具、作案方法是否属于禁用的方法，综合审查判断证据。

1. 犯罪嫌疑人、被告人供述和辩解

（1）实施犯罪的时间、地点、现场的情况，是否是禁猎期和禁猎区；

（2）采取的方法是否是禁用的方法，如使用炸药、毒药、火攻、烟熏、掏窝、捡蛋及其他方法；

（3）使用的工具是否是禁用的工具，如地弓、地枪、机动车、军用武器及其他工具，并查明其来源、下落、数量、特征；

（4）非法狩猎的数量、去向、动物品种；

（5）非法狩猎的详细经过；

（6）被猎捕的动物处理情况，如出售、自用、赠与等；

（7）如果是共同犯罪或单位犯罪案件应查明起意、组织、策划、实施、分赃及犯罪嫌疑人的身份，以确定每个人在犯罪中的地位、作用等情况。

2. 证人证言

（1）现场目击证人、知情人的证言；

（2）护林员、林场管理人员的证言，以证明行为人狩猎的时间、地点、是否是禁猎期及禁猎区、猎捕的动物种类等情况；

（3）单位犯本罪的，还要收集参与非法狩猎人员、单位领导的证言，证实其行为是经过单位集体决定，并由主管人员及直接负责人员具体实施的。

3. 物证、书证

（1）被非法猎获的动物原物、照片；

（2）狩猎所使用的猎枪、陷坑、猎夹、粘网、炸药、毒物、汽车、马车等作案工具；

（3）林业管理部门出具的证明材料，证实是否是禁猎期、禁猎区及禁猎方法、工具等；

（4）进山许可证、狩猎证、狩猎种类、数量、地点限期文件。

4. 鉴定意见

（1）被猎获的动物种类、价值、目种等级鉴定，以证明行为人猎捕的是否属于国家保护的珍贵、濒危野生动物；

（2）狩猎工具、狩猎方法的鉴定，证明行为人是否违反"四禁"进行狩猎活动。

5. 勘验、检查笔录及照片等

上述证据是证明行为人是否构成非法狩猎罪的必要条件，在审查逮捕环节，每一个方面的内容不要求所有的证据齐全，但如果作案时间和地点为非禁猎区、禁猎期时，关于非法狩猎野生动物的数量的证据必须要有；作案地点为禁猎区或作案时间为禁猎期时，需要有作案工具是否属于禁用的工具、作案方法是否属于禁用的方法等方面的证据。

（三）主体方面的证据要件

司法实践中，非法狩猎罪的犯罪主体多是自然人，因此在审查证据时要注重对主体身份、刑事责任年龄、刑事责任能力等相关证据的审查。系单位犯罪的，要注意区分是单位意志还是个人意志。

1. 证明行为人刑事责任年龄、身份等自然情况的证据。包括身份证明、户籍证明、任职证明、工作经历证明、特定职责证明等，主要是证明行为人的姓名（曾用名）、性别、出生年月日、民族、籍贯、出生地、职业（或职务）、住所地（或居所地）等证据材料，如户口簿、居民身份证、工作证、出生证、专业或技术等级证、干部履历表、职工登记表、护照等。对于户籍、出生证等材料内容不实的，应提供其他证据材料。外国人犯罪的案件，应有护照等身份证明材料。人大代表、政协委员犯罪的案件，应注明身份，并附身份证明材料。

有犯罪前科的，审查的证据还包括刑事判决书、裁定书、释放证明书、不起诉决定书、其他行政处罚决定书。

2. 证明行为人刑事责任能力的证据。证明行为人对自己的行为是否具有辨认能力与控制能力，如是否属于间歇性精神病人、尚未完全丧失辨认或者控制自己行为能力的精神病人的证明材料。

3. 证明单位的证据。证明是否属于依法成立并有合法经营、管理范围的企业、事业单位、机关、团体。包括单位的名称、住所地、性质、法定代表人、单位负责人、业务范围、成立时间等证据材料，如企业法人营业执照、法人工商注册登记证明、法人设立证明、国有公司性质证明及非法人单位的身份证明、法人税务登记证明和单位代码证等。

4. 证明法定代表人、单位负责人或直接责任人员等的身份证明。法定代表人、直接负责的主管人员和其他直接责任人在单位的任职、职责、负责权限的证明材料等。包括身份证明、户籍证明、任职证明等，如户口簿、居民身份证、工作证、护照、专业或技术等级证、干部履历表、职工登记表、任命书、业务分工文件、委派文件、单位证明、单位规章制度等。

（四）主观方面的证据要件

非法狩猎案件往往是自然人的个人犯罪或共同犯罪，判断非法狩猎的主观故意应当根据行为人的供述和辩解，结合证明其参与实施的具体行为的其他证据进行综合判断。

1. 犯罪嫌疑人的供述和辩解，包括行为人非法狩猎的动机、目的、时间、地点、方式、原因、经过、结果以及共同犯罪的组织策划的时间、地点、参与人及分工、经过；对于共同犯罪的，还要查明行为人的共同主观故意 ，是临时起意，还是事先预谋。对于临时起意的，要着重了解清楚各行为人相互之间的共同故意，对事先预谋的要详细了解清楚预谋的时间、地点、人员、内容，查清共同犯罪的主观故意，以及各行为人在本案中的地位和作用，是否有主从犯等。

2. 证人证言，证实行为人明知在禁猎区、禁猎期或者使用禁用的工具、方法而故意进行狩猎及事先进行踩点、选定犯罪目标等情况。

3. 物证，包括非法狩猎的动物实物、狩猎工具等。

二、非法狩猎罪常见证据审查

办理非法狩猎案件时，常见的证据主要有作案工具、现场勘验笔录、鉴定等，审查时应当注意：

1. 作案工具（或作案手法）是否属于《野生动物保护法》《陆生野生动物保护实施条例》规定的禁止使用的狩猎工具（狩猎方法），扣押程序是否合法等。

2. 犯罪对象扣押程序是否合法，处理程序是否合法，活体动物是否放生等。

3. 言词证据是否客观真实，共同犯罪人的供述是否能够相互印证等。

4. 现场勘验笔录程序是否合法，是否有见证人，是否附有现场照片等。

5. 作案地点是否属于省级林业部门或县级以上人民政府划分的禁猎区。

6. 作案时间是否属于省级林业部门或县级以上人民政府规定的禁

猎期。

7. 鉴定程序是否合法，出具鉴定意见的鉴定机构、鉴定人员是否具有鉴定资格，鉴定检材的收集、保管、移送是否合法，鉴定意见是否存在明显错误，鉴定意见是否告知相关人员，当事人对鉴定意见是否提出异议等。

第三节 非法狩猎罪的认定处理

一、非法狩猎罪的罪与非罪

区分罪与非罪的界限时要注意，行为人除在禁猎区、禁猎期或使用禁用工具、方法进行狩猎外，还必须达到“情节严重”，才构成本罪。关于“情节严重”的认定，已有司法解释明确标准。司法实务中，非法狩猎罪认定的关键在于其主观罪过的认定。

非法狩猎罪构成要件包含禁猎区、禁猎期等要素，实务中对于行为人主观上是否需要明知禁猎区等规定存在不同观点。有的观点认为行为人不需要明确认识到禁猎期、禁猎区等规定，只要认识到其行为对野生动物是一种危害即可。有的观点认为只要行为人明知其行为可能造成对野生动物破坏的结果，对该结果持放任态度即可。有的观点认为禁猎区、禁猎期等规定系构成要件要素，行为人应当明知方可具备主观罪过。[①]我们认为，禁猎区、禁猎期、濒危野生动物等要素系非法狩猎罪、危害珍贵、濒危野生动物罪等犯罪构成要件的核心要素，这些要素体现行为人社会危害性。如果行为人不明知禁猎区等要素的存在，很难认定行为人的社会危害性。在非法狩猎罪中，行为人只有明知禁猎区、禁猎期等禁猎规定而实施非法狩猎才反映出其主观罪过。因此，行为人知道或者应当知道禁猎区、禁猎期、濒危野生动物等要素是行为人构成犯罪的主观要件。

司法实践中，在行为人辩解不明知禁猎区、禁猎期等规定情况下，如何运用证据证明行为人应当明知则成为犯罪是否成立的关键。“应当知道”是一种对特定犯罪对象的概括性认识，也称作“可能知道”，是一种

---

① 朱砚博：《“三有动物”保护在司法实践中之困境与突破》，载《郑州大学学报（哲学社会科学版）》2015年第5期。

推定行为人认识状态的方式，本质上是证明行为人主观认识的一种证明方法。如果行为人所在地当地政府公布禁猎区、禁猎期等文件，并且进行公开传达宣传的情况下，则根据一般人认知能力已经知晓该规定，进而推定行为人应当明知。如果以行为人为标准，当行为人明知但拒不承认其明知时，就导致无法用证据证实，而且要求政府将文件具体内容告诉每一个人过于苛刻，也不符合实际情况。因此，在当地政府通过张贴文件、设立宣传牌、宣传标语等方式依法履行禁猎文件宣传职责情况下，一般人知晓禁猎规定情况下，则可以认定行为人应当知道禁猎区、禁猎期等规定。当然，如果当地政府在制定禁猎区、禁猎期等文件后，并没有履行告知宣传职责或者履行职责不到位，则无法以一般人标准认定行为人主观应当明知，进而无法认定行为人具有违法性认识。行为人在没有违法性认识的情况下，就无法产生抑制犯罪的反对意识，因而不具有非法狩猎的主观恶性。①

需要注意的是，根据 2022 年 4 月 9 日实施的最高人民法院、最高人民检察院《关于办理破坏野生动物资源刑事案件适用法律若干问题的解释》规定，行为人虽然违反多项禁止性要素，但根据猎获物的数量、价值和狩猎方法、工具等，对野生动物资源危害明显较轻的，应当综合考虑猎捕的动机、目的、行为人自愿接受行政处罚、积极修复生态环境等情节，准确判断行为的违法性，可以认定为犯罪情节轻微，不起诉或者免予刑事处罚；情节显著轻微危害不大的，不作为犯罪处理。

二、非法狩猎罪的此罪与彼罪

本罪与非法捕捞水产品罪的界限。非法捕捞水产品罪，是指违反保护水产资源法规，在禁渔区、禁渔期或者使用禁用的工具、方法捕捞水产品，情节严重的行为。两罪在犯罪主体、主观方面较为一致，都属于故意犯罪的范畴。区别在于：（1）客体不尽相同。其同类客体都是对环境资源保护和管理制度的侵犯，只是犯罪所侵犯的直接客体有所不同，非法狩猎

① 史运伟：《破坏野生动物资源犯罪刑法规制实务研究》，载《三峡大学学报（人文社会科学版）》2021 年第 1 期。

罪所侵犯的直接客体为国家保护野生动物资源的管理制度；而非法捕捞水产品罪所侵犯的客体为国家保护水产资源的管理制度。（2）犯罪对象不同。非法狩猎罪的对象是除国家重点保护的珍贵、濒危野生动物资源、水生野生动物资源以外的陆生野生动物资源；而非法捕捞水产品罪的犯罪对象则为除国家重点保护的珍贵、濒危陆生和水生野生动物资源以外的其他水产品资源，这些水产品资源不仅包括水生野生动物，还包括海藻类、淡水食用水生植物类等水产品。（3）行为内容不同。非法狩猎罪在违反"四个禁止性规定"的前提下，突出了与危害陆生动物相关的"狩猎"行为；而非法捕水产品罪则在"四个禁止性规定"的前提下，强调的是危及水产资源的"捕捞"行为。故两者所违反的"四个禁止性规定"实为形式相同而内容各异的限制性规定。

第四节　相关案例评析

冯某某非法狩猎案[①]

【关键词】

非法狩猎　禁猎区　主观明知

【基本案情】

2016年1月，被告人冯某某为猎捕野生动物购买了电瓶、增压机、变压器、绝缘帽、铁丝等作案工具，驾车到长江流域南川区大有镇指拇村2社小地名沙子岭处和小地名粮店处，即金佛山国家级风景名胜区范围的小指拇山脚下茂密的杂灌林中安设近似封闭圆形电网，晚上通电电击野生动物，未猎捕到野生动物。2016年1月18日9时许，被告人冯某某在整理电网时被林业局执法人员现场查获。

经鉴定，被告人冯某某使用的电网电源设备最低能产生瞬时输出电压为81KV–150KV，人或动物一旦触及带电部位，就会产生触电伤害甚至死亡。被告人冯某某狩猎现场将电网安装区域位于金佛山国家级风景名胜区范围。

【诉讼过程和结果】

重庆市涪陵区人民法院一审认为，被告人冯某某违反狩猎法规，在国家风景名胜区使用禁用的工具进行狩猎，破坏野生动物资源，情节严重，其行为已构成非法狩猎罪。对被告人冯某某提出其不清楚哪些是风景名胜区的具体范围的辩解。经查，被告人冯某某供述、证人罗某某、唐某某等人的证言、当地人民政府关于加强野生动植物资源保护通告、村委会及沿线公路的宣传标语等证据，证明当地人民政府、乡镇、村组对禁猎区

---

① 参见重庆市涪陵区人民法院(2016)渝0102刑初311号刑事判决书。

加强野生动物资源保护以及禁用的工具进行了大量宣传，对该辩解意见，人民法院不予采纳。遂依法判处被告人冯某某有期徒刑 8 个月。

【主要问题】

本案重点在于对非法狩猎中的主观明知如何认定。被告人冯某某是否明知其狩猎区域为禁猎区？该问题涉及犯罪故意的认定。

【案件分析】

我国《刑法》第 341 条第 2 款规定，“违反狩猎法规，在禁猎区、禁猎期或者使用禁用的工具、方法进行狩猎，破坏野生动物资源，情节严重的，处三年以下有期徒刑、拘役、管制或者罚金。”同时，我国《野生动物保护法》第 20 条规定：“在相关自然保护区域和禁猎（渔）区、禁猎（渔）期内，禁止猎捕以及其他妨碍野生动物生息繁衍的活动……妨碍野生动物生息繁衍活动的内容，由县级以上政府或者其野生动物保护主管部门规定并公布。”最高人民法院《关于审理破坏野生动物资源刑事案件具体应用法律若干问题的解释》第 7 条规定：“使用爆炸、投毒、设置电网等危险方法破坏野生动物资源，构成非法猎捕、杀害珍贵、濒危野生动物罪或者非法狩猎罪……”从上述对非法狩猎的法律规定及其司法解释来看，非法狩猎罪的主观要件表现为故意，即明知是在禁猎区、禁猎期或者使用禁止的工具、方法进行狩猎而故意为之。

我国《刑法》第 14 条规定：“明知自己的行为会发生危害社会的结果，并且希望或者放任这种结果发生，因而构成犯罪的，是故意犯罪。故意犯罪，应当负刑事责任。”由上述规定可知犯罪故意包括两个要素，一是“明知”，其属于心理学上的认识因素；二是在“明知”前提下的“希望”和“放任”，其属于心理学上的意志因素。因此，犯罪的故意应包含认识因素和意志因素。行为人主观明知的认识因素可以是“概括的明知”，行为人只要对涉案的犯罪地点可能属于禁猎区具有概括性认识，就可以认定其为主观明知。

所谓禁猎区，是指国家对适宜野生动物栖息繁殖或者野生动物资源贫乏和破坏比较严重的地区，如国家自然保护区、风景区、城镇、工矿区、革命圣地、名胜古迹等区域为保护野生动物而划定的禁止狩猎区域。在禁猎区域内，任何人任何时候都不得进行狩猎。已经构成非法狩猎的行为，可根据相关行政主管部门是否在狩猎的场所进行了广而告之，如本案中就可以根据该案案发地所在行政主管部门对风景名胜区做了宣传，从而认定行为人对禁猎区具有概括的主观认识。

虽然被告人提出了其不清楚哪些是风景名胜区的具体范围及林业行政主管部门对其犯罪地点属于风景名胜区范围的鉴定资质的辩护意见，但这是对其明知禁猎区的主观否定。结合被告人冯某某曾在公安机关的供述、证人罗某某、唐某某等人的证言、南川区人民政府关于加强野生动植物资源保护通告、村委会及沿线公路的宣传标语等证据，证明南川区人民政府、乡镇、村组对禁猎区加强野生动物资源保护以及禁用的工具进行了大量宣传。因此，本案中可以认定被告人冯某某明知其狩猎区域属于风景名胜区，系禁猎区。

第五节　相关法律规定

一、法律

1.《中华人民共和国刑法》第三百四十一条

2.《中华人民共和国野生动物保护法》第三条、第六条、第十条、第二十条、第二十二条、第二十四条

3. 全国人民代表大会常务委员会《关于全面禁止非法野生动物交易、革除滥食野生动物陋习、切实保障人民群众生命健康安全的决定》第一条、第二条

二、行政法规

《中华人民共和国陆生野生动物保护实施条例》第十五条、第十八条、第三十四条、第三十五条

三、司法解释及规范性文件

1. 最高人民检察院、公安部《关于公安机关管辖的刑事案件立案追诉标准的规定（一）》第六十六条

2. 最高人民法院、最高人民检察院《关于办理破坏野生动物资源刑事案件适用法律若干问题的解释》

3. 国家林业局、公安部《关于森林和陆生野生动物刑事案件管辖及立案标准》第二条

第五章

非法占用农用地罪办案指引

第一节　非法占用农用地罪概述

一、非法占用农用地罪的立法沿革

我国是一个人口大国，土地属于相对短缺的资源。自新中国成立以来，我国通过法律手段保护土地资源经历了一个从无到有的过程。在1979年《刑法》中并未规定对于土地的保护，直到1986年《土地管理法》的颁布，我国才从法律上对保护土地问题进行明确规定，切实保护土地资源。1997年《刑法》在1986年《土地管理法》的基础上把破坏耕地资源的行为写入刑法，设立“非法占用耕地罪”。所谓非法占用耕地罪，是指违反土地管理法规，非法占用耕地，改变其用途数量较大，导致耕地被大量毁损的犯罪行为。构成该罪依法判处5年以下有期徒刑或者拘役，并处或单处罚金。1997年《刑法》增设非法占用耕地罪的初衷是为了强化国家对耕地的保护，旨在运用国家强制力和强制手段对破坏耕地资源的行为进行打击处罚。

根据1997年《刑法》的规定，只有非法占用耕地改作他用的行为才构成犯罪，对于非法占用林地等农用地以及其他土地的行为并没有规定为犯罪。当时这样规定主要是考虑到我国耕地资源尤其短缺，人均耕地面积仅占世界平均数的1/4。实践中一些地方为了发展地方经济，非法占用耕地用于基本建设的情况较为严重，耕地减少速度过快，如果不加以特殊保护，国家粮食安全将无法保证。

改革开放以后，我国进入了以经济建设为中心的发展模式，部分地方采用粗放式的发展模式，忽略对周围环境与资源的保护。1997年《刑法》增设非法占用耕地罪以后，实践中遇到了毁林开垦、乱占林地能否定罪入刑的问题。为了解决司法实践中遇到的问题，同时考虑到林地是森林资源的重要组成部分，而我国森林资源也十分短缺，我国的森林面积占全球3.3%，却需要保护占全球22%人口的生存环境，环境压力相当大，应当把林地放到与耕地同样重要的位置加以保护。但是毁林开垦进行种植、养殖或者非法占用林地搞开发区、建公墓、修高尔夫球场、滑雪场等娱乐设施的案件逐渐增多，对森林资源的破坏日益严重，有必要对刑法加以修改，对严重破坏森林资源的行为追究刑事责任。另外，实践中也出现了一些非法占用草地等其他农用地的行为，对土地资源以及生态环境的破坏非常严重。为此，全国人大常委会在2001年8月31日审议通过了《刑法修正案（二）》，将1997年《刑法》中“非法占用耕地罪”修改为“非法占用农用地罪”，将原来规定的“违反土地管理法规，非法占用耕地改作他用，数量较大，造成耕地大量毁坏的”修改为“违反土地管理法规，非法占用耕地、林地等农用地，改变被占用土地用途，数量较大，造成耕地、林地等农用地大量毁坏的”，刑罚未作改动。修正案与刑法原规定的不同之处是扩大了犯罪对象的范围，保护范围由普通耕地扩大到所有农用地，包括林地、养殖水面、农田水利等。自此，我国以保护农用地为中心的土地刑法保护机制基本建立。

二、非法占用农用地罪的发案态势

根据原国土资源部发布的我国2016年土地资源的统计数据分析，虽然我国与其他国家相比，耕地、林地、草原面积总量较多，世界排名较为靠前，但人均所占耕地面积远低于世界人均水平，土地资源仍十分紧张。

通过检索中国裁判文书网发现，2014—2019年涉及非法占用农用地罪的一审判决案件基本呈逐年递增的现象，其中2014年为1876件，2015年为2824件，2016年为2746件，2017年为3850件，2018年为4825件，2019年为4760件。

2018年1月至2019年12月，检察机关对非法占用农用地罪提起公诉10897件13824人，这些非法占用农用地类案主要呈现四个特点。一是地域特征明显。城乡接合部、城市周边、浅山地区等，非法占用农用地开发大棚房等案件往往多发。二是非法占用方式多样。从已发案件形式来看，有的将农用地转为建设用地，如建厂、建房、建设水电站等；有的在农用地上进行矿产资源开发活动，如采矿、挖砂等；有的将耕地转为其他农用地，如开垦林地、挖塘养鱼等；还有的将农用地转为其他非农用途，如进行小产权房、大棚房开发等。三是个别农村村民委员会等农村基层组织或自治组织出于“政绩”冲动或利益驱动，往往或明或暗支持这种行为。四是隐蔽性强，不容易暴露，办案难度比较大。该类案件中，行为人往往以合法形式掩盖非法目的，或假借发展设施农业之名大肆占用耕地进行非农改造。

2020 年 3 月 5 日，最高人民检察院发布最高检第十六批指导性案例，其中将刘某某非法占用农用地案作为指导性案例就是要严正宣示，合理利用土地和切实保护耕地是我国的基本国策，假借发展设施农业之名，擅自或者变相改变农业用途，在耕地甚至基本农田上建设所谓“大棚房”“生态园”“休闲农庄”等，国家的法律绝不允许。对触犯刑律构成犯罪的，检察机关要依法追诉，严厉打击惩治该类犯罪。

三、非法占用农用地罪的概念和构成特征

非法占用农用地罪，是指自然人或者单位违反土地管理法规，非法占用耕地、林地等农用地，改变被占用土地用途，数量较大，造成耕地、林地等农用地大量毁坏的行为。

（一）客体特征

本罪侵犯的客体是国家对土地资源的保护管理制度。我国《宪法》第 10 条规定：“……任何组织或者个人不得侵占、买卖或者以其他形式非法转让土地。土地的使用权可以依照法律的规定转让。一切使用土地的组织和个人必须合理地利用土地。”我国《土地管理法》第 3 条规定：“十分珍惜、合理利用土地和切实保护耕地是我国的基本国策。各级人民政府应当采取措施，全面规划，严格管理，保护、开发土地资源，制止非法占用土地的行为。”由于《宪法》和《土地管理法》明确规定了土地（含耕地在内）的所有权属于国家或集体，禁止任何单位或个人非法占用耕地。但是，任何单位或个人可在不违反有关耕地保护管理制度和通过正常的审批程序的前提下，依法占有耕地，享受对耕地的使用权，并接受国家的统一

管理和监督。所谓耕地的保护制度，则是指我国《宪法》《土地管理法》及其实施条例等一系列有关耕地的行政性管理法规的总称。

本罪的犯罪对象是耕地、林地等农用地资源。正如前文所述，1997年《刑法》第342条规定本罪的犯罪对象为耕地，《刑法修正案（二）》将本罪之犯罪对象扩展为耕地、林地等农用地。农用地即指直接用于农业生产的土地，包括耕地、林地、草地、农田水利用地等。其中，耕地资源分为已开垦耕地和尚未开发利用的后备耕地。已开垦的耕地包括熟地、当年新开荒地、连续撂荒未满3年的耕地、当年的休闲地、以种植农作物为主并附带其他作物的土地和沿海沿湖地区围垦利用的海涂湖田等。根据《基本农田保护条例》第10条规定，基本农田所包含的耕地范围分别是：经国务院有关主管部门或者县级以上地方人民政府批准确定的粮、棉、油生产基地内的耕地；有良好的水利与水土保持设施的耕地，正在实施改造计划以及可以改造的中、低产田；蔬菜生产基地；农业科研、教学实验田。根据《森林法实施条例》第2条规定，林地包括郁闭度0.2以上的乔木林地以及竹林地、灌木林地、疏林地、采伐迹地、火烧迹地、未成林造林地、苗圃地和县级以上人民政府规划的宜林地。

（二）客观方面特征

本罪在客观上表现为违反土地管理法规，非法占用耕地、林地等农用地，改变被占用土地用途，数量较大，造成耕地、林地等农用地大量毁坏的行为。

1. 构成本罪的前提条件是违反土地管理法规

根据全国人大常委会《关于〈中华人民共和国刑法〉第二百二十八条、第三百四十二条、第四百一十条的解释》的规定，“违反土地管理法规”，即违反《土地管理法》《森林法》《草原法》《农业法》等法律，以及《土地管理法实施条例》《基本农田保护条例》等有关行政法规中关于土地管理的规定。

2. 犯罪主体在行为上表现为“非法占用耕地、林地等农用地”并“改变土地用途”

根据我国现行土地管理法规的规定，国家对土地实行用途管制制度。国家按照严格限制农用地转为建设用地等原则，依据国民经济和社会发展规划、国土整治和资源环境保护的要求、土地供给能力以及各项建设对土地的需求，编制土地利用总体规划，使用土地的单位和个人必须严格按照土地利用总体规划确定的用途使用土地。根据土地利用总体规划，土地按用途分为农用地、建设用地和未利用地。农用地是指直接用于农业生产的土地，包括耕地、林地、草地、农田水利用地、养殖水面等。建设用地是指建造建筑物、构筑物的土地，包括城乡住宅和公共设施用地、工矿用地、交通水利设施用地、旅游用地、军事设施用地等。未利用地是指农用地和建设用地以外的土地。

为了突出对农用地的保护和控制，建设用地需要占用耕地、林地、草地等农用地的，必须依法先行办理农用地转用审批手续。未经依法审批，擅自占用农用地的，属于非法占用农用地。

所谓“非法占用农用地”，是指未经法定程序审批、登记、核发证书、确认土地使用权、林地使用权，而占用耕地、林地等农用地的行为。通常表现为:（1）未经批准占用耕地、林地等农用地，即未经国家土地管理机关审理，并报经人民政府批准，擅自占用耕地、林地等农用地;（2）少批多占耕地、林地等农用地的，即部分耕地、林地等农用地的占用是经过合法批准的，但超过批准的数量且多占耕地、林地等农用地的数量较大的;（3）骗取批准而占用耕地、林地等农用地的，主要是以提供虚假文件、谎报用途或借用、盗用他人的名义申请等欺骗手段取得批准手续而占用耕地、林地等农用地，且数量较大的。

所谓“改变用途”，是指改变耕地、林地等农用地的用途而作其他方面使用。诸如开办企业、建造住宅、筑路、采石、采矿、采土、采沙、倾倒废物等。

3. 本罪属于结果犯，构成本罪必须具备法定的结果要件

“占用农用地数量较大”，并且“造成耕地、林地等农用地大量毁坏”。上述两个条件同时存在，才能构成本罪。因为单纯对农用地的占用并不一定构成对农用地的破坏，或者“占用农用地”未达到“数量较大”，或者未造成耕地种植条件严重毁坏或者严重污染，或者未造成林地原有植被或者林业种植条件严重毁坏或者严重污染，均无法构成本罪。

（三）主体特征

本罪的主体是一般主体，既可以是自然人也可以是单位。自然人作为非法占用农用地罪的主体，主要是指凡年满16周岁，具备刑事责任能力的自然人。单位作为非法占用农用地罪的主体，包括国有的公司、企业、事业单位，也包括集体所有的公司、企业、事业单位以及合资或独资、私人所有的公司、企业以及国家各级权力机关、行政机关、审判机关、检察机关、人民团体和社会团体。一般而言，实践中，无论是自然人还是单位构成本罪，多为耕地、林地等农用地的承包者或实际经营者。

（四）主观方面特征

本罪在主观方面表现为故意，既包括直接故意，也包括间接故意。即明知占用耕地、林地等农用地改变用途的行为违反土地管理法规，而且对于占用耕地、林地改作他用会造成大量耕地、林地被毁坏的结果也是明知的。明知自己的行为会发生危害社会的结果，仍然希望或者放任结果的发生，在主观上为故意。行为人非法占用耕地、林地等农用地的动机多种多样，但不影响本罪的成立。对于因过失而造成农用地的非法占用和破坏的，主流观点认为一般不宜认定构成本罪。

四、非法占用农用地罪的追诉标准

非法占用农用地罪属于结果犯，构成本罪必须达到“占用农用地数量较大”，并且“造成耕地、林地等农用地大量毁坏”。

1. 最高人民检察院、公安部《关于公安机关管辖的刑事案件立案追诉标准的规定（一）》第67条规定：“违反土地管理法规，非法占用耕地、林地等农用地，改变被占用土地用途，造成耕地、林地等农用地大量毁坏，涉嫌下列情形之一的，应予立案追诉：（一）非法占用基本农田五亩以上或者基本农田以外的耕地十亩以上的；（二）非法占用防护林地或者特种用途林地数量单种或者合计五亩以上的；（三）非法占用其他林地十亩以上的；（四）非法占用本款第（二）项、第（三）项规定的林地，其中一项数量达到相应规定的数量标准的百分之五十以上，且两项数量合计达到该项规定的数量标准的;(五)非法占用其他农用地数量较大的情形。违反土地管理法规，非法占用耕地建窑、建坟、建房、挖沙、采石、采矿、取土、堆放固体废弃物或者进行其他非农业建设，造成耕地种植条件严重毁坏或者严重污染，被毁坏耕地数量达到以上规定的，属于本条规定的‘造成耕地大量毁坏’。违反土地管理法规，非法占用林地，改变被占用林地用途，在非法占用的林地上实施建窑、建坟、建房、挖沙、采石、采矿、取土、种植农作物、堆放或者排泄废弃物等行为或者进行其他非林业生产、建设，造成林地的原有植被或者林业种植条件严重毁坏或者严重污染，被毁坏林地数量达到以上规定的，属于本条规定的‘造成林地大量毁坏’。”

2. 最高人民法院《关于审理破坏土地资源刑事案件具体应用法律若干问题的解释》第3条规定:“违反土地管理法规，非法占用耕地改作他用，数量较大，造成耕地大量毁坏的，依照刑法第三百四十二条的规定，以非法占用耕地罪定罪处罚:(一)非法占用耕地‘数量较大’，是指非法占用基本农田五亩以上或者非法占用基本农田以外的耕地十亩以上。(二)非法占用耕地‘造成耕地大量毁坏’，是指行为人非法占用耕地建窑、建坟、建房、挖沙、采石、采矿、取土、堆放固体废弃物或者进行其他非农业建设，造成基本农田五亩以上或者基本农田以外的耕地十亩以上种植条件严重毁坏或者严重污染。”第8条规定:“单位犯非法转让、倒卖土地使用权罪、非法占有耕地罪的定罪量刑标准，依照本解释第一条、第二条、第三条的规定执行。”第9条规定:“多次实施本解释规定的行为依法应当追诉的，或者一年内多次实施本解释规定的行为未经处理的，按照累计的数量、数额处罚。”

3. 最高人民法院《关于审理破坏林地资源刑事案件具体应用法律若干问题的解释》第1条规定:“违反土地管理法规，非法占用林地，改变被占用林地用途，在非法占用的林地上实施建窑、建坟、建房、挖沙、采石、采矿、取土、种植农作物、堆放或排泄废弃物等行为或者进行其他非林业生产、建设，造成林地的原有植被或林业种植条件严重毁坏或者严重污染，并具有下列情形之一的，属于刑法第三百四十二条规定的犯罪行为，应当以非法占用农用地罪判处五年以下有期徒刑或者拘役，并处或者单处罚金:(一)非法占用并毁坏防护林地、特种用途林地数量分别或者合计达到五亩以上;（二）非法占用并毁坏其他林地数量达到十亩以上;（三）非法占用并毁坏本条第（一）项、第（二）项规定的林地，数量分别达到相应规定的数量标准的百分之五十以上;（四）非法占用并毁坏本条第（一）项、第（二）项规定的林地，其中一项数量达到相应规定的数量标准的百分之五十以上，且两项数量合计达到该项规定的数量标准。”第6条规定:“单位实施破坏林地资源犯罪的，依照本解释规定的相关定罪量刑标准执行。”第7条规定:“多次实施本解释规定的行为依法应当追诉且未经处理的，应当按照累计的数量、数额处罚。”

4. 最高人民法院《关于审理破坏草原资源刑事案件应用法律若干问题的解释》第1条规定:“违反草原法等土地管理法规，非法占用草原，改变被占用草原用途，数量较大，造成草原大量毁坏的，依照刑法第三百四十二条的规定，以非法占用农用地罪定罪处罚。”第2条规定:“非法占用草原，改变被占用草原用途，数量在二十亩以上的，或者曾因非法占用草原受过行政处罚，在三年内又非法占用草原，改变被占用草原用途，数量在十亩以上的，应当认定为刑法第三百四十二条规定的‘数量较大’。非法占用草原，改变被占用草原用途，数量较大，具有下列情形之一的，应当认定为刑法第三百四十二条规定的‘造成耕地、林地等农用地大量毁坏’:（一）开垦草原种植粮食作物、经济作物、林木的;（二）在草原上建窑、建房、修路、挖砂、采石、采矿、取土、剥取草皮的;（三）在草原上堆放或者排放废弃物，造成草原的原有植被严重毁坏或者严重污染的;（四）违反草原保护、建设、利用规划种植牧草和饲料作物，造成草原沙化或者水土严重流失的;（五）其他造成草原严重毁坏的情形。”第5条规定:“单位实施刑法第三百四十二条规定的行为，对单位判处罚金，并对其直接负责的主管人员和其他直接责任人员，依照本解释规定的定罪量刑标准定罪处罚。”第6条规定:“多次实施破坏草原资源的违法犯罪行为，未经处理，应当依法追究刑事责任的，按照累计的数量、数额定罪处罚。”

第二节 非法占用农用地罪的证据审查

一、非法占用农用地罪的证据要件

（一）客体方面的证据要件

通过行为人的供述与辩解、证人证言、书证物证、鉴定意见等主、客观方面的证据，证明行为人的行为已经严重侵犯了国家的土地管理制度。

（二）客观方面的证据要件

本罪在客观上表现为违反土地管理法规，非法占用耕地、林地等农用地，改变被占用土地用途，数量较大，造成耕地、林地等农用地大量毁坏的行为。具体应从以下几个方面收集证据：

1. 犯罪嫌疑人、被告人的供述和辩解

（1）实施非法占用农用地的具体位置、具体地点、数量、范围四至与非法占用农用地起止时间，占用农用地的次数；

（2）采取何种方法、手段，包括擅自占有农用地、少批多占、采取欺骗手段骗取批准等；

（3）占用何种农用地，包括耕地、林地、草地、农田水利用地、养殖水面等，是否清楚农用地地类、性质；

（4）将农用地改作何种用途，包括开办企业、建造住宅、筑路、采石、采沙、采矿、采土、倾倒废物等；

（5）造成农用地毁坏的程度，包括种植层被破坏、种植功能全部或者部分丧失以及沙化、盐渍化、水土流失无法继续耕种等；

（6）获利、非法所得数额；

（7）作案的详细经过；

（8）共同犯罪中的共同犯意的提起、预谋、分工、实施、分赃等情况，有无其他合伙人，幕后有无其他股东、主要获利者，查明每一犯罪嫌疑人在共同犯罪中的地位和作用，尤其是查证何人负责提供资金、主管财务、现场管理、下达指令、指挥占用农用地、管理员工。

2. 证人证言

（1）现场目击人、知情人的证言；

（2）经办人、中介人的证言；

（3）出纳员、会计、记账员的证言，证明行为人有关非法占用农用地的财务支出情况、收益情况；

（4）单位犯本罪的，还要收集非法占用农用地的经办人员、参与人员、单位领导、决策人员的证言，证实其行为是经过单位集体决定，并由主管人员及直接负责人员具体实施的。

3. 物证、书证

（1）农用地上的建筑物、各种设施、附着物等原物及照片；

（2）农用地上的沙料、石料、矿石、被挖的土壤等原物及照片；

（3）使用农用地申请书、审批表、记账凭证、账簿等书证；

（4）计划用地报告、规划用地文件、破坏土地资源收费收据等书证；

（5）土地管理部门、乡（镇）政府、村委会等出具的证明材料、证明行为人非法占用农用地的数量、用途及被破坏的情况等。

4. 鉴定意见

（1）被非法占用农用地的数量、面积、地类（若为林地，还需鉴定林种）；

（2）土地资源毁坏及造成农用地丧失种植条件，或林地的原有植被严重毁坏或者严重污染，土地沙化、盐渍化、水土严重流失的鉴定意见；

（3）被破坏农用地的损害价值鉴定意见，以及修复生态、治理环境所需费用。

5. 勘验、检查、辨认笔录

（1）现场勘查笔录及照片，包括毁坏现场、建筑现场、闲置现场的具体位置、范围四至；犯罪嫌疑人对破坏农用地现场进行辨认、指认；

（2）物证的勘验、检查笔录及照片。

6. 视听资料、电子数据

包括录音、录像资料、照片等。电子数据主要是通过微信聊天记录、微信转账记录、银行流水账单等查证犯罪嫌疑人参与非法占用农用地的起止时间，以及在共同犯罪中的职责分工、地位作用，尤其是查证何人负责提供资金、主管财务、现场管理、下达指令、指挥非法占地、管理员工以及各犯罪嫌疑人如何参与利润分成、分赃情况。

行政机关在行政执法和查办非法占用农用地案件过程中收集的物证、书证、视听资料、电子数据等证据材料，在刑事诉讼中可以作为证据使用。通过上述证据，证明行为人违反土地管理法规，实施了非法占用农用地且数量较大的行为。在共同犯罪中，要注意收集和运用犯罪情节（法定、酌定）、分工、手段、危害后果等方面的证据，以证明行为人在犯罪中所处的地位、作用。

（三）主体方面的证据要件

本罪主体是一般主体，既可以是年满 16 周岁、具有刑事责任能力的自然人，也可以是单位。需要注意的是，注意审查有无设立公司或注册法人，公司注册登记情况，非法占用农用地违法犯罪与成立公司的时间顺序，设立公司、企业、事业单位的目的以及设立后主要活动，以便准确认定是个人犯罪还是单位犯罪。

（四）主观方面的证据要件

1. 证明犯罪主观方面的主要共性证据

构成非法占用农用地罪，首先要求行为人认识到自己所占用的土地属于农用地；其次要求行为人意识到自己的行为会导致农用地被占用的后果。认定犯罪嫌疑人主观心态的证据主要包括证人证言、犯罪嫌疑人供述与辩解、物证、书证等。上述证据要结合鉴定意见、现场勘验笔录等综合认定。在证据审查中可重点把握以下几个方面：

（1）对于未经批准占用耕地、林地等农用地或骗取批准而占用耕地、林地等农用地的犯罪嫌疑人，一般可以直接认定其故意的主观心态。

（2）对于少批多占耕地、林地等农用地的犯罪嫌疑人，实际占用农用地与经批准占用农用地面积、数量明显不符的或者存在较大差异的，可以认定为犯罪嫌疑人具有非法占用农用地的故意。在少批多占耕地、林地等农用地案件中，要注重根据犯罪嫌疑人事前所作安排，判断其对可能出现非法占用农用地的情形有无预见，以及发生非法占用农用地行为后的态度及处理方式等，综合认定放任的主观心态。

（3）通过调取犯罪嫌疑人与村委会、林场、农场等相关单位签订的承包经营合同、有无领取过生态效益补偿金、有无在同宗地块上实施非法占用农用地行为而被行政处罚、相关单位或个人有无对地块性质、土地类型进行告知、公示或设立明显标识牌等，来审查认定犯罪嫌疑人明知非法占用的系基本农田、基本农田以外的耕地、防护林地或者特种用途林地、其他林地、草原等农用地。

2. 证明犯罪主观方面的特性证据

证明单位非法占用农用地的主观故意时，还需要通过收集和提取单位的法定代表人、直接主管人员和其他负责人员的供述、单位集体讨论记录、有关责任人签署的文件、单位的财务账目等书证及相关证人证言等证据材料，以证明其行为系由单位集体研究决定，或者由单位的负责人或被授权的其他人员决定、同意的，谋取的不正当利益或者违法所得大部分归单位所有。

通过上述证据，证明行为人明知自己实施非法占用农用地改变用途的行为，会发生农用地大量毁坏的结果，并且希望或者放任这一结果发生的主观心态。

二、非法占用农用地罪常见证据审查

（一）对“违反土地管理法规”的证据审查

构成本罪的前提条件是“违反土地管理法规”。所谓违反土地管理法规，根据全国人大常委会《关于〈中华人民共和国刑法〉第二百二十八条、第三百四十二条、第四百一十条的解释》是指违反土地管理法、森林法、草原法等法律以及有关行政法规中关于土地管理的规定。这里的土地管理法规是指土地法这个法律部门而言的，并不仅指土地管理法，还包括其他法律中有关土地管理的规定以及国务院有关土地管理的行政法规。比如，森林法、草原法、矿产资源法等法律中都有关于土地管理的规定，这些规定也都属于我国土地管理法规的组成部分。国务院根据上述法律制定的实施细则等行政法规以及其他行政法规中有关土地管理的规定，均属于本条中土地管理法规的范围。

（二）对土地类型、性质的证据审查

农用地包括耕地、林地、草地等各种农业用途的土地，本罪中土地的类型、性质对于入罪数量具有重要影响。因此，所需证据包括县级以上地方政府土地、农业、林业、林草等主管部门出具的情况说明，确认该土地为基本农田或基本农田以外的耕地、防护林地或者特种用途林地、其他林地、草原等农用地的确认文件，或土地主管部门出具的土地类型、性质认定书、涉案土地利用总体规划等书证材料，并通过犯罪嫌疑人的供述与辩解、周边村民、知情人员、所在村委会负责人、农业技术人员、护林员、国土资源行政主管部门、乡镇政府监管人员等证人证言，审查认定涉案土地的类型、性质。

根据刑法主客观相一致原则，非法占用农用地罪在主观方面表现为故意，即明知占用耕地、林地等农用地改作他用的行为违反土地管理法规，而且对于该行为会造成大量耕地、林地等农用地被毁坏的结果也是明知的，并且仍然希望或者放任结果的发生。此类案件中，犯罪嫌疑人往往辩解其不清楚涉案地块为基本农田、耕地、防护林地或者特种用途林地，实践中，一般可以结合犯罪嫌疑人有无按要求办理农用地征占用手续；相关单位或个人有无对地块性质、土地类型进行告知、公示或设立明显标识牌；土地承包经营者、犯罪嫌疑人有无领取过生态效益补偿金、土地承包经营合同中有无载明地块性质；自然资源、林业、生态环境等主管部门有无因当事人对涉案地块实施非法占用农用地行为开展调查、作出行政处罚或发出限期整改通知，犯罪嫌疑人是否仍然继续实施非法占用农用地行为等客观证据来审查其辩解是否具有合理性。

（三）对因果关系的证据审查

鉴于非法占用农用地罪中造成耕地、林地等农用地大量毁坏的危害后果往往具有多样性和潜伏性，以及共同实施非法占用农用地行为与危害后果之间因果关系的复杂性，直接证明非法占用农用地行为与造成农用地大量毁坏的危害后果之间具备因果关系，进而分清责任是实践中的难点。此类案件中，犯罪嫌疑人往往辩解在其改变被占用土地用途或实施破坏之前，农用地已被破坏或曾被改变用途。因此，审查中一般要注意把握有证据证明存在因果关系，对于一果多因难以区分责任轻重的，严格追究刑事责任。审查证据时应注意把握三点：一是非法占用农用地行为与危害后果是否实际存在；二是危害结果与犯罪嫌疑人非法占用农用地行为之间是否存在高度盖然性；三是犯罪嫌疑人的辩解能否成立或者是否符合逻辑。尤其是要结合现场原始原貌图片、卫星地图、鉴定意见等客观证据审查认定能否排除合理怀疑。

（四）对鉴定意见与勘验、检验笔录的证据审查

办理非法占用农用地案件，鉴定意见与勘验、检验笔录都是审查的重点，需要认真审查鉴定机构的资质、检材是否客观真实、鉴定方法是否科学，勘验、检验是否符合法定程序等，确保其合法性、客观性和科学性。这些证据不仅是证实发生非法占用农用地事实的证据，而且是确定非法占用农用地行为与造成农用地大量毁坏的危害后果之间是否具有因果关系的关键所在，需要特别重视。若鉴定程序存在瑕疵，容易导致鉴定意见无法作为认定案件事实的依据，不利于指控犯罪；若不符合法定情形而启动重新鉴定程序，容易造成同一案件出现多份鉴定意见，不仅给司法办案人员甄别带来难度，还给当事人带来讼累。

对鉴定意见应当着重审查以下内容：（1）鉴定人是否存在应当回避而未回避的情形；（2）鉴定机构和鉴定人是否具有合法的资质；（3）鉴定程序是否符合法律及有关规定；（4）鉴定的程序、方法、分析过程是否符合本专业的检验鉴定规程和技术方法要求；（5）鉴定意见的形式要件是否完备，是否注明提起鉴定的事由、鉴定委托人、鉴定机构、鉴定要求、鉴定过程、检验方法、鉴定文书的日期等相关内容，是否由鉴定机构加盖鉴定专用章并由鉴定人签名盖章；（6）鉴定意见是否明确；（7）鉴定意见与案件待证事实有无关联；（8）鉴定意见与其他证据之间是否有矛盾，鉴定意见与检验笔录及相关照片是否有矛盾；（9）鉴定意见的地块、范围与犯罪嫌疑人等案件当事人现场指认的范围是否一致，与其他客观证据证实的

案发地块的四至、范围是否一致;（10）鉴定意见是否依法及时告知相关人员，当事人对鉴定意见是否有异议;（11）进行重新鉴定或补充程序的，申请启动补充鉴定或重新鉴定的事由是否符合法定情形，重新鉴定是否另行指派或者聘请鉴定人进行。

对勘验、检查笔录应当着重审查以下内容:（1）勘验、检查是否依法进行，笔录的制作是否符合法律及有关规定的要求，勘验、检查人员和见证人是否签名或者盖章等;（2）勘验、检查笔录的内容是否全面、详细、准确、规范，是否准确记录了提起勘验、检查的事由，勘验、检查的时间、地点，在场人员、现场方位、周围环境等情况；文字记载与实物或者绘图、录像、照片是否相符；固定证据的形式、方法是否科学、规范；现场、痕迹等是否被破坏或者伪造，是否是原始现场;（3）补充进行勘验、检查的，前后勘验、检查的情况是否有矛盾，是否说明了再次勘验、检查的原由;（4）勘验、检查笔录中记载的情况与被告人供述、鉴定意见等其他证据能否印证，有无矛盾。需要注意的是，部分非法占用农用地案件的案发地点在较为偏远的山地、林地，公安机关在侦查取证过程中，往往由协警或与案件有关的人员担任见证人，但根据最高人民法院《关于适用〈中华人民共和国刑事诉讼法〉的解释》第80条规定，下列人员不得担任见证人：生理上、精神上有缺陷或者年幼，不具有相应辨别能力或者不能正确表达的人；与案件有利害关系，可能影响案件公正处理的人；行使勘验、检查、搜查、扣押、组织辨认等监察调查、刑事诉讼职权的监察、公安、司法机关的工作人员或者其聘用的人员。对见证人是否属于前述规定的人员，人民法院可以通过相关笔录载明的见证人的姓名、身份证件种类及号码、联系方式以及常住人口信息登记表等材料进行审查。由于客观原因无法由符合条件的人员担任见证人的，应当在笔录材料中注明情况，并对相关活动进行全程录音录像。因此，审查过程中需要注意见证人是否符合法律规定，避免因见证人不符合法律规定而造成勘验、检查笔录存在瑕疵。

（五）对受雇人员是否具有共同故意的证据审查

非法占用农用地案件中，大量存在雇用他人破坏或改变农用地用途的情况，雇员受雇实施占用农用地行为属于正常的劳务行为。在没有雇主明示的情况下，其一般不清楚雇主未经批准占用耕地、林地等农用地或少批多占耕地、林地等农用地的实际情况。如果受雇人员误以为雇主有合法征占用农用地手续而造成非法占用农用地后果的，或者没有相应证据证实其明知雇主系非法占用农用地的，审查时不能仅凭其是直接的实施者，就认定其与雇主有共同非法占用农用地的犯罪故意；如果通过审查，有查证属实的证据可以推定其知道或者应当知道的，可以认定其与雇主有共同非法占用农用地的犯罪故意。

第三节　非法占用农用地罪的认定处理

一、非法占用农用地罪的罪与非罪

非法占用农用地罪是结果犯，即“占用农用地数量较大”，并且“造成耕地、林地等农用地大量毁坏”。上述两个条件同时存在，才能构成本罪。仅对农用地的占用并不一定构成对农用地的破坏，或者“占用农用地”未达到“数量较大”，或者未造成耕地种植条件严重毁坏或者严重污染，或者未造成林地的原有植被或者林业种植条件严重毁坏或者严重污染，属于一般违法行为，不构成本罪，应当由国土、林业等行政主管部门给予行政处罚，不能作为犯罪处理。

其中，具有下列情形之一的，认定为“数量较大”：（1）非法占用基本农田 5 亩以上或者基本农田以外的耕地 10 亩以上的；（2）非法占用防护林地或者特种用途林地数量单种或者合计 5 亩以上的；（3）非法占用其他林地 10 亩以上的；（4）非法占用本款第（2）项、第（3）项规定的林地，其中一项数量达到相应规定的数量标准的 50% 以上，且两项数量合计达到该项规定的数量标准的；（5）非法占用其他农用地数量较大的情形；（6）非法占用草原，改变被占用草原用途，数量在 20 亩以上的，或者曾因非法占用草原受过行政处罚，在 3 年内又非法占用草原，改变被占用草原用途，数量在 10 亩以上的。

具有下列情形之一的，认定为“造成耕地、林地等农用地大量毁坏”：（1）非法占用耕地建窑、建坟、建房、挖沙、采石、采矿、取土、堆放固体废弃物或者进行其他非农业建设，造成耕地种植条件严重毁坏或者严重污染，被毁坏耕地数量达到以上规定的；（2）非法占用林地，改变被占用林地用途，在非法占用的林地上实施建窑、建坟、建房、挖沙、采石、采矿、取土、种植农作物、堆放或者排泄废弃物等行为，或者进行其他非林业生产、建设，造成林地的原有植被或者林业种植条件严重毁坏或者严重污染，被毁坏林地数量达到以上规定的；(3) 开垦草原种植粮食作物、经济作物、林木的；在草原上建窑、建房、修路、挖砂、采石、采矿、取土、剥取草皮的；在草原上堆放或者排放废弃物，造成草原的原有植被严重毁坏或者严重污染的；违反草原保护、建设、利用规划种植牧草和饲料作物，造成草原沙化或者水土严重流失的；其他造成草原严重毁坏的情形。

二、非法占用农用地罪的此罪与彼罪

(一) 非法占用农用地罪与非法转让、倒卖土地使用权罪

本罪与非法转让、倒卖土地使用权罪都是与土地管理有关的犯罪。二者的不同在于：

1. 犯罪客体不同。本罪侵害的是国家对土地特别是耕地、林地等农用地进行保护的管理制度；而非法转让、倒卖土地使用权罪侵害的是国家对土地使用权合法转让的管理制度。

2. 犯罪客观方面不同。非法占用农用地罪是结果犯，表现为违反土地管理法规，非法侵占耕地、林地等农用地，数量较大，造成大量耕地、林地等农用地毁坏的行为。非法转让、倒卖土地使用权罪则是情节犯，表现为违反土地管理法规，实施了非法转让、倒卖土地使用权，情节严重的行为。其中非法转让土地使用权，是指以买卖以外的其他形式非法转移土地使用权的行为，也即未按国家法律规定程序办理征用或者划拨手续的行为，或者未按规定权限办理审批手续的土地转让行为。倒卖土地使用权，包括毫不掩饰、明码标价地将土地卖给他人而收取价款和以某种形式掩盖其土地买卖的实质而将土地卖给他人两种行为方式。

3. 处罚不同。对二者的处罚虽都采取了判处有期徒刑和罚金的刑罚方法，但前者没有明确确定的罚金标准；而后者则采取的是倍比罚金制的方式以确定罚金的标准。

（二）非法占用农用地罪与非法批准征收、征用、占用土地罪、非法低价出让国有土地使用权罪

此三罪相同之处是都与土地资源有关，并且在主观方面均表现为故意。三者的不同在于：

1. 侵害的客体不同。非法占用农用地罪的客体是对耕地、林地等农用地的法律保护制度；而非法批准征收、征用、占用土地罪和非法低价出让国有土地使用权罪所侵害的客体均为国家机关工作人员职务行为的廉洁性和正当性。

2. 客观方面不同。非法占用农用地罪在客观上表现为违反土地管理法规，非法占用耕地、林地等农用地改作他用，数量较大，造成耕地、林地等农用地大量毁坏的行为。而非法批准征收、征用、占用土地罪和非法低价出让国有土地使用权罪在客观上都表现为徇私舞弊，违反土地管理法规，滥用职权。通常表现为弄虚作假，欺上瞒下，掩盖事实真相；或违反《土地管理法》等有关土地管理法规中关于批准征收、征用、占用土地以及出让土地使用权的规定，不正确地行使批准征收、征用、占用土地或者出让国有土地使用权的职权。

3. 主体不同。非法占用农用地罪的主体是一般主体，而非法批准征收、征用、占用土地罪和非法低价出让国有土地使用权罪的主体是特殊主体，即国家机关工作人员。

（三）非法占用农用地罪与非法采矿罪

根据《刑法》第343条第1款规定，非法采矿罪是指违反矿产资源法的规定，未取得采矿许可证擅自采矿，擅自进入国家规划矿区、对国民经济具有重要价值的矿区和他人矿区范围采矿，或者擅自开采国家规定实行保护性开采的特定矿种，情节严重的行为。

本罪与非法采矿罪在主体特征上具有相似性，两罪都要求主体为自然人和单位均可。非法占用农用地罪要求行为人的违法行为要同时达到“数量较大”与“造成大量毁坏”两种危害结果才可以成立本罪，而非法采矿罪要求必须达到对矿产资源的严重破坏（即“情节严重”）才可以成立该罪，因此从二者的规定看，两罪都属于结果犯。二者的不同在于：

1. 犯罪客体不同。本罪侵害的是国家对土地特别是耕地、林地等农用地进行保护的管理制度；而非法采矿罪侵害的是矿产资源法、水法等法律、行政法规有关矿产资源开发、利用、保护和管理制度。

2. 客观方面不同。非法占用农用地罪在客观上表现为违反土地管理法规，非法占用耕地、林地等农用地改作他用，数量较大，造成耕地、林地等农用地大量毁坏的行为；非法采矿罪表现为违反矿产资源法规定，无许可证，或许可证被注销、吊销、撤销，或超越许可证规定的矿区范围、开采范围，或超出许可证规定的矿种（共生、伴生矿种除外）等未取得采矿许可证而擅自采矿，擅自进入国家规划矿区、对国民经济具有重要价值的矿区和他人矿区范围采矿，或者擅自开采国家规定实行保护性开采的特定矿种，造成矿产资源破坏达到“情节严重”。

3. 犯罪对象不同。非法占用农用地罪的犯罪对象是我国的农用地资源，而非法采矿罪的犯罪对象是我国的矿产资源。

三、非法占用农用地罪的其他有关问题

（一）罪数认定问题

非法占用农用地犯罪常见的罪数问题为牵连犯、想象竞合犯问题。具体而言，何种情形下认定为牵连犯或想象竞合犯存在争议，对具体的处断方式亦存在不同的看法。

1. 非法占用农用地罪中牵连犯认定问题

（1）非法占用农用地罪中牵连犯具体类型

司法实务中，非法占用农用地罪与其他犯罪之间牵连关系比较典型的有两种情形：第一，通过其他犯罪行为的手段，实现非法占用农用地目的行为。例如，行为人为非法占用农用地，采取贿赂相关政府人员方式获得占用手续后，对数量较大的农用地改变用途并且造成大量毁损的情形。行为人行贿行为构成行贿罪，其占用农用地行为构成非法占用农用地罪。第二，非法占用农用地是手段行为，实施其他犯罪行为是目的行为。例如，行为人为了非法采矿，将非法占用的林地大量毁损后实施采矿行为。行为人非法占用毁坏林地数量较大行为构成非法占用农用地罪或者滥伐林

木罪、盗伐林木罪等，其非法采矿行为构成非法采矿罪。对此两种情形是否以牵连犯论处，司法实务中存在不同的意见。[①]

我国刑法理论认为牵连犯是犯罪的手段行为或结果行为与目的行为或原因行为分别触犯不同罪名的情况，认为牵连关系的存在既要符合客观方面又要符合主观方面。第一，某一案件行为是否是结果行为的手段行为，必须立足于该案的犯罪事实，只有客观上某行为具有结果行为的手段地位和作用后，才可以考虑。第二，通过手段实现目的这种关系是一般人都可以认识到的，而刑法一般评价的也是一般人的常态认识，行为人应当认识到某行为是目的行为的手段行为。在上述情形下，行为人实施两种犯罪是否构成牵连关系，一方面要考虑行为人主观上是否将非法占用农用地行为作为手段或者原因，另一方面也要在客观上判断非法占用农用地行为是否是其他犯罪的目的或者结果。只有在主观方面、客观方面均具有手段和目的、原因和结果关系，才可以认定为牵连关系。

（2）非法占用农用地罪中牵连犯的处断方式

在判定非法占用农用地与其他犯罪行为具有牵连关系基础上，下一步需要解决的问题是非法占用农用地罪与其他犯罪行为是择一重罪处罚，还是数罪并罚。为坚持罪责刑相适应原则，根据案件具体情况不同，对牵连犯适用不同处断原则。充分考虑行为人触犯罪名轻重不同、牵连关系紧密程度、社会危害性和人身危险性等综合因素，更能体现罪责刑相适应原则。

2. 非法占用农用地罪想象竞合情形及处理方式

想象竞合犯是指行为人实施一个犯罪行为，却侵犯多个犯罪客体的情况，即行为人基于一罪过，实施一行为，侵犯数客体，触犯数罪名的犯罪形态。

非法占用农用地的想象竞合犯是指行为人非法占用耕地、林地等农用地行为后，在侵犯土地资源保护制度的同时，也侵犯了其他客体，最终符合非法占用农用地罪和其他罪名的情形。司法实践中非法占用农用地罪中涉及的想象竞合主要有以下两种情形：第一，行为人在非法占用农用地

① 高维俭、史运伟:《非法占用农用地罪的适用》，载《人民司法》2018 年第 31 期。

过程中，造成其他后果构成犯罪。例如，行为人在非法占用农用地过程中大量滥伐林木，并且有砍伐国家二级保护植物行为，行为人涉嫌滥伐林木罪、危害国家重点保护植物罪和非法占用农用地罪的竞合。第二，行为人在实施其他犯罪行为后造成较大面积林地大量毁损。例如，某工厂为排污，将工厂生产产生的有毒有害物质直接排放在林地，造成林地大量毁损，行为人的行为涉及污染环境罪、投放危险物质罪和非法占用农用地罪的竞合。

在非法占用农用地罪与其他罪名竞合时，行为人本质上实施的是数个行为。在非法占用农用地想象竞合犯罪过程中，以第一种情形为例，行为人实施的滥伐林木行为与非法占用林地行为被认为是一个行为。从刑法意义上来说，滥伐林木的行为与占用林地的行为具有不同的刑法内涵，一个是针对树木的行为，一个是针对林地的行为，其实是侵害两个不同客体的两个行为。在想象竞合犯中，由于行为人侵害客体的程度会因实施的多个犯罪行为具有内在关联性而有所降低，根据罪责刑相适应原则，应当选择从一重罪处罚。该处断标准与牵连犯处断原则不尽相同，例如，非法占用农用地罪与滥伐林木罪竞合时，虽然行为人实施两个刑法行为，侵害不同客体，但我国《刑法》第 345 条对滥伐林木罪规定的最高刑是 3 年以上 7 年以下有期徒刑，《刑法》第 342 条对非法占用农用地罪规定的法定最高刑是 5 年有期徒刑，根据行为人实施行为造成的实际后果来认定罪名的方式，即以刑制罪方式来思考罪名认定，选择择一重罪处罚原则符合罪责刑相适应原则，也符合刑罚制度内在要求。所以，如果行为人构成非法占用农用地罪和其他罪名的竞合，应当根据其犯罪情节择一重罪处断。

例如，2010 年 12 月 27 日，被告人宋某某取得麻江县国土资源局颁发的《采矿许可证》，矿山名称为麻江县宣威镇咸宁村马路边砂石场，有效期为 2010 年 12 月 27 日至 2013 年 12 月 27 日。被告人宋某某于 2011 年与同村邓某某、唐某某、陈某某租得三家位于麻江县麻卡冲的山林土地用以挖采砂石（白云岩矿矿产资源）。挖采砂石因未办理林地占用手续，涉及非法占用林地 7.7 亩，为此，2014 年 5 月 16 日被麻江县林业局对其处以林业行政罚款 51000 元；责令一个月内恢复原状，归还林地 7.7 亩的行政处罚决定。被告人宋某某获得的《采矿许可证》有效期到期后，2014 年因麻江县对全县的砂场进行整合，故麻江县国土资源局对其采矿证不再年审。在此情况下，被告人宋某某又继续进行开采，麻江县国土资源局分别于2017年5月13日和2018年5月24日对宋某某下达责令停止违法行为通知书，责令其停止开采；2017年9月30日，供电部门停止为砂石场供电，宋某某仍私自接电继续开采。被告人宋某某在非法开采期间，因其行为同时违反非法占用林地，麻江县林业局于2017年8月10日对其下达责令停止违法非法占林地行为的通知。经鉴定，被告人宋某某非法开采的建筑用白云岩资源储量为113656立方米，零售价格为2784572元。经鉴定，被告人宋某某自2011年进行采矿以来，占用麻卡冲山林面积共计28.32亩。被告人宋某某为在宣威镇城中村一组的弯丘（地名）开办砖厂，2019年1月23日，在未经林业主管部门批准办理临时用地和征占用林地的情况下，擅自开挖山林1.51亩。麻江县林业局认为，被告人宋某某非法占用的林地29.83亩，应缴纳补植复绿金人民币17898元。

法院认为，被告人宋某某违反矿产资源法的规定，擅自采矿，情节特别严重，其行为已构成非法采矿罪，依法应追究其刑事责任；其违法所得依法应当予以追缴没收，违法所得应当以麻江县价格认证中心作出的麻发改价认〔2018〕30号《关于非法开采白云岩矿价格认定结论书》的认定数额确定，即人民币2784572元。对于公诉机关认定被告人宋某某的行为构成非法占用农用地罪的指控，经查明，被告人宋某某非法占用农用地29.83亩中，有28.32亩系被告人宋某某在非法采矿中占用，其非法采矿行为虽然也触犯非法占用农用地罪，但系牵连犯，依法只能择一重罪处罚，就被告人宋某某的行为所触犯的非法采矿罪和非法占用农用地罪而言，其犯非法采矿罪依法应当判处3年以上7年以下有期徒刑，犯非法占用农用地罪依法只能判处5年以下有期徒刑或者拘役，依法应当以非法采矿罪追究其刑事责任；其非法占用农用地余下的1.51亩尚未达定罪标准，该指控不予支持。[①]

又如，2014年7月至2014年11月，被告人贾某某违反土地管理法规和矿产资源法的规定，在未取得采矿许可证的情况下，擅自在行唐县集体土地上采砂。经河北利岩地质勘查技术服务有限公司核查，贾某某开采建筑用砂为天然河砂，开采建筑用砂资源量为40566立方米，全部为中

① （2019）黔2635刑初88号刑事判决书。

砂。经行唐县价格认证中心认定，被非法开采的 40566 立方米建筑用砂在 2014 年 7 月至 2014 年 11 月市场零售价格为 482735 元。

法院认为：被告人贾某某违反矿产资源法和土地管理法的规定，在未取得采矿许可证和相关土地部门同意的情况下，非法占用农用地，擅自采砂、造成耕地严重毁坏，情节特别严重，其行为同时构成非法采矿罪和非法占用农用地罪的想象竞合，按照刑法规定应当择一重罪处罚，故本案应以非法占用农用地罪追究其刑事责任。[①]

（二）非法占用农用地罪的刑罚设置问题

土地作为一种稀缺性的资源，一旦被破坏就很难恢复和再生，一般认为土地的价值要高于一般性财物。合理利用土地和切实保护耕地是我国的基本国策，因此可以考虑适度提高非法占用农用地罪的法定刑，提高本罪的犯罪成本。在适当修改罪名及其内容的同时，可以将法定刑进行适度变更，可以将法定刑设置为两档：犯本罪情节较轻的，处 3 年以下有期徒刑、拘役或者管制，并处或者单处罚金；情节较重的，处 3 年以上 7 年以下有期徒刑，并处罚金。因为本罪的犯罪主体一般是自然人和单位，在我国犯本罪的自然人往往是农村村民，发案原因往往是其法治观念、法律意识较为薄弱，而且因为家庭经济压力较大，为满足生产生活所需才实施非法占用农用地行为。因此，设置两档刑期，且设置刑期相对较低，既可以发挥教育、挽救的作用，又有利于惩罚犯罪、预防再犯。

我国刑法规定犯非法占用农用地罪的可以并处或单处罚金，但是对于罚金的具体额度以及评价标准没有给出明确的指导。我们可以借鉴国外的刑事立法政策，以行为人对土地的破坏程度来确定罚金数额，我国的刑事立法中可以详细规定每一亩土地处以多少罚金或者根据现实市场中土地的市场价格进行确定。我国刑法关于本罪可以在处罚中引入财产刑，对于犯本罪的应当没收违法所得，情节严重的可以处以没收财产。明确罚金数额有利于降低法官自由裁量权所引起的区域差别，也可以对犯罪分子予以明确的警示作用，可以使其在意图犯罪时会考虑到犯罪成本，对犯罪分子的威慑力也较强。行为人实施破坏土地占用土地的行为，其根本目的是非

① （2020）冀 0125 刑初 48 号刑事判决书。

法获得利益，明确并提高财产刑数额，可以让行为人在实施犯罪前将犯罪成本与其获得的利益进行均衡比较，引入没收非法所得及没收财产可以使行为人自动放弃其所要进行的破坏农用地资源的行为，消除行为人犯罪动机，对该类型犯罪在源头上予以制止。同时，财产刑是一种较为固定的刑罚处罚方式，可以简化司法程序、降低司法成本。

基于我国刑法中对于单位犯本罪的处罚方式较为单一，可以借鉴俄罗斯刑事立法中毁坏土地罪的资格刑的方法，即犯本罪的剥夺该单位某一类的从业经营资格或者暂时剥夺该单位的经营权以及强制进行劳动的方法，这种方法可以对一个单位的具体决策参与人予以处罚，可以很大程度上防止单位犯本罪的发生。同时，将“责令恢复土地质量”作为一种对单位和个人的处罚方式加入到现有刑罚体系中，有利于打击犯罪与犯罪后恢复有机结合在一起，使生态环境尽快恢复。

第四节　相关案例评析

案例一　刘某某非法占用农用地案[①]

【关键词】

非法占用农用地罪　永久基本农田　“大棚房”　非农建设改造

【要旨】

行为人违反土地管理法规，在耕地上建设“大棚房”“生态园”“休闲农庄”等，非法占用耕地数量较大，造成耕地等农用地大量毁坏的，应当以非法占用农用地罪追究实际建设者、经营者的刑事责任。

【基本案情】

被告人刘某某，男，1979年10月出生，北京大道千字文文化发展有限公司法定代表人。2008年1月，因犯敲诈勒索罪被北京市海淀区人民法院判处有期徒刑2年，缓刑2年。

2016年3月，被告人刘某某经人介绍以人民币1000万元的价格与北京春杰种植专业合作社（以下简称合作社）的法定代表人池杰商定，受让合作社位于延庆区延庆镇广积屯村东北蔬菜大棚377亩集体土地使用权。同年4月15日，刘某某指使其司机刘广岐与池杰签订转让意向书，约定将合作社土地使用权及地上物转让给刘广岐。同年10月21日，合作社的法定代表人变更为刘广岐。其间，刘某某未经国土资源部门批准，以合作社的名义组织人员对蔬菜大棚园区进行非农建设改造，并将园区命名为“紫薇庄园”。截至2016年9月28日，刘某某先后组织人员在园区内建设鱼池、假山、规划外道路等设施，同时将原有蔬菜大棚加高、改装钢架，并将其一分为二，在其中各建房间，每个大棚门口铺设透水砖路面，外垒

① 最高人民检察院指导性案例：检例第60号。

花墙。截至案发，刘某某组织人员共建设“大棚房”260余套（每套面积350平方米至550平方米不等，内部置橱柜、沙发、藤椅、马桶等各类生活起居设施），并对外出租。经北京市国土资源局延庆分局组织测绘鉴定，该项目占用耕地28.75亩，其中含永久基本农田22.84亩，造成耕地种植条件被破坏。

截至2017年4月，北京市规划和国土资源管理委员会、延庆区延庆镇人民政府先后对该项目下达《行政处罚决定书》《责令停止建设通知书》《限期拆除决定书》，均未得到执行。2017年5月，延庆区延庆镇人民政府组织有关部门将上述违法建设强制拆除。

【指控与证明犯罪】

2017年5月10日，北京市国土资源局延庆分局向北京市公安局延庆分局移送刘广岐涉嫌非法占用农用地一案，5月13日，北京市公安局延庆分局对刘广岐涉嫌非法占用农用地案立案侦查，经调查发现刘某某有重大嫌疑。2017年12月5日，北京市公安局延庆分局以刘某某涉嫌非法占用农用地罪，将案件移送北京市延庆区人民检察院审查起诉。

审查起诉阶段，刘某某拒不承认犯罪事实，辩称：1. 自己从未参与紫薇庄园项目建设，没有实施非法占地的行为。2. 紫薇庄园项目的实际建设者、经营者是刘广岐。3. 自己与紫薇庄园无资金往来。4. 蔬菜大棚改造项目系设施农业，属于政府扶持项目，不属于违法行为。刘广岐虽承认自己是合作社的法定代表人、项目建设的出资人，但对于转让意向书内容、资金来源、大棚内施工建设情况语焉不详。

为进一步查证紫薇庄园的实际建设者、经营者，北京市延庆区人民检察院将案件退回公安机关补充侦查，要求补充查证：1. 调取刘某某、刘广岐、池杰、张红军（工程承包方）之间的资金往来凭证，核实每笔资金往来的具体操作人，对全案账目进行司法会计鉴定，了解资金的来龙去脉，查实资金实际出让人和受让人。2. 寻找关键证人会计李祥彬，核实合作社账目与刘某某个人账户的资金往来，确定刘某某、刘广岐在紫薇庄园项目中的地位、作用。3. 就测量技术报告听取专业测量人员的意见，查清所占耕地面积。

经补充侦查，北京市公安局延庆分局收集到证人李祥彬的证言，证实了合作社是刘某某出资从池杰手中购买，李祥彬受刘某某邀请负责核算合作社的收入和支出。会计师事务所出具的司法鉴定意见书，证实了资金往来去向。在补充侦查过程中，侦查机关调取了紫薇庄园临时工作人员胡楠等人的证言，证实刘广岐是刘某某的司机；刘广岐受刘某某指使在转让意向书中签字，并担任合作社法定代表人，但其并未与刘某某共谋参与非农建设改造事宜。针对辩护律师对测量技术报告数据的质疑，承办检察官专门听取了参与测量人员的意见，准确掌握所占耕地面积。

2018 年 5 月 23 日，北京市延庆区人民检察院以刘某某犯非法占用农用地罪向北京市延庆区人民法院提起公诉。7 月 2 日，北京市延庆区人民法院公开开庭审理了本案。

法庭调查阶段，公诉人宣读起诉书，指控被告人刘某某违反土地管理法规，非法占用耕地进行非农建设改造，改变被占土地用途，造成耕地大量毁坏，其行为构成非法占用农用地罪。针对以上指控的犯罪事实，公诉人向法庭出示了四组证据予以证明：

一是现场勘测笔录、《测量技术报告书》《非法占用耕地破坏程度鉴定意见》、现场照片 78 张等，证明紫薇庄园园区内存在非法占地行为，改变被占土地用途且数量较大，造成耕地大量毁坏。

二是合作社土地租用合同，设立、变更登记材料，转让意向书，合作社大棚改造工程相关资料，延庆镇政府、北京市国土资源局延庆分局提供的相关书证等证据，证明合作社土地使用权受让相关事宜，以及未经国土资源部门批准，刘某某擅自对园区土地进行非农建设改造，并拒不执行行政处罚。

三是司法鉴定意见书、案件相关银行账户的交易流水及凭证、合作社转让改造项目的参与人证言及被告人的供述与辩解等证据材料，证明刘某某是紫薇庄园非农建设改造的实际建设者、经营者及合作社改造项目资金来源、获利情况等。

四是紫薇庄园宣传材料、租赁合同、大棚房租户、池杰、李祥彬证人证言等，证明刘某某修建大棚共 196 个，其中东院 136 个，西院 60 个，每个大棚都配有耳房，面积约 10 至 20 平方米；刘某某将大棚改造后，命名为“紫薇庄园”对外宣传，“大棚房”内有休闲、娱乐、居住等生活设施，对外出租，造成不良社会影响。

被告人刘某某对公诉人指控的上述犯罪事实没有异议，当庭认罪。

法庭辩论阶段，公诉人发表了公诉意见，指出刘某某作为合作社的实际建设者、经营者，在没有行政批准的情况下，擅自对园区内农用地进行非农建设改造并对外出租，造成严重危害，应当追究刑事责任。

辩护人提出：1. 刘某某不存在主观故意，社会危害性小。2. 建造蔬菜“大棚房”符合设施农业政策。3. 刘某某认罪态度较好，主动到公安机关投案，具有自首情节。4. 起诉书中指控的假山、鱼池等设施，仅在测量报告中有描述且描述模糊。5. 相关设施已被有关部门拆除。请求法庭对被告人刘某某从轻处罚。

公诉人针对辩护意见进行答辩：

第一，刘某某受让合作社时指使司机刘广岐代其签字，证明其具有规避法律责任的行为，主观上存在违法犯罪的故意，刘某某非法占用农用地，造成大量农用地被严重毁坏，其行为具有严重社会危害性。

第二，关于符合国家政策的说法不实，农业大棚与违法建造的非农“大棚房”存在本质区别，刘某某建设的“大棚房”集休闲、娱乐、居住为一体，对农用地进行非农改造，严重违反土地管理法永久基本农田保护政策。该项目因违法建设受到行政处罚，但刘某某未按照处罚决定积极履行耕地修复义务，直至案发，也未缴纳行政罚款，其行为明显违法。

第三，刘某某直到开庭审理时才表示认罪，不符合自首条件。

第四，测量技术报告对案发时合作社建设情况作了详细的记录和专业说明，现场勘验笔录和现场照片均证实了蔬菜大棚改造的实际情况，另有相关证人证言也能证实假山、鱼池存在。

第五，违法设施应由刘某某承担拆除并恢复原状的责任，有关行政部门进行拆除违法设施，恢复耕地的行为，不能成为刘某某从轻处罚的理由。

法庭经审理，认为公诉人提交的证据能够相互印证，予以确认。对辩护人提出的被告人当庭认罪态度较好的辩护意见予以采纳，其他辩护意见缺乏事实依据，不予采纳。2018 年 10 月 16 日，北京市延庆区人民法院作出一审判决，以非法占用农用地罪判处被告人刘某某有期徒刑 1 年 6 个月，并处罚金人民币 5 万元。一审宣判后，被告人刘某某未上诉，判决已生效。

刘广岐在明知刘某某是合作社非农建设改造的实际建设者、经营者，且涉嫌犯罪的情况下，故意隐瞒上述事实和真相，向公安机关作虚假证明。经北京市延庆区人民检察院追诉，2019 年 3 月 13 日，北京市延庆区人民法院以包庇罪判处被告人刘广岐有期徒刑 6 个月。一审宣判后，被告人刘广岐未上诉，判决已生效。

本案中，延庆镇规划管理与环境保护办公室虽然采取了约谈、下发《责令停止建设通知书》和《限期拆除决定书》等方式对违法建设予以制止，但未遏制住违法建设，履职不到位，北京市延庆区监察委员会给予延庆镇副镇长等 3 人行政警告处分，1 人行政记过处分，广积屯村村党支部给予该村党支部书记党内警告处分。

【指导意义】

十分珍惜、合理利用土地和切实保护耕地是我国的基本国策。近年来，随着传统农业向产业化、规模化的现代农业转变，以温室大棚为代表的设施农业快速发展。一些地区出现了假借发展设施农业之名，擅自或者变相改变农业用途，在耕地甚至永久基本农田上建设“大棚房”“生态园”“休闲农庄”等现象，造成土地资源被大量非法占用和毁坏，严重侵害农民权益和农业农村的可持续发展，在社会上造成恶劣影响。2018 年，自然资源部和农业农村部在全国开展了“大棚房”问题专项整治行动，推进落实永久基本农田保护制度和最严格的耕地保护政策。在基本农田上建设“大棚房”予以出租出售，违反《中华人民共和国土地管理法》，属于破坏耕地或者非法占地的违法行为。非法占用耕地数量较大或者造成耕地大量毁坏的，应当以非法占用农用地罪追究实际建设者、经营者的刑事责任。

该类案件中，实际建设者、经营者为逃避法律责任，经常隐藏于幕后。对此，检察机关可以通过引导公安机关查询非农建设项目涉及的相关账户交易信息、资金走向等，辅以相关证人证言，形成严密证据体系，查清证实实际建设者、经营者的法律责任。对于受其操控签订合同或者作假证明包庇，涉嫌共同犯罪或者伪证罪、包庇罪的相关行为人，也要一并查实惩处。对于非法占用农用地面积这一关键问题，可由专业机构出具测量技术报告，必要时可申请测量人员出庭作证。

案例二 廖渭良等人非法采砂毁坏园地[①]

【关键词】

非法占用园地　改变园地用途

【基本案情】

2002年，被告人廖渭良、张松泉想合伙在浙江省衢州市衢江区云溪乡候堂村园背上（地名）的农用地上承包采砂，向时任该村村支部书记兼村经济合作社社长的被告人张洪渭提出了承包采砂的要求。被告人张洪渭于2002年10月29日、10月30日主持召开村党员、干部会议，讨论并决定将村园背上、光湖边（地名）的72亩农用地（园地）承包给被告人廖渭良、张松泉采砂。2002年11月8日，被告单位衢州市衢江区云溪乡候堂村经济合作社作为发包方与被告人廖渭良、张松泉签订了承包合同，被告人张洪渭作为村经济合作社代表在合同上签名。此后，被告单位衢州市衢江区云溪乡候堂村经济合作社以在上述农用地上开发水产养殖为名向有关行政管理部门审批，但国土部门并未给予批准。2003年10月1日，被告人廖渭良、张松泉在没有办理土地使用审批手续的情况下，擅自在园背上开工采砂，破坏农用地表层8.07亩，当日，衢州市国土资源局衢江分局接到举报前往制止，并作出了相应的处罚和告知。2004年7月左右，被告人廖渭良、张松泉为了收回成本，在明知未取得采砂审批手续的情况下，继续采砂并予以销售，从中获取利润，直至2005年1月6日被衢州市国土资源局衢江分局再次查获。经衢州市衢江区土地勘测队勘测，实际毁坏园地面积共计23.71亩，取砂平均深度3.563米。[②]

【诉讼过程和结果】

浙江省衢州市衢江区检察院以廖渭良、张松泉犯非法占用农用地罪，被告单位衢州市衢江区云溪乡候堂村经济合作社、张洪渭犯非法转让土地使用权罪，向法院提起公诉。

廖渭良、张松泉对公诉机关指控的事实均无异议。廖渭良、张松泉的辩护人共同提出：园地改为水塘养鱼属合法的产业结构调整，并未改变

① 最高人民法院刑事指导案例第445号。

② 最高人民法院刑事审判第一、二、三、四、五庭:《中国刑事审判指导案例·妨害社会管理秩序罪》，法律出版社2009年版，第164~165页。

农用地的用途，故廖渭良、张松泉的行为不构成非法占用农用地罪，此外，《刑法修正案（二）》中只规定了“耕地、林地等农用地”，所以园地不属于非法占用农用地的犯罪对象，且目前最高人民法院只对非法占用耕地及林地作出了认定“数量较大、大量毁坏”的司法解释，而没有关于园地的相应司法解释，所以认定非法占用农用地数量较大、造成农用地大量毁坏并无法律依据。

被告单位衢州市衢江区云溪乡侯堂村经济合作社、张洪渭对检察院指控不持异议。

衢江区人民法院认为，非法占用农用地不仅仅指耕地、林地，也包括草地、园地、养殖水面等其他农用地。《刑法修正案（二）》中所说的“改变被占用土地用途”并非仅指非法将农用地改为建设用地等非农用地，而且还包括农用地之间的非法改变用途的行为。非法占用园地等农用地的“数量较大”认定标准应参照2000年最高人民法院的有关司法解释执行。被告人廖渭良、张松泉违反土地管理法规，结伙非法占用农用地，改变被占用土地用途，数量较大，造成农用地大量毁坏，其行为均构成非法占用农用地罪；被告单位衢州市衢江区云溪乡侯堂村经济合作社以牟利为目的，违反土地管理法规，非法转让土地使用权，情节特别严重，被告人张洪渭作为单位的直接负责人，代表本村组织并具体实施了非法转让农用地使用权的行为，其行为均构成非法转让土地使用权罪。公诉机关的指控成立。被告人廖渭良刑罚执行完毕后五年内又犯应当判处有期徒刑以上刑罚之罪，属累犯，应从重处罚。被告人廖渭良、张松泉认罪态度较好，可酌情从轻处罚。被告人张洪渭能认罪，有悔罪表现，可依法适用缓刑。据此，依照《中华人民共和国刑法》第228条、第231条、第342条、第25条第1款、第64条、第65条第1款、第72条第1款之规定，于2006年5月26日判决如下：

1. 被告单位云溪乡侯堂村经济合作社犯非法转让土地使用权罪，判处罚金2万元。

2. 张洪渭犯非法转让土地使用权罪，判处有期徒刑3年，缓刑4年，并处罚金2万元。

3. 被告人廖渭良犯非法占用农用地罪，判处有期徒刑8个月，并处罚金3万元。

4. 被告人张松泉犯非法占用农用地罪，判处有期徒刑6个月，并处罚金3万元。

5. 扣押的被告人廖渭良、张松泉的违法所得各5万元予以追缴，上缴国库。

一审宣判后，被告单位以及各被告人均未提出上诉，公诉机关亦未提出抗诉，判决已发生法律效力。

【主要问题】

非法占用园地，擅自改变土地用途，数量较大的，能否以非法占用农用地罪定罪处罚？

【案件分析】

非法占用园地，擅自改变土地用途，数量较大的构成非法占用农用地罪。裁判理由如下：

合理利用土地和切实保护耕地是我国的基本国策，为了加强土地管理，保护、开发土地资源，合理利用土地，促进社会经济的可持续发展，国家实行土地用途管制制度，禁止非法占用土地的行为。根据1997年《刑法》第342条的规定，违反土地管理法规，非法占用耕地改作他用，数量较大，造成耕地大量毁坏的行为构成非法占用耕地罪，这对于当时保护基本农田，使有限耕地不被大量毁坏起到了一定的遏制作用。但随着我国经济的发展，各地出现了毁林开发以及一些大量毁坏草地、园地、养殖水面等其他农用地，非法采砂、采矿、办工业项目等严重破坏生态环境的行为，《刑法》第342条的规定已经不能适应新情况下惩治犯罪的需要。基于此，2001年全国人大常委会第23次会议通过了《刑法修正案（二）》，将《刑法》原第342条修订为："违反土地管理法规，非法占用耕地、林地等农用地，改变被占用土地用途，数量较大，造成耕地、林地等农用地大量毁坏的，处五年以下有期徒刑或者拘役，并处或者单处罚金。"据此，2002年最高人民法院、最高人民检察院《关于执行〈中华人民共和国刑法〉确定罪名的补充规定》中将《刑法》第342条的罪名修订为"非法占用农用地罪"。可见，修订后的非法占用农用地罪与1997年刑法规定的非法占用耕地罪的区别就在于将犯罪对象由原来的耕地扩大到农用地。对于农用地的理解，根据2004年《中华人民共和国土地管理法》第4条的规定，农用地是指直接用于农业生产的土地，包括耕地、林地、草地、农田水利用地、养殖水面等。因此，作为非法占用农用地的犯罪对象，农用地并非仅指耕地和林地两种，根据上述法律的规定，“农用地”还应包括草地、农田水利地、养殖水面等其他用于农业生产的土地。因此，本案中受到非法占用的园地作为农业生产用地应当能够成为《刑法》第342条的犯罪对象。

非法占用农用地罪客观表现为违反土地管理法规，非法占用耕地、林地等农用地，改变被占用土地用途，数量较大，造成耕地、林地等农用地大量毁坏的行为。“非法占用耕地、林地等农用地”是指违反土地利用总体规划，未经批准擅自占用耕地、林地等农用地，或者采取欺骗手段骗取审批手续等行为；“改变被占用土地用途”是指改变土地利用总体规划规定的农用地的原用途，如占用耕地建设度假村，开垦林地、草地种植庄稼，占用林地挖掘鱼塘养鱼、养虾等；“造成耕地、林地等农用地大量毁坏”是指非法占用农用地后非法改变农用地用途，致使耕地、林地等农用地原有的农用条件遭到严重破坏，原有的农用地效用功能丧失，无法或者短期内难以恢复原有功能等情形。非法占用农用地的行为，必须达到“数量较大”的才构成犯罪。对于本罪中的“数量较大”，只有2000年最高人民法院《关于审理破坏土地资源刑事案件具体应用法律若干问题的解释》（以下简称《解释》）可作参照。《解释》将破坏耕地的有关数量标准予以了明确，根据该《解释》，非法占用耕地“数量较大”，是指非法占用基本农田5亩以上或者非法占用基本农田以外的耕地10亩以上；非法占用耕地“造成耕地大量毁坏”，是指行为人非法占用耕地建窑、建坟、建房、挖砂、采石、采矿、取土、堆放固体废弃物或者进行其他非农业建设，造成基本农田5亩以上或者基本农田以外的耕地10亩以上种植条件严重毁坏或者严重污染。由于不同种类的土地存在用途上的不同和稀缺程度以及对社会经济发展的重要程度的差异，体现在刑法保护程度上就有不同，对此《解释》中已经体现出这种精神。如根据《解释》第一条的规定，违反土地管理法规，非法转让、倒卖土地使用权，“情节严重”的构成非法转让、倒卖土地使用权罪的数量标准，就区分了不同土地规定了三种标准：（1）非法转让、倒卖基本农田5亩以上的；（2）非法转让、倒卖基本农田以外的耕地10亩以上的；（3）非法转让、倒卖其他土地20亩以上的。因此，我们认为，对于非法占用耕地以外的林地等其他农用地依照《刑法》

第 342 条进行定罪处罚的有关数量标准，在目前尚没有有关司法解释明确规定的情况下，可以参照《解释》的规定，将非法占用耕地以外的其他农用地“数量较大”掌握在 20 亩以上，“造成耕地以外的其他农用地大量毁坏”的标准掌握在 20 亩以上。

综上，本案中被告人廖渭良、张松泉虽然与村签订了承包 72 亩园地进行采砂的合同，但在没有土地使用审批手续、采砂审批手续的情况下，非法占用园地 72 亩，实际毁坏园地面积共计 23.71 亩，取砂平均深度 3.563 米。以实际毁坏园地面积共计 23.71 亩考量，其行为既符合非法占用耕地“数量较大”的条件，也符合非法占用耕地“造成耕地大量毁坏”的情形，故法院对其以非法占用农用地罪定罪处罚是正确的。

第五节　相关法律规定

一、法律

1.《中华人民共和国刑法》第三百四十二条、第三百四十六条

2. 全国人民代表大会常务委员会《关于〈中华人民共和国刑法〉第二百二十八条、第三百四十二条、第四百一十条的解释》

3.《中华人民共和国土地管理法》第七十五条

4.《中华人民共和国森林法》第七十三条、第七十四条、第八十二条

5.《中华人民共和国草原法》第六十六条

二、行政法规

1.《中华人民共和国基本农田保护条例》第三十三条

2.《中华人民共和国土地管理法实施条例》第四十条

3.《中华人民共和国森林法实施条例》第四十三条

三、司法解释

1. 最高人民法院《关于审理破坏土地资源刑事案件具体应用法律若干问题的解释》第三条、第八条、第九条

2. 最高人民法院《关于审理破坏林地资源刑事案件具体应用法律若干问题的解释》第一条、第六条、第七条

3. 最高人民法院《关于审理破坏草原资源刑事案件应用法律若干问题的解释》第二条、第五条、第六条

第六章

非法采矿罪办案指引

第一节　非法采矿罪概述

一、非法采矿罪的立法沿革

1979年《刑法》没有设置非法采矿罪的相关规定。改革开放后，为加快经济建设，我国高度重视对矿产资源的开发利用和保护，特别是"六五""七五"计划中多次强调要积极扶持地方采矿业的发展，我国开发利用矿产资源的技术和规模蓬勃发展。随着矿产资源价格的不断提升，以个体采矿者为主的无证采矿、越界采矿的行为频发，侵害了国家、集体对矿产的管理秩序，甚至因为违规采矿导致人员伤亡，对环境造成严重破坏。1986年3月19日，在第六届全国人民代表大会常务委员会第十五次会议通过的《矿产资源法》最早规定了非法采矿行为，将违法采矿造成矿产资源破坏的行为规定为犯罪，并依据1979年《刑法》第156条故意毁坏公私财物罪的规定定罪量刑。1986年《矿产资源法》第39条规定，"违反本法规定，未取得采矿许可证擅自采矿的，擅自进入国家规划矿区、对国民经济具有重要价值的矿区和他人矿区范围采矿的，擅自开采国家规定实行保护性开采的特定矿种的，责令停止开采、赔偿损失，没收采出的矿产品和违法所得，可以并处罚款；拒不停止开采，造成矿产资源破坏的，依照《刑法》第一百五十六条的规定对直接责任人员追究刑事责任"。第40条规定，"超越批准的矿区范围采矿的，责令退回本矿区范围内开采、赔偿损失，没收越界开采的矿产品和违法所得，可以并处罚款；拒不退回本矿区范围内开采，造成矿产资源破坏的，吊销采矿许可证，依照《刑法》第一百五十六条的规定对直接责任人员追究刑事责任"。1996年8月29日，第八届全国人民代表大会常务委员会第二十一次会议通过《关于修改〈中华人民共和国矿产资源法〉的决定》对《矿产资源法》第39条进行修订，在第39条后增设一款，"单位和个人进入他人依法设立的国有矿山企业和其他矿山企业矿区范围内采矿的，依照前款规定处罚"。

1997年《刑法》第343条第1款沿用了《矿产资源法》第39条对非法采矿行为的罪状描述，规定"违反矿产资源法的规定，未取得采矿许可证擅自采矿的，擅自进入国家规划矿区、对国民经济具有重要价值的矿区和他人矿区范围采矿的，擅自开采国家规定实行保护性开采的特定矿种，经责令停止开采后拒不停止开采，造成矿产资源破坏的，处三年以下有期徒刑、拘役或者管制，并处或者单处罚金；造成矿产资源严重破坏的，处三年以上七年以下有期徒刑，并处罚金"。最高人民法院1997年12月11日发布的《关于执行〈中华人民共和国刑法〉确定罪名的规定》中，将《刑法》第343条明确规定为非法采矿罪。2011年2月25日第十一届全国人民代表大会常务委员会第十九次会议通过的《刑法修正案（八）》，将非法采矿罪的犯罪构成条件作了修改，将"经责令停止开采后拒不停止开采，造成矿产资源破坏"修改为"情节严重"。

2003年最高人民法院颁布《关于审理非法采矿、破坏性采矿刑事案件具体应用法律若干问题的解释》（已失效）对于非法采矿罪司法适用疑难问题进行解释，对于非法采矿罪客观方面、量刑标准、单位犯罪等问题进行界定，增强了刑法规范的可操作性。2005年，国土资源部制定《非法采矿、破坏性采矿造成矿产资源破坏价值鉴定程序的规定》，明确了非法采矿犯罪数额的鉴定主体、鉴定范围和程序。

2016年11月28日最高人民法院、最高人民检察院发布《关于办理非法采矿、破坏性采矿刑事案件适用法律若干问题的解释》（法释〔2016〕25号）明确了非法采矿罪中"违反矿产资源法的规定"包括违反矿产资源法、水法等法律、行政法规有关矿产资源开发、利用、保护和管理的规定，列举了"未取得采矿许可证"五种情形，对"情节严重"及"情节特别严重"标准进行量化，并明确非法开采河砂、海砂均属于非法采矿行为。

二、非法采矿罪的发案态势

矿产资源，是指经过地质成矿作用而形成的，天然存在于地壳内部或地表，呈固态、液态或气态，并具有开发利用价值的矿物或有用元素的集合体，目前世界已知的矿产有160多种，其中80多种应用较广泛。

我国是世界上矿产资源种类齐全、储量丰富的少数国家之一。虽然资源总量大，但是我国人均占有量低，是一个矿产资源相对贫乏的国家，特别是工业中需求量大的铜和铝土矿的保有储量占世界总量的比例很低，对外依存度也相对较大。

改革开放以来，随着工业、外贸中对矿产资源的需求量不断增大，我国矿产资源勘探、开采技术逐渐完善，矿产资源自身的使用价值和不可再生性使得各类矿产资源的市场价格不断攀升，非法采矿的发案数量、案件规模大幅上升。根据判决文书裁判网数据来看，2016—2020年间全国法院一审共判处7596件非法采矿案件。其中，2016年判处640件非法采矿罪案件，2017年增至727件，随着全国多地不断加大对非法采矿的查处力度，2018年开始案件数量出现大幅度上升，后三年案件数量分别达1208件、2505件和2516件，其中2019年增幅达到了107%，后增幅降至0.44%。从犯罪对象上看，非法开采矿产品涉及铁矿、煤炭、岩矿、砂矿等传统矿产资源，也有稀土等国家实行保护性开采的重点矿种，其中砂矿系近五年来非法开采的主要对象，占整体案件数量的54.53%。

从近五年的非法开采砂矿案件数量来看，整体呈现逐年上升的趋势，由2016年的占比44.53%，逐步递增至2020年的占比58.15%。究其原因，相较于开采传统的陆地矿产资源，开采河砂、海砂等水上矿产资源的设备相对简单，具有成本低、隐蔽性强的特点，且便于逃逸，这是盗采砂矿案件逐年高发的原因之一。另一方面，建筑工程中大量使用河砂作为混凝土制备的原材料，而近年来随着大量开采，河砂数量逐年下降，市场价格不断攀升，巨大的利润空间使得盗采河砂案件不断上升。

由于河砂过度开采会影响正常河流的流动，导致河流水位下降，对河岸的防汛功能造成破坏。2018年以来，全国多地开始要求停止一切河道采砂行为，并不断加大对盗采河砂的查处力度。在这一背景下，犯罪分子又开始将犯罪对象转向与河砂性质相近的海砂。结合近五年的非法开采砂矿案件数量来看，非法开采海砂类案件数量逐年上升，分别为9件、13件、22件、48件和57件。与河道相比，我国的海岸线和浅海范围更大，监管难度也更大，犯罪分子更易于隐蔽和逃逸。但与河砂相比，开采海砂除了对海洋资源环境造成严重破坏外，海砂本身并不适合作为建筑材料，因为海砂中含有一定量的氯盐，在混凝土结构中会造成钢筋锈蚀，降低混凝土结构耐久性，大量使用可能造成建筑事故，我国大部分地区严禁使用海砂作为混凝土原料。

三、非法采矿罪的概念和构成特征

非法采矿罪，是指违反矿产资源法的规定，未取得采矿许可证擅自采矿，擅自进入国家规划矿区、对国民经济具有重要价值的矿区和他人矿区采矿，或者擅自开采国家规定实行保护性开采的特定矿种，情节严重的行为。

（一）客体特征

非法采矿罪侵犯的客体是国家对矿产资源的开采管理制度。《矿产资源法》第3条第3款规定，“勘查、开采矿产资源，必须依法分别申请、经批准取得探矿权、采矿权，并办理登记；但是，已经依法申请取得采矿权的矿山企业在划定的矿区范围内为本企业的生产而进行的勘查除外。国家保护探矿权和采矿权不受侵犯，保障矿区和勘查作业区的生产秩序、工作秩序不受影响和破坏”。

从性质上而言，矿产资源属于国家资源，为国家所有，但这种所有只是一种观念上的所有，矿产资源的自然属性决定了其在未经合法开采、加工前，并不能直接作为特定物被合法占有，刑法意义上的财物属性并不明显，其自然资源属性更加直接。基于这一原因，1997年《刑法》并不再将非法采矿的行为归入侵犯财产法益的范围，而是与非法捕捞水产品、非法猎捕珍贵、濒危动物、非法采伐国家重点保护植物、盗伐林木等行为一起规定于破坏环境资源保护罪的范围。还需要注意的是，我国的矿产管理制度具体包括对勘查权的管理和对开采权的管理，而本罪侵犯的客体仅包括国家对矿产资源的开采管理制度，不包括国家对矿产资源的勘查管理制度。

（二）客观方面特征

本罪的客观方面表现为违反矿产资源法的规定，未取得采矿许可证擅自采矿，擅自进入国家规划矿区、对国民经济具有重要价值的矿区和他人矿区采矿，或者擅自开采国家规定实行保护性开采的特定矿种，情节严重的行为。

1. 对“违反矿产资源法的规定”的认定

本罪是行政犯，违反行政前置法是本罪的构成要件之一。根据 2016 年最高人民法院、最高人民检察院《关于办理非法采矿、破坏性采矿刑事案件适用法律若干问题的解释》第 1 条规定，违反《中华人民共和国矿产资源法》《中华人民共和国水法》等法律、行政法规有关矿产资源开发、利用、保护和管理的规定的，应当认定为刑法第三百四十三条规定的“违反矿产资源法的规定”。

2. 对“未取得采矿许可证擅自采矿”的理解

2016 年“两高”《关于办理非法采矿、破坏性采矿刑事案件适用法律若干问题的解释》第 2 条规定，“具有下列情形之一的，应当认定为刑法第三百四十三条第一款规定的‘未取得采矿许可证’:（一）无许可证的;（二）许可证被注销、吊销、撤销的;（三）超越许可证规定的矿区范围或者开采范围的;（四）超出许可证规定的矿种的（共生、伴生矿种除外）;（五）其他未取得许可证的情形。”《矿产资源法》第 16 条规定，“开采下列矿产资源的，由国务院地质矿产主管部门审批，并颁发采矿许可证:（一）国家规划矿区和对国民经济具有重要价值的矿区内的矿产资源;（二）前项规定区域以外可供开采的矿产储量规模在大型以上的矿产资源;（三）国家规定实行保护性开采的特定矿种;（四）领海及中国管辖的其他海域的矿产资源;（五）国务院规定的其他矿产资源。开采石油、天然气、放射性矿产等特定矿种的，可以由国务院授权的有关主管部门审批，并颁发采矿许可证。开采第一款、第二款规定以外的矿产资源，其可供开采的矿产储量规模为中型的，由省、自治区、直辖市人民政府地质矿产主管部门审批和颁发采矿许可证。开采第一款、第二款和第三款规定以外的矿产资源的管理办法，由省、自治区、直辖市人民代表大会常务委员会依法制定。依照第三款、第四款的规定审批和颁发采矿许可证的，由省、自治区、直辖市人民政府地质矿产主管部门汇总向国务院地质矿产主管部门备案。矿产储量规模的大型、中型的划分标准，由国务院矿产储量审批机构规定。”实践中，较为常见的“未取得采矿许可证擅自采矿”的情形包括在未取得河道采砂许可证开采河砂、未取得海砂开采海域使用权证开采海砂等情形。

3. 对“国家规划矿区、对国民经济具有重要价值的矿区和他人矿区”的认定

对具体矿区性质的认定需依据行政前置法的规定。《矿产资源法》第18条规定，国家规划矿区的范围、对国民经济具有重要价值的矿区的范围、矿山企业矿区的范围依法划定后，由划定矿区范围的主管机关通知有关县级人民政府予以公告。国务院已对国家规划矿区、对国民经济具有重要价值的矿区明确划定。2016年《全国矿产资源规划（2016—2020年）》中划定了267个国家规划矿区和28个对国民经济具有重要价值的矿区。他人的矿区是指除国家规划矿区和对国民经济具有重要价值的矿区外，根据矿产资源法规定，国家为已依法申请取得采矿权的矿山企业划定的矿区范围。

4. 对“擅自开采国家规定实行保护性开采的特定矿种”的认定

2009年国土资源部印发的《保护性开采的特定矿种勘查开采管理暂行办法》第2条规定，本办法所称保护性开采的特定矿种，是指按照有关规定，由国家实行有计划勘查、开采管理的矿种。根据1988年国务院发布的《关于对黄金矿产实行保护性开采的通知》（已失效）和1991年国务院发布的《关于将钨、锡、锑、离子型稀土矿产列为国家实行保护性开采特定矿种的通知》的规定，目前黄金、钨、锡、锑、稀土这五类矿产属于国家实行保护开采的特定矿种。

（三）主体特征

本罪的主体是一般主体，可以是达到刑事责任年龄、具有刑事责任能力的自然人，也可以是单位。在单位犯罪中，无论采矿企业是否合法成立、实质上是否具有采矿能力或采矿资质均可以成为本罪的行为主体。如合法成立的采矿企业，即使拥有采矿许可证，但是超越许可证规定的矿区范围或者开采范围的，或者在法律允许的矿区范围内开采超出许可证规定

的矿种也均构成本罪。

（四）主观方面特征

非法采矿罪主观方面只能是故意，过失不构成本罪。本罪要求行为人对于其未取得采矿许可证擅自采矿，未经批准而进入国家规划矿区、对国民经济具有重要价值的矿区或他人矿区范围采矿，或者未经批准开采国家规定实行保护性开采的特定矿种具有明知。在非法采矿罪中，不以行为人明知法律的禁止性规定为要件。矿产资源属于国家，开采矿产必须经过主管部门批准，取得采矿许可证，既是法律的明确规定，也是生活常识，且在特定矿区的周边及主要出入口都会有禁止进入或者禁止非特定企业采矿的标识提示，行为人如果故意避开主要出入口、采用伪装方式进入矿区，此类逃避监管的行为本身就可以推定其对特定矿区系处于特定监管下这一事实具有明知，具有非法采矿的故意。实践中，非法采矿往往需要专业的挖掘、装卸、运输器械，为保证采矿的安全和顺利，往往需要有一定的采矿经验或者专业知识的人员，而这些人员应当知晓矿产资源管理规定，对于采矿需要申请采矿证、进入相关矿区采矿需要经过国家批准应具有明知。

四、非法采矿罪的追诉标准

2017 年 4 月 27 日最高人民检察院、公安部公布的《关于公安机关管辖的刑事案件立案追诉标准的规定（一）的补充规定》对 2008 年的《关于公安机关管辖的刑事案件立案追诉标准的规定（一）》第 68 条予以完善，规定“违反矿产资源法的规定，未取得采矿许可证擅自采矿，或者擅自进入国家规划矿区、对国民经济具有重要价值的矿区和他人矿区范围采矿，或者擅自开采国家规定实行保护性开采的特定矿种，涉嫌下列情形之一的，应予立案追诉：（一）开采的矿产品价值或者造成矿产资源破坏的价值在 10 万元至 30 万元以上的；（二）在国家规划矿区、对国民经济具有重要价值的矿区采矿，开采国家规定实行保护性开采的特定矿种，或者在禁采区、禁采期内采矿，开采的矿产品价值或者造成矿产资源破坏的价值在 5 万元至 15 万元以上的；（三）二年内曾因非法采矿受过两次以上行政处罚，又实施非法采矿行为的;（四）造成生态环境严重损害的;（五）其他情节严重的情形。在河道管理范围内采砂，依据相关规定应当办理河道采砂许可证而未取得河道采砂许可证，或者应当办理河道采砂许可证和采矿许可证，既未取得河道采砂许可证又未取得采矿许可证，具有本条第一款规定的情形之一，或者严重影响河势稳定、危害防洪安全的，应予立案追诉。采挖海砂，未取得海砂开采海域使用权证且未取得采矿许可证，具有本条第一款规定的情形之一，或者造成海岸线严重破坏的，应予立案追诉。具有下列情形之一的，属于本条规定的'未取得采矿许可证':（一）无许可证的;（二）许可证被注销、吊销、撤销的;（三）超越许可证规定的矿区范围或者开采范围的;（四）超出许可证规定的矿种的（共生、伴生矿种除外）;（五）其他未取得许可证的情形。"

2016 年"两高"《关于办理非法采矿、破坏性采矿刑事案件适用法律若干问题的解释》第 3 条第 2 款规定，"实施非法采矿行为，具有下列情形之一的，应当认定为刑法第三百四十三条第一款规定的'情节特别严重':（一）数额达到前款第一项、第二项规定标准五倍以上的;（二）造成生态环境特别严重损害的;（三）其他情节特别严重的情形。"

第二节　非法采矿罪的证据审查

非法采矿犯罪案件，证据种类复杂、数量庞大，且证据所处时间跨度长，收集、审查、运用证据的难度大。检察机关应紧紧围绕证据的真实性、合法性、关联性进行审查。

一、非法采矿罪的证据要件

（一）客体方面的证据要件

行为人未经有关部门依法批准实施非法采矿行为或者变相采矿行为。应当收集的证据包括以下书证：

1. 相关矿产资源主管机关出具的批准文件，证明涉案主体是否具有采矿资格、海域使用权等。

2. 各级人民政府的矿产资源主管部门出具情况说明，证明涉案主体是否有采矿授权、海域使用权。

3. 搜集公司营业执照、经营许可证以及相关批准文件，证明行为人是否明知公司有无相关采矿资格、是否合法、是否超过经营范围、是否以合法形式掩盖非法目的变相采矿。

4. 相关矿产资源主管部门出具的行政处罚决定书等。

（二）客观方面的证据要件

在司法实践中，矿产资源一般位于偏远地区，既有在非法采矿过程中被查获，也有矿产品在销售、运输环节被查获的情形。所以要针对不同环节重点收集、审查以下证据：

1. 采矿行为

（1）侦查人员对采矿现场拍摄的视频、照片和制作的现场勘查笔录等，证明采矿现场情况。

（2）侦查人员对现场查获矿产品拍摄的视频、照片，证明矿产品已被开采，脱离矿体。

（3）侦查人员在采矿现场查获的采矿设备、采矿工具实物，以及拍摄的视频、照片，证明矿产开采行为，特别是对于非法开采河砂和海砂类案件，采砂船均经过特殊改造，船上有一根巨大的可以沉入水底的采砂管道。

（4）注重对涉案人员手机或电脑等载体上的微信、短信、QQ 等信息材料电子证据的收集、提取和鉴定，高度重视程序合法性、数据完整性等问题，注重对涉及采矿的视频、照片以及即时通讯软件相关聊天记录的检索和提取。

（5）专业机关和鉴定机关对被开采矿产品的检测结论和鉴定意见，证明被开采矿产品的属性，例如砂石料中检测出较高的氯离子成分可以证实该砂石料系海砂。

（6）证人证言和被告人供述，证明非法采矿行为。

2. 非法采矿罪入刑和刑格升格的证据

非法采矿罪入罪标准要求达到“情节严重”，刑格升格要求“情节特别严重”。根据 2016 年“两高”《关于办理非法采矿、破坏性采矿刑事案件适用法律若干问题的解释》的规定，需要从以下几方面审查证据：

（1）非法开采的矿产品价值，首先要注重审查销赃数额方面的证据，例如银行转账、微信、支付宝转账记录、微信等聊天记录中记载的双方约定的金额，非法采矿者、购买人及相关涉案人员的供述、证言。

（2）在销赃数额难以查证，或者根据销赃数额认定明显不合理时，以矿产品价格和数量认定，需要注重对检测及机构资质的审查，不能盲目相信检测机构的意见，需审核其检测的方法是否科学、合理，例如海砂重量可以依据相关检测机构根据运输船只的吃水线来进行认定。

（3）矿产品价值难以确定的，可以依据 2016 年“两高”《关于办理非法采矿、破坏性采矿刑事案件适用法律若干问题的解释》列明的机构出具的报告，结合其他证据予以认定：一是价格认证机构出具的报告；二是省级以上人民政府国土资源、水行政、海洋等主管部门出具的报告；三是国务院水行政主管部门在国家确定的重要江河、湖泊设立的流域管理机构出具的报告。

（4）2016年“两高”《关于办理非法采矿、破坏性采矿刑事案件适用法律若干问题的解释》规定司法鉴定机构可以就生态环境损害出具鉴定意见；省级以上人民政府国土资源主管部门可以就造成矿产资源破坏的价值、是否属于破坏性开采方法出具报告；省级以上人民政府水行政主管部门或者国务院水行政主管部门在国家确定的重要江河、湖泊设立的流域管理机构可以就是否危害防洪安全出具报告；省级以上人民政府海洋主管部门可以就是否造成海岸线严重破坏出具报告。

（5）涉案人员是否曾因非法采矿被行政处罚的书证、证人证言、犯罪嫌疑人供述等证据，证实是否在二年内曾因非法采矿受过两次以上行政处罚，又实施非法采矿行为。

（三）主体方面的证据要件

司法实践中，非法采矿行为既有以个人名义实施，也有以单位名义实施的，因此在审查证据过程中要注重区分是自然人犯罪还是单位犯罪。加强对单位主体身份、经营范围、经营情况等相关证据的审查。重点审查单位是否真实存在，是否为了实施犯罪而设立，单位设立后是否以实施非法采矿为主要业务，资金是否进入单位所有、控制的账户，是单位意志还是个人意志，从而准确区分单位犯罪和自然人犯罪。

1. 自然人犯罪主体

在非法采矿罪中，认定犯罪主体的主观故意时，原则上只要求其知道自己未取得《采矿许可证》等相关许可即可。但是有些矿产品购买人因事先与采矿人约定购买矿产品，属于事先通谋，构成非法采矿罪的共同犯罪，因此还需要证实购买者知道其购买的矿产品系非法开采。以非法开采海砂为例，购买者具备一定砂石业相关从业经历、专业背景，根据常识可以判定其不同的砂石来源是否合法，比如湛江海域有合法海砂开采区域，故称为“湛江砂”，而台湾浅滩海域的海砂未被批准开采，业内称为“海峡砂”，又如鄱阳湖实行季节性开采，故应当知道在非开采季的鄱阳湖河砂为非法开采，原则上就可以认定其具有非法采矿的主观故意。在证明行为人的主观故意时，应当收集以下证据：

（1）行为人的任职情况、职业经历、专业背景，或者其本人因从事同类行为受过处罚情况等证据，可以证明行为人提出的“不知道相关行为被法律所禁止，故不具有非法采矿的主观故意”等辩解不能成立。

（2）行为人是否存在故意规避法律以逃避监管的相关证据。例如要求运输方采用违规运输行为，签订合同时在不符合常理的地区交货，被查获时丢弃、藏匿手机，矿产品销售价格远低于市场正常价格，等等。

2. 单位犯罪主体

注意收集、审查和判断犯罪行为所体现的是个人意志还是单位意志方面的证据，以正确区分实施非法采矿行为的主体是单位还是自然人。应当证明负直接责任的主管人员和其他直接责任的人员情况，其证据要件如下：

（1）书证：

①证明事业单位、社会团体性质的相应法律文件，机关、团体法人代码；

②企业法人营业执照、工商注册登记证明；

③银行账号证明、注册资料、年检情况、审计或清理证明等，证明单位管理情况及资产收益、流向、处分等情况；

④单位已经被撤销的，应有其主管单位出具的证明。

（2）言词证据：行为人、被告人供述与辩解。犯罪单位的主管人员、其他直接责任人员关于单位基本情况及个人任职、职责等情况的供述。查明犯罪活动是否经单位决策实施，单位的员工是否按照单位的决策实施具体犯罪活动。

通过以上证据，证明犯罪主体是依法成立、拥有一定财产或者经费、能以自己名义承担责任的单位。我国刑法中规定的单位，包括国有、集体所有的公司、企业、事业单位，依法设立的合资经营、合作经营企业和具有法人资格的独资、私营等公司、企业、事业单位，还包括社会团体、村民委员会、居民委员会、村民小组等常设性的组织。

涉嫌犯罪的单位被撤销、注销、吊销营业执照或者宣布破产的，对实施犯罪行为的该单位直接负责的主管人员和其他直接责任人员予以追诉，对该单位不再追诉。

涉嫌犯罪的单位已被合并到一个新单位的，对原犯罪单位及其直接负责的主管人员和其他直接责任人员追究刑事责任。在提起公诉时，对被告单位应列原犯罪单位名称，但注明已被并入新的单位。

（四）主观方面的证据要件

在司法实践中，部分非法采矿案件系单位犯罪、共同犯罪，行为人之间的地位、职责、具体行为、参与程度各不相同，特别是受雇佣为非法采矿犯罪提供劳务的人员，往往会辩解其不明知采矿的非法性，也没有共同犯罪的故意。因此，对部分行为人非法采矿主观故意的审查判断成为司法实践中的难点。

一般来说，判断非法采矿的主观故意应当根据行为人的供述和辩解，并结合证明其参与实施的具体行为的其他证据进行综合判断。针对部分行为人辩解主观不明知时，应当收集以下证据，推断其主观明知：

1. 审查手机中电子书情况，从而证实其知晓行为的违法性或有规避法律的行为。

2. 审查其劳动报酬，是否异常高于同工种正常劳务报酬。

3. 组织者是否要求在被侦查机关或者相关行政主管机关查获时统一对外口径、不作如实供述的情形等。

需要注意的是，如果有证据证明中下层行为人确系被蒙蔽、欺骗而参与的，则不能简单推定其主观明知。

二、非法采矿罪常见证据审查

（一）书证的审查判断

物证、书证形成后能够独立存在，不容易发生改变，具有较强的客观性。非法采矿案件中存在合同、资金流水等书证，应当重点审查以下几个方面：

1. 重点审查书证的提取是否合法，是否有见证人，见证人、持有人是否在提取笔录上签字确认。

2. 如果是复印件，应审查原件的保管期间是否发生变化、是否被污染。

3. 购买矿产品、矿产品运输的合同等书证应当交犯罪嫌疑人、被告人进行辨认。

（二）电子证据的审查判断

2012年修改刑事诉讼法时将电子证据列为法定的证据种类之一，电子证据的审查判断及排除规则逐步完善，在这之前电子证据大多是被作为视听资料的一种，用以证明案件事实。非法采矿案件中行为人的主观明知、具体行为、涉案金额等数据信息大多存储于手机中，因此对电子证据的审查判断极其重要。

1. 查明电子证据的真实性。电子证据最大的特点之一是容易被篡改，所以应审查是否提取电子数据原始存储的介质，如计算机硬盘、存储芯片、U盘、电子设备等；对电子数据的完整性进行校验。

2. 对依法初查时提取的电子证据，要妥善保管、固定，以防失去再次取证的条件。2016年最高人民法院、最高人民检察院、公安部《关于办理刑事案件收集提取和审查判断电子数据若干问题的规定》第10条规定，“由于客观原因无法或者不宜依据第八条、第九条的规定收集、提取电子数据的，可以采取打印、拍照或者录像等方式固定相关证据，并在笔录中说明原因”，所以，取证的原则是“以扣押原始存储介质为原则，以直接提取电子数据为例外，以打印、拍照、录像等方式固定为补充”。如果根据侦查需要，需当场从手机中提取相关聊天记录等资料的，应将手机设置成飞行模式，防止侦查人员获取手机后再产生新的数据。

3. 审查取证主体和取证设备应当符合相关技术标准。《关于办理刑事案件收集提取和审查判断电子数据若干问题的规定》第7条规定，“收集、提取电子数据，应当由二名以上侦查人员进行”，侦查人员是取证主体，技术人员是提供协助人员。

4. 关于见证人见证问题。电子证据的收集包括三个阶段：一是现场勘验、搜查、提取、扣押；二是电子数据的恢复、破解、统计、关联、对比分析；三是鉴定检验。除了鉴定，其他两个环节涉及电子证据的合法性，应有见证人，或者对勘验、提取、恢复、检查过程进行录像，佐证取证合法性、真实性和完整性。

（三）司法会计鉴定意见的审查判断

由于矿产资源专业性和电子数据证据问题的复杂性，需要借助鉴定人的专业知识，但鉴定人员的司法鉴定意见能否成为定案的依据，仍然需要通过司法人员的司法判断来确认。

检察人员审查判断鉴定意见，需要注意以下问题：一是审查鉴定机构、鉴定人资格，鉴定人、鉴定机构不具备法定资质的，作出的鉴定意见不得作为定案的依据；审查鉴定机构的业务范围、是否有必备的设备仪器、是否具有检测能力。二是审查鉴定检材是否全部移送。检材是鉴定的基础，一要审查检材的收集、保管、送检是否合法，与相关扣押笔录、提取笔录是否相符；二要审查检材是否全面、充足、可靠；三要审查鉴定意见是否告知相关人员、当事人对鉴定意见是否提出异议及理由、异议是否得到合理解释。

第三节 非法采矿罪的认定处理

一、非法采矿罪的罪与非罪

（一）采矿许可证到期后继续开采矿产资源的情形，是否宜认定为“未取得采矿许可证”

实践中，采矿许可证到期后继续开采矿产资源的情形十分复杂，不宜一律认定为“未取得采矿许可证”而导致开采行为构成犯罪。对于其中情节严重的，可以吊销许可证。采矿许可证到期后采矿的，可以认定为2016年“两高”《关于办理非法采矿、破坏性采矿刑事案件适用法律若干问题的解释》第2条第2项规定的情形。因此，该《解释》未将“采矿许可证到期后继续开采矿产资源”的情形明确列为“未取得采矿许可证”的情形。此外，对于非法转让采矿权的，可以根据矿产资源法的相关规定吊销采矿许可证，进而将此后采矿的行为认定为该《解释》第2条第2项规定的“未取得采矿许可证”情形。

（二）被责令停产停业期间仍然擅自采矿的情况，是否宜认定为“未取得采矿许可证”

一些矿山企业在被责令停产停业期间仍然擅自采矿的情况较为普遍，且往往是引发矿难的重大隐患。将这种情形作为“未取得采矿许可证”情形，虽然具有实践合理性，但从法理层面而言也并不妥。主要原因如下：一是采矿许可证被暂扣的，不同于行为人自始未取得采矿许可证，行为人实际上属于采矿权人，将此种情形下开采矿产资源的行为认定为“未取得采矿许可证”，与实际不符。二是就规范的保护目的而言，因存在重大安全隐患而暂扣许可证，所保护的是安全生产，而非法采矿罪保护的是矿产资源。因此，若是对于违反因存在重大安全隐患而被暂扣许可证期间不得开采矿产资源的规定，擅自开采矿产资源的，认定为非法采矿罪，不符合规范的保护目的。三是因存在重大安全隐患而被暂扣采矿许可证期间开采矿产资源的，虽然排除适用非法采矿罪，但构成其他犯罪的，可以按照其他犯罪处理，并不存在法律适用的漏洞。

二、非法采矿罪的此罪与彼罪

（一）非法采矿罪与破坏性采矿罪

非法采矿是无采矿许可证，擅自采矿情节严重的行为。破坏性采矿是指违反矿产资源法规定，采取破坏性的方法开采矿产资源，造成矿产资源严重破坏的行为。不论行为人是否有采矿许可证，只要采用破坏性的开采方法，造成矿产资源严重破坏结果的，以破坏性采矿罪定罪处罚。

根据最高人民检察院、公安部《关于公安机关管辖的刑事案件立案追诉标准的规定（一）》第69条的规定，破坏性采矿罪的入罪标准是造成矿产资源严重破坏，价值在30万元至50万元以上的。破坏性开采方法以及造成矿产资源严重破坏的价值数额，由省级以上地质部门主管机关出具鉴定结论，经查证属实后予以认定。

（二）非法采矿罪与盗窃罪

在2016年"两高"《关于办理非法采矿、破坏性采矿刑事案件适用法律若干问题的解释》出台之前，司法实践中对非法采砂行为有的适用盗窃罪，即认为是以秘密手段从河床、海床窃取砂石。

对于非法采砂行为以非法采矿罪定性处理是比较合适的，原因有三：一是矿产资源是指由于地质作用形成的，具有利用价值的，呈固态、液态、气态的自然资源。砂石、粘土均属于矿产资源，可以成为非法采矿罪的犯罪对象。二是非法采砂行为既侵犯了国家对矿产资源的管理制度，又侵犯了矿产资源的所有权，但其行为的社会危害性主要还是体现在对砂石资源管理制度的破坏，这区别于一般的盗窃行为。三是刑法对非法开采矿产资源的行为作了特殊规定，根据"特别法优于一般法"的原则，对非法采砂行为应当适用非法采矿罪，这与盗伐林木罪是类似的。

（三）非法采矿罪与掩饰、隐瞒犯罪所得罪

非法采矿罪与掩饰、隐瞒犯罪所得罪最主要的区别在于事前有无通谋。如果事先通谋，构成共同犯罪，以非法采矿罪定罪处罚；如果事先没有通谋，则按照掩饰、隐瞒犯罪所得罪定罪处罚。

在非法采砂类特别是海砂类案件中，通常是由采砂船从海底开采海砂，直接过驳到运输船只，中间没有堆场环节，所以采砂行为必定发生在采砂方和购买者进行犯意联络之后。司法实践中，一般先由购买者和采砂方进行犯意联络，再由购买者通过船务公司联系运输船只，确定船只和船期后，购买方将船只名称告知采砂方，采砂方再将采砂具体经纬度和高频呼号通过购买方告诉运输船只，直到运输船只到达约定海域并通过高频呼号与采砂船联系后，采砂船才会采砂并现场过驳，因此整个犯罪环节都在采砂行为实行完毕之前，采砂方、购买者、船务公司以及运输船只四方构成非法采矿的共同犯罪。

例如，2020 年 4 月，被告人蒋某某和曹某某与被告人叶某某约定以每吨 50.5 元的价格采购台湾海峡海砂，在江苏太仓交货，并于 4 月 28 日将订金人民币 100 万元（以下币种均为人民币）转入叶某某个人银行账户。同日被告人叶某某与福州某船务有限公司法定代表人陈某某（另案处理）约定承租“某某 66”船运输海砂，并将其中 80 万元转账至陈某某控制的银行账户。同日浦珍公司与宁波市某海运有限公司签订《航次租船合同》承租“某某 66”船，从福建运送海砂至太仓。后叶某某将 20 万元现金交予“林某某”（另案处理）向其采购海砂，在获得海砂过驳坐标及高频呼号后，将上述信息通过浦珍公司业务员黄某某（另案处理）通知“某某 66”船。同年 5 月 7 日 17 时 30 许至次日 18 时 25 分许，“某某 66”船在东经 118° 27′，北纬 23° 02′ 海域（台湾海峡浅滩）从采砂船多次过驳海砂后向上海方向航行。其间，该船应黄某某要求关闭 AIS 系统。5 月 18 日晚 22 时许，上海海警在上海横沙东锚地对“某某 66”船登临检查，当场查获该船所运海砂无正规手续。经中国检验认证集团上海有限公司检验检测，送检“某某 66 船”样品系细砂，其中氯离子含量 0.04%，该船所载海砂共计 50570 吨。经上海海警局通知，被告人叶某某、蒋某某和曹

某某到侦查机关接受调查，叶某某、曹某某到案后如实供述上述事实，蒋某某到案后否认自己明知购买的海砂系非法开采，后又予以供认。在审查起诉过程中，各被告人及辩护人辩称被告人系海砂的购买者而非实际开采者，应构成掩饰、隐瞒犯罪所得罪，而非非法采矿罪。

法院认为，被告人蒋某某、叶某某、曹某某经事前通谋，明知涉案海砂系台湾海峡海砂，采砂方未取得采矿许可证，仍出资购买，涉案海砂价值255万余元，其行为均已构成非法采矿罪，情节特别严重，依法应予惩处。[①]

三、非法采矿罪的其他有关问题

（一）对于“违反矿产资源法的规定”的理解

2016年“两高”《关于办理非法采矿、破坏性采矿刑事案件适用法律若干问题的解释》第1条明确了“违反矿产资源法的规定”的含义。根据《刑法》第343条第1款、第2款的规定，“违反矿产资源法的规定”是成立非法采矿罪、破坏性采矿罪的前提条件，即违反《矿产资源法》《水法》等法律、行政法规有关矿产资源开发、利用、保护和管理的规定的，应当认定为《刑法》第343条规定的“违反矿产资源法的规定”。

关于矿产资源开发、利用、保护和管理，除《矿产资源法》作了集中规定外，其他有关法律法规也有所涉及。例如，《水法》第39条对河道采砂专门规定“国家实行河道采砂许可制度。河道采砂许可制度实施办法，由国务院规定”。《河道管理条例》第25条规定，在河道管理范围内进行采砂活动，必须报经河道主管机关批准；第44条规定，未经批准或者不按照河道主管机关的规定在河道管理范围内采砂的，予以相应行政处罚，构成犯罪的，依法追究刑事责任。《水法》《河道管理条例》等法律法规的相关规定虽然不直接涉及矿产资源管理，且主要是从影响河势稳定或者危及堤防安全角度作出的制度安排，但也对河道采挖砂石矿产资源作出了明确规定，属于与矿产资源开发、利用、保护和管理相关的规定。因

① 参见（2021）沪03刑初8号刑事判决书。

此，为避免实践中的法律适用漏洞，对于《刑法》第343条规定的“违反矿产资源法的规定”，不宜限缩解释为仅违反矿产资源法的规定，而应当包括违反水法等其他有关法律、行政法规中关于矿产资源开发、利用、保护和管理的规定的情形。

例如，2016年2月至2017年7月间，被告单位某公司在开发位于江苏省徐州市铜山区泉新路东侧的某小区过程中，为提升小区品质，经被告人王某1、董某1共同商议决定，在未办理采矿许可证的情况下，借平整场地、修整周边山体的名义，与被告人董某2和王某2（已死亡）挂靠的徐州市华雷爆破工程有限公司签订《土石方、爆破工程施工合同》，在该小区工地进行爆破及土石方作业，并与被告人董某2和王某2签订《石方外运协议》，约定将爆破及平整场地产生的石料以每车人民币380元的价格出售给董某2、王某2用来折抵爆破工程款，再由董某2、王某2对外予以销售，赚取差价。经统计，2016年2月26日至2017年7月3日期间，自工地内外运石料共计5137车，以每车人民币380元的价格计算，共计价值人民币1952060元。经江苏省地质矿产局第五地质大队鉴定，所采的石料为建筑石料用灰岩矿。经徐州市铜山区国土资源局认定，该开采地点属于禁采区。

2019年5月27日，被告人王某1、董某1、董某2被公安机关电话传唤到案，如实供述了自己的罪行。2019年12月20日，被告人董某1主动退缴违法所得人民币150万元；2020年3月14日，被告人王某1主动退缴违法所得人民币150万元，被告人董某2主动退缴违法所得人民币75万元；审理期间，被告人董某2主动退缴违法所得人民币75万元。2020年3月11日，被告单位某公司，被告人王某1、董某1、董某2在公诉机关自愿签署认罪认罚具结书。

审查起诉期间，公诉机关认为：某公司非法采矿案中关于非法采矿数量的计算涉及两个方面，一是“红线”（即项目批准占地范围）内非法采矿数量的计算，二是“红线”外非法采矿数量的计算。

国土资源部1998年《关于开山凿石、采挖砂、石、土等矿产资源适用法律问题的复函》（国土资函〔1998〕19号）指出，建设单位因工程施工而动用砂、石、土，但不将其投入流通领域以获取矿产品营利为目的，或就地采挖砂、石、土用于公益性建设的，不办理采矿许可证，不缴纳资源补偿费。国土资源部1999年《关于解释工程施工采挖砂、石、土矿产资源有关问题的复函》指出，国土资函〔1998〕19号中的“因工程施工”和“就地”是指在工程建设项目批准占地范围内，因工程需要动用或采挖砂、石、土用于本工程建设。目的是鼓励建设单位在建设中充分利用已批准占地范围内的矿产资源，减少异地开采，以利于保护环境。但建设单位在上述范围内采挖砂、石、土进行销售或用于其他工程建设项目的，必须依法办理采矿登记手续并缴纳矿产资源补偿费。

根据上述批复，该案中，一是被告单位在“红线”内将采挖的石头用于项目垫路以及修建车库等自用部分不需要办理采矿许可证，不属于非法开采，因此也未计算在非法采矿的数额中。但自用部分之外以盈利为目的对外销售的应当办理采矿许可证，未办证即对外销售的部分应当计算在非法开采的数额中。二是被告人在“红线”外未办理采矿许可证而采挖的矿产资源也属于非法开采的部分，应当一并计入犯罪数额中。

法院认为：矿产资源属于国家所有，未经国家允许并取得采矿许可证，任何组织和个人均不得擅自开采矿产。非法开采矿产资源，不仅会使国家矿产资源遭受损失，亦会破坏原有的生态和地质环境，诱发水土流失、山体滑坡等地质灾害。被告单位某公司、被告人董某1违反矿产资源法的规定，未取得采矿许可证擅自在禁采区内采矿，情节特别严重，被告人王某1、董某2作为被告单位直接负责的主管人员，其行为均已构成非法采矿罪。公诉机关指控其所犯罪名成立，本院予以支持。①

（二）关于非法采矿案件宽严相济刑事政策的把握问题

破坏矿产资源犯罪案件，特别是非法采矿案件，往往具有聚众性的特征。从司法实践来看，非法采矿、破坏性采矿犯罪的涉案主体一般分三个层次：第一层次是出资者、组织者、经营者；第二层次是管理者，即具体犯罪活动的执行者；第三层次是提供具体劳务的一般参与者。根据刑法的谦抑性和宽严相济刑事政策的要求，应当将第一层次和第二层次作为打击重点；对于第三层次应当区分情况，对于参与利润分成或者领取高额固定工资的，可以共同犯罪论处，对于受雇佣领取正常劳务报酬且无其他恶

① 参见（2020）苏8601刑初23号刑事判决书。

劣情节的，一般不以犯罪论处。

此外，对于达到非法采矿罪入罪标准的行为人，如果其系初犯，全部退赃退赔，积极修复环境，并确有悔改表现的，可以认定为犯罪情节轻微，不起诉或者免予刑事处罚。

（三）非法采矿罪案件违法所得和犯罪工具的处理问题

根据《刑法》第64条的规定，犯罪分子违法所得的一切财物，应当予以追缴或者责令退赔；违禁品和供犯罪所用的本人财物，应当予以没收。司法实践中比较突出的问题是，有的大型翻斗式采砂船的造价达数百万元至两三千万元，有的采砂船系由其他船舶改装而成，可以用作他用，有的采砂船系集资或者贷款建造。为了体现对破坏矿产资源犯罪、特别是非法采砂犯罪的从严打击和源头治理，2016年“两高”《关于办理非法采矿、破坏性采矿刑事案件适用法律若干问题的解释》第12条作了明确规定，即对非法采矿、破坏性采矿犯罪的违法所得及其收益，应当依法追缴或者责令退赔；对用于非法采矿、破坏性采矿犯罪的专门工具和供犯罪所用的本人财物，应当依法没收。

实践中，还有购买者事先与采砂方联系购买河砂、海砂，并雇佣船只从采砂船过驳运输后予以销售的情况。此种情形中，独立运输方虽然与购买者事先共谋，构成非法采砂罪的共犯，但是其提供的船舶平时也运载合法货物，根据《刑法》第5条的规定，刑罚的轻重，应当与犯罪分子所犯罪行和承担的刑事责任相适应。非法采矿罪对罚金没有具体处罚标准，最高人民法院《关于适用财产刑若干问题的规定》第2条规定，人民法院应当根据犯罪情节，如违法所得数额、造成损失的大小等，并综合考虑犯罪分子缴纳罚金的能力，依法判处罚金。刑法没有明确规定罚金数额标准的，罚金的最低金额不能少于1000元。因此海砂购买者最终判处的罚金数额可能远低于被作为犯罪工具没收的运输船舶的价值。故不宜将此类船舶也作为犯罪工具予以没收，以体现罚当其罪。

第四节　相关案例评析

赵某春等六人非法采矿案①

——非法采砂采运一体模式下相关问题认定

【关键词】

非法采矿　采运一体　共同犯罪

【基本案情】

经法院审查认定：

2013年春节后，被告人赵某春、赵某喜经共谋，由赵某春负责采砂，赵某喜负责运砂和销售，赵某喜以小船每船1500元、大船每船2400元的价格付款给赵某春。2013年3月至2014年1月期间，赵某春在未获得采砂许可的情况下，雇佣被告人李某海、李某祥在长江镇江段世业洲南侧119号黑浮水域附近，将江砂直接吸到与吸砂船并绑的赵某喜的货船上，后由赵某喜雇佣的被告人赵某龙、徐某金驾驶货船将江砂外运销售。经调查认定，被告人赵某春、赵某喜、李某海、李某祥非法采矿381300吨，造成国家矿产资源损失1525200元；被告人赵某龙参与非法采矿226300吨，造成国家矿产资源损失905200元；被告人徐某金参与非法采矿155000吨，造成国家矿产资源损失620000元。

【诉讼过程和结果】

2016年5月27日，镇江市公安局水上分局以赵某春等六人涉嫌非法采矿罪，移送镇江市金山地区检察院审查起诉。2016年8月29日，镇江市金山地区检察院以被告人赵某春等六人涉嫌非法采矿罪向镇江市京口区

① 参见最高人民检察院第一批检察机关保障长江经济带发展典型案例之“赵某春等六人非法采矿案”。

法院提起公诉。2017年4月28日，镇江市京口区法院作出一审判决，以非法采矿罪判处被告人赵某春、赵某喜有期徒刑3年6个月，并处罚金20万元；判处被告人李某祥、李某海有期徒刑6个月，缓刑1年，罚金2万元；分别判处被告人徐某金、赵某龙罚金1.6万元、1.8万元。2017年5月4日，被告人赵某喜不服判决，提起上诉。2017年9月28日，镇江市中级法院裁定驳回上诉，维持原判。

【主要问题】

1. 行为人在未取得采矿许可的情况下，盗采江砂，属于非法采矿行为，情节严重，构成非法采矿罪。

2. 采运一体盗采模式可以采用“抵岸价”认定犯罪数额。

3. 对于非法采砂中的实行犯，不宜机械认定为“受雇佣人员”使其出罪，可以结合在犯罪实施中的作用追究其刑事责任。

【案件分析】

（一）本案构成非法采矿罪

由国土资源部南京矿产资源监督检测中心出具检测报告，并由江苏省地质环境勘查院出具鉴定意见，一致认定本案江砂为细砂，成分主要为石英，为《矿产资源法实施细则》规定的非金属矿产中的天然石英砂（建筑用砂），属于矿产资源。查获被告人之间交接江砂船次、资金往来等书证，有效锁定被告人盗采江砂数量，并根据犯罪嫌疑人作案方式、目的等，以江砂抵岸价为节点，经镇江市价格认证中心出具鉴证结论书，江苏省国土资源厅出具鉴定结论，锁定了黑细砂的单价以及盗采矿产资源的价值。被告人李某祥等四名受雇佣人员明知他人盗采江砂而予以协助，且积极作为，联络作案时间，进行江砂交接、记账，并多次逃避行政处罚，直接造成国家江砂矿产资源的严重破坏，应当依法追究刑事责任。而现有证据不能证明收购江砂人员明知对方销售的江砂系非法取得，不符合非法采矿罪主观构成要件，故不认定为犯罪。

（二）采运一体盗采模式可采用“抵岸价”认定犯罪数额

在办理非法采矿案件中，当销赃数额难以查证，或者明显不合理的情况下，可以由物价部门出具鉴证意见，并结合言词证据综合考量评判。实践中，江砂存在出水价、抵岸价、离岸价等不同价格，以及因运输、销售地点的远近等因素，江砂销售价差距较大、甚至悬殊，应从采砂工作原理、盗采模式入手，合理确定价格的认定节点：如果采运双方未事前通谋，则以出水环节为鉴定、认定节点；如果采运一体实施犯罪，则以抵岸环节为鉴定、认定节点；如果采运销一体实施犯罪，则以离岸环节为鉴定、认定节点。

（三）对于非法采砂中的实行犯，不宜机械认定为“受雇佣人员”使其出罪，可以结合在犯罪实施中的作用追究其刑事责任

对于参与人员是否应当追究刑事责任，可以综合分析“受雇佣人员”是否属于实行犯：一是该类人员是否明知是破坏国家矿产资源的违法行为，而积极主动地实施相关行为，或者是否受过相关处罚。四名从犯与主犯之间有犯意联络，被雇佣之初就认识到采砂行为的违法性，但仍进行非法采砂、运砂活动，且有多次逃避行政机关查处的情节，主观恶性较大。二是现场实施采、运过程中，其行为是否受制于他人，是否具有自由性、主动性。三是是否履行现场管理职责。在盗采江砂的过程中，主犯赵某春、赵某喜多数时间不在现场，由李某海、李某祥等四名从犯具体实施采砂活动，四人并非被动地根据赵某春、赵某喜的具体授意操作，而是现场自主负责实施采运及江砂交接活动，行为不受制于主犯的控制，具有很强的自主性和现场管理职责，对非法采砂犯罪活动得以实现具有不可或缺的作用，是犯罪活动的直接联络者、运作者、实施者，不属于《2016年解释》中规定的“提供劳务”的免责人员范畴。通过综合考量确保不枉不纵，精准打击非法采矿犯罪活动，保护国家矿产资源。

第五节　相关法律规定

一、法律

1.《中华人民共和国刑法》第三百四十三条

2.《中华人民共和国矿产资源法》第十六条、第十七条、第二十条

3.《中华人民共和国水法》第三十九条

4.《中华人民共和国专属经济区和大陆架法》第三条、第四条

二、行政法规

1.《中华人民共和国矿产资源法实施细则》第十三条、第十四条、第四十四条

2.《中华人民共和国河道管理条例》第十三条、第二十五条

三、司法解释

最高人民法院、最高人民检察院《关于办理非法采矿、破坏性采矿刑事案件适用法律若干问题的解释》

第七章

盗伐林木罪
办案指引

第一节　盗伐林木罪概述

一、盗伐林木罪的立法沿革

新中国成立以后，为保护森林资源，依法打击盗伐林木的违法犯罪行为，预防和减少盗伐林木案件的发生，国家先后制定了一系列相关的法律、法规和规章。

1950 年 6 月 28 日，中央人民政府委员会第八次会议通过了《土地改革法》，该法第 18 条规定："大森林、大水利工程、大荒地、大荒山、大盐田和矿山及湖、沼、河、港等，均归国家所有，由人民政府管理经营之。其原由私人投资经营者，仍由原经营者按照人民政府颁布之法令继续经营之。"这是从立法形式首次确认林木所有权的国有属性。与此同时，政务院和有关部门还发布了《关于全国林业工作的指示》《关于禁止砍伐铁路沿线树木的通令》等规范性文件。在新中国成立初期，这些文件是认定和处理盗伐林木犯罪的法律依据。

1963 年 5 月 27 日，国务院颁发了《森林保护条例》，该条例第 38 条、第 39 条分别规定，"盗伐林木，应当追回赃物，并且责令赔偿损失""情节严重，使森林遭受重大损失或者造成人身伤亡重大事故的，送交司法机关处理[①]"。这是立法者以附属刑法规范形式，在行政法规中首次明确规定盗伐林木罪，并且首次提及盗伐林木"情节严重"是司法机关处理的前提，但关于罪状表述仍然十分笼统。

1979 年 2 月 23 日，第五届全国人民代表大会常务委员会第六次会议原则通过了《森林法（试行）》，该法第 39 条规定盗伐林木"情节严重的，予以法律制裁"。与此相呼应，1979 年 7 月 1 日，第五届全国人民代

① 此处的"送交司法机关处理"，即指对盗伐林木犯罪追究刑事责任。

表大会第二次会议通过了《刑法》，该法第 128 条规定“违反保护森林法规，盗伐、滥伐森林或者其他林木，情节严重的，处三年以下有期徒刑或者拘役，可以并处或者单处罚金”。该条文把盗伐林木罪与滥伐林木罪规定在同一条款中，并规定适用同样的法定刑。按照规定，盗伐林木不论数量多大，其法定最高刑也只能判处 3 年有期徒刑，这不利于打击盗伐林木犯罪。1984 年 9 月 20 日，第六届全国人民代表大会常务委员会第七次会议通过了《森林法》，该法第 34 条强调了 1979 年《刑法》对滥伐林木罪的规定。这一时期，《森林法》成为规范涉林业行为的基本法律依据，司法层面对于盗伐林木罪的罪状表述也进一步明确“违反保护森林法规”是前提条件，但对于如何具体适用“情节严重”标准，仍没有提及。

1987 年 9 月 5 日，最高人民法院、最高人民检察院印发《关于办理盗伐、滥伐林木案件应用法律的几个问题的解释》，在盗伐林木罪认定方面有两大亮点，一是在罪状表述上，首次明确主观方面应当以“据为己有”为目的，并排除以营利性生产目的的毁坏林木行为构成盗伐林木罪的认定，并以叙明罪状形式，具体列出盗伐林木应当从重处罚的五类情形；二是在盗伐林木罪构罪标准和各量刑档次上，明确规定“数量较大”“数额巨大”“数额特别巨大”的标准，标志着盗伐林木罪由过去的情节犯罪向数量犯的转变，为依法正确和有效打击盗伐林木行为提供了明确的法律依据。

1991 年 10 月 17 日，最高人民法院、最高人民检察院发布《关于盗伐、滥伐林木案件几个问题的解答》，进一步明确盗伐林木罪追究刑事责任情形，将一年内多次盗伐林木行为视为“情节严重”，可以累计其未经处理的盗伐数量。并进一步区分主观上因泄愤报复而毁坏生长中林木行为的法律认定。

1997 年 3 月 14 日，第八届全国人民代表大会第五次会议修订刑法，为更好地打击盗伐林木犯罪，修订后的刑法调整了章节顺序，把盗伐林木罪由原来规定在“破坏社会主义经济秩序罪”调整到“妨害社会管理秩序罪”章节，并在第 345 条第 1 款作为独立罪名进行规定，并配置多种幅度的法定刑，即“盗伐森林或者其他林木，数量较大的，处三年以下有期徒刑、拘役或者管制，并处或者单处罚金；数量巨大的，处三年以上七年以下有期徒刑，并处罚金；数量特别巨大的，处七年以上有期徒刑，并处罚金”。

2000年11月22日，最高人民法院发布《关于审理破坏森林资源刑事案件具体应用法律若干问题的解释》，针对新形势下盗伐林木罪的新变化，该解释明确了盗伐林木罪的具体表现形式，将盗伐林木罪主观方面规范表述为“以非法占有为目的”，并重新规范了“数量较大”“数量巨大”“数量特别巨大”的起点数量标准等。

二、盗伐林木罪的发案态势

党的十八大以来，生态安全的重要地位愈加凸显。习近平总书记提出“绿水青山就是金山银山”理念，要求正确处理好社会发展和生态环境保护关系。当前，我国森林资源的保护形势仍然严峻，森林资源被破坏现象严重，不仅影响国家经济的可持续发展，也对生态环境造成了较大破坏。通过对中国裁判文书网中相关案例的统计与分析，2011—2020年期间，共检索到一审判决书14739份，二审判决书234份、裁定书1019份，未查询到再审判决书。通过大数据分析，近十年来本罪主要呈现以下特征：

（一）案件地域性特征显著

从全国范围来看，本罪涉及北京市、天津市、河北省、山西省等30余个省、自治区、直辖市。其中排名前十的是云南省（2215件）、广西壮族自治区（1400件）、吉林省（1759件）、黑龙江省（1154件）、福建省（1050件）、江西省（737件）、辽宁省（728件）、四川省（638件）、广东省（607件）、河南省（563件），共占比73.6%。由此可见，盗伐林木案件发生地区多集中于我国传统林业大省，几乎全部覆盖我国东北、西南、南方等三大林区。

（二）案件数量呈现稳定高发至整体下降态势

从一审案件判决书来看，本罪案发趋势根据年份可以分为三个阶段，第一阶段是2010年以前，本罪呈现零星散发态势；第二阶段2010—2013年，案发量呈现逐年成倍上升趋势，但因初期阶段基数较低，阶段性案发数总量不足600件；第三阶段2014—2018年，案发数突然呈现高发态势，年均达到2000件以上，但在2016年后，随着我国城镇化进程加速，城镇居民法律意识和环境保护意识提高，本罪又呈现整体下降趋势。

（三）盗伐林木罪在破坏环境资源保护类罪名中逐年降比明显

在我国刑法破坏环境资源保护类罪名项下有盗伐林木罪、滥伐林木罪、污染环境罪等罪名。从案发态势看，2016—2020年盗伐林木罪在中国裁判文书网搜录到一审裁判文书2098份、2125份、2031份、1821份、1314份，分别占破坏环境资源保护类犯罪的12.27%、10.85%、9.21%、6.98%、5.17%，盗伐林木罪逐渐退出破坏环境资源保护类罪案发量前三位，被非法狩猎和非法采矿类犯罪所取代。

三、盗伐林木罪的概念和构成特征

所谓盗伐林木罪，是指以非法占有为目的，擅自砍伐国家、集体所有（包括本人承包或他人依法承包经营管理、国家或集体所有）的森林及其他林木，或者擅自砍伐他人自留山上的成片林木等，数量较大的行为。

（一）客体特征

本罪的客体是复杂客体，侵犯的是国家保护森林资源的管理制度和国家、集体、个人对林木的所有权。犯罪对象是森林法规定的森林及其他林木，包括防护林、用材林、经济林、薪炭林、特种用途林等。不属于森林法调整范围的个人房前屋后种植的零星树木，不属于本罪的犯罪对象。个人承包全民所有和集体所有的宜林荒山荒地造林，承包后种植的树木归承包个人所有，但这些林木已构成国家林业资源的组成部分，这些林木同样可作为盗伐林木罪的犯罪对象。此外，被盗伐的林木，必须是正在生长着，如果将他人已经砍伐的树木偷走，应以盗窃罪定罪处罚。

（二）客观方面特征

本罪客观方面表现为擅自砍伐国家、集体和个人所有的森林及其他林木，数量较大的行为。具体表现为，以非法占有为目的，擅自砍伐国家、集体所有林木的；擅自砍伐他人依法承包经营管理的国家、集体所有的林木的；擅自砍伐本人承包经营管理的国家或集体所有的林木的；违反林业行政主管都门及法律规定的其他主管部门核发的采伐许可证的规定，采伐国家、集体及他人自留山上的或他人经营管理的森林或其他林木的；国有企事业单位擅自采伐其他单位管理或所有的林木的；集体组织擅自采伐国家或其他集体组织所有的林木，数额巨大的。以非法占有为目的，哄抢国家、集体或他人所有的上述林木，情节严重的，也应以盗伐林木罪惩处。决定盗伐的性质，不仅在于非经合法批准而秘密砍伐，还在于行为人以非法占有为目的，侵犯了国家、集体或个人对林木的所有权。明知林木权属不清，在争议未解决前擅自砍伐林木，情节严重的，应先确定林木权属，再根据具体情况，按盗伐林木罪或滥伐林木罪追究刑事责任，林木权属难以确定的，按滥伐林木罪惩处。

（三）主体特征

本罪主体是一般主体，既可以是自然人，也可以是单位。对于单位犯罪的，实行双罚制。自然人作为本罪的主体，是年满 16 周岁、具备刑事责任能力的人；单位作为本罪的主体，是公司、企业、事业单位、机关或团体。

（四）主观方面特征

本罪的主观方面是故意，并且一般具有非法占有林木或者为本单位谋取不正当利益的目的，即明知林木不归本人或者本单位所有，而以非法占有为目的，故意盗伐。

四、盗伐林木罪的追诉标准

盗伐林木罪的罪量要素是“数量较大”。这里的“数量较大”，根据最高人民法院《关于审理破坏森林资源刑事案件具体应用法律若干问题的解释》第 4 条，最高人民检察院、公安部《关于公安机关管辖的刑事案件立案追诉标准的规定（一）》第 72 条，以及国家林业局、公安部《关于森林和陆生野生动物刑事案件管辖及立案标准》第2条第1项的规定，盗伐林木“数量较大”（立案起点）以2至5立方米或者幼树100至200株为起点；“数量巨大”（重大案件立案起点）以20至50立方米或者幼树1000至2000株为起点；“数量特别巨大”（特别重大案件立案起点）以100至200立方米或者幼树5000至10000株为起点。其中，林木数量以立木蓄积量计算，计算方法为原木材除以该树种的出材率；幼树是指胸径5厘米以下的树木。

对于一年内多次盗伐少量林木未经处罚的，累计其盗伐林木的数量，构成犯罪的，依法追究刑事责任。

对于每个地区具体的定罪数量标准，根据最高人民法院《关于审理破坏森林资源刑事案件具体应用法律若干问题的解释》第19条的规定，各省、自治区、直辖市高级人民法院可以根据本地区的实际情况，在该解释规定的数量幅度内，确定本地区执行的具体数量标准，并报最高人民法院备案。

第二节　盗伐林木罪的证据审查

一、盗伐林木罪的证据要件

（一）客体方面的证据要件

证明行为人的行为侵犯了国家对森林资源的管理活动和林木的所有权，应当注意审查和收集的证据如下：

1. 林业行政主管部门及法律规定的其他主管部门颁发的林权证、林班设计资料、林相图、林业承包合同、林权转让证明，或村委会出具的宅基地使用证明资料等，证明行为人采伐对象的权属，判定是否属于农村个人房前屋后种植的零星树木。

2. 林业行政主管部门颁发的林业采伐许可证、林木采伐申请表、采伐作业设计表等，证明行为人的采伐行为是否经过审批，以及获批采伐的时间、范围、数量、树种和方式等与实际采伐情况是否相符。

3. 林木检尺相关材料、运输证等，证明行为人实施采伐林木行为是否办理相关许可、材料。

（二）客观方面的证据要件

盗伐林木罪客观方面要求行为人以非法占有为目的，砍伐森林或者其他树木，数量较大的行为。应当注意收集的证据如下：

1. 物证、书证

（1）被盗伐林木实物、照片，以及相应扣押决定书、扣押清单等；

（2）实施盗伐林木行为所使用的作案工具，包括油锯、斧头、柴刀、运输工具，以及相应扣押决定书、扣押清单等；

（3）林业部门出具的证明材料，证明采伐行为人是否经过许可及许可的具体内容，以及所盗伐林木的立木材积、原木材积等；

（4）林业局设计队提供盗伐林木班树木郁密度、削度及该林木材出材率证明材料；

（5）银行交易转账记录、流水明细，证明被盗伐林木的销赃，以及雇佣工人采伐费用情况。

2. 证人证言

（1）现场目击者、报案人、知情人的证言，证明盗伐现场具体情况；

（2）参与实施采伐、装车工作人员的证言，证明现场指挥人员情况，实施采伐时间、地点、方式、林木数量、装车情况、林木去向等情况；

（3）购买涉案赃物人员的证言，证明销赃时间、地点、林木数量、案值等情况；

（4）单位犯罪的，还要收集参与人员、单位领导的证言，证明盗伐林木行为是经过单位集体决定，并由主管人员及直接负责人员具体实施的；

（5）其他能够证明林木生长、被采伐情况的证人证言。

3. 被害人陈述

（1）被害人与被盗伐林木的权属关系情况；

（2）被害人对于被盗伐林木的种植种类、数量，以及林木管理生长情况的了解。

4. 犯罪嫌疑人、被告人供述和辩解

（1）实施盗伐行为的时间、地点；

（2）盗伐林木的方法手段及砍伐工具、运输工具的来源、数量、特征、下落去向；

（3）盗伐的树种、数量、口径、长度、价值；

（4）盗伐的详细经过；

（5）涉案木材的处理情况，如自用、销售、赠与等；

（6）违法所得数额及用途；

（7）共同犯罪中的起意、策划分工、实施、销赃、分赃等情况，查明各行为人在共同犯罪中的地位和作用。

5. 鉴定意见，证明涉案林木的林木立木蓄积量、涉案价值情况。

6. 现场勘验检查笔录、现场图、现场照片，证明案发现场被盗伐林木基本状况。

7. 视听资料。证明与案件事实相关的电子聊天记录、转账记录、录音、录像等电子证据，以及讯问犯罪嫌疑人同步录音录像等。

（三）主体方面的证据要件

本罪的主体是一般主体，既可以是年满 16 周岁、具有刑事责任能力的自然人，也可以是单位。重点查明以下几个方面：

1. 自然人犯罪主体

（1）个人身份证据，如居民身份证、临时居住证、工作证、护照、港澳台居民来往内地通行证、台湾居民来往大陆通行证等证件；

（2）公安部门户籍证明；

（3）违法犯罪前科记录查询证明，如刑事判决书、裁定书、释放证明书、假释证明书、不起诉决定书、行政处罚书等。

2. 单位犯罪主体

（1）机关、团体法人代码，以及其他能够证明国家机关、事业单位、社会团体性质的法律文件等；

（2）企业法人营业执照、工商注册登记证明、税务登记证等许可证；

（3）单位内部组织的有关合同、章程及协议书等；

（4）单位管理层，以及责任人员的组成情况；

（5）单位已经被撤销的，应有其主管单位出具的证明；

（6）其他证明单位主体的相关材料。

（四）主观方面的证据要件

盗伐林木罪属于故意犯罪，存在直接故意和间接故意两种形态，准确认定行为人主观明知，应当结合主观、客观证据综合认定，证明行为人主观“知道”或者“应当知道”自己的行为是盗伐林木行为，且同时具备非法占有之目的，才符合盗伐林木罪的主观要件。应重点查明以下几个方面：

1. 犯罪嫌疑人、被告人的供述和辩解

（1）行为人关于盗伐林木的目的、动机；

（2）行为人或共同犯罪人员从预谋、到具体实施、再到销赃处理的全过程；

（3）行为人关于采伐林木的地域、树种、数量的认知度，以及实施采伐的方式；

（4）单位犯罪的，还应查明单位法人、主管以及其他负责人的供述和辩解，收集单位集体讨论记录、负责人签署文件、单位财务账目等，证明盗伐林木行为系由单位集体研究决定，或由单位负责人决定或授权决定，谋取的不正当利益或者违法所得大部分归单位所有。

2. 证人证言、被害人陈述，证明行为人是否具有盗伐林木的主观故意和是否具有非法占有之目的。

3. 现场勘验检查笔录、现场图、现场照片，证明盗伐林木地点与持证采伐地点的距离、地理位置区别特征等情况。

二、盗伐林木罪常见证据审查

（一）客观性证据的审查判断

相对其他犯罪类别而言，盗伐林木类案件的客观性证据较为固定。应当重点审查涉案林木种类、数量、林权权属证明、采伐许可证、木材检尺材料、运输码单、现场勘验检查笔录、现场图、现场照片等，具体如下：

1. 林权权属证明、采伐许可证。重点审查证明文件提取来源、提取程序是否合法、是否附注提取说明和加盖提取单位印章。

2. 现场勘验检查笔录、现场图、现场照片。重点审查侦查机关进行现场勘验的时间，距离案发时间越短，则证明力越强，若因客观因素导致现场勘验与案发时间间隔较长，应当首先排除他人重伐可能性，并寻找其他客观证据佐证行为人盗伐数量。

3. 证人、被害人、犯罪嫌疑人等现场指认、辨认笔录。重点审查案发现场指认、辨认情况是否与证人证言、被害人陈述、犯罪嫌疑人供述和辩解相一致，指认、辨认是否有见证人或全程同步录音录像佐证。

4. 涉案林木、作案工具等物证。重点审查扣押、提取程序是否合法，是否有见证人，见证人、持有人是否在提取笔录上签字确认。

（二）犯罪嫌疑人、被告人翻供的审查判断

犯罪嫌疑人供述和辩解属于主观证据，具有不稳定性，可能发生翻供的情形。对于这种情况，应当重点审查翻供作出的辩解是否有其他证据能够佐证，翻供理由是否成立，先前有罪供述的制作地点、时间，是否有同步录音录像佐证。

（三）鉴定意见的审查判断

盗伐林木案件中，鉴定意见是决定罪与非罪、罪行轻重的关键性证据。因此，应当对鉴定意见的证据能力和证明力进行严格的审查，重点审查以下几个方面：

1. 司法鉴定的鉴定主体和委托主体是否合法。鉴定机构是否具备司法鉴定资质，委托鉴定事项是否属于鉴定机构或鉴定人的业务范围。

2. 司法鉴定过程是否合法。检材来源、取得、送检程序是否合法，鉴定标的物是否与提取笔录、扣押物品清单等记载的内容相符。

3. 作为证据使用的鉴定意见是否依法告知犯罪嫌疑人、被告人以及被害人，相关人员对鉴定意见是否提出异议。

4. 鉴定方法是否符合规定。实践中，对立木蓄积量的计算一般采用如下方法[①]：当涉案林木保持倒木状态时，采用中央断面区分求积式测算立木蓄积；当涉案现场只留有伐根时，用当地编制的根茎材积表求算蓄积；当涉案林木受到损坏或已被挖走时，先测算出现场面积，再在附近相近林设置标准地，采用二元材积表法测算涉案林木蓄积量；当涉案林木已被加工成木材时，根据国家木材标准测算出木材材积，根据出材率求算立木蓄积量。

（四）电子证据的审查判断

盗伐林木案件中的电子证据主要有转账记录、微信聊天文字、语音记录等，能够客观真实反映案件事实。在审查电子证据时，应当严格依据最高人民法院、最高人民检察院、公安部《关于办理刑事案件收集提取和

① 最高人民检察院侦查监督厅：《刑事案件审查逮捕指引》，中国检察出版社2015年版，第426页。

审查判断电子数据若干问题的规定》(法发〔2016〕22号)的相关规定，重点审查电子证据的真实性和取证程序的合法性，如侦查人员在扣押涉案的电子设备或电子证据时，是否具备相应的扣押手续；提取电子证据时，是否按照法定的程序，由两名办案人员在场并办理合法手续等。

第三节　盗伐林木罪的认定处理

一、盗伐林木罪的罪与非罪

“盗伐”是指以非法占有为目的，擅自砍伐森林或者其他林木，数量较大的行为。构成本罪的三要素分别是非法占有目的、森林或林木和数量较大。其中，森林是指大面积的原始森林和人造林，根据《森林法》第83条规定“森林按照用途可以分为防护林、特种用途林、用材林、经济林和能源林”；其他林木是指小面积的树林和零星树木，但不包括国家集体或者他人所有并已经伐倒的树木、他人房前屋后、自留地种植的零星树木，以及已经枯死、病死的林木。

对于一年内多次盗伐林木未经处罚的，经累计数量较大的，亦应当以盗伐林木罪追究刑事责任。需要注意的是，适用累计计算条款，必须同时具备以下几个条件:（1）行为人必须是两次以上实施盗伐林木行为;（2）两次以上盗伐林木行为，必须发生在一年以内，前后间隔时间若超过一年则不能累计计算;（3）累计的只能是未被进行行政处罚的盗伐林木，已被处罚过的不能重复计算;（4）累计一年内多次盗伐林木的数量，已经达到盗伐林木罪的“数量较大”的标准。

二、盗伐林木罪的此罪与彼罪

（一）盗伐林木罪与盗窃罪

盗窃罪是指盗窃公私财物，数额较大的，或者多次盗窃、入户盗窃、携带凶器盗窃、扒窃的行为。盗伐林木罪与盗窃罪的共同点是均以非法占有为目的、为前提，两罪的主要区别表现为以下几个方面:

1. 定义不同。盗伐林木罪，是指违反森林法及其他保护森林法规，以非法占有为目的，擅自砍伐国家、集体所有（包括他人依法承包经营管理国家或集体所有）的森林或者其他林木，以及擅自砍伐他人自留山上的成片林木，情节严重的行为；盗窃罪，是指以非法占有为目的，秘密窃取数额较大的公私财物的行为。

2. 侵犯法益客体不同。盗伐林木罪既侵犯了国家森林资源管理机制，同时还侵犯了国家、集体或个人对林木的所有权；盗窃罪侵犯的客体仅是国家、集体或个人的财产所有权。

3. 造成危害结果不同。盗伐林木行为既会造成自然资源和生态环境的破坏，还会造成国家、集体或个人财产损失；盗窃罪造成的后果一般仅限于财产损失。

（二）盗伐林木罪与滥伐林木罪

滥伐林木罪，是指违反森林法的规定，滥伐森林或者其他林木，数量较大的行为。盗伐林木罪与滥伐林木罪的主要区别表现在以下几个方面：

1. 侵犯的客体不同。盗伐林木罪不仅破坏国家对林业资源的保护和管理，还侵犯国家、集体或者个人对森林或者其他林木的所有权；滥伐林木罪仅破坏的是国家对林业资源的保护和管理，不涉及对林木所有权的侵犯。

2. 犯罪对象不同。盗伐林木罪的犯罪对象是其他单位所有或管理的森林或者其他林木以及他人所有的林木，因此林木所有权人不可能成为盗伐本单位或者本人林木的主体；滥伐林木罪的犯罪对象仅限于本单位或本人所有的或管理的森林或者其他林木，不涉及他人所有的林木。

3. 主观故意不同。盗伐林木罪具有非法占有之目的；滥伐林木罪不以非法占有为目的作为必要条件，主观上更多的是违反森林保护法规或采伐许可证规定任意采伐的故意。

（三）盗伐林木罪与故意毁坏财物罪

故意毁坏财物罪是指故意毁坏公私财物，数额较大或者有其他严重情节的行为。司法实践中，盗伐林木罪与故意毁坏财物罪常常存在交叉情形，在适用一罪名不能完全排除另一罪名适用的情况下，应当依据想象竞合犯的处断原则，择一重罪论处。但在具体办案中，应当根据两罪的基本特征和区别，结合案件实际情况，综合作出判断。盗伐林木罪与故意毁坏财物罪的主要区别表现在以下几个方面：

1. 犯罪主体不同。盗伐林木罪的犯罪主体可以是自然人，也可以是单位；故意毁坏财物罪的犯罪主体只能是自然人。

2. 犯罪对象不同。盗伐林木罪的犯罪对象是其他单位所有或管理的森林或者其他林木以及他人所有的林木；故意毁坏财物罪的犯罪对象则不限于前罪范围，还包括已被伐倒的树木、幼苗等。

3. 行为方式不同。盗伐林木罪采取的行为方式是采伐；故意毁坏财物罪的行为方式则不限于采伐，还包括对活木实施剥皮、锯截、斧砍、爆炸等毁损致死行为。

4. 主观故意不同。盗伐林木罪以非法占有为目的；故意毁坏财物罪以故意毁坏为目的，如泄私愤、故意滋事等。

三、盗伐林木罪的其他有关问题

（一）对严重的盗伐林木案件能否以盗窃罪论处

一般认为，规定盗伐林木罪的第 345 条第 1 款与规定盗窃罪的第 264 条之间是特别法条与普通法条的关系。通常情况下，对于盗伐林木的行为，应适用特别法条优于普通法条的原则，以盗伐林木罪论处。这是容易理解和被人接受的。但是，在特别关系的场合，还可能适用重法条优于轻法条的原则。亦即，当一个行为同时触犯同一法律的普通法条与特别法条时，在特殊情况下，按照行为所触犯的法条中法定刑最重的法条定罪量刑。

这里的“特殊情况”是指以下两种情况：第一，法律明文规定按重罪定罪量刑。如根据《刑法》第 149 条第 2 款规定，生产、销售第 141 条至第 148 条规定的特定伪劣产品，同时触犯《刑法》第 140 条即普通法条的，依照处罚较重的规定定罪量刑。第二，法律虽然没有明文规定按普通法条定罪量刑，但对此也没作禁止性规定，而且按特别法条定罪不能做到罪刑相适应时，按照重法条优于轻法条的原则定罪量刑。从我国刑法的规定来看，许多特别法条规定的犯罪法定刑轻于普通法条的法定刑，如果完全采取特别法条优于普通法条的原则定罪量刑，就会造成罪刑不均衡现象。在这种情况下，需要考虑适用量刑较重的法条而不是特殊法条。

（二）对盗挖林木行为的认定

目前，我国刑法和有关司法解释对盗挖林木需要追究刑事责任的，均未明确规定应按什么罪名认定和处罚。在实践中，对这个问题有不同认识。

有观点认为，无论是盗挖林木还是盗伐林木，都侵犯了国家对森林资源的保护管理制度和国家、集体或者他人的林木所有权，都具有非法占有的目的。现实中，有的行为人在盗挖林木过程中往往不管林木的死活，主观上缺乏占有活立木的意图，这种“盗挖”实际上就是盗伐林木的一种具体方法，是盗伐林木的一种特殊形式。因而主张对盗挖林木构成犯罪的，应一律按盗伐林木罪认定和处罚。对此，国家林业局于 2003 年 6 月发布《关于规范树木采挖管理有关问题的通知》（已失效）明确规定，对采挖树木行为按照国家有关林木采伐的规定进行管理，实行凭证采挖制度。2013 年 11 月 15 日发布《关于切实加强和严格规范树木采挖移植管理的通知》也作了相同的规定。

有观点认为，我国刑法区分此罪与彼罪的一个基本原则，是根据各种具体犯罪的行为方式不同确定罪名。由于盗挖林木与盗伐林木的行为方式不同，所造成的危害结果也不尽相同，尤其对那些在此处“盗挖”然后再到彼处“复种”的盗挖林木行为，客观上并不一定导致被盗挖的林木发生死亡或者毁坏的危害结果，其犯罪对象本身不一定受到侵害。因此主张对盗挖林木构成犯罪的，应按盗窃罪认定。对此，有的省区在相关规范性文件中明确规定，对盗挖林木构成犯罪的，应按盗窃罪认定和处罚。

综上，对盗挖林木行为应按盗伐林木定性还是按盗窃财物定性，暂时没有统一的确定性结论，但不能因此将其视为法律没有明文规定的犯罪。从实然性角度看，对盗挖林木构成犯罪的，在确定其罪名时应结合具体案情和本地实际情况依法认定。当然在一般情况下，按本罪确定罪名较为妥当。因为从总体上看，盗伐林木手段是多种多样的，其中盗挖林木可视为盗伐林木的一种特殊手段，并且该行为不仅侵犯了林木所有权，也侵犯了国家对森林资源的保护管理制度，因此按本罪认定符合立法精神。当然，也要根据行为人盗挖林木的主观动机、手段、危害后果等因素，综合考虑适用的罪名。

第四节　相关案例评析

盗挖林木和盗伐林木的区别[①]

【基本案情】

2010年8至9月的一天，被告人李某某在未经管理部门批准许可的情况下，对从事苗圃生意的王某某（另案处理）谎称其已与交通局的领导打好招呼，可以处理无锡市滨湖区锡南路葛埭社区路段两侧的香樟树，并让王某某帮忙卖掉其中10棵。王某某遂联系到买家苏州市望湖苗圃场经营者周某某。2010年9月20日，周某某安排人员至上述路段挖走香樟树共计10棵，其中胸径40厘米的1棵、38厘米的2棵、28厘米的7棵，林木蓄积量共计5.1475立方米，价值共计35496元。

当日，李某某在上述挖树现场遇从事苗圃生意的陆某某，陆某某得知李某某系得到相关领导同意后而处理香樟树，即向李某某提出购买部分香樟树，李某某表示同意。陆某某又与范某某商定将上述路段的香樟树卖与范、王二人。2010年9月22日，范某某、王某某各自带领工人在上述路段挖树时被公安人员当场查获。案发时，范某某、王某某已开挖香樟树17棵，其中胸径30厘米的2棵、29厘米的6棵、28厘米的3棵、27厘米的5棵、26厘米的1棵，上述林木蓄积量共计6.901立方米，价值共计53250元。案发后，王某某退赔被害单位3.2万元。

无锡市滨湖区人民法院认为，被告人李某某以非法占有为目的，通过欺骗方式利用他人盗挖国家所有的行道树，其行为构成盗窃罪。公诉机关指控李某某犯盗伐林木罪的事实清楚，证据确实充分，但指控的罪

① 孙炜、范莉：《盗挖林木和盗伐林木的区别》，载最高人民法院刑事审判第一、二、三、四、五庭：《刑事审判参考》（总第86集），法律出版社2013年版。

名不当，应予改正。李某某的犯罪行为发生在2011年4月30日以前，依照刑法第十二条第一款之规定，应当适用《刑法修正案（八）》颁布之前的《刑法》相关条款。李某某在实施其中一次犯罪过程中因意志以外的原因而未得逞，系犯罪未遂，可以比照既遂犯从轻、减轻处罚。李某某归案后认罪态度较好，可酌情从轻处罚。无锡市滨湖区人民法院遂依法判决如下：

被告人李某某犯盗窃罪，判处有期徒刑4年，并处罚金5000元。

一审宣判后，李某某未上诉，公诉机关亦未提出抗诉，判决已经发生法律效力。

【主要问题】

以出售为目的，盗挖价值数额较大的行道树的行为，如何定性？

【裁判理由】

在本案审理过程中，对本案被告人李某某以出售为目的盗挖城市道路两旁行道树的行为如何定性，存在较大分歧。一种观点赞同公诉机关的指控罪名，主张应以盗伐林木罪定性。另一种观点认为城市道路两旁的行道树不属于盗伐林木罪的犯罪对象，李某某的行为应定性为盗窃罪，具体理由如下：

（一）城市道路两旁的行道树不是区分盗伐林木罪和盗窃罪的构成要件要素

盗伐林木罪，是指盗伐森林或者其他林木，数量较大的行为。本案中城市道路两旁栽植的成行的香樟树是行道树。有观点认为，盗伐林木罪中的林木仅包括森林法规定的防护林、用材林、经济林、能源林、特种用途林等林区中的大片林木，城市行道树是绿化树木，不属于盗伐林木罪罪状中的"森林树木"，也不属于盗伐林木罪罪状中的"其他林木"。

2000年1月国务院制定施行的《森林法实施条例》第2条第3款明确规定，林木包括树木和竹子。可见，相关森林法律法规中"林木"的外延比较广泛。行道树是专门种植于道旁的树木。1987年9月5日，最高人民法院、最高人民检察院发布的《关于办理盗伐、滥伐林木案件应用法律的几个问题的解释》对林区和非林区规定了不同的入罪林木数量，对非林区林木规定了较林区林木偏低的入罪门槛，城乡道旁等非林区的行道树、他人自留山上的成片林木可以成为盗伐、滥伐的犯罪对象。虽然该解释已被废止，但其对盗伐、滥伐林木犯罪对象范围的规定依然值得借鉴、参考。城市行道树作为城市绿化有机组成部分，同时受到相关法律法规的保护。2009年《森林法》（已修订）第32条第1款规定："采伐林木必须申请采伐许可证，按许可证的规定进行采伐……"1992年《城市绿化条例》（已修订）第21条第2款规定："砍伐城市树木，必须经城市人民政府城市绿化行政主管部门批准，并按照国家有关规定补植树木或者采取其他补救措施。"该条例第27条第2项进一步明确，违反本条例规定，擅自修剪或者砍伐城市树木，构成犯罪的，依法追究刑事责任。该项规定为对擅自修剪或者砍伐城市树木行为追究刑事责任提供了行政法上的指引。

由上述规范可知，行道树属于"其他林木"的范畴，可以成为盗伐林木犯罪的对象，因此，仅从行道树的角度，不能认定本案不构成盗伐林木罪。

（二）本案被告人的行为属于"盗挖"，而非"盗伐"，不构成盗伐林木罪

实践中，针对树木的窃取行为一般有三种情形：一是将栽于土地上的活体树木砍下后占为己有；二是将他人已经伐倒的树木，或将已经采挖离地的活体树木直接窃为己有；三是将栽于土地上的活体树木挖出后占为己有，保持树木的活体性。第一种情形是典型的"盗伐"，除了盗伐自留地的零星树木，都属于盗伐林木罪调整的范围。第二种情形最高人民法院《关于审理破坏森林资源刑事案件具体应用法律若干问题的解释》第9条已作出明确规定，以盗窃罪定罪处罚。第三种情形与前两者不同，系"盗挖"。本案中，被告人李某某为了达到转手香樟树获利的目的，让人盗挖后出售，属于第三种情形——"盗挖"。

"盗伐"与"盗挖"存在明显的区别：一是行为方式不同。"伐"是用刀、斧、锯等把东西断开。伐木，就是用锯、斧等工具把树木弄断。实施"伐"的行为后，树木主干与其赖以生存的根部分离，根部留存于土中。而"挖"则是用工具或手从物体的表面向里用力，取出其一部分或其中包藏的东西的意思。挖木，就是用锄、铲、锹等工具把树木及其树根的主要部分从泥土中取出，将树整体与泥土分离。二是行为后果不同。"伐"后树木必然死亡，而"挖"的目的是移走栽种的树木。因此，国家林业局2003年下发的《关于规范树木采挖管理有关问题的通知》（已失效）特别

强调林业主管部门在核发许可证的同时“应当对批准的采挖作业进行监督管理，并主动提供有关技术服务，以提高采挖树木的成活率”。三是行为本质不同。“伐”的行为直接导致活立木的死亡，行为实施当场就对森林资源和生态环境造成破坏。而“挖”的行为虽然也可能由于采挖水平、后期环境、养护技术等因素最终导致树木死亡，造成与“伐”的行为类似的后果，但这种结果是非典型的。而且随着科技的迅猛发展，机械制造、林木养护水平日益提升，这种结果越来越少，所以“伐”与“挖”对林木资源和生态环境造成的影响存在本质的区别。盗伐林木罪所确定的核心行为是“伐”，即便是基于社会发展需要对“伐”做适度扩张性解释，也很难将“挖”的行为直接囊括进来。

（三）盗挖行为侵犯的客体主要是财产权利和环境资源

森林和其他林木等活立木能调节气候、净化空气、防风降噪，为人类提供优美的生存环境。盗伐林木罪被列在刑法“妨害社会管理秩序”章中的“破坏环境资源保护”一节，是鉴于活体树木对人类的特殊贡献，国家给予特别保护。盗伐行为造成的破坏不可逆转、无法恢复，所以其最终必然破坏生态环境。而本案中，被告人的盗挖行为虽然未经绿化行政主管部门审批，在一定程度上违反了有关城市绿化管理制度，但毕竟未终结树木生命，尚未对生态环境造成无法挽救的后果，因此其行为危害最主要体现在侵害了树木所有人的财产所有权。随着社会经济发展和人民生活水平的不断提高，人们对生态环境日益重视，花木价格在绿化热潮中逐年攀升。活体树的价值不能再简单地以立木材积数量来衡量，树木的珍贵程度和效用、绿化工程的特殊要求、树木的生熟等因素更多地被纳入考虑范围。而一些不法分子正是看中了活体树木本身的经济价值，而不是作为木材所体现的价值，实施违法犯罪活动。本案被告人已经盗挖的10棵香樟树虽然林木蓄积量仅有5.1475立方米，但价值达35496元，正在实施盗挖的17棵香樟树蓄积量只有6.901立方米，价值却达53250元。可见，本案被告人主观上追求的和行为最终实现的都是活体树木的经济价值，而非立木材积的经济价值，其行为危害主要体现在对树木所有权人的财产所有权的侵害。

第五节　相关法律规定

一、法律

1.《中华人民共和国刑法》第三百四十五条

2.《中华人民共和国森林法》第七十六条

二、行政法规及部门规章

1.《中华人民共和国森林法实施条例》第三十八条

2. 国家林业局、公安部《关于森林和陆生野生动物刑事案件管辖及立案标准》第二条、第三条

三、司法解释

1. 最高人民法院《关于审理破坏森林资源刑事案件具体应用法律若干问题的解释》第三条、第四条、第七条至第九条、第十七条

2. 最高人民检察院、公安部《关于公安机关管辖的刑事案件立案追诉标准的规定（一）》第七十二条

第八章

滥伐林木罪
办案指引

第一节　滥伐林木罪概述

一、滥伐林木罪的立法沿革

滥伐林木罪，是破坏国家森林资源的一种犯罪行为，对国民经济发展以及自然生态平衡，具有严重的社会危害性。新中国成立后，我国十分重视对森林资源的保护工作，为合理利用森林资源，发挥森林在改善环境和提供林产品等方面的作用，国家先后制定了一系列相关的法律、法规和规章，以法律形式确认国家对森林资源的保护管理制度，依法打击滥伐林木的违法犯罪行为。

1963 年 5 月 27 日，国务院颁发了《森林保护条例》，该条例第 39 条规定，滥伐林木"情节严重，使森林遭受重大损失或者造成人身伤亡重大事故的，送交司法机关处理"。这是立法者以附属刑法规范形式，在行政法规中首次明确规定滥伐林木罪。

1979 年 2 月 23 日，第五届全国人民代表大会常务委员会第六次会议原则通过了《森林法（试行）》，该法第 39 条规定滥伐林木"情节严重的，予以法律制裁"。此后，1979 年 7 月 1 日，第五届全国人民代表大会第二次会议通过了《刑法》，该法第 128 条规定"违反保护森林法规，盗伐、滥伐森林或者其他林木，情节严重的，处三年以下有期徒刑或者拘役，可以并处或者单处罚金"。但该规定关于罪状的表述过于笼统，把滥伐林木罪与盗伐林木罪放在同一条款，作为选择性罪名出现，并规定适用相同的法定刑，很难看出滥伐林木罪的本质特征。1984 年 9 月 20 日，第六届全国人民代表大会常务委员会第七次会议通过了《森林法》，该法第 34 条强调了 1979 年《刑法》对滥伐林木罪的规定，对滥伐森林或其他林木情节严重的，依照《刑法》第 128 条规定处罚。

为了在实践中正确认定滥伐林木犯罪，1987年9月5日，最高人民法院、最高人民检察院印发《关于办理盗伐、滥伐林木案件应用法律的几个问题的解释》，对滥伐林木罪的构成特征以及情节严重的认定等相关问题作出了明确规定。1991年10月17日，最高人民法院、最高人民检察院发布《关于盗伐、滥伐林木案件几个问题的解答》。尽管有了关于滥伐林木罪的规定和解释，但实际上在1997年刑法颁布前，一些有关保护森林的法律、法规、解释并未发挥应有的作用。

1997年3月14日，第八届全国人民代表大会第五次会议修订了刑法，充分总结了过去同滥伐林木犯罪做斗争的司法经验，修订后的《刑法》在第345条第2款比较科学、准确地规定了滥伐林木罪及其适用的法定刑，即“违反森林法的规定，滥伐森林或者其他林木，数量较大的，处三年以下有期徒刑、拘役或者管制，并处或者单处罚金；数量巨大的，处三年以上七年以下有期徒刑，并处罚金”。

相比1979年《刑法》的规定，1997年《刑法》主要作了以下修改：一是设置了独立罪名。把滥伐林木罪由原来的选择性罪名修改为独立罪名，与盗伐林木罪分设在不同条款中进行规定。二是调整了章节顺序。把滥伐林木罪由原来规定在“破坏社会主义经济秩序罪”调整到“妨害社会管理秩序罪”章节当中。三是完善了法定情节。用“数量较大”取代了1979年刑法中“情节严重”，规定了“数量较大”“数量巨大”两个法定刑幅度，使滥伐林木罪在罪状表述上进一步具体化，实现了由情节犯向数量犯的转变。四是提高了法定最高刑。原来滥伐林木罪不论数量如何巨大、情节如何严重，法定最高刑为有期徒刑3年，修改后提高到有期徒刑7年。

2000年11月22日，最高人民法院发布《关于审理破坏森林资源刑事案件具体应用法律若干问题的解释》，针对新形势下滥伐林木罪的新变化，该解释明确了滥伐林木罪的具体表现形式，规定了“数量较大”“数量巨大”的起点数量标准，以及应按滥伐林木罪认定和处罚的特殊情况等。

二、滥伐林木罪的发案态势

保护森林资源是我国法律法规一再重申的既定政策，为了加大保护森林资源的力度，在刑法上将破坏森林资源做犯罪化处理，但是破坏森林资源的行为屡禁不止。通过对中国裁判文书网中相关文书数据的分析，滥伐林木在破坏森林资源犯罪中占比最大，2015 年以来被法院一审判决案件 3.7 万余件，每年发案在 6000 件左右，案发较为平缓，主要具有以下特征：

（一）案发地较为集中

滥伐林木案件发生地较为集中，多发于广西、河南、云南、贵州、湖北等地林区，其中广西案件占比约 1/5。这些地区林业资源丰富，当地经济水平相对较低，尤其是集体林权改革后，林地被承包到户，林农突然成为林木的主体，由于林农长期以来对林木的管理缺乏统一的认识了解，造成林农的采伐意愿与我国林木的限额采伐之间出现了冲突。

（二）自然人犯罪居多

滥伐林木案件多为自然人犯罪，犯罪主体以务农人员为主，文化程度主要是初中以下。一方面，这可能与我国农村经济发展相对落后，农民文化程度不高、经济收入较低，并且缺乏充足的提高经济收入的工作机会等原因有关，另一方面可能与农民对森林保护的法律法规了解程度不够、法律意识和环境意识不高等原因有关。可见，针对农村滥伐林木现象采取有效措施，仍将是我国今后惩治与预防滥伐林木犯罪的工作重点。

（三）大多是没有林木采伐许可证而滥伐

犯罪行为形态多是在没有林木采伐许可证的情况下滥伐。究其原因，主要表现在以下几方面：其一，农民没有办理林木采伐许可证意识；其二，林木种植投资较高而回收较慢，导致农民为了谋利而种植其他经济林木或将林木砍伐后卖给他人；其三，农民为了建房所需或家庭贫困而无证砍伐林木；其四，林木采伐许可证发放与监管制度不健全。

（四）两人以上共同实施滥伐林木行为所占比例较大

滥伐林木共同犯罪主要有三种表现：其一，林木所有人或者承包人共同实施滥伐行为；其二，林木所有人将林木卖给他人；其三，雇主教唆雇佣人实施滥伐林木行为。需要注意的是，理论界对第三种情况下雇主与雇员是否构成共同犯罪存在争议，司法机关对这种情况是否构成共同犯罪亦有不同的认定[①]。

三、滥伐林木罪的概念和构成特征

滥伐林木罪，是指违反森林法的规定，未取得林木采伐许可证，或者虽持有采伐许可证，但违反采伐许可证规定的时间、数量、地点、树种或者方式，而任意采伐本单位或本人所有的森林及其他林木；或者不以非法占有为目的，超过林木采伐许可证规定的数量，采伐他人所有的森林及其他林木，数量较大的行为。

（一）客体特征

本罪侵犯的客体是国家对林木资源的保护管理制度。采伐限额和采伐许可制度是保护森林资源的宏观调控手段，目前完全放开林木采伐，存在采伐失控、森林资源破坏的风险。2019 年《森林法》第 56 条规定将原有规定的采伐许可证核发范围缩小到在林地上的林木采伐，即采伐林地上的林木应当申请采伐许可证，并按照采伐许可证的规定进行采伐。凡未按规定办理采伐许可证，或者违反采伐许可证规定的内容任意采伐森林及其他林木的，必然侵犯国家对林木资源的保护管理制度。本罪的犯罪对象是本单位所有、本人所有或他人所有的林地上的林木，珍贵树木也可以成为本罪的犯罪对象。其中，林木主要是指活立木，但也包括枯立木。

---

① 对于共同犯罪，张明楷教授认为：“共同犯罪的认定应以不法为重心、以正犯为中心、以因果性为核心。据此，在滥伐林木罪共同犯罪认定中，应先判断行为人是否侵犯了相关法益，从而确定正犯，然后判断这些人的行为是否与结果之间有因果关系，进而确定行为人是否构成共犯关系。”参见张明楷：《共同犯罪的认定方法》，载《法学研究》2014 年第 3 期。

（二）客观方面特征

本罪的客观方面表现为违反森林法的规定，未经林业行政主管部门及法律规定的其他主管部门批准并核发林木采伐许可证，或者虽持有林木采伐许可证，但违反林木采伐许可证规定的时间、数量、树种或者方式，任意采伐本单位所有或者本人所有的森林或者其他林木，数量较大的行为；亦包括行为人超过采伐许可证规定的数量采伐他人所有的森林或者其他林木的行为。

森林法和其他法律、法规规定，对森林只能合理采伐。凡采伐林木都必须申请采伐林木许可证，不准进行计划外采伐和无证采伐。“滥伐”是指未经林业行政主管部门批准或者虽经林业行政主管部门批准进行采伐，但在采伐过程中不按照指定的采伐区域、采伐要求、采伐数量、质量和方式进行，而任意乱砍滥伐或者超越采伐计划和采伐权限，擅自采伐林木的行为。

需要注意的是，如果林木权属发生争议，在林木权属确权之前，任何一方擅自砍伐森林或者其他林木，数量较大的，均以滥伐林木罪论处。

（三）主体特征

本罪主体是一般主体，既可以是自然人，也可以是单位。对于单位犯罪的，实行双罚制。自然人作为本罪的主体，是年满16周岁、具有刑事责任能力的人；单位作为本罪的主体，是公司、企业、事业单位、机关或团体。在实践中，对于村民委员会能否成为滥伐林木罪的主体存有争议。此问题将在“滥伐林木罪的认定处理”一节中详述。一般而言，现实中，无论是自然人还是单位都可以构成本罪，多为林木所有者或者林木经营者。

（四）主观方面特征

本罪在主观方面只能出于故意，一般是直接故意，但不排除间接故意的可能性。滥伐林木的目的可能是多种多样，但均不影响本罪的成立。行为人出于过失造成违章采伐的，不构成本罪，由林业行政主管部门处理，可责令赔偿或者处以罚款。

四、滥伐林木罪的追诉标准

滥伐林木罪的罪量要素是“数量较大”。这里的“数量较大”，根据2000年最高人民法院《关于审理破坏森林资源刑事案件具体应用法律若干问题的解释》第6条，2008年最高人民检察院、公安部《关于公安机关管辖的刑事案件立案追诉标准的规定（一）》第73条的规定，违反森林法的规定，滥伐林木数量达到10至20立方米以上的或者滥伐幼树500至1000株以上的，应予立案追诉。

幼树是指胸径5厘米以下的树木。对于一年内多次滥伐少量林木未经处罚的，累计计算其滥伐林木的数量，构成犯罪的，依法追究刑事责任。林木的数量以立木蓄积量计算，计算方法为原木材除以该树种的出材率。如果被滥伐的林木灭失，致使不能按照常规用测量林木胸径的方法计算立木蓄积的，可以采取勘查被盗伐、滥伐林木的现场伐桩，用测量林木根径等方法，确定被盗伐、滥伐林木的立木蓄积[①]。如果被毁坏的林木及其伐桩灭失，致使不能按照常规方法计算被毁林木的立木蓄积的，可以根据相应的森林资源清查资料、森林资源档案资料等计算确定；没有森林资源清查或者森林资源档案资料的，可以采取选择与被毁坏林木相同起源、立地条件和林分生长状况相近似的其他林分样地，按照国家有关技术规程测量计算蓄积量的方式确定[②]。

关于滥伐以生产竹材为主要目的竹林的定罪量刑问题，有关省、自治区、直辖市高级人民法院可以参照《关于审理破坏森林资源刑事案件具体应用法律若干问题的解释》相关规定的精神，规定本地区的具体标准，并报最高人民法院备案。比如，福建省高级人民法院、福建省人民检察院、福建省公安厅《关于盗伐、滥伐林木案件有关具体数量标准的规定》第4条规定：盗伐、滥伐毛竹定罪量刑的数量标准，按100根毛竹折1立方米立木套用盗伐、滥伐林木的数量标准。又如，江西省高级人民法院、江西省人民检察院、江西省公安厅《关于办理破坏森林资源刑事案件若

---

① 国家林业局《关于在查处盗伐、滥伐林木案件中测算立木蓄积有关问题的复函》（林函策字〔2001〕45号）。

② 国家林业局《关于毁林案件中被毁林木及其伐桩灭失的立木蓄积测算有关问题的复函》（林函策字〔2004〕97号）。

干问题的规定》第2条第2款规定：滥伐毛竹，“数量较大”的起点，为4000株以上或者非法获利4万元以上；“数量巨大”的起点，为10000株以上或者非法获利10万元以上。

另外，国家林业局、公安部《关于森林和陆生野生动物刑事案件管辖及立案标准》规定：滥伐森林或者其他林木，立案起点为10立方米至20立方米或者幼树500至1000株；滥伐林木50立方米以上或者幼树2500株以上，为重大案件；滥伐林木100立方米以上或者幼树5000株以上，为特别重大案件。

第二节 滥伐林木罪的证据审查

滥伐林木罪涉及的案件事实通常较为简单，在审查时注重对言词证据、物证、鉴定意见等证据的审查。

一、滥伐林木罪的证据要件

（一）客体方面的证据要件

我国实行林木所有权、使用权和采伐权分离制度。认定滥伐林木入罪，必须首先采用“双证审查法”明确界定森林资源有序利用的管理制度是否受到了侵害。这里的“双证”，是指林权证和采伐许可证，二者缺一不可。据此，才可以准确把握是否为“林木”、林木的所有人、采伐是否需要颁证、由谁来颁证、证颁给了谁，以及持证人所为与法律许可之间的重大反差等一系列问题，进而对滥伐行为是否严重破坏森林资源管理秩序作出准确判断。

因此，证明行为人的行为侵犯了国家对森林资源的保护管理制度，具体应该从以下几个方面收集证据：

1. 行为人所滥伐的属于本单位所有或管理的林木的，应有所有权或管理权的证明文件，或者现场勘查确定的林相图等证明材料。

2. 行为人所滥伐的属个人自留山上的森林或林木的，应有个人与有关部门签订的合同、权属证明等。

3. 证明行为人的采伐行为是否经过批准及批准的具体内容的证据，如采伐申请书、采伐许可证等。

4. 有关采伐设计规程要求采伐方面的证据，包括检尺野帐（确定超采数量）和现场监督员证言（确定违反采伐设计规程）等。

（二）客观方面的证据要件

滥伐林木罪的客观方面表现为行为人明知采伐行为未经批准或超出批准范围，仍然实施了采伐数量较大林木的行为。至于行为人是否具有非法占有之目的，不是本罪的构成要素。实践中，对共同犯罪的，还应查明犯罪情节（法定情节、酌定情节）、分工、手段、危害后果等方面的证据，确认行为人在犯罪中所处的地位、作用。

1. 证明发生了滥伐林木的犯罪事实

（1）证明滥伐林木案件发生的证据。主要包括报案登记、受案登记、立案决定书、归案经过及破案经过等，证明滥伐行为发生的时间、地点、参与人员及伐木的数量等。

（2）证明林木被砍伐的证据。主要包括现场勘验笔录、现场图、现场照片和物证等，以对滥伐林木现场的地点、方位、采伐四至、树种、采伐方式、现场伐桩等作详细的客观描述及图示。现场勘查时如提取林木、采伐工具等物证的，应有详细记录。提取的物证应与现场痕迹进行比对，并注意是否需要进行同一性认定。

（3）证明林木所有权属的证据。主要包括林业行政主管部门及法律规定的其他主管部门颁发的林权证、林业承包合同、林权转让证明、村民委员会出具的宅基地使用证明，以及证人证言、被害人陈述等，用以证明森林资源或其他林木属于国有、集体所有、个人所有，是否存在相应的承包关系，以及是否属于农村个人房前屋后种植的零星树木。本罪调整的对象是对生态资源有涵养价值的成片林木，砍伐村民房前屋后个人所有的零星树木的，不属于本罪所指的“滥伐林木”的犯罪对象。

（4）证明是否有采伐许可的证据。主要包括林木采伐许可证、林木采伐申请表、采伐作业设计表等。有无采伐许可证和采伐许可证的许可内容，是认定是否属于滥伐林木的核心证据。据此，可以判断行为人的采伐行为是否经过审批，以及获批采伐的时间、范围、数量、树种和方式等与实际采伐情况是否一致。

（5）证明滥伐林木“数量较大”的证据。主要包括鉴定意见和现场勘验检查笔录。涉及幼树的，要以现场勘验检查笔录为准；立木蓄积，以专业性的鉴定意见为准。

2. 证明滥伐行为是犯罪嫌疑人（单位）所实施的

主要包括林木采伐许可证、申请表、作业计划等物证、书证、证人证言、被害人陈述、犯罪嫌疑人的供述和辩解、单位会议决议记录等，以证明实施滥伐林木行为的时间、地点、手段、经过、结果和参与人，以及各参与人在滥伐过程中的分工与作用。

实践中，滥伐林木行为一般分无证滥伐和有证滥伐，但无论是何种滥伐，正确区分被许可人、滥伐人和采伐人的关系，及其在滥伐林木犯罪中的真实地位与作用，是锁定犯罪嫌疑人的关键所在。在证据应用上，要以林木采伐许可证载明的申请人为核心，根据许可证的流转情况、组织指挥现场采伐的情况，以及对林木权益的管理、处分情况等，准确锁定犯罪嫌疑人（单位）。被许可人、滥伐人和采伐人系同一人的，即可认定其为犯罪嫌疑人（单位）；三者不同一的，在无直接证据认定犯罪嫌疑人和犯罪嫌疑人拒不供认的情况下，还要结合证人证言、被害人陈述和通话记录等综合认定。实践中，主要有以下几种认定途径：

（1）通过雇佣关系的证据来认定。由于滥伐林木行为一般难以在一人情况下完成，往往采用雇佣的方式进行。通过对受雇人员证言的审查，确定是否存在雇佣砍伐关系，从而了解雇主信息、如何雇佣、雇员报酬支付方式等情况，证据共同指向的雇主是在案的犯罪嫌疑人或单位的主管人员或直接责任人员的，即可锁定犯罪嫌疑人或单位。

（2）通过木材买卖关系的证据来认定。通过审查运输调拨单、运输许可证、林木收购者的证言、购买协议、收购时的记账本、付款凭证等证据，查明林木卖家是否为在案的犯罪嫌疑人或单位。

（3）通过林木采伐许可证流转关系的证据来认定。通过审查相关手续和林木采伐许可证非法流转情况，重点审查最后一个非法持有林木采伐许可证的人，并结合证人证言，准确认定实施滥伐行为的人或单位。

（4）通过审查委派关系的证据来认定。单位犯罪的，一般会有明确的组织和管理关系，现场采伐人员对于接受委派的原因、时间、地点、人员、工具、被伐林木的株数、林木价值等的证言，结合采伐林木数量、种类、所使用工具等物证、现场勘验检查笔录，以及林木采伐许可证、单位会议记录、现场作业审批单等，可以认定主管人员和直接责任人员。实践中，要注意审查集体组织人员为本单位利益、采用临时雇佣方式组织滥伐林木的情况。

（5）通过审查共同犯罪关系的证据来认定。对于滥伐人对采伐现场遥控指挥的，可以通过审查双方签订的采伐协议、手机通话、短信记录、支付的报酬、收购协议等客观性证据和证人证言，根据分工协作过程，综合认定是否为共犯关系，及各人的地位与作用。实践中，要着重审查有组织地滥伐林木活动，加大对组织者、指挥者、教唆者和聚众的首要分子的打击力度。

（三）主体方面的证据要件

本罪主体是一般主体，既可以是年满16周岁、具有刑事责任能力的自然人，也可以是单位。具体又可以分为两类：一是超出相关部门批准的地点、数量、树种、方式采伐林木的自然人和单位；二是未经有关部门批准，而擅自砍伐林木的自然人和单位。需要注意的是，要准确认定林木采伐被许可人、滥伐人以及实际采伐人的关系，以确定是否是共犯。

（四）主观方面的证据要件

1. 证明主观方面的主要共性证据

认定犯罪嫌疑人主观心态的证据，主要包括证人证言、被害人陈述、犯罪嫌疑人供述与辩解等。上述证据需结合采伐许可证载明的许可事项，对照现场勘验笔录、现场提取的物证等综合认定。在证据审查中可重点把握以下几个方面：

（1）对于无证滥伐的犯罪嫌疑人，一般可以直接认定其故意的主观心态。

（2）有证滥伐案件中，实际采伐与许可证所载明的采伐时间、数量、树种或者方式等明显不符的或者存在较大差异的，可以认定为犯罪嫌疑人具有滥伐林木的故意。需要注意的是，应坚持对采伐的时间、数量、树种和方式的全面审查，切忌只关注数量。比如，采伐当中非法采用皆伐（“一刀光”）形式砍伐林木，即无论何种林木、是否幼树一律砍伐的，也应认定为故意滥伐。

（3）犯罪嫌疑人长期从事伐木工作或曾因盗伐、滥伐林木被处罚过，再次实施滥伐行为的，可以认定其具有滥伐林木的故意。

（4）有证滥伐案件中，未有证据表明“明知”滥伐的，应根据其事前所作安排，判断其对可能出现滥伐的情形有无预见，以及发生滥伐行为后的态度及处理方式等，综合认定放任的主观心态。

2. 证明主观方面的特性证据

单位滥伐林木的，应通过收集和提取单位法定代表人、直接主管人员和其他负责人员的供述、单位集体讨论记录、有关负责人签署的文件、单位的财务账目等书证及相关证人证言等证据材料，证明滥伐林木的行为系由单位集体研究决定，或者由单位的负责人或被授权的其他人员决定、同意的，谋取的不正当利益或者违法所得大部分归单位所有。

综上，在认定滥伐林木行为的主观故意中，应采用采伐行为与许可事项比对法，重点审查犯罪嫌疑人有无许可、对许可事项是否明知，组织采伐中对违反许可事项的行为是否明示、默许、放任或者阻止，以证明行为人是否有追求或者放任危害后果发生的主观心态。

二、滥伐林木罪常见证据审查

（一）客观性证据的审查判断

相对其他刑事案件而言，滥伐林木案件的客观证据的类别较为固定，主要是林权权属证明、林木采伐许可证、现场勘验笔录、鉴定意见等几类。林权权属证明和林木采伐许可证是证明犯罪行为法律本质的证据，鉴定意见和现场勘验笔录是决定定罪量刑的证据，既呈现出较强的专门性、技术性，又是认定犯罪最直接、最有效的证据。在实践中，鉴定意见和勘验、检查笔录不易把握，也最有争议，尤以鉴定意见为甚。

1. 鉴定意见的审查判断

通过查阅中国裁判文书网的相关文书，现实中有时会因鉴定意见程序违法或者鉴定方式错误等，致使鉴定意见不能被采纳，最终因证据不足判决被告人无罪。

例如，张某某、王某某滥伐林木再审刑事判决书。[①]经再审查明，沙河集林业总场林业勘察设计队出具情况说明书面材料，证明该鉴定意见采

① 参见（2016）皖1126刑再1号。

用的调查方法不正确，将伐根直径32cm的单株立木蓄积计算错误，立木蓄积多计算了74.607立方米。因此该鉴定意见不能作为定案依据。滁州市森林公安局于2016年8月29日向法院提交了国家林业局森林公安司法鉴定中心森公司鉴（植物）字（2016）148号物证鉴定书（鉴定时间2016年7月21日），经查，该鉴定书并非在本案的侦查、起诉或审判的法定程序中作出，原审被告人王某某亦不予认可，故对于该物证鉴定书，不予采信。2017年3月1日，安徽省滁州市森林公安局聘请管店林业总场林业勘察设计队对本案中被砍伐的树种、株数、采伐方式、采伐强度、是否超强度采伐及超强度采伐的立木蓄积等进行鉴定，鉴定人祝某、孙某出庭作证，证明鉴定中所抽取的已砍伐样地是在现在的现场抽取的，不是选取的案发当时的样地，而滁州市森林公安局的现场勘验笔录，只证明在现场从南到北按照顺序逐一检尺遗留在现场的杨树伐根，认定伐根数为868株以及每株伐根直径，没有现场被砍伐后的详细的现场图，2014年案发至今现场有改变的因素不能排除。因此，该鉴定方法缺乏客观性、科学性，不能作为本案的定案依据。法院认为，原判认定原审被告人王某某、张某某犯滥伐林木罪证据不足。

因此，司法人员应当结合滥伐林木案件的特点，对鉴定意见进行审查，判断其证明能力和证明力。确有必要时，可自行勘验现场或者要求鉴定人对鉴定意见进行说明和解释。同时，审查鉴定意见时需要注意以下三个问题：

（1）鉴定人的鉴定资格。在实践中，许多具有鉴定资格的林业技术人员本身就是护林人员，可能担任过案件的证人。因此，对于曾经担任证人的鉴定人作出的鉴定意见，不能作为证据使用，应要求侦查机关聘请其他鉴定人员重新鉴定。

（2）计算立木蓄积的方法是否恰当、结果是否正确，必要时，可通过咨询专业人士、与现场勘验笔录进行核对等方式来进行。实践中，对立木蓄积的计算一般采用如下方法：①当涉案林木保持倒木状态时，采用中央断面区分求积式测算立木蓄积；②当涉案现场只留有伐根时，用当地编制的根径材积表求算蓄积；③当涉案林木受到损坏或已被挖走时，先测算出现场面积，再在附近相近林设置标准地，采用二元材积表法测算涉案林木蓄积量；④当涉案林木已被加工成木材时，根据国家木材标准测算出木材材积，根据出材率求算出立木蓄积量。

（3）鉴定意见滞后的问题。实践中，虽然鉴定意见是认定滥伐行为入罪的关键证据，但是受客观条件限制，规范化的鉴定意见往往不能及时出具。对此，在审查批准逮捕阶段，不宜简单作出不批准逮捕的决定，要结合现场勘查笔录、有关主管部门对滥伐林木的情况说明、鉴定机构研究形成的会议纪要等表明的鉴定预期，综合判断是否滥伐林木“数量较大”。

2. 勘验、检查笔录的审查判断

在滥伐林木案件中，勘验、检查笔录记载了较为详细的案件信息，比如涉案林木的来源、采伐现场的情况、侦查人员的执法过程等。如果勘验、检查过程不规范，有可能影响相关证据的“三性”，进而影响案件事实的认定。审查勘验、检查笔录时，应注意以下几点：

（1）现场勘查准入资格。侦查机关现场勘查人员，应经业务培训合格并取得公安机关颁发的《刑事案件现场勘查证》。具有专门知识的人员应具有林业资源调查、野生动植物识别管护等专业技术知识，其中专业技术领域有明确从业准入资格要求的，具有专门知识的人应具备从业资格，专业技术领域没有明确从业准入资格要求的，具有专门知识的人应具备3年以上相关专业工作经历。

（2）现场勘查作业程序。侦查机关在现场勘查案件现场时，可以分为外业与内业分别实施。外业应对案件现场情况进行固定，并制作现场勘验笔录，内业应依据外业勘查情况，对在案件现场不能或者不便进行的有关事项继续汇总、整理、计算，并形成报告或者说明，作为勘查笔录的组成部分。现场勘查时，应对查获的林木等与案件有关物品的原始状态拍照或者录像，依法提取、扣押。确因情况紧急、现场环境复杂等客观原因无法现场勘查的，经侦查机关负责人批准，可以及时将涉案物品带至侦查机关办案场所或者其他适当场所进行检查。转移过程中应对移动物品进行编号、前后状态进行拍照或录像，注明提取、扣押地点、时间、数量、名称、提取人、扣押人，确保涉案物品同一性。

（3）现场勘查范围确定。侦查人员或者聘请的具有专门知识的人员对涉案林木或者制品等作出的下列认定，可以列入现场勘查笔录：①依据案件现场遗留的伐倒木或者伐桩作出林木种类、株数、立木蓄积的认定；②依据最新的森林资源二类清查资料、航片或卫星图片等森林资源档案资料作出林木蓄积、林地面积的认定；③依据林业行政主管部门发布的或者林业科研机构公布的测算方法，根据树木年轮或者树木枝丫作出树木最低年龄的认定；④采伐或者毁坏林木现场灭失，立地条件相同或相似的相邻地有同树种、同年份林木的，依据立地条件相同或相似的相邻地林木作出被采伐或者毁坏的林木蓄积的意见；立地条件相同或相似的相邻地有同树种、无同年份林木的，依据立地条件相同或相似的相邻地林木为基准，加减林木年生长量作出被采伐或者毁坏的林木蓄积的认定。

（二）对受雇佣人员是否具有共同故意的证据审查

滥伐林木犯罪案件中，大量存在雇佣他人采伐的情况，雇员受雇采伐林木属于正常的劳务行为，在没有雇主明示的情况下，其一般并不清楚雇主林木权属和林木采伐许可的实际情况。如果采伐行为人误以为其砍伐行为合法而造成滥伐林木的后果的，或者没有相应证据证实其明知系滥伐林木的，不能仅凭其是直接的采伐者，就认定其与雇主有共同滥伐林木的犯罪故意；如果通过审查，有查证属实的证据可以推定其知道或者应当知道的，则可以认定其与雇主有共同滥伐林木的犯罪故意。

（三）对林木权属确有争议的案件，注意区分滥伐林木与盗伐林木的证据审查

区分两罪最核心的要素是犯罪嫌疑人对被采伐的森林或其他林木是否具有所有权和采伐权。最高人民法院《关于审理破坏森林资源刑事案件具体应用法律若干问题的解释》第 5 条第 2 款规定，“林木权属争议一方在林木权属确权之前，擅自砍伐森林或者其他林木，数量较大的，以滥伐林木罪论处”。这是权属争议下“有利被告原则”的应用。但是实践中，对“权属确有争议”，应根据主客观相一致的原则进行区分把握：对于林木权属尚未确定的，应认定为滥伐林木；对于权属已确定不属于犯罪嫌疑人的，但有确实、充分的证据证实其实施行为时不知道权属已经确定的，应认定为滥伐林木；对于实施行为时权属已确定不属于犯罪嫌疑人的，虽然其辩称“不知道权属已确认”，但有证据能够证明其“知道”或“应当知道”权属确权的，则应以盗伐林木罪认定。

第三节　滥伐林木罪的认定处理

一、滥伐林木罪的罪与非罪

滥伐林木罪是数量犯，即必须是滥伐数量较大的行为才构成本罪。如果违反森林法的规定，滥伐森林或者其他林木数量不大，只是一般零星地滥伐林木，则属于一般违法行为，应当由林业行政主管部门给予行政处罚，不作为犯罪处理。

滥伐林木罪的定罪标准是滥伐林木“数量较大”，以 10—20 立方米或者幼树 500—1000 株为起点。对于一年内多次滥伐少量林木未经处罚的，累计滥伐林木的数量，构成犯罪的，依法追究刑事责任。即使滥伐属于自己所有的林木的，也可能成立本罪。但是，滥伐自己所有的枯死、病死林木的，不以犯罪论处。

如果行为人存在下列情形之一的，不宜认定为滥伐林木罪：(1) 无证砍伐房前屋后种植的零星树木的；(2) 为救灾、抢险等必需的紧急公益目的，砍伐许可批准程序不规范的；(3) 以收买、贿赂的方式取得林木采伐许可证，但是明知未超当年采伐计划并严格按照许可内容采伐林木的。

滥伐林木罪属于故意犯罪，如果行为人是出于过失而错伐了不应砍伐的林木的，不构成本罪。出于过失的错伐，主要是指直接实施采伐林木的人不懂业务管理制度，其主管人员没有交代砍伐的要求，导致没有按照批准的采伐区域和要求进行采伐而乱砍滥伐的情况。

二、滥伐林木罪的此罪与彼罪

（一）滥伐林木罪与盗伐林木罪

《刑法》第 345 条第 1 款规定的盗伐林木罪，是指以非法占有为目的，擅自砍伐国家、集体所有的森林或其他林木，以及擅自砍伐他人自留山上的成片林木等，数量较大的行为。两者的主要区别在于：

1. 法益保护及犯罪对象不同。两罪都同时侵犯了国家的林业管理制度，但盗伐林木罪同时侵犯了林木的所有权，而滥伐林木罪却无此客体。从犯罪对象上看，盗伐林木行为人对林木既无所有权又无采伐权，而滥伐林木的行为人对林木具有所有权或采伐权。

2. 主观构成要件不同。盗伐林木罪只能是直接故意，而滥伐林木罪既可以是直接故意，也可以是间接故意。

3. 客观构成要件不同。盗伐与滥伐行为在客观方面的区别主要在于盗伐林木行为具有非法占有林木的性质，而滥伐行为无此性质。

（二）滥伐林木罪与故意毁坏财物罪

《刑法》第 275 条规定的故意毁坏财物罪，是指故意毁坏公私财物，数额较大或者有其他严重情节的行为。虽然滥伐林木行为从客观上来看也是一种故意毁坏财物的行为，但两者的主要区别在于：

1. 法益保护不同。前者保护的是国家对林木资源的保护管理制度，后者保护的是公私财产所有权。

2. 犯罪对象不同。前者的犯罪对象仅限于森林或者其他林木，后者的犯罪对象是一切公私财物。

3. 犯罪主体不同。前者既可以由自然人构成，也可以由单位构成。后者仅限于自然人。

三、滥伐林木罪的其他有关问题

（一）滥伐林木同时非法采伐国家重点保护植物应如何定罪①

被告人谢某某在没有办理林木采伐许可证的情况下，为营造针叶林，对其自留山山场上的阔叶林及香樟树进行砍伐。经鉴定，谢某某滥伐阔叶林 36.1754 立方米，非法采伐国家二级保护植物香樟树 8 株，折合立木蓄积 5.821 立方米。

在审理过程中，对谢某某的行为定性有两种不同意见。第一种意见认为，谢某某主观上为造林，无证采伐阔叶林，数量较大，在此过程中又非法采伐了国家重点保护植物香樟树，情节严重，是一个行为触犯了两个罪名，应当依照处罚较重的规定定罪处罚，故谢某某的行为应择一重罪处罚。第二种意见认为，谢某某的行为侵害了两个客体，无证采伐阔叶林数量达到了较大，同时又非法采伐了国家重点保护植物香樟树，情节严重，应数罪并罚。

最高人民法院《关于审理破坏森林资源刑事案件具体应用法律若干问题的解释》第 8 条规定："盗伐、滥伐珍贵树木，同时触犯刑法第三百四十四条、第三百四十五条规定的，依照处罚较重的规定定罪处罚。"本案中，被告人谢某某在一次非法采伐中，既砍伐国家重点保护植物，又滥伐其他林木，其行为同时触犯危害国家重点保护植物罪和滥伐林木罪。根据上述司法解释规定，对被告人谢某某以处罚较重的罪名定罪处罚更为适宜，更能体现宽严相济刑事政策的要求。

（二）盗伐、滥伐行为同时进行、交织在一起时如何处理

滥伐林木的行为，有的往往是行为人为了超量多采伐、采伐好的木材，又兼有盗伐的行为。但两者是不同性质的行为。对滥伐中的超量采伐，应做具体分析，如果行为人对多采伐的林木本身具有所有权，这种多伐行为仍属滥伐性质而不属盗伐性质。比如，经主管部门批准采伐自留山上的林木时进行超量采伐即是如此；如果行为人对多伐的林木没有所有

① 余毛毛：《滥伐林木同时非法采伐国家重点保护植物应如何定罪》，载《人民司法（应用）》2011 年第 21 期。

权，这种故意多伐行为具有非法占有的性质，应视为盗伐。因此，在滥伐过程中可能出现盗伐，引起行为性质的变化。如果先行的滥伐行为和后续的盗伐行为分别达到了犯罪的程度，就应认定为分别构成滥伐林木罪和盗伐林木罪。

实践中需要注意的是，不能以采伐是否经批准来区分盗伐和滥伐。如果以采伐是否经批准区分盗伐与滥伐，把超量多伐一律视为滥伐，就会出现这样的情况：未经批准，采伐本人或本单位所有的林木几立方米就认定为构成盗伐林木罪，经批准采伐而超量盗伐数十乃至上百立方米木材却认定为滥伐林木罪。这样认定不仅混淆了不同性质的行为，也造成实践中对盗伐林木罪的打击不力。

（三）村民委员会能否成为滥伐林木罪的主体

根据《刑法》第 345 条第 2 款、第 346 条规定，单位可以构成滥伐林木罪的主体，也就是说滥伐林木罪可以是单位犯罪。至于刑法规定的单位犯罪是否包括农村村民委员会，存在肯定与否定两种意见。

在滥伐林木案件中，村民委员会通常是作为林木的集体所有人而存在，当村民会议形成一致决议，存在无证砍伐的情形时，村民委员会的责任如何承担？实践中存在两种观点：一种观点认为村民委员会不属于单位，应追究直接责任人的责任。例如，吴某某滥伐林木案［（2017）浙 0624 刑初 110 号］、歙县新溪口乡连山村民委员会、吴某甲滥伐林木案［（2015）歙刑初字第 00059 号］等判决中，人民法院认为村民委员会不属于《刑法》第 30 条规定的单位，应当追究直接负责的主管人员和其他直接责任人员的刑事责任。另一种观点认为村民委员会属于单位，应由村民委员会与直接责任人共同承担责任。比如，朱某乙、朱某甲滥伐林木案［（2014）丽云刑初字第 133 号］等判决中，人民法院认为应由村民委员会和直接责任人员共同承担责任。

按照现行刑法和司法解释的有关规定，目前村民委员会还不能成为

单位犯罪的主体，因而也就不能成为滥伐林木罪的主体，其主要理由是：①

第一，《刑法》第30条规定："公司、企业、事业单位、机关、团体实施的危害社会的行为，法律规定为单位犯罪的，应当负刑事责任。"对于这里规定的"公司、企业、事业单位"，根据最高人民法院《关于审理单位犯罪案件具体应用法律有关问题的解释》第1条规定，既包括国有、集体所有的公司、企业、事业单位，也包括依法设立的合资经营、合作经营和具有法人资格的独资、私营等公司、企业、事业单位。"机关"是指国家机关，"团体"包括人民团体和社会团体。其中，没有规定村民委员会可以成为单位犯罪的主体。

第二，根据《村民委员会组织法》第2条第1款规定："村民委员会是村民自我管理、自我教育、自我服务的基层群众性自治组织，实行民主选举、民主决策、民主管理、民主监督。"农村村民委员会不属于公司、企业、事业单位，也不属于机关，将它纳入团体的范围也不确切，因为团体通常是指各类社会团体。

第三，《刑法》第30条的规定属于列举式规定，其法律条文中规定的"公司、企业、事业单位、机关、团体"后面并未加"等"字来表示列举未尽。因此，刑法对单位犯罪的主体的界定是非常明确的，不能对单位犯罪的主体范围作任意扩大理解。

---

①《村民委员会能否成为滥伐林木罪的主体》，载《人民检察》2005年第20期。此外，公安部《关于村民委员会可否构成单位犯罪主体问题的批复》（2007年3月1日，公复字〔2007〕1号）指出，根据《刑法》第30条的规定，单位犯罪主体包括公司、企业、事业单位、机关、团体。按照《村民委员会组织法》第2条的规定，村民委员会是村民自我管理、自我教育、自我服务的基层群众性自治组织，不属于《刑法》第30条列举的范围。因此，对以村民委员会名义实施犯罪的，不应以单位犯罪论，可以依法追究直接负责的主管人员和其他直接责任人员的刑事责任。

第四节　相关案例评析

滥伐林木罪中的林木未必是违法所得[①]

——江苏省东台市人民检察院诉被告人徐某某、姜某某、赵某某等人滥伐林木和被告人张某某非法收购滥伐的林木案

【裁判要旨】

在界定违法所得时，应当严格区分违法所得和合法财产的界限，行为人尚未实施违反刑事法律行为即已依法取得的财物不属于违法所得。行为人滥伐林木前已对林木享有所有权的，该林木不应认定为违法所得。

【基本案情】

2016 年 7 月 17 日至 19 日，在未办理林木采伐许可证的情况下，被告人胡某甲、赵某某雇佣刘某某、胡某某等人一同砍伐徐某某、姜某某承包的树木，后胡某某、赵某某将这批树木卖予被告人张某某，获利人民币 37500 元。经测算，现场伐根共 75 个，林木总蓄积量为 47.6426 立方米。其间，被告人张某某在胡某某、赵某某未提供林木采伐许可证的情况下，仍以 37500 元的价格收购其树木并卖予他人。案发后，各被告人主动归案，如实供述了犯罪事实。

---

① 寇建东:《滥伐林木罪中的林木未必是违法所得》，载《人民司法（案例）》2018 年第 20 期。关于滥伐林木违法所得处理，虽然早在 1993 年 7 月 24 日最高人民法院《关于滥伐自己所有权的林木其林木应如何处理的问题的批复》（法复〔1993〕5 号）指出，属于个人所有的林木，也是国家森林资源的一部分。被告人滥伐属于自己所有权的林木，构成滥伐林木罪的，其行为已违反国家保护森林法规，破坏了国家的森林资源，所滥伐的林木即不再是个人的合法财产，而应当作为犯罪分子违法所得的财物予以追缴。时过境迁，该批复的内容值得商榷。

【诉讼过程和结果】

江苏省东台市人民法院经审理认为，被告人徐某某、姜某某、赵某某等人违反森林法，未获取林木采伐许可证，任意采伐林木，数量较大，构成滥伐林木罪，并系共同犯罪，应予刑罚处罚。被告人赵某某、胡某某起主要作用，为主犯；被告人刘某某等人起次要作用，为从犯，依法从轻处罚。被告人张某某收购明知是滥伐的林木，情节严重，构成非法收购滥伐的林木罪。各被告人主动投案，如实供述犯罪事实，系自首，依法从轻处罚；被告人赵某某有前科，酌情从重处罚。东台市人民法院作出一审判决：被告人徐某某、姜某某、赵某某、胡某甲犯滥伐林木罪，判处有期徒刑九个月，宣告缓刑一年，并处罚金5000元；被告人刘某某等人犯滥伐林木罪，判处有期徒刑六个月，宣告缓刑一年，并处罚金3000元；被告人赵某某犯滥伐林木罪，判处有期徒刑九个月，宣告缓刑一年，并处罚金3000元；被告人张某某犯非法收购滥伐的林木罪，判处有期徒刑九个月，宣告缓刑一年，并处罚金5000元。

一审宣判后，东台市人民检察院提出抗诉，认为被告人滥伐自己所有的林木，违反国家保护森林法规，破坏了国家的森林资源，所滥伐的林木不再是个人合法财产，应作为违法所得，予以追缴。原审判决未依法追缴，适用法律确有错误。

江苏省盐城市中级人民法院经审理认为：首先，《刑法》第64条规定的“违法所得”是指行为人因实施违反刑事法律的行为，而取得的全部财物及其孳息，其重要的特征是该财物的来源必须违反刑事法律。在确定违法所得的范围时，应严格区分违法所得和合法财产的界限，注意保护不法行为人的合法财产。其次，依据《刑法》第64条规定，不得因追缴或者责令退赔违法所得而导致行为人双重受罚。对行为人尚未实施违反刑事法律行为即已依法取得的财物，不能界定为违法所得而进行追缴或者责令退赔。最后，刑法所规定的滥伐林木罪，与相近的盗伐林木罪中行为人非法占有国家、集体所有或者他人依法所有的林木有着明显的区别。森林法中对盗伐林木案件规定了没收盗伐的林木或者变卖所得，而没有作出没收滥伐林木或者变卖所得的规定。综上，滥伐林木罪中的林木，不是行为人实施违反刑事法律行为而取得的财物，不能界定为违法所得。抗诉机关的抗诉理由缺少法律依据，不予支持。原审判决认定事实和适用法律正确，程序合法，应予以维持。

盐城市中级人民法院依法作出裁定，驳回抗诉，维持原判。

【案件评析】

刑事司法领域越发重视犯罪行为人的权利保护问题，在刑事案件办理过程中，既要秉持“不让任何人从犯罪中受益”的标准，又要避免侵犯犯罪行为人的合法权益。本案主要争议焦点在于滥伐林木罪中的林木这一犯罪对象是否应认定为违法所得。本案中，检察机关与人民法院形成了不同意见。对于滥伐林木罪中的林木是否构成违法所得，应当从案涉林木的权属特性、违法所得的法律界定、罪罚的立法建构三个方面进行辨别。

（一）行为人所有的林木，不因违法采伐导致权属变更

根据物权相关规定，土地承包经营权人依法对其承包经营的耕地、林地、草地等享有占有、使用和收益的权利。《森林法》第 15 条第 2 款规定：“森林、林木、林地的所有者和使用者的合法权益受法律保护，任何组织和个人不得侵犯。”因此，行为人通过承包经营林地对林木享有所有权。而根据《森林法》第 56 条第 1 款“采伐林地上的林木应当申请采伐许可证，并按照采伐许可证的规定进行采伐”的规定，行为人在没有获得采伐许可证的前提下即采伐林木，属于违法采伐行为。但这一行为是否会导致林木所有权变更，犯罪行为人所有的林木是否不再属于合法财产，应当从两个方面来判断：一方面，林木脱离承包地并不属于所有权变更的法定情形。承包经营的林木所有权变更应当符合物权变动的法定条件，而根据相关规定，不动产物权的设立、变更、转让和消灭，以登记为生效要件，动产物权的设立、变更、转让和消灭，以交付作为生效要件。林木在未砍伐之前，作为土地附着物，属于不动产，其所有权转移自然应当以登记为前提；但林木被砍伐后，由于脱离土地成为独立个体，则属于动产，此时应以交付为前提变更所有权。因此，林木脱离土地并不必然导致所有权变更，而是应当以完成交付所有权才转移。另一方面，违法采伐的林木转让是否导致林木所有权变更？刑事立法将滥伐林木、购买滥伐林木作为犯罪行为，目的在于禁止滥伐林木，以便更好地保护环境资源。确定违法采伐林木的买卖行为是否有效，应该看交易行为是否符合合同法律规范的相关规定。根据相关规定，“恶意串通，损害国家、集体利益”“损害社会公共利益”“违反法律、行政法规的强制性规定”订立的合同为无效合同。

由于滥伐林木行为违反法律规定，且出卖人及购买人均明知违法采伐林木的情况，故符合无效合同的法定情形。同时，根据相关规定，民事法律行为无效、被撤销或者确定不发生效力后，行为人因该行为取得的财产，应当予以返还。由于买卖合同不发生效力，则被采伐的林木所有权不发生转移，仍应属于原林木所有人的合法财产。

（二）滥伐的林木不具有因违法行为获取收益的特征

何谓违法所得？刑事立法及司法解释均没有具体界定，以致实践中对其界定产生了诸多争议。当前理论界与实务界的主流观点认为，刑法中的违法所得应是获得利益，即因违法而得到的利益。同时，2012年最高人民法院《关于适用〈中华人民共和国刑事诉讼法〉的解释》（已失效）第509条规定，实施犯罪行为所取得的财物及其孳息，以及被告人非法持有的违禁品、供犯罪所用的本人财物，应当认定为违法所得及其他涉案财产。因此，犯罪行为人的违法所得，实际上应为从犯罪行为取得之物、犯罪行为产生之物或其转化物、替代物等而获得的受益。

由此，违法所得的认定应当具备三个条件：一是违法行为与所得利益存在因果联系，即犯罪行为与犯罪结果之间的因果关系同样适用于违法行为与违法所得。二是违法所得必须是行为人触犯我国现行刑法作出行为所获取的收益。三是违法所得的范围应限定在物质性利益区间内。所以，在界定违法所得的范围时，在“不让任何人从犯罪中受益”标准的前提下，应严格区分违法所得和合法财产的界限，注意保护犯罪行为人的合法财产。

本案中，未获采伐许可证而被采伐的林木，虽然与滥伐林木犯罪行为具有内在、必然联系，亦属于物质性财物，但并非属于滥伐行为人或是买卖滥伐林木行为人所获取的收益，因此，不应认定为违法所得。同时，滥伐林木罪是针对滥伐林木行为的刑事处罚，由于违法采伐行为并不影响林木的原所有权属性，从而应当认定为犯罪行为人的个人合法财产。参照《刑法》第64条“对被害人的合法财产，应当及时返还”的规定，应将滥伐的林木返还给林木所有人。

（三）滥伐林木罪的罪罚建构未认定滥伐林木为违法所得

第一，从侵犯的客体来看，滥伐林木行为主要为林木所有权人或是被林木所有权人允许的他人违反森林法的规定，作出了超过林木采伐许可证范围或是没有采伐许可证而采伐林木的行为，其侵犯的客体是林业资源管理秩序。盗伐林木行为则应当理解为以非法占有为目的，侵犯国家、集体或他人林木所有权的行为，在侵犯林业资源管理秩序的同时，还侵犯了他人的合法财产。从侵犯客体的角度区分，针对滥伐林木行为的刑罚主要是要求恢复林业资源管理秩序，而对盗伐林木行为的刑罚除要求恢复林业资源管理秩序外，还要求退出不当得利。对于滥伐林木行为人在违法行为作出前即已享有所有权的林木，自然不应认定为违法所得。

第二，根据《刑法》第 64 条规定，“犯罪分子违法所得的一切财物，应当予以追缴或者责令退赔”。追缴和责令退赔作为对犯罪分子违法所得处置的程序性强制措施，不是刑罚方法，不具有刑事惩罚性。如果对滥伐林木犯罪中的林木进行追缴或责令退赔，则侵犯了林木所有人的合法权益。同时，若将追缴和责令退赔作为一种刑罚手段，明显也不符合程序性措施的特征。

总之，在违法采伐行为未导致林木所有权变更的前提下，不能认定滥伐的林木系行为人因违法行为所获取的收益，则不具备刑法中违法所得的条件。因此，本案犯罪行为人在未有采伐许可证情况下采伐或是收购的林木，不应认定为违法所得。

第五节　相关法律规定

一、法律

1.《中华人民共和国刑法》第三百四十五条、第三百四十六条

2.《中华人民共和国森林法》第五十六条

二、司法解释及规范性文件

1. 最高人民法院《关于审理破坏森林资源刑事案件具体应用法律若干问题的解释》第五条至第八条、第十六条、第十七条、第七十三条

2. 最高人民检察院、公安部《关于公安机关管辖的刑事案件立案追诉标准的规定（一）》第七十三条

3. 最高人民法院《关于在林木采伐许可证规定的地点以外采伐本单位或者本人所有的森林或者其他林木的行为如何适用法律问题的批复》

4. 国家林业局、公安部《关于森林和陆生野生动物刑事案件管辖及立案标准》

第九章

妨害传染病防治罪办案指引

第一节　妨害传染病防治罪概述

一、妨害传染病防治罪的立法沿革

1979 年《刑法》中并无妨害传染病防治罪，仅在第 178 条规定“违反国境卫生检疫规定，引起检疫传染病的传播，或者有引起检疫传染病传播严重危险的，处三年以下有期徒刑或者拘役，可以并处或者单处罚金”。

1989 年施行的《传染病防治法》第 37 条规定：“有本法第 35 条[①]所列行为之一，引起甲类传染病传播或者有传播严重危险的，比照刑法第一百七十八条的规定追究刑事责任。”2004 年、2013 年该法分别进行了修正、修订。

---

① 1989 年《传染病防治法》第 35 条规定：“违反本法规定，有下列行为之一的，由县级以上政府卫生行政部门责令限期改正，可以处以罚款；有造成传染病流行危险的，由卫生行政部门报请同级政府采取强制措施：（一）供水单位供应的饮用水不符合国家规定的卫生标准的；（二）拒绝按照卫生防疫机构提出的卫生要求，对传染病病原体污染的污水、污物、粪便进行消毒处理的；（三）准许或者纵容传染病病人、病原携带者和疑似传染病病人从事国务院卫生行政部门规定禁止从事的易使该传染病扩散的工作的；（四）拒绝执行卫生防疫机构依照本法提出的其他预防、控制措施的。”

1997年《刑法》第330条[①]增设了妨害传染病防治罪，在罪名表述上基本采纳了1989年《传染病防治法》第35条、第37条的表述，在量刑上确定了"处三年以下有期徒刑或者拘役"和"后果特别严重的，处三年以上七年以下有期徒刑"两个量刑档次。

2003年"非典"疫情发生后，2003年5月9日，国务院颁布了《突发公共卫生事件应急条例》，其中第51条规定："在突发事件应急处理工作中，有关单位和个人未依照本条例的规定履行报告职责，隐瞒、缓报或者谎报，阻碍突发事件应急处理工作人员执行职务，拒绝国务院卫生行政主管部门或者其他有关部门指定的专业技术机构进入突发事件现场，或者不配合调查、采样、技术分析和检验的，对有关责任人员依法给予行政处分或者纪律处分；触犯《中华人民共和国治安管理处罚条例》，构成违反治安管理行为的，由公安机关依法予以处罚；构成犯罪的，依法追究刑事责任。"

2003年5月14日，最高人民法院、最高人民检察院发布《关于办理妨害预防、控制突发传染病疫情等灾害的刑事案件具体应用法律若干问题的解释》，其中第1条规定："故意传播突发传染病病原体，危害公共安全的，依照刑法第一百一十四条、第一百一十五条第一款的规定，按照以危险方法危害公共安全罪定罪处罚。患有突发传染病或者疑似突发传染病而拒绝接受检疫、强制隔离或者治疗，过失造成传染病传播，情节严重，危害公共安全的，依照刑法第一百一十五条第二款的规定，按照过失以危险方法危害公共安全罪定罪处罚。"

2008年6月25日，最高人民检察院、公安部发布《关于公安机关管

① 1997年《刑法》第330条规定："违反传染病防治法的规定，有下列情形之一，引起甲类传染病传播或者有传播严重危险的，处三年以下有期徒刑或者拘役；后果特别严重的，处三年以上七年以下有期徒刑：（一）供水单位供应的饮用水不符合国家规定的卫生标准的；（二）拒绝按照卫生防疫机构提出的卫生要求，对传染病病原体污染的污水、污物、粪便进行消毒处理的；（三）准许或者纵容传染病病人、病原携带者和疑似传染病病人从事国务院卫生行政部门规定禁止从事的易使该传染病扩散的工作的；（四）拒绝执行卫生防疫机构依照传染病防治法提出的预防、控制措施的。单位犯前款罪的，对单位判处罚金，并对其直接负责的主管人员和其他直接责任人员，依照前款的规定处罚。甲类传染病的范围，依照《中华人民共和国传染病防治法》和国务院有关规定确定。"

辖的刑事案件立案追诉标准的规定（一）》，其中第49条规定："违反传染病防治法的规定，引起甲类或者按照甲类管理的传染病传播或者有传播严重危险，涉嫌下列情形之一的，应予立案追诉……本条和本规定第五十条规定的'甲类传染病'，是指鼠疫、霍乱；'按甲类管理的传染病'，是指乙类传染病中传染性非典型肺炎、炭疽中的肺炭疽、人感染高致病性禽流感以及国务院卫生行政部门根据需要报经国务院批准公布实施的其他需要按甲类管理的乙类传染病和突发原因不明的传染病。"

2020年，新型冠状病毒感染肺炎疫情暴发后，最高人民法院、最高人民检察院、公安部、司法部于2020年2月6日发布《关于依法惩治妨害新型冠状病毒感染肺炎疫情防控违法犯罪的意见》，其中规定："依法严惩抗拒疫情防控措施犯罪。故意传播新型冠状病毒感染肺炎病原体，具有下列情形之一，危害公共安全的，依照刑法第一百一十四条、第一百一十五条第一款的规定，以以危险方法危害公共安全罪定罪处罚：1.已经确诊的新型冠状病毒感染肺炎病人、病原携带者，拒绝隔离治疗或者隔离期未满擅自脱离隔离治疗，并进入公共场所或者公共交通工具的；2.新型冠状病毒感染肺炎疑似病人拒绝隔离治疗或者隔离期未满擅自脱离隔离治疗，并进入公共场所或者公共交通工具，造成新型冠状病毒传播的。其他拒绝执行卫生防疫机构依照传染病防治法提出的防控措施，引起新型冠状病毒传播或者有传播严重危险的，依照刑法第三百三十条的规定，以妨害传染病防治罪定罪处罚。"

第十三届全国人民代表大会常务委员会第二十四次会议于2020年12月26日通过《刑法修正案（十一）》，对《刑法》第330条第1款做了五处修改：一是将"甲类传染病"拓展为"甲类传染病以及依法确定采取甲类传染病预防、控制措施的传染病"；二是将"卫生防疫机构"变更为"疾病预防控制机构"；三是将消毒处理的对象由"污水、污物、粪便"变更为"污水、污物、场所和物品"；四是明确了县级以上人民政府"依照传染病防治法提出的预防、控制措施"也和疾病预防控制机构提出的一样必须遵守；五是增加了一项"出售、运输疫区中被传染病病原体污染或者可能被传染病病原体污染的物品，未进行消毒处理"的规定。现行《刑法》第330条第1款为："违反传染病防治法的规定，有下列情形之一，引起甲类传染病以及依法确定采取甲类传染病预防、控制措施的传染病传播或者有传播严重危险的，处三年以下有期徒刑或者拘役；后果特别严重的，处三年以上七年以下有期徒刑：（一）供水单位供应的饮用水不符合国家规定的卫生标准的；（二）拒绝按照疾病预防控制机构提出的卫生要求，对传染病病原体污染的污水、污物、场所和物品进行消毒处理的；（三）准许或者纵容传染病病人、病原携带者和疑似传染病病人从事国务院卫生行政部门规定禁止从事的易使该传染病扩散的工作的；（四）出售、运输疫区中被传染病病原体污染或者可能被传染病病原体污染的物品，未进行消毒处理的；（五）拒绝执行县级以上人民政府、疾病预防控制机构依照传染病防治法提出的预防、控制措施的。”

二、妨害传染病防治罪的发案态势

妨害传染病防治罪的立法上看，有以下几个发展方向：

（一）行为方式：从限定到不限定

与我国刑法仅将五种妨害传染病防治罪行为规定为犯罪，世界其他国家（地区）的刑法往往没有限定。例如，《俄罗斯联邦刑法典》第236条规定：违反卫生防疫规则，过失造成众多人患病或中毒的，处……；上述行为，过失致人死亡的，处……。”《意大利刑法典》第438条规定：“通过传播病菌造成疫病流行的，处无期徒刑。”第252条还规定：“因过失而实施第438条规定的犯罪，处1年至5年有期徒刑”。有学者在分析了我国刑法限定行为方式的缺点后，认为应当“在刑法条文中不具体描述妨害传染病防治罪的行为方式，使刑法关于犯罪行为的规定呈现开放状态，以适应各种不断出现的妨害传染病防治行为的新情况”[①]。我们认同该观点。但从《刑法修正案（十一）》的修改情况来看，目前仍然采取了刑法原条文的列举方式。

① 竹怀军：《妨害传染病防治罪立法的比较与借鉴》，载《西南政法大学学报》2006年第1期。

（二）"传染病"的范围：从"甲类传染病"拓展为"甲类传染病以及依法确定采取甲类传染病预防、控制措施的传染病"

根据修订前的刑法规定，引起传播或者传播严重危险的传染病须是甲类传染病；根据《传染病防治法》的规定，甲类传染病是指鼠疫和霍乱两种。对此，有学者提出，"妨害传染病防治罪只规定违反规定引起甲类传染病传播，而对违反规定引起乙类传染病传播没有作出规定，显然不符合国情"[①]。2003 年"非典"疫情暴发后，正是由于该限制，妨害传染病防治罪并未起到应有的立法效果。2003 年 5 月 14 日，最高人民法院、最高人民检察院发布《关于办理妨害预防、控制突发传染病疫情等灾害的刑事案件具体应用法律若干问题的解释》规定"患有突发传染病或者疑似突发传染病而拒绝接受检疫、强制隔离或者治疗，过失造成传染病传播，情节严重，危害公共安全的，依照刑法第 115 条第 2 款的规定，按照过失以危险方法危害公共安全罪定罪处罚"。2004 修订的《传染病防治法》规定了部分乙类和突发原因不明的传染病采取甲类传染病的预防、控制措施[②]。2008 年，最高人民检察院、公安部《关于公安机关管辖的刑事案件立案追诉标准的规定（一）》第 49 条将"甲类传染病"扩充为"甲类或者按照甲类管理的传染病"，一定程度上解决了甲类传染病范围小，妨害传染病防治罪被长期搁置的问题。但该规定属司法解释性文件而非立法，且将"甲类传染病"解释为"甲类或者按照甲类管理的传染病"，有扩大解释之嫌。2020 年《刑法修正案（十一）》对此予以吸收，表述为"甲类传染病以及依法确定采取甲类传染病预防、控制措施的传染病"，有效解决了该问题。

（三）"卫生防疫机构"变更为"疾病预防控制机构"

2008 年，最高人民检察院、公安部《关于公安机关管辖的刑事案

---

① 王友明：《妨害传染病防治罪的立法缺陷》，载《检察实践》2001 年第 4 期。

② 2004 年《传染病防治法》第 4 条第 1 款规定："对乙类传染病中传染性非典型肺炎、炭疽中的肺炭疽和人感染高致病性禽流感，采取本法所称甲类传染病的预防、控制措施。其他乙类传染病和突发原因不明的传染病需要采取本法所称甲类传染病的预防、控制措施的，由国务院卫生行政部门及时报经国务院批准后予以公布、实施。"

件立案追诉标准的规定（一）》第49条将《刑法》第330条第1款第4项中“卫生防疫机构”变更表述为“疾病预防控制机构”；《刑法修正案（十一）》也在刑法中予以变更。之所以出现这样的变化，是基于卫生防疫机构本身的职能调整和名称变化。2001年，卫生部印发《关于卫生监督体制改革实施的若干意见》和《关于疾病预防控制体制改革的指导意见》，将有关卫生事业单位中的疾病预防控制和公共卫生技术管理、服务职能集中于疾病预防控制机构，并将疾病预防控制机构定位为“政府举办的实施疾病预防控制与公共卫生技术管理和服务的公益事业单位”。2004年修订的《传染病防治法》规定了各级疾病预防控制机构在传染病防治工作中的地位与职责。

三、妨害传染病防治罪的概念和构成特征

妨害传染病防治罪是指违反传染病防治法的规定，实施引起甲类传染病以及依法确定采取甲类传染病预防、控制措施的传染病传播或者有传播严重危险的行为。

（一）客体特征

妨害传染病防治罪所侵犯的客体是国家关于传染病防治的管理制度和人民群众的生命健康。侵犯客体是区分此罪与彼罪的关键之一。例如根据最高人民法院、最高人民检察院、公安部、司法部《关于依法惩治妨害新型冠状病毒感染肺炎疫情防控违法犯罪的意见》规定，“在疫情防控期间，故意伤害医务人员造成轻伤以上的严重后果，或者对医务人员实施撕扯防护装备、吐口水等行为，致使医务人员感染新型冠状病毒的，依照《刑法》第234条的规定，以故意伤害罪定罪处罚”。原因就在于，此类情形侵犯的客体是公民的人身权利，而不是国家关于传染病防治的管理制度和人民群众的生命健康。

（二）客观方面特征

妨害传染病防治罪的客观方面表现行为人实施了违反传染病防治法规定的行为，且该行为有引起甲类传染病以及依法确定采取甲类传染病预

防、控制措施的传染病传播或者传播严重危险的社会危害。

1. 行为人实施了违反传染病防治法规定的行为

有观点认为，对“传染病防治法的规定”应作广义理解，不仅包括传染病防治法的规定，还包括《传染病防治法实施办法》《〈传染病防治法〉规定管理的传染病诊断标准（试行）》《生活饮用水卫生标准》《农村实施〈生活饮用水卫生标准〉准则》等有关传染病防治监督管理的法律、法规的规定。本文认为，该规定中的“传染病防治法”应做狭义理解，即《传染病防治法》这部法律。主要理由如下：（1）刑法条文明确表述为“传染病防治法”。从刑法的立法技术和惯例来看，如果表述为广义的法律法规，一般表述为“法规”“有关规定”等，比如第133条关于交通肇事罪条文表述为“违反交通运输管理法规”，第134条关于重大责任事故罪表述为“在生产、作业中违反有关安全管理的规定”，第139条关于消防责任事故罪表述为“违反消防管理法规”，第332条关于妨害国境卫生检疫罪表述为“违反国境卫生检疫规定”。（2）刑法条文规定的五种情形，在《传染病防治法》中均已明确为违法行为，并明确构成犯罪的，依法追究刑事责任，无须再引用其他法律法规来认定行为人的违法性。（3）《传染病防治法》本身规定对有些行为是否违法的判定，需要依据其他法律、法规、标准，依据这些法律、法规、标准仍然是依据《传染病防治法》的规定。（4）严格对“传染病防治法”做狭义理解，有利于减少“违法行为”认定的不确定性和随意性。

针对刑法列举的五种情形，对妨害传染病防治罪的客观方面分别予以分析，具体如下：（1）供水单位供应的饮用水不符合国家规定的卫生标准的。这里的“国家规定的卫生标准”主要包括《生活饮用水卫生标准》《农村实施〈生活饮用水卫生标准〉准则》中规定的卫生标准。如《生活饮用水卫生标准》对饮用水的细菌学、化学、毒理学指标和感官性状指标等都作了具体规定，是必须执行的强制性卫生标准。《农村实施〈生活饮用水卫生标准〉准则》也对农村局部用水作了相应的规定。（2）拒绝按照疾病预防控制机构提出的卫生要求，对传染病病原体污染的污水、污物、场所和物品进行消毒处理的。根据《传染病防治法》第78条的规定，疾病预防控制机构指“从事疾病预防控制活动的疾病预防控制中心以及与上述机构业务活动相同的单位”。（3）准许或者纵容传染病人、病原携带者和疑似传染病病人从事国务院卫生行政部门规定禁止从事的易使该传染病扩散的工作。这里的传染病人和疑似传染病病人，是根据国务院卫生行政部门发布的《传染病防治法规定管理的传染病诊断标准（试行）》，符合传染病诊断标准的人。这里的病原携带者，是指无临床症状，但能排出病原体的人。（4）出售、运输疫区中被传染病病原体污染或者可能被传染病病原体污染的物品，未进行消毒处理的。关键在于疫区的界定。根据《传染病防治法》第78条的规定，该法中的疫区，“指传染病在人群中暴发、流行，其病原体向周围播散时所能波及的地区”。该法第43条规定，“甲类、乙类传染病暴发、流行时，县级以上地方人民政府报经上一级人民政府决定，可以宣布本行政区域部分或者全部为疫区；国务院可以决定并宣布跨省、自治区、直辖市的疫区”。（5）拒绝执行县级以上人民政府、疾病预防控制机构依照传染病防治法提出的预防、控制措施的。要求拒绝的必须是县级以上人民政府或县级以上疾病预防控制机构依法提出的预防、控制传染病的措施，比如拒不执行隔离措施，瞒报谎报病情、旅行史、居住史、接触史、行踪轨迹，进入公共场所或者公共交通工具，与多人密切接触。

2. 该行为有引起甲类传染病以及依法确定采取甲类传染病预防、控制措施的传染病传播或者传播严重危险的社会危害

目前，甲类传染病是指鼠疫、霍乱；采取甲类传染病预防、控制措施的传染病包括乙类传染病中传染性非典型肺炎、炭疽中的肺炭疽、人感染高致病性禽流感、新型冠状病毒感染肺炎、国务院卫生行政部门报经国务院批准后公布的其他乙类传染病和突发原因不明的传染病。

传播，是指病原体从已感染者排出，经过一定的传播途径，传入易感者而形成新的传染的全部过程。但实际上认定行为与传播之间的因果关系较为困难，主要是基于传播源的确定较为困难。一是由于个人体质的不同，发病早的未必就是先感染者，发病晚的未必是被感染者；二是病毒在传染过程中会产生变异等情形，会影响被传染者和传染者、传染源之间关系的认定。三是部分传染病存在环境、动物和人群交叉感染的情形。

传播严重危险，指根据行为尚未引起实际传播，但根据行为时的具体情况，根据一般人的常识判断，有引起不特定多数人感染上传染病的较大可能。判断有无严重危险，应注意以下两点：一是根据行为当时的情

况，而不是诉讼时的情况；二是应根据一般人的认识水平判断，而不是以行为人的认知水平为标准。但也有学者提出，“对这一问题的判定，应当组织由有关从事传染病防治工作的专家组成的鉴定委员会来作出科学的鉴定结论，以免司法人员单凭主观臆断来判决行为人有罪”①。实践中，造成不特定多人被隔离观察，或者部分区域被封闭的，应当认定为传播严重危险。

（三）主体特征

妨害传染病防治罪的主体为一般主体，单位和个人均可构成本罪。但根据具体行为不同，主体也不同，具体如下：

1. 供水单位供应的饮用水不符合国家规定的卫生标准的，其主体是供水单位以及直接负责的主管人员和其他直接责任人员。供水单位一般是指城乡自来水厂和有自备水源的集中式供水单位，未经批准擅自将自备水源与城镇集中式供水系统连接的单位或个人也可成为本罪的主体②。

2. 拒绝按照疾病预防控制机构提出的卫生要求，对传染病病原体污染的污水、污物、场所和物品进行消毒处理的，其主体是对“对传染病病原体污染的污水、污物、场所和物品进行消毒处理”有相关义务的单位和个人。

3. 准许或者纵容传染病病人、病原携带者和疑似传染病病人从事国务院卫生行政部门规定禁止从事的易使该传染病扩散的工作的，其主体是对相关工作有审批、管理义务的单位和个人。

4. 出售、运输疫区中被传染病病原体污染或者可能被传染病病原体污染的物品，未进行消毒处理的，主体是从事出售、运输行为的单位和个人。

5. 拒绝执行县级以上人民政府、疾病预防控制机构依照传染病防治法提出的预防、控制措施的，主体较为宽泛，其中包括传染病病人、病原携带者和疑似传染病病人。如果非上述三种人，则难以其行为认定能够造

① 孟庆华:《妨害传染病防治罪的几个构成要件问题》，载《法学论坛》2004 年第 1 期。

② 《传染病防治法实施办法》第 9 条第 2 款规定:“各单位自备水源，未经城市建设部门和卫生行政部门批准，不得与城镇集中式供水系统连接。”

成传染病传播或造成传播严重危险，属于主体不能犯。

（四）主观方面特征

本罪主观方面是过失，即对自己的行为引起甲类传染病传播或者有传播严重危险的结果应当预见而没有预见，或者虽有预见但轻信能够避免，“但是行为人对于自己的行为违反传染病防治规定则可能是明知的”[①]。主要理由如下：（1）我国在区分故意犯罪和过失犯罪的标准上是以行为人在主观上对危害结果的认识和态度作为标准的。如典型的交通肇事罪，行为人对其行为违反交通运输管理法规是明知的，但对于因而发生重大事故，致人重伤、死亡或者使公共财产遭受重大损失的危害结果是过失心态。（2）实施危害传染病防治行为的行为人，如果其主观方面是故意，则应以以危险方法危害公共安全罪定罪处罚。2020年新型冠状病毒感染肺炎疫情暴发后，最高人民法院、最高人民检察院、公安部、司法部出台《关于依法惩治妨害新型冠状病毒感染肺炎疫情防控违法犯罪的意见》，明确规定，“依法严惩抗拒疫情防控措施犯罪。故意传播新型冠状病毒感染肺炎病原体，具有下列情形之一，危害公共安全的，依照刑法第一百一十四条、第一百一十五条第一款的规定，以以危险方法危害公共安全罪定罪处罚”。（3）本罪的法定刑最高为7年以下有期徒刑，与我国刑法所规定的大多数过失犯罪的法定刑基本一致。

明确妨害传染病防治罪为过失犯罪，一是有利于正确区分以危险方法危害公共安全罪和妨害传染病防治罪；二是有利于正确认定累犯以及逮捕的社会危险期，曾经故意犯罪是认定累犯以及逮捕社会危险性的考量条件；三是有利于防止不正当的从业禁止，部分行业将曾经故意犯罪作为从业禁止条件，而对过失犯罪则无此要求。

四、妨害传染病防治罪的追诉标准

刑法条文对本罪的追诉标准比较明确，即“引起甲类传染病以及依法确定采取甲类传染病预防、控制措施的传染病传播或者传播严重危险”。

① 叶峰：《刑法新罪名通论》，中国法制出版社1997年版，第266页。

产生传播后果的，被感染者达到 1 个以上即可，这是基于甲类传染病以及依法确定采取甲类传染病预防、控制措施的传染病非常危险，传播后防控难度大、成本高。对于“传播严重危险”，目前尚没有进一步的解释，司法实务中在认定“传播严重危险”时，可以参照以下情形几种情形：造成某一地区防控风险级别提高的；造成县级以上人民政府启动应急预案的；造成多人被隔离观察的。妨害传染病防治罪的追诉标准，有待实践中进一步摸索、总结，并通过司法解释等形式予以明确。

第二节　妨害传染病防治罪的证据审查

一、妨害传染病防治罪的证据要件

（一）客体方面的证据要件

客体方面的主要证据用以证明行为危害了国家关于传染病防治的管理制度和人民群众的生命健康。客体方面的证据主要包括：

1. 某地区成为疫区或风险级别提高的证据，如县级以上地方人民政府的公告、通知。

2. 与行为人行为有因果关系的证据，如流行病学调查报告，相关传染病患病、感染人群资料，鉴定意见，被隔离人员与行为人及相关物品密切接触史资料等。

（二）客观方面的证据要件

1. 证明行为人实施了违反传染病防治法规定的行为的证据：

（1）供水单位供应的饮用水不符合国家规定的，主要证据包括：饮用水检验报告、鉴定意见，供水单位的操作规范、值班表、消毒记录等。

（2）拒绝按照疾病预防控制机构提出的卫生要求，对传染病病原体污染的污水、污物、场所和物品进行消毒处理的，主要证据包括：未进行消毒处理的污水、污物、场所和物品的照片、检验报告、鉴定意见，消毒处理责任人的职责资料，消毒作业记录，消毒作业规范等。

（3）准许或者纵容传染病病人、病原携带者和疑似传染病病人从事国务院卫生行政部门规定禁止从事的易使该传染病扩散的工作的，主要证据包括：证明任职者是传染病病人、病原携带者和疑似传染病病人病例、诊断证明等，证明任职者从事的具体工作的工作证、值班表、工作日志等，证明任职者从事的工作是国务院卫生行政部门规定禁止从事的工作的相关规定、通知、公告、行政处罚资料等。

（4）出售、运输疫区中被传染病病原体污染或者可能被传染病病原体污染的物品，未进行消毒处理的，主要证据包括：证明出售行为的小票、发票、出货单，证明运输行为的装货单、运费单、运输车辆资料、运输车辆轨迹证明、相关卡口通行记录或照片，证明物品来源地属疫区的产地证明、发票、交易记录，证明物品被感染的检验资料等。

（5）拒绝执行县级以上人民政府、疾病预防控制机构依照传染病防治法提出的预防、控制措施的，主要证据包括：证明县级以上人民政府、疾病预防控制机构提出过相关预防、控制措施的通知、公告、工作记录、电话记录、通讯清单等，证明相关预防、控制措施是依照传染病防治法提出的法律条文等，证明行为人拒绝执行相关预防、控制措施的车船票等出行资料、视频监控录像等行踪证明、工作记录、电话录音、证人证言等。

2. 证明行为人行为社会危害性的证据，主要包括流行病学调查报告，相关传染病患病、感染人群资料，受影响被隔离或未及时隔离人员资料，相关机构采取相关应对措施的资料等。

（三）主体方面的证据要件

主体方面的证据主要包括：

1. 自然人的户籍资料：身份证、户籍卡、派出所出具的户籍证明等。

2. 自然人的任职资料：工作证、干部履历表、任职单位出具的证明等。

3. 犯罪单位资料：营业执照、机构代码证、事业单位法人资格证等。

（四）主观方面的证据要件

主观方面的证据主要包括：对法律、法规、操作规定明知或应知的证据，对专业知识掌握程度的证据，对传染病预防、控制相关公告、通知明知或应知的证据，行为人是否有仇视社会、报复社会心理和行为的证据，行为人的行为是否符合正常的工作、生活习惯的证据等。

二、妨害传染病防治罪常见证据审查

（一）物证的审查判断

主要包括涉案的作业设备、工具，涉案的交通、通讯工具，受病原体污染的污水、污物、场所和物品照片等。

对于物证，着重审查以下几个方面:（1）是否为原物;（2）照片是否与原物相符，制作过程是否附相关说明;（3）在收集、保管及鉴定过程中有无受到二次污染。

（二）书证的审查判断

主要包括户籍资料、工商登记资料、机构代码证、任职资料、出行资料、工作记录、情况说明、通讯清单、公告、通知、行政处罚决定书等。

对于书证，着重分析以下几种:（1）工作记录。着重审查工作记录是否完整、连贯，有无更改，记录的内容是否客观。（2）情况说明。着重审查说明人与案件是否有利害关系，说明的内容与其他证据是否有矛盾，说明的内容是否包含主观推断甚至臆测。（3）公告、通知、行政处罚决定书。着重审查相关决定、措施是否符合法律法规，是否依法发布、送达。

（三）证人证言的审查判断

对于证人证言，着重审查以下几个方面:（1）取得程序、方式是否合法;（2）证人与案件当事人、案件处理结果有无利害关系;（3）证言的内容是否为证人直接感知，有无猜测性、评论性、推断性的证言;（4）证人作证时的年龄、认知水平、记忆能力和表达能力，生理上和精神上的状态是否影响作证;（5）证人证言之间以及与其他证据之间能否相互印证，有无矛盾。

（四）被害人陈述的审查判断

妨害传染病防治案件也可能出现被害人，例如饮用受污染的饮用水被感染传染病的群众等。对被害人陈述的审查与证人证言的审查基本一致。

（五）犯罪嫌疑人、被告人供述和辩解的审查判断

对于犯罪嫌疑人、被告人的供述和辩解，着重审查以下几个方面：（1）讯问的时间、地点、讯问人员身份、数量，以及有无刑讯逼供等非法取证情形；（2）讯问笔录的制作是否符合法律和有关规定；（3）是否告知犯罪嫌疑人、被告人相关诉讼权利；（4）供述和辩解是否前后一致，是否符合案情和常理；（5）供述和辩解是否均已收集入卷；（6）和同案犯的供述和辩解以及其他证据能否相互印证，有无矛盾；（7）有讯问录音录像的，应当结合录音录像进行审查。

（六）鉴定意见的审查判断

主要包括对污水、污物、场所和物品是否受传染病病原体污染的鉴定意见书以及检验报告。

对于鉴定意见，主要审查其“三性”：（1）合法性。着重审查鉴定人是否存在应当回避而未回避的情形；鉴定机构和鉴定人是否具有合法的资质；鉴定意见的形式要件是否完备；鉴定意见是否依法及时告知相关人员。（2）真实性。着重审查检材的来源、取得、保管、送检是否符合法律及有关规定；鉴定的程序、方法、分析过程是否符合本专业的检验鉴定规程和技术方法要求；鉴定意见是否与其他证据有矛盾。（3）关联性。着重审查鉴定意见是否明确，是否与案件待证事实有关联。

需要说明的是，对于检验报告属于书证还是鉴定意见，历来存在分歧，在此不展开论述。但在审查认定检验报告时，要参考鉴定意见审查与认定的相关要求。[①]

（七）勘验、检查、辨认、侦查实验等笔录的审查判断

主要包括对涉案现场、车辆、人身、人员的勘验、检查、辨认等笔录。

① 最高人民法院《关于适用〈中华人民共和国刑事诉讼法〉的解释》（2021年3月1日）在“鉴定意见的审查与认定”一节第100条规定：“因无鉴定机构，或者根据法律、司法解释的规定，指派、聘请有专门知识的人就案件的专门性问题出具报告，可以作为证据使用。对前款规定的报告的审查与认定，参照适用本节的有关规定。经人民法院通知，出具报告的人拒不出庭作证的，有关报告不得作为定案的根据。”

对于勘验、检查、辨认、侦查实验等笔录，应重点审查以下几个方面:（1）勘验、检查人员有无需要回避的情形;（2）有无见证人;（3）笔录内容是否全面、详细、准确、规范;（4）补充进行勘验、检查的，有无说明理由，前后笔录有无矛盾;（5）有勘验、检查录音录像的，可以结合进行审查。

（八）视听资料、电子数据的审查判断

主要包括执法记录仪录音录像、涉案现场录音录像、涉案手机、电脑、存储设备数据。

对于视听资料、电子数据，应重点审查以下几个方面:（1）视听资料、电子数据的来源是否合法;（2）是否载明制作人、持有人、制作时间、地点、条件和方法;（3）内容是否真实、完整，有无经过剪辑、增删、编辑等。

实践中，大量的视听资料、电子数据被打印、拍照，从而转化为物证、书证，对此类证据的审查，应当同时注意两类证据的特点和审查要求，必要时通过相互比对、向相关人员确认等方式进行审查。

第三节　妨害传染病防治罪的认定处理

一、妨害传染病防治罪的罪与非罪

本罪是行政犯。所谓行政犯，是指因严重违反行政法规而被刑法规定为犯罪的行为。本罪也是危险犯，且是具体危险犯，需要特别注意“传播严重危险”的认定。在认定罪与非罪时，要特别注意以下两点：

（一）行为人只有在拒绝县级以上人民政府、疾病预防控制机构提出的预防、控制措施时，才可能构成本罪

县级以上人民政府和疾病预防控制机构负有传染病防治法赋予的传染病防治的相关权力和责任[①]，其提出的预防、控制措施合法、权威、专业，应当遵守。有人担心，在“非典”“新冠”等重大疫情期间，大量基层单位和人员被组织参与大量疫情防控工作，一旦行为人拒绝这些单位和

① 《传染病防治法》第42条第1款规定：“传染病暴发、流行时，县级以上地方人民政府应当立即组织力量，按照预防、控制预案进行防治，切断传染病的传播途径，必要时，报经上一级人民政府决定，可以采取下列紧急措施并予以公告：（一）限制或者停止集市、影剧院演出或者其他人群聚集的活动；（二）停工、停业、停课；（三）封闭或者封存被传染病病原体污染的公共饮用水源、食品以及相关物品；（四）控制或者扑杀染疫野生动物、家畜家禽；（五）封闭可能造成传染病扩散的场所”。第40条规定：“疾病预防控制机构发现传染病疫情或者接到传染病疫情报告时，应当及时采取下列措施：（一）对传染病疫情进行流行病学调查，根据调查情况提出划定疫点、疫区的建议，对被污染的场所进行卫生处理，对密切接触者，在指定场所进行医学观察和采取其他必要的预防措施，并向卫生行政部门提出疫情控制方案；（二）传染病暴发、流行时，对疫点、疫区进行卫生处理，向卫生行政部门提出疫情控制方案，并按照卫生行政部门的要求采取措施；（三）指导下级疾病预防控制机构实施传染病预防、控制措施，组织、指导有关单位对传染病疫情的处理。”

人员的安排，会不会出现认定妨害传染病防治罪的障碍。实际上，这种担心是不必要的，这些参与疫情防疫的人员本身就是代表政府防疫措施的执行者和监督者，行为人拒绝这些人员的防疫措施，就是拒绝县级以上人民政府、疾病预防控制机构提出的预防、控制措施。根据《突发公共卫生事件应急条例》第 40 条的规定，传染病暴发、流行时，街道、乡镇以及居民委员会、村民委员会应当组织力量，团结协作，群防群治，协助卫生行政主管部门和其他有关部门、医疗卫生机构做好疫情信息的收集和报告、人员的分散隔离、公共卫生措施的落实工作，向居民、村民宣传传染病防治的相关知识。也就是说，如果街道、乡镇以及居民委员会、村民委员会是在协助执行县级以上人民政府、疾病预防控制机构提出的预防、控制措施，那么行为人拒绝执行街道、乡镇以及居民委员会、村民委员会协助疾病预防控制机构执行的预防、控制措施同样符合该罪的客观方面。

（二）“传播严重危险”必须是现实的危险

司法实践中，曾有这样的案例：夫妻二人为了能顺利到医院看病，违反了当地疾控部门关于就诊时应如实申报近期行程的规定，向医院申报时隐瞒了最近刚从湖北返回的事实。当时正值湖北疫情较严重的时期，医院接诊后才发现该情况，迅速向疾控部门报告，疾控部门对相关病区进行封闭，对密切接触的医务人员隔离观察，公安机关对二人以妨害传染病防治罪立案侦查。而后证明，二人均未感染新冠肺炎。二人的行为确实违反了疫情防控相关规定，也给当地医院、疾控部门造成工作上的较大影响，但因为二人并没有感染新冠肺炎，所以不可能造成“传播严重危险”的后果。因此，不能以妨害传染病防治罪定罪处罚。

二、妨害传染病防治罪的此罪与彼罪

（一）妨害传染病防治罪与传染病菌种、毒种扩散罪

《刑法》第 331 条规定了传染病菌种、毒种扩散罪，具体指“从事实验、保藏、携带、运输传染病菌种、毒种的人员，违反国务院卫生行政部门的有关规定，造成传染病菌种、毒种扩散，后果严重”的行为。两者的

主要区别在于：

1. 主体不同。前者是一般主体，且自然人和单位均可构成该罪；后者的主体是特殊主体，即“从事实验、保藏、携带、运输传染病菌种、毒种的人员”，且只能是自然人。

2. 客观方面不同。前者要求行为违反的是“传染病防治法的规定”；后者要求行为违反的是“国务院卫生行政部门的有关规定”。前者要求行为造成“引起甲类传染病以及依法确定采取甲类传染病预防、控制措施的传染病传播或者传播严重危险”的后果；后者要求行为造成“传染病菌种、毒种扩散，后果严重”的后果。

（二）妨害传染病防治罪与妨害国境卫生检疫罪

《刑法》第332条规定了妨害国境卫生检疫罪，具体指“违反国境卫生检疫规定，引起检疫传染病传播或者有传播严重危险的”行为。两者的主要区别在于客观方面不同：前者要求行为违反的是“传染病防治法的规定”；后者要求行为违反“国境卫生检疫规定”，具体指为了防止传染病由国外传入或者由国内传出而颁布的法律法规，包括《国境卫生检疫法》《国境卫生检疫法实施细则》等。前者要求行为造成“引起甲类传染病以及依法确定采取甲类传染病预防、控制措施的传染病传播或者传播严重危险”的后果，根据《传染病防治法》相关规定，甲类传染病是指鼠疫、霍乱，采取甲类传染病预防、控制措施的传染病包括乙类传染病中传染性非典型肺炎、炭疽中的肺炭疽、人感染高致病性禽流感、新型冠状病毒感染肺炎，以及国务院卫生行政部门报经国务院批准后公布的其他乙类传染病和突发原因不明的传染病；后者则要求行为造成“引起检疫传染病传播或者有传播严重危险”的后果，根据《国境卫生检疫法》相关规定，检疫传染病“是指鼠疫、霍乱、黄热病以及国务院确定和公布的其他传染病”以及新型冠状病毒感染肺炎[①]。

例如余某、唐某妨害国境卫生检疫案：余某、唐某二人均为我国赴

---

① 中华人民共和国国家卫生健康委员会公告2020年第1号：“经国务院批准，现公告如下：一、将新型冠状病毒感染的肺炎纳入《中华人民共和国传染病防治法》规定的乙类传染病，并采取甲类传染病的预防、控制措施。二、将新型冠状病毒感染的肺炎纳入《中华人民共和国国境卫生检疫法》规定的检疫传染病管理。”

菲律宾务工人员。2020年8月27日，为有效预防输入型新冠病毒肺炎疫情，我国驻菲律宾大使馆发出通知，要求自菲律宾回国中国公民需持乘机日3日内新冠病毒核酸检测阴性证明申领带"HS"标识的绿色健康码后登机。为回国躲避菲律宾疫情，余某、唐某于8月30日、9月3日先后两次进行新冠病毒核酸检测，结果均为阳性。为了违规搭乘飞机回国，9月7日，二人联系中介，分别以1.7万元价格购买伪造的菲律宾圣卢克医院新冠病毒核酸检测阴性证明，并以伪造证明向使馆隐瞒疫情，申领了绿色健康码。9月9日，二人乘坐东方航空MU212航班抵达浦东国际机场，经新冠病毒核酸检测呈阳性，随即被送往隔离点隔离观察。9月10日，二人确诊患新冠病毒肺炎后被送往上海公共卫生临床中心治疗。10月4日，余某、唐某被松江公安分局以妨害国境卫生检疫罪立案侦查，同日决定采取取保候审强制措施。2021年1月21日，松江公安分局以涉嫌妨害国境卫生检疫罪将余某、唐某移送松江区人民检察院审查起诉。

（三）妨害传染病防治罪与以危险方法危害公共安全罪

《刑法》第114条、第115条第1款中规定了以危险方法危害公共安全罪，具体指放火、决水、爆炸以及投放毒害性、放射性、传染病病原体等物质或者以其他危险方法危害公共安全的行为。两罪的主要区别在于：

1. 犯罪主体不同。前者的犯罪主体为一般主体，包括自然人和单位；后者的犯罪主体为已经确诊的新型冠状病毒感染肺炎病人、病原携带者以及新型冠状病毒感染肺炎疑似病人。前者的主体范围比后者更宽泛。

2. 犯罪客体不同。前者的犯罪客体是国家关于传染病防治的管理制度和人民群众的生命健康；后者的犯罪客体是社会公共安全。

3. 主观方面不同。前者的主观方面是过失，包括过于自信的过失和疏忽大意的过失；后者的主观方面是故意，包括直接故意和间接故意。

4. 客观方面不同。后者在客观方面的表现：一是已经确诊的传染病病人、病原携带者，拒绝隔离治疗或者隔离期未满擅自脱离隔离治疗，并进入公共场所或者公共交通工具的。这种情形既处罚危险犯，也处罚结果犯。二是疑似传染病病人拒绝隔离治疗或者隔离期未满擅自脱离隔离治疗，并进入公共场所或者公共交通工具，造成传染病传播的，这种情形仅处罚结果犯。而前者的客观方面除以上行为外，还包括瞒报谎报病情、旅行史、居住史、接触史、行踪轨迹等其他拒绝执行疾病预防控制机构依照传染病防治法提出的防控措施的行为。

实践中，在严惩抗拒疫情防控措施犯罪时，需要严把证据标准，准确认定行为人主观上是否具有传播传染病的故意。这里的“故意”，既包括直接故意也包括间接故意。如在新冠肺炎疫情防控期间，如果行为人明知自己是已经确诊的新冠肺炎病人、病原携带者或者疑似病人，应当依法接受隔离治疗，但其违背法定义务，拒绝隔离治疗或者隔离期未满擅自脱离隔离治疗，并进入公共场所或者公共交通工具的，由于新冠病毒具有极强的传染性，这种行为极可能引起病毒传播，严重危害公共安全。这种情况下，就可以认定行为人具有传播新冠病毒的主观故意，既可能是希望的直接故意，也可能是放任的间接故意。如果行为人客观上虽已感染新冠病毒，但其主观上并不知晓自己已感染病毒，也未被诊断为新冠肺炎疑似病人，则其进入公共场所或者公共交通工具，造成新冠病毒传播的，就不能认定为具有危害公共安全的主观故意。

在具体案件中，还要注意区分放任的间接故意与轻信能够避免的过于自信过失。因为行为人对于违反疫情防控措施的行为通常情况下是故意的，但对于可能引起的病毒传播或者传播严重危险的后果则既可能是故意的，也可能是过失的，不能把行为人对于行为方式的故意心态简单地等同于对于危害后果也是故意心态。如果没有确实充分证据证明行为人故意传播新冠病毒，但其违反传染病防治法的行为已经引起了病毒传播或者有传播严重危险的，可以按照妨害传染病防治罪对其定罪处罚。

（四）妨害传染病防治罪和传染病防治失职罪

《刑法》第 409 条规定了传染病防治失职罪，属渎职犯罪，具体指从事传染病防治的政府卫生行政部门的工作人员严重不负责任，导致传染病传播或者流行，情节严重的行为。二者的主要区别在于：

1. 主体不同。前者是一般主体。后者则是特殊主体，包括从事传染病防治的政府卫生行政部门的工作人员，还包括在预防、控制突发传染病疫情等灾害期间，代表政府卫生行政部门行使职权的下列人员：在受政府卫生行政部门委托代表政府卫生行政部门行使职权的组织中从事公务的人员，或者虽未列入政府卫生行政部门人员编制但在政府卫生行政部门从事公务的人员。

2. 客体不同。与前者不同，后者的客体是国家机关的正常活动和国家对传染病防治的管理制度。

3. 客观方面不同。前者的客观方面表现为四类违反传染病防治法的行为，引起甲类或者按照甲类管理的传染病传播或者有传播严重危险；后者的客观方面表现为在履行传染病防治行政职责时严重不负责任，造成传染病传播或者流行的严重后果。

第四节 相关案例评析

国外疫区入境人员违反传染病防治规定的处理[①]
——郭某鹏妨害传染病防治案

【关键词】

新冠肺炎 隔离观察 入境申报 共同犯罪

【基本案情】

2020年2月29日，郭某鹏从郑州乘火车至北京；3月1日，从北京首都机场乘飞机经阿联酋阿布扎比中转，于3月2日到达意大利米兰彭萨机场；3月3日，乘飞机从意大利米兰到达法国巴黎；3月4日，乘飞机从法国巴黎回到意大利米兰；3月6日，乘飞机从意大利米兰中转阿布扎比，于3月7日到达北京首都机场；当日下午，乘坐火车返回郑州，回到家中。3月8日、3月9日两天乘坐地铁到位于郑州市郑东新区的单位上班并在单位就餐，下班乘坐地铁回家。3月9日下班后，郭某鹏出现发热、咽痛等症状，自行至中原路与大学路交叉口附近的仟禧堂大药房买药，步行回家后服用。当晚，其母亲郭某玲得知郭某鹏发烧后，熬制了罗汉果和甘草给郭某鹏喝。3月6日，河南省郑州市发布《郑州市新冠肺炎疫情防控领导小组办公室通告第21号》，规定境外入郑人员严格落实"隔离观察"和"如实申报"措施。3月10日8时许，郑州市公安局大学路分局民警在工作中发现郭某鹏近期存在出入境情况，打电话给郭某鹏核实，郭

① 参见最高人民检察院、公安部2020年4月3日发布的《全国检察机关依法办理涉新冠肺炎疫情典型案例（第八批）》之案例二"河南省郭某鹏妨害传染病防治案"。需要说明的是，案例发生于2020年，当时《刑法修正案（十一）》尚未颁布，案例适用的法律是修订前的刑法，评析引用的也是当时适用的法律。

某鹏未接电话。后拨打其母亲郭某玲电话，郭某玲否认郭某鹏去过国外。而后又再次拨打郭某玲电话要求郭某鹏下楼。在公安民警明确告知大数据显示其去过国外后，郭某鹏承认有过出境史。在调查、核实其出入境轨迹后，郭某鹏被送至二七区集中隔离点进行观察，随后被确诊为新冠肺炎。后经排查，与郭某鹏密切接触的40余名人员均已被隔离观察。

【诉讼过程和结果】

2020年3月11日，郑州市公安局大学路分局对郭某鹏、郭某玲以涉嫌妨害传染病防治罪立案侦查。郑州市公安局大学路分局主动听取郑州市二七区人民检察院的意见建议。3月27日，郭某鹏被采取监视居住强制措施。3月30日，郑州市公安局大学路分局侦查终结，将本案移送审查起诉。郑州市二七区人民检察院经审查认为，本案事实清楚，证据确实充分，向郑州市二七区人民法院提起公诉，并提出有期徒刑一年零六个月的量刑建议。4月3日，法院经审理，采纳检察机关量刑建议，判处郭某鹏有期徒刑一年零六个月，郭某鹏表示认罪认罚。

【主要问题】

1. 郭某鹏的行为是否构成妨害传染病防治罪？

2. 对郭某鹏母亲郭某玲的行为如何处理？

3. 法律适用问题。

【案件分析】

（一）郭某鹏的行为构成妨害传染病防治罪

第一，郭某鹏实施了“拒绝执行疾病预防控制机构依照传染病防治法提出的预防、控制措施”的行为。根据《郑州市新冠肺炎疫情防控领导小组办公室通告第21号》的要求，境外入郑人员严格落实“隔离观察”和“如实申报”措施。在3月6日该通告发布后，郭某鹏作为3月7日从境外进入郑州的人员未按照通告要求隔离观察，仍然于3月8日、3月9日上班、在单位就餐、乘坐公共交通工具，尤其是在出现相关症状时，仍然自行到药店购药。郭某鹏未履行如实申报义务，表现在未主动向街道、单位等报告出境史，在调查人员主动找到其时，也未积极配合调查，在调查人员明确告知大数据显示其去过国外后，才承认有过出境史。

第二，郭某鹏的行为造成按照甲类管理的传染病传播严重危险的后果。新冠肺炎是按照甲类管理的传染病。郭某鹏后被确诊为新冠肺炎，但没有证据证明有他人被其传染，因此不能认定其行为造成新冠肺炎传播的后果。但其行为传播新冠肺炎的的危险是现实存在的，与其密切接触的40余名人员也被隔离观察，应当认为造成“传播严重危险”后果。

（二）对郭某鹏的母亲郭某玲追究刑事责任时应当谨慎

根据传统的刑法学观点，过失犯罪不宜认定共同犯罪，本案中，应当对郭某鹏、郭某玲各自的行为分别进行评价。郭某玲的行为主要体现在其明知其子郭某鹏是境外入郑人员，在公安机关进行排查时仍予以隐瞒。单纯的“境外入郑”行为不是违法、犯罪，隐瞒这一行为也不能构成包庇罪。郭某玲并没有举报、反映其子入郑后未“隔离观察”和“如实申报”的法定义务。郭某玲否认其子系境外入郑人员的行为，客观上也造成了有关部门排查的困难，但新冠肺炎传染的传播严重危险后果主要是郭某鹏的行为造成的。

（三）郭某鹏的行为不构成妨害国境卫生检疫罪

根据《刑法》第332条规定，违反国境卫生检疫规定，引起检疫传染病传播或者有传播严重危险的，构成妨害国境卫生检疫罪。2020年3月16日，最高人民法院、最高人民检察院、公安部、司法部、海关总署联合发布《关于进一步加强国境卫生检疫工作 依法惩治妨害国境卫生检疫违法犯罪的意见》，对以下六种行为以妨害国境卫生检疫罪追诉：（1）检疫传染病染疫人或者染疫嫌疑人拒绝执行海关依照国境卫生检疫法等法律法规提出的健康申报、体温监测、医学巡查、流行病学调查、医学排查、采样等卫生检疫措施，或者隔离、留验、就地诊验、转诊等卫生处理措施的；（2）检疫传染病染疫人或者染疫嫌疑人采取不如实填报健康申明卡等方式隐瞒疫情，或者伪造、涂改检疫单、证等方式伪造情节的；（3）知道或者应当知道实施审批管理的微生物、人体组织、生物制品、血液及其制品等特殊物品可能造成检疫传染病传播，未经审批仍逃避检疫，携运、寄递出入境的；（4）出入境交通工具上发现有检疫传染病染疫人或者染疫嫌疑人，交通工具负责人拒绝接受卫生检疫或者拒不接受卫生处理的；（5）来自检疫传染病流行国家、地区的出入境交通工具上出现非意外伤害死亡且死因不明的人员，交通工具负责人故意隐瞒情况的；（6）其他拒绝执行海关依照国境卫生检疫法等法律法规提出的检疫措施的。而防控境外疫情输入的措施也有一个逐渐严格的过程，2020年3月1日，国务院召开新闻发布会，介绍依法有效防控海外疫情输入有关情况时，提出对于出入境旅客也采取“全面启动健康申报制度”“严格开展出入境检疫”；2020 年 3 月中旬开始，多地出台入境人员隔离措施。本案中，郭某鹏是 2020 年 3 月 6 日入境的，当时《关于进一步加强国境卫生检疫工作 依治惩治妨害国境卫生检疫违法犯罪的意见》尚未发布，其入境的北京市也尚未采取入境人员隔离措施，没有证据证明在入境时违反了国境卫生检疫规定。

第五节　相关法律规定

一、法律

1.《中华人民共和国刑法》第三百三十条

2.《中华人民共和国传染病防治法》第七十三条

二、行政法规

1.《中华人民共和国传染病防治法实施办法》第六十六条

2.《突发公共卫生事件应急条例》第五十一条

三、司法解释及规范性文件

1. 最高人民法院、最高人民检察院《关于办理妨害预防、控制突发传染病疫情等灾害的刑事案件具体应用法律若干问题的解释》第一条

2. 最高人民检察院、公安部《关于公安机关管辖的刑事案件立案追诉标准的规定（一）》第四十九条

3. 最高人民法院、最高人民检察院、公安部、司法部《关于依法惩治妨害新型冠状病毒感染肺炎疫情防控违法犯罪的意见》

第十章

非法行医罪办案指引

第一节　非法行医罪概述

一、非法行医罪的立法沿革

非法行医是指未经法律授权的机关批准许可，擅自开业从事疾病的诊疗工作，严重扰乱医疗管理秩序的行为。党的十一届三中全会以后，针对现实存在的大量个体行医者，主要采取了疏导的办法。1980 年 8 月 20 日，国务院批转了卫生部《关于允许个体开业行医问题的请示报告》，规定了开业的条件，各级卫生行政部门重新审核办理了批准手续。该报告对禁止非法行医也作了相应规定，即对执业中的违法者由县级卫生行政部门给予相应的处分。实际上没有关于非法行医法律责任的明确规定。1988 年，卫生部、国家中医药管理局联合发布了《医师、中医师个体开业暂行管理办法》，其第 26 条规定："对无照行医者，由当地卫生主管部门取缔，没收其药械并酌情处以罚款。"在此比较明确地规定了行政法律责任。1988 年，卫生部发布《关于〈医疗事故处理办法〉若干问题的说明》中有两处涉及非法行医的法律责任：一是"非卫生行政主管部门批准'行医'者的事故，不在本《办法》所指的范围。此类事故应按无照行医人员从严处理"；二是"对未经单位同意或认可，从事有偿的诊疗护理活动而造成病员不良后果的，其善后处理由本人负责"。80 年代末期至 90 年代初，正值我国由计划经济向市场经济的转型时期，由于我国没有建立严格的从医许可制度，社会上一度出现了"乱办医""办医乱"的局面，主要是行医审批权分散，甚至一些游医持村证明行医，使卫生行政部门对此难以掌握；非法行医屡禁不止，非法行医者一旦在某地被处罚，又会在异地重新开业。以上情况要求必须在立法上建立严格的从医许可制度和加大对非法行医的打击力度。1994 年 2 月 26 日，国务院发布《医疗机构管理条例》，卫生部制定了一系列配套法规，该条例明确规定了医疗机构开业的条件和审批程序，为认定非法行医提供了法律依据，对非法行医的行政法律责任、行政处罚的程序、处罚机关等均作出明确规定；但是关于非法行医能否追究刑事责任，以及如何追究刑事责任，一直没有明确规定。1997年3月14日，第八届全国人民代表大会第五次会议通过了修改后的刑法，至此我国刑法第一次明确规定了“非法行医罪”及其刑事责任。

此后，卫生部联合相关行政机关多次开展严厉打击非法行医专项整治活动，对一大批非法行医的医疗机构和个人进行了查处打击，取得了阶段性成效。然而，由于刑法条文规定的过于原则，对于非法行医罪的主体、罪与非罪的标准等问题，理论界和司法实务中一直存在认识分歧，各地在执法办案中的处理结果也不尽一致，甚至出现了同案不同判的情况，不利于专项整治活动的成效巩固。

为了统一司法办案标准，有效解决争议问题，2008年4月29日，最高人民法院颁布《关于审理非法行医刑事案件具体应用法律若干问题的解释》（法释〔2008〕5号），明确了非法行医主体的认定标准、追诉标准、“严重损害就诊人身体健康”认定标准等问题，有助于解决司法实务中的争议问题，也为全国范围内深入开展打击非法行医专项行动提供了具体的规范依据。

然而，“非法行医”是一个极其复杂的社会问题和法律问题，在实践中的表现也是形态多样，司法实务中，对于“个人未取得《医疗机构执业许可证》开办医疗机构的”是否属于非法行医、非法行医罪中的行医行为如何界定、“造成就诊人死亡”如何认定等问题，仍存在很大争议。2016年12月16日，最高人民法院通过了《关于修改〈关于审理非法行医刑事案件具体应用法律若干问题的解释〉的决定》（法释〔2016〕27号），对非法行医罪的主体、“造成就诊人死亡”、医疗活动、医疗行为的认定标准等再次进行明确，进一步完善非法行医的刑罚规制，确保非法行医罪的准确适用。

二、非法行医罪的发案态势

长期以来，对于没有纳入当地医保的普通百姓来讲，正规医院的费用较高，难以承受，而且就诊流程复杂、排队等候时间较长；部分群众就医安全意识不高、贪图便宜、而且就医程序方便，导致一些“黑诊所”屡禁不止。距城镇较远的乡村、山寨，仍存在缺医少药的状况。一些疑难杂症至今尚未攻克，偏方医大病、名医在民间的陈腐思想根深蒂固，“病急乱投医”的现象时有出现。

近年来，随着我国医疗卫生保障体系的不断完善，人民就医安全意识的不断提高，乡村卫生所、社区卫生服务中心的普及和医疗水平的不断提高，发生在疾病诊疗过程中的传统非法行医犯罪呈下降趋势。根据中国裁判文书网录入的一审判决书数量来看，已从 2016 年的 1390 件逐年下降至 2020 年的 711 件，降幅达 48.8%；但非法行医现象仍较多，而且集中呈现出以下特征[①]：第一，从案件类型看，集中表现为“曾因非法行医被卫生行政部门行政处罚二次以后，再次非法行医”，占比 65% 以上，“屡教不改”的现象严重；第二，从作案方式看，开设“黑诊所”非法行医仍然居高不下，占比 60% 以上，依托药店、美容店、养生保健馆、网络在线问诊等非法行医的案件时有发生；第三，从造成的后果看，导致就诊人死亡、伤残的案件达 20% 以上，严重危害了广大人民群众的身体健康和生命安全；第四，从判处刑罚方面看，轻缓化特征突出，判处缓刑、管制、单处罚金、免予刑事处罚的案件高达 60%，而判处缓刑、管制的案件中 90% 以上未同时责令被告人在缓刑考验期内、管制执行期间禁止从事与医疗卫生行业相关的活动，不利于遏制再犯趋势。

此外，随着试管婴儿、生物制药、基因工程等高新技术在医疗卫生领域的应用，以高新技术手段实施的非法行医犯罪开始出现，防控风险增大。“基因编辑婴儿”案件的发生，更是提醒主管行政部门必须在鼓励科研创新的同时，做好依法监管，避免个别人打着科研创新的幌子实施非法行医、非法植入基因编辑、克隆胚胎等犯罪行为。

三、非法行医罪的概念和构成特征

非法行医罪，是指未取得医生执业资格的人非法行医，情节严重的行为。

---

① 以 2020 年度案件为统计基础。

（一）客体特征

非法行医罪侵犯的是复杂客体，即国家对医疗机构和医务从业人员的管理秩序和就诊人的身体健康、生命安全。医疗行为关乎人民群众生命健康，属于特殊职业，国家对其行业管理和职业准入规范极为严格，制定了一系列医疗卫生管理制度。非法行医，不仅扰乱了业已建立的良好医疗卫生管理秩序，而且往往由于行为人医疗技术水平低下，医疗场所环境卫生、安全保障不达标等，无法保证医疗质量，造成就诊人身体伤残、死亡的现象。

（二）客观方面特征

非法行医罪的客观方面表现为非法行医，情节严重的行为。非法行医的客观行为要件，必须同时具备非法性、行医、情节严重三个要素。

1. 非法性

非法性，是指行为人未取得医生执业资格而行医。关于“非法性”，在主体特征部分将详细论述，这里不再展开。

2. 行医

（1）行医的概念

行医，是指行为人实施的是医疗活动、医疗行为，并且主观上有反复实施医疗活动、医疗行为的意思。因此，非法行医罪属于职业犯。根据2016年最高人民法院《关于审理非法行医刑事案件具体应用法律若干问题的解释》第6条规定，本解释所称“医疗活动”“医疗行为”，参照《医疗机构管理条例实施细则》中的“诊疗活动”“医疗美容”认定。根据《医疗机构管理条例实施细则》第88条、《医疗美容服务管理办法》第2条的规定，诊疗活动是指通过各种检查，使用药物、器械及手术等方法，对疾病作出判断和消除疾病、缓解病情、减轻痛苦、改善功能、延长生命、帮助患者恢复健康的活动；医疗美容是指运用手术、药物、医疗器械以及其他具有创伤性或者侵入性的医学技术方法对人的容貌和人体各部位形态进行的修复与再塑。

另外，根据国家中医药管理局办公室、国家卫生和计划生育委员会办公厅《关于打击非法行医专项行动中有关中医监督问题的批复》（国中医药办法监发〔2014〕9号）规定，医诊疗活动是以疾病诊断和治疗为目的，在中医理论指导下通过各种检查，使用药物、技术、器械及手术等方法，对疾病作出判断和消除疾病、缓解病情、减轻痛苦、改善功能、延长生命、帮助患者恢复健康的活动。

（2）行医的司法认定

部分不具有医师资格的游医、假医，随意为就诊人员诊治，骗取钱财，其行为可能具有非法行医和诈骗的双重属性。同时，在中医诊疗涉嫌非法行医的案件中，因中医自古以来就有“药食同源”理论，可能出现行为人的行为属于食疗保健行为还是非法行医的争论。

此时，根据前述关于“诊疗活动”“中医诊疗活动”的概念，可能难以判断行为人是否属于从事“医疗活动”“医疗行为”。对此，可以委托设区的市级以上卫生行政主管部门出具认定意见，再结合在案其他证据，从以下几个方面进行分析认定：首先，应以该行医行为是否侵犯国家对医疗活动的正常管理秩序和就诊人的生命、健康权利为基准进行判断，否则刑法打击范围将无限扩大。其次，从行为人的行为方式、特点以及“医疗”设施等客观方面进行判断。最后，应结合行医人的行为意思，特别是就诊人前来就诊的目的进行综合判断，不能以行医人自称未行医就否定其行为的“行医”性质。

另外，如果不是针对患者的具体情况给予不同的医学措施的行为，如单纯销售药品、医疗器械的行为、以保健为目的的按摩、推拿行为，以诈骗为目的实施的貌似为人治病的行为等，则不应认定为“行医”。

（3）以行医为业的司法认定

在认定行为人是否以实施医疗行为为业时，应当根据行为人的行为方式、样态、时间、场所、设备、处方、病历、药品、工作人员情况等方面综合判断。特别应注意以下几点：首先，性质上是要继续反复实施的，或者只要行为人以反复、继续实施的意思从事医疗行为，其第一次行医就是一种职业活动，在首次诊疗活动中被查获的，也属于非法行医。其次，不要求行为人将行医作为唯一职业，行为人在具有其他职业的同时，将行医作为副业、兼业的，也属于非法行医。再次，行医行为不要求具有不间断性，只要行为是反复实施，即使具有间断性质，也不影响对其职业性质的认定。最后，不能因为行为人在一次特定的医疗活动中收取了报酬，就认定为非法行医。收取报酬只是认定是否系职业行为的根据之一，而非唯一根据。例如行为人挂牌开业，或做广告招揽患者上门求医，或备有种类繁多、数量庞大的医疗器械，或拥有专用的处方、病历表及助手等，可以判定为从事医疗业务。如果行为人偶然一次利用祖传秘方为朋友治病，没有反复实施该行为的意思，则不构成非法行医罪；如果因此出现人员伤亡等严重后果，符合过失致人重伤（死亡）等犯罪构成要件的，以其他罪名处理。

（三）主体特征

非法行医罪的主体必须是未取得医生执业资格的人。根据2016年最高人民法院《关于审理非法行医刑事案件具体应用法律若干问题的解释》第1条的规定，具有下列情形之一的，应认定为“未取得医生执业资格的人非法行医”：（1）未取得或者以非法手段取得医师资格从事医疗活动；（2）被依法吊销医师执业证书期间从事医疗活动的；（3）未取得乡村医生执业证书，从事乡村医疗活动的；（4）家庭接生员实施家庭接生以外的医疗行为的。

在认定行为人是否符合非法行医罪主体特征时，应注意以下几个问题：

1. 通过医师资格考试，取得执业医师资格或者执业助理医师资格，即视为取得“医生执业资格”，对取得医师资格但尚未进行医师注册取得执业证书的人从事诊疗活动的，可以进行行政处罚，不构成非法行医罪，符合其他犯罪构成要件的，按照其他罪名处理。

2. 执业医师超范围、超类别、超地点从事诊疗活动的，均不宜认定为非法行医罪的犯罪主体。虽然根据《执业医师法》规定，医师经注册后，可以在医疗、预防、保健机构中按照注册的执业地点、执业类别、执业范围执业，从事相应的医疗、预防、保健业务；医师变更执业地点、执业类别、执业范围等注册事项的，应当到准予注册的卫生行政部门依照相关规定办理变更注册手续。但是，非法行医罪应当仅限于“未取得医生执业资格的人非法行医，情节严重”的行为，凡具有医师资格，即应认定为“取得医生执业资格的人”，不宜再认定为非法行医罪的主体。对于执业医师超范围、超类别、超地点从事诊疗活动的行为，可以依法给予行政处罚，造成严重后果构成犯罪的，可依照刑法其他有关犯罪的规定追究刑事责任。如此，才能准确区分非法行医行政违法与刑事犯罪。

3. 取得省级以上教育行政部门认可的医学院校医学专业学历的毕业生，在医疗机构内试用，可以在上级医师的指导下从事相应的医疗活动，不属于非法行医。未取得医师资格的医学专业毕业生，违反规定擅自在医疗机构中独立从事临床工作的，按照《执业医师法》第 39 条的规定处理，造成患者人身损害的，按照《医疗事故处理条例》第 61 条的规定处理，即可以成为非法行医罪的犯罪主体，进而可能构成非法行医罪。

4. 取得乡村医生执业证书的乡村医生不在注册的执业地点执业的，不宜认定为非法行医罪的犯罪主体，按照《乡村医生从业管理条例》第 40 条规定，由县级人民政府卫生行政主管部门给予警告，责令限期办理变更注册手续。乡村医生未经注册行医的，按照《乡村医生从业管理条例》第 42 条的规定处理，即可以认定为非法行医罪的犯罪主体，符合非法行医罪其他犯罪构成要件的，可以按照非法行医罪追究刑事责任。

5. 对一些没有取得乡村医生执业证书的“赤脚医生”，如有证据证明其确实医治了许多疑难杂症，但同时也导致个别就诊人员身体严重损害或者死亡的，应重点审查其是否具备一定程度的医学水平、采用的医疗方法是否符合医学规定，同时注意做好伤亡人员及其家属的善后工作，综合考量案件处理的法律效果、社会效果，避免贸然提起公诉，造成不良社会影响。

（四）主观方面特征

非法行医罪的主观要件为故意，行为人必须明知自己未取得医生执业资格而非法行医。非法行医行为造成就诊人身体健康的严重损害乃至死亡的，是结果加重犯，行为人对加重结果至少是一种过失态度，即应当预见到该加重结果却因疏忽大意没有预见到或者已经预见到了该加重结果却轻信能够避免，或者对该加重结果持一种放任的心理态度。如果行为人对“严重损害就诊人身体健康”或者“造成就诊人死亡”的结果是一种积极的追求态度，实际上是借行医之名行伤害甚至杀害他人之实，则应视具体情节分别按照故意杀人罪或者故意伤害罪定罪处罚，不宜再认定为非法行医罪。

此外，需要注意的是，虽然司法实务中绝大多数非法行医者行医目的是为谋取利益，但是非法行医罪的成立不以行为人主观上具有营利目的为要件。因为，就刑法理论而言，非法行医罪属于职业犯，而不是营业犯，只要行为人主观上具备反复实施医疗活动、医疗行为的意思即可。

四、非法行医罪的追诉标准

未取得医生执业资格的人非法行医，只要具备2016年最高人民法院《关于审理非法行医刑事案件具体应用法律若干问题的解释》第2条规定的下列情形之一的，即属于“情节严重”，应以非法行医罪立案追诉：

（一）造成就诊人轻度残疾、器官组织损伤导致一般功能障碍的

审查行为人的行为是否符合此项追诉标准时，应当参照《医疗事故分级标准（试行）》中的三级医疗事故认定。三级医疗事故分为甲、乙、丙、丁、戊5个等级，共135种情形。在案证据中应当有医学专业人士、相关专家的证言或者司法鉴定机构的鉴定意见，证明就诊人的损伤后果达到了“轻度残疾、器官组织损伤导致一般功能障碍”的程度。

（二）造成甲类传染病传播、流行或者有传播、流行危险的

审查行为人的行为是否符合此项追诉标准时，应当注意甲类传染病是指《传染病防治法》第3条规定的鼠疫和霍乱。在案证据中应当有政府部门发布的通告、医学专业人士、疾病预防控制专家的证言等证据，证明行为人的非法行医造成了甲类传染病传播、流行或者有传播、流行的危险。

（三）使用假药、劣药或不符合国家规定标准的卫生材料、医疗器械，足以严重危害人体健康的

审查行为人的行为是否符合此项追诉标准时，应当注意行为人使用的假药、劣药的种类、成分，使用的不符合国家标准的卫生材料、医疗器械的来源、有无生产批号、生产地址、质量检测证明等，是否足以严重危害人体健康。一般应有假药、劣药的成分检测报告，相关卫生材料、医疗

器械的质量检测报告、专家证言等证据，证明行为人“使用假药、劣药或不符合国家规定标准的卫生材料、医疗器械”的行为，足以严重危害人体健康。

（四）非法行医被卫生行政部门行政处罚两次以后，再次非法行医的

审查行为人的行为是否符合此项追诉标准时，应当结合在案的行政处罚决定书、卫生行政部门作出行政处罚时形成的卷宗材料等，注意审查以下几点：一是前两次行政处罚的违法主体与再次非法行医的主体是否同一；二是再次非法行医的行为是否发生在前两次行政处罚决定向行为人送达以后；三是再次非法行医的行为是否属于“医疗活动”“医疗行为”；四是前两次行政处罚是否系两次合法有效的一般程序行政处罚，是否存在犯罪嫌疑人因对前两次行政处罚有异议而提起行政复议或者行政诉讼；如果存在这种情况，应当对犯罪嫌疑人提出的辩解从事实、理由和法律适用等方面进行实质审查，包括作出行政处罚决定手续材料的完备性、是否依照相关法律法规作出、程序合法性，综合判断后再根据具体情况作出是否属于“情节严重”的认定。

（五）其他情节严重的情形

此项追诉标准属于兜底条款，在司法实务中按照该项标准以非法行医罪追究犯罪嫌疑人的刑事责任时应当慎重，必要时可以向上级检察机关请示，避免因为检、法认识分歧，导致无罪判决。目前较为明确的，有以下两种情形：

1. 根据 2016 年最高人民法院《关于审理非法行医刑事案件具体应用法律若干问题的解释》第 4 条第 2 款的规定，非法行医行为并非造成就诊人死亡的直接、主要原因的，可不认定为《刑法》第 336 条第 1 款规定的“造成就诊人死亡”；但是，根据案件情况，可以认定为《刑法》第 336 条第 1 款规定的“情节严重”。

2. 2014 年 2 月 13 日，最高人民检察院法律政策研究室《关于非法行医被刑事处罚后再次非法行医适用法律问题的答复意见》（高检研〔2014〕2 号）指出，“行为人因非法行医被刑事处罚后，又非法行医的，

属于“其他情节严重”的情形，应予追究刑事责任。但是实践中有一类案件较为常见，即行为人因非法行医被行政处罚两次以后，再次非法行医，构成非法行医罪而被刑事处罚，之后再次非法行医被卫生行政部门行政处罚或者公安机关立案侦查。有观点认为，如果这类案件适用前述答复意见直接认定为非法行医罪，涉嫌重复评价，进而对该答复意见整体上是否科学合理、是否符合司法实践提出质疑。因此，司法机关在办理类似案件时，要加强研究，强化与审判机关沟通，妥善处理。

第二节　非法行医罪的证据审查

一、非法行医罪的证据要件

（一）客体方面的证据要件

非法行医罪客体方面证据应证实非法行医的行为一方面侵犯了国家对医疗卫生事业的管理制度和秩序，另一方面也侵犯了就诊人的身体健康、生命安全。应当收集、审查以下证据：

1. 证明非法行医行为破坏医疗卫生秩序的证据，证实非法行医行为具有行政违法性。这方面的证据包括卫生行政机关对于非法行医行为出具的认定函、批复等书面意见或者公安机关根据卫生行政机关口头答复制作的详细工作记录、卫生监督意见书、卫生行政处罚事先告知书、卫生行政处罚决定书等，或者卫生行政机关对同类性质非法行医行为作出行政处罚的材料也可以作为非法行医行为违法性司法判断的辅助性证据。

2. 证明非法行医行为侵犯了公民人身权利的证据，证实非法行医行为给被害人的身体造成损伤。这方面的证据包括被害人的身份信息，被害人相关门急诊就医记录册、出院记录、治疗记录、出院小结、病历复印件、法医学伤势鉴定意见、死亡通知书等。

（二）客观方面的证据要件

非法行医罪的客观方面证据，一方面是证实有非法行医客观事实发生，另一方面是证实危害后果达到2016年最高人民法院《关于审理非法行医刑事案件具体应用法律若干问题的解释》规定的“情节严重”“严重损害就诊人身体健康”“造成就诊人死亡”三种情形。

1. 证明有非法行医客观事实发生的证据，主要包括：公安机关报案登记表、受案登记表、立案决定书、案发经过以及由行政部门查处和移送的涉嫌犯罪案件移送书；案件案情调查报告；调查询问笔录；现场检查、勘验笔录、照片或对现场物品如药材、诊疗处方、医疗器械等扣押清单；鉴定意见、评估及检测报告等，以证明行为人非法行医的方式、样态、场所特征、是否以非法行医为业等情况。

2. 证明“情节严重”“严重损害就诊人身体健康”“造成就诊人死亡”的证据，具体包括：

（1）证明非法行医达到“情节严重”五种情形的证据，具体包括：

①证实“造成就诊人轻度残疾、器官组织损伤导致一般功能障碍的”，其核心证据包括：就诊人重新接受治疗、手术时医院的检查化验单据、治疗记录、病历等相关书证和医生证言，以证实非法行医后就诊人的身体状况；法医学伤势鉴定意见、伤残登记鉴定意见等，以证实就诊人人身伤害达到的程度。

②证实“造成甲类传染病传播、流行或者有传播、流行危险的”，其核心证据包括：医院收治甲类传染病病人的诊断证明，以证实就诊人感染甲类传染病；卫生行政部门出具的甲类传染病传播、流行或者有传播、流行危险的专业性报告和证明材料，证明传染病人接触人员与场所范围、污染场所与物品状况、传染人数与交叉感染情况的相关材料等，以证实该甲类传染病因就诊人在传播、流行或者有传播、流行的危险。

③证实“使用假药、劣药或不符合国家规定标准的卫生材料、医疗器械，足以严重危害人体健康的”，其核心证据包括：现场查获扣押的相关药物、卫生材料、医疗器械等物证、相关凭证、账册、处方等书证，对上述药物、卫生材料、医疗器械等的鉴定意见、成分检测报告、有毒有害物质含量检测报告、专家证言等证据，以证实使用的药品是假药、劣药或者使用的卫生材料、医疗器械不符合国家规定的标准，足以危害人体健康。

④证实“非法行医被卫生行政部门行政处罚两次以后，再次非法行医的”，其核心证据包括：行为人因非法行医两次被行政处罚的行政处罚决定书、相关行政处罚案卷材料，现场勘验笔录及查扣到的物证、书证，被害人陈述、知情人员证言等，以证实行为人再次非法行医的事实。

⑤符合“其他严重情形”的，根据案件具体情况予以考虑适用。

（2）证明非法行医行为达到“严重损害就诊人身体健康”后果的，核心证据包括：就诊人的法医学人体损伤程度鉴定书、伤残等级鉴定意见等，以证实“造成就诊人中度以上残疾、器官组织损伤导致严重功能障碍”“造成三名以上就诊人轻度残疾、器官组织损伤导致一般功能障碍”。

（3）证明非法行医行为达到“就诊人死亡”后果的，核心证据包括：尸体检验报告和鉴定意见，现场扣押的药品、器械等物证，现场勘验笔录，死者家属证言等，以证实死者身份及具体死亡原因和过程。

（三）主体方面的证据要件

非法行医罪的主体方面证据，证实非法行医行为是由行为人实施的，且行为人未取得医生执业资格。

1. 证实非法行医行为是由行为人实施的证据，主要包括：现场勘验笔录、照片，视听资料，现场处方记录（字迹）、笔迹鉴定等，相关证人的证言及辨认笔录、被害人陈述及辨认笔录，证明是否行为人实施了非法行医的行为。

2. 证实行为人未取得医生执业资格的证据，根据 2016 年最高人民法院《关于审理非法行医刑事案件具体应用法律若干问题的解释》第 1 条规定的，分为以下四种情形：

（1）证明行为人“未取得或者以非法手段取得医师资格”的证据，主要包括：县级以上卫生和健康委员会出具的医师信息查询结果说明以及出具该说明所依据的医师注册信息网站查询情况、医师信息查询情况，证明行为人未取得医师资格；犯罪嫌疑人通过伪造、贿买等非法手段取得的医师资格证书及相关证书的真伪鉴定意见，犯罪嫌疑人的供述与辩解、参加医师资格考试的相关书证材料以及犯罪嫌疑人通过贿买、伪造等途径获取医师资格证书时支付钱款的凭证等，帮助犯罪嫌疑人获取涉案医师资格证书或者知晓涉案医师资格证书获取过程的证人证言等，证明行为人系以非法手段取得医师资格。

（2）证明行为人作案时处于“被依法吊销医师执业证书期间”的证据，主要包括：县级以上卫生和健康委员会吊销行为人医师执业证书的处罚决定、公告，医师执业证书被吊销的网站查询记录等书证，犯罪嫌疑人的供述与辩解，犯罪嫌疑人所在医疗机构人事管理部门关于犯罪嫌疑人被依法吊销医师执业证书的证言、书面说明等。

（3）证明行为人“未取得乡村医生执业证书，从事乡村医疗活动”的证据，主要包括：县级以上卫生和健康委员会出具的行为人未取得乡村医生执业证书的证明及乡村医生执业注册、注销注册的相关查询记录，证明乡村医生执业注册未通过、注销注册事由的档案材料等书证，犯罪嫌疑人及其家属关于犯罪嫌疑人未取得乡村医生执业注册的供述与辩解、证言等。同时要注意同步收集证明行为人从事的系“乡村医疗活动”的证据，例如证明行为人从事诊疗活动地域范围的就诊人证言、犯罪嫌疑人的供述与辩解等证据。

（4）证明行为人系“家庭接生员”的证据，主要包括：行为人在2017年11月以前取得的县级以上卫生行政部门发给的家庭接生员技术合格证书等从业资质证书，行为人在2017年11月之后是否经过培训、具备相应接生能力的相关档案材料等书证，证明行为人未取得其他种类的医生执业资格的书证、证人证言等，犯罪嫌疑人及其家属关于犯罪嫌疑人仅系家庭接生员而未取得其他种类的医生执业资格的供述与辩解、证言等证据。

（四）主观方面的证据要件

非法行医罪的主观方面证据，主要证实行为人具有非法行医的主观故意。一般情况下，非法行医罪的主观故意不难认定，可以根据行为人的供述和辩解，并结合证明其参与实施非法行医的其他证据进行综合判断。在美容、保健场所发生的非法行医犯罪，部分行为人可能会辩解不知道其本人或者同案犯实施的行为系“医疗行为”，对此应当收集运用以下证据，综合推定其主观明知；但是如有证据证明行为人确系被蒙蔽、欺骗而参与的，不能简单推定其主观明知：

1. 收集行为人工作的美容、保健场所的勘验、检查笔录及现场留存的相关宣传标语、海报、视频，相关工作制度、业务培训文件，开展业务形成的各种书面记录、单据甚至是病历资料等，日常工作中使用的设备、器械、药品的种类及原始陈设情况，以证明行为人是否能够通过工作场所的客观环境得知其本人或者伙同同案犯实施的行为系“医疗行为”。

2. 收集行为人本人工作过程中形成的培训记录、工作记录，行为人本人及同事的着装、工作分工情况，行为人的手机等电子设备中存储的对外开展业务宣传时使用的话术、发布的微信朋友圈信息、网页信息等，并结合同案犯或者其他涉案同事的供述与辩解等证据，证明行为人是否参与非法行医犯罪的组织、谋划，是否具体参与实施医疗美容、疾病诊治，或者明知同案犯实施的系医疗美容、疾病诊治行为。

3. 收集证据进一步印证行为人知道或应当知道其本人或者同事从事的行为系"医疗行为"，例如行为人此前因类似从业经历导致本人或者所在工作场所被卫生行政部门、公安机关查处、处罚的相关证据，实际提供的服务与宣传内容不一致的证据，行为人受教育尤其是接受医疗卫生教育的经历、从业经历等方面的证据。

二、非法行医罪常见证据审查

（一）物证、书证的审查判断

物证、书证形成后能够独立存在，具有较强的客观性和真实性。非法行医案件中，存在大量物证和书证，应当重点审查以下内容：

1. 公安机关或者卫生行政管理部门在案发现场查获扣押的物证、书证，包括药品、卫生材料、医疗器械、行为人开具的处方、收据等，应当着重审查其收集程序是否合法、方式是否科学；是否附有相关检查笔录、提取笔录、清单，笔录、清单是否经侦查人员（行政执法人员）、物品持有人、见证人签名，没有物品持有人签名的，是否注明原因、有无同步录音录像；涉案物证、书证的名称、特征、数量、质量等是否注明清楚，实物与笔录、清单的记载是否一致；确保相关药品、器械、现场遗留的血液、体液等关键性证据真实、客观，来源合法。

2. 如果相关物证、书证不是原物、原件，应审查相关照片、复印件有无交犯罪嫌疑人进行辨认或者确认；在收集、保管过程中是否被污染、有无改变；有无说明原物、原件存放于何处。

3. 相关物证、书证的收集是否全面，是否能够反映非法行医从组织、策划、宣传到具体实施、收取费用、疗效宣传的全过程。

4. 如果涉案物证、书证有瑕疵，或者犯罪嫌疑人、辩护人有合理理由怀疑其真实性、合法性的，应当进行补证或者调查核实，如果不能排除合理怀疑的，不得作为定案的根据。

（二）现场勘验、检查笔录的审查判断

多数非法行医案件是县级以上卫生和健康委员会查处后移交公安机关的。因此，非法行医现场勘验检查及相关物证、书证的收集保全工作，一般是由卫生行政部门的执法人员完成。因此，对现场勘验检查笔录，应重点审查以下内容：

1. 勘验检查是否依法进行，笔录的制作是否符合法律尤其是相关行政法规、部门规章的规定，勘验检查人员、当事人、见证人等是否签名或者盖章。

2. 勘验检查笔录是否记录了提起勘验检查的事由，勘验检查的时间、地点，在场人员、现场方位、周围环境等，现场的物品、人员、尸体等的位置、特征等情况，以及勘验、检查的具体过程；笔录的文字记载与实物、绘图、照片、同步录音录像是否相符等。

（三）鉴定意见的审查判断

非法行医造成就诊人员伤亡，或者对涉案行为是否系医疗活动、医疗行为存在争议时，往往涉及非常专业的医学知识，需要收集专家证言、委托进行法医鉴定，或者由地市级以上医学会出具医疗事故技术鉴定报告，由专业技术人员根据专业知识对相关专业问题作出分析判断。但是，鉴定意见属于人的判断而不是客观证据，无法保证准确无误；若要作为定案依据，必须接受被告人、辩护人的质证，通过司法人员的审查判断予以确认。对鉴定意见、专家证言应重点审查以下内容：

1. 审查鉴定机构、鉴定人是否具有法定资质、相关专家是否具备相应医学领域的专业知识，鉴定人是否存在应当回避情形，鉴定程序是否符合法律或者有关规定，相关专家与案件有无利害关系。

2. 审查检材的来源、取得、保管、送检是否符合法律规定，鉴定的过程和方法是否符合相关专业的规范要求。

3. 审查鉴定意见的形式要件是否齐备，鉴定意见、专家证言是否科学、明确，是否与在案其他证据之间存在矛盾等。

4. 审查鉴定意见是否依法及时告知相关人员，当事人对鉴定意见有无异议，异议的理由是否科学、合理，异议是否得到合理解释，以确定鉴定意见、专家证言的证据效力和指导价值。

（四）视听资料的审查判断

非法行医的场所一般较为简陋或者较为隐蔽，能够提取到内部监控视频的不多，但是在这些场所附近的监控设备可能拍摄到一些就诊人员及其陪同人员前来就诊的情况，特别是在一些美容场所发生的非法行医案件，非法行医人员为了宣传疗效、业绩可能会用手机等设备随手拍摄诊疗过程的片段，因此涉案证据中可能存在相关的视听资料。对其进行审查判断时，应注意以下两点：

1. 视听资料的提取过程是否合法、来源是否明确，视听资料的内容和制作过程是否客观、真实，有无剪辑、增加、删改等情形。

2. 视听资料的内容能否反映行为人非法行医的时间、过程、就诊人员的数量，能否证明非法行医的规模、时间跨度等情况。

（五）相关言词证据的审查判断

犯罪嫌疑人的供述与辩解、被害人陈述、证人证言是非法行医案件中较为常见的言词证据，也是证明非法行医犯罪事实较为重要的一类证据。对其进行审查判断时，应注意以下两点：

1. 相关言词证据的收集制作过程是否合法，笔录的记载是否与当事人的真实意思表示相符，有无刑讯逼供或者以暴力、威胁等非法方法收集的情形。

2. 相关言词证据是否反映了非法行医犯罪从谋划到实施的具体过程，各言词证据之间能否相互印证，是否存在矛盾之处，存在矛盾的，是否能够予以排除或者得到合理解释。例如，注意审查犯罪嫌疑人供述的非法行医的动机、主观明知程度、非法行医行为持续的时间等是否与被害人的供述、证人证言相互印证；犯罪嫌疑人供述的作案手段、方式、经过以及相关辨认笔录、辨认照片，与被害人陈述的过程、现场勘验笔录及鉴定意见等是否相符。

第三节　非法行医罪的认定处理

一、非法行医罪的罪与非罪

（一）关于就诊人自愿求医是否阻却非法行医罪的成立问题

就诊人自愿求医是否阻却行为人非法行医罪的成立问题，涉及刑法理论上的被害人承诺。在非法行医案件中，如果行为人隐瞒其未取得医生执业资格的事实，使就诊人基于错误认识而作出同意行为人对其实施医疗行为的"承诺"，因该项承诺违背就诊人真实意思，视为未作承诺，行为人构成非法行医罪。即使就诊人知道行为人未取得医生执业资格，仍然同意或者请求行为人对其实施医疗，由于该项承诺并不包括对非法行医行为所造成严重后果的承诺，行为人仍然成立非法行医罪。纵使行为人已经告知就诊人可能造成严重后果，就诊人仍同意或者请求行为人为其医疗，并明确表示自愿承担一切"医疗风险"，但由于任何人无权对公共利益作出承诺，因此该承诺仍然不能排除行为人非法行医的违法性，行为人仍构成非法行医罪。同时，要考虑到此类案件较为特殊，检察机关在办案过程中，应当全面审查，综合评判涉案行为的社会危害性，秉持"少捕慎诉慎押"理念，注重化解矛盾，以案释法，实现"办理一案，教育一片"的良好效果。

例如，2002 年 10 月，被告人周某某在未取得医生执业资格和办理医疗机构执业许可证的情况下，私设诊所擅自从事行医活动。2002 年 11 月 2 日 9 时许，周某某应孕妇蒋某某亲属之邀出诊为蒋某某接生。23 时许，周某某用手触摸检查后感到胎动，认为有生产迹象，遂给蒋某某肌肉注射催产素 1 支（1 毫升）。至次日凌晨，蒋某某仍未生产且腹部疼痛加剧并直冒冷汗，周某某又给蒋某某注射病毒灵 1 支、安乃近半支，蒋某某稍感平静。凌晨6时许，周某某用手触摸检查后告知蒋某某家属胎儿、孕妇均正常，可去医院做进一步检查并收取80元后离去。2002年11月4日上午，蒋某某去重庆市红十字会医院检查，被诊断为：胎儿已死于腹中。该院随后对蒋某某进行了引产术。某市法医验伤所法医学尸体解剖鉴定结论认定，蒋某某的胎儿系在脐带、胎盘病变的基础上，因肌肉注射催产素1毫升引起强烈宫缩，导致胎儿在宫内窒息死亡。同日，蒋某某的亲属将周某某扭送至公安机关。

裁判结果：被告人周某某未取得医生执业资格，擅自从事行医活动，致就诊孕妇的胎儿死亡，情节严重，其行为已构成非法行医罪。

裁判理由：刑法理论一般认为，被害人的承诺，符合一定条件的，可阻却犯罪的成立。具体而言，被害人的承诺具备以下条件时，阻却犯罪的成立：第一，承诺只能是对自己具有处分权限的利益承诺他人侵害；第二，承诺者必须具有承诺能力；第三，承诺必须基于承诺者的真实意志；第四，事实上必须存在承诺；第五，基于承诺所实施的侵害行为不得超过承诺者的处分权限，也不能违反法秩序。[①]

据此，在非法行医案件中，即使行为人非法行医时得到患者的承诺，也不能阻却其犯罪的成立，原因如下：第一，非法行医属于危害公共卫生的犯罪，侵害的是社会法益；任何人对社会法益都没有承诺权限，故患者的承诺是无效的。第二，对治疗行为的承诺，只能是一种具体的承诺，而且这种承诺只是对医疗行为本身的承诺，不包括对不当医疗行为致死致伤结果的承诺。在行为人非法行医的情况下，患者只是承诺行为人为其治疗，这是一种抽象的承诺。在被害人并不了解非法行医者的具体治疗方案的情况下，非法行医者的具体治疗行为并没有得到承诺。患者求医当然是希望医治疾病，因此不可能承诺对自己造成伤亡。所以，非法行医者致患者伤亡的行为，也不可能因为被害人承诺而阻却犯罪的成立。第三，在许多情况下，患者是因为不了解非法行医者的内情才去求医的，即非法行医者或者谎称自己具有医生执业资格，或者谎称自己具有高明的医术，使患者信以为真，从而在不了解真相的情况下向非法行医人求医。这显然不能

① 最高人民法院刑事审判第一、二、三、四、五庭主办：《刑事审判参考》（总第40集），法律出版社2004年版，第316号案例。

认为是患者的真实意志，即患者在了解真相的情况下将不会向其求医。由于患者求医是基于误解，因而其承诺也是无效的。第四，非法行医行为违反了法秩序，即使非法行医行为取得了患者的同意，也是法律所禁止的。

根据以上分析，本案中，未取得医生执业资格的被告人周某某固然是应孕妇蒋某某亲属之邀出诊为蒋某某接生的，但其违规用药，引起蒋某某强烈宫缩致胎死宫内，应当认为其行为已至少达到《刑法》第336条规定的“情节严重”的程度，故认定其构成非法行医罪；周某某系因他人之邀为蒋某某接生一节，并不能排除周某某非法行医行为的违法性。

（二）关于特殊时空条件下非法行医是否构成犯罪的问题

随着人们乘坐高铁、飞机出行的越发普及，因高铁、飞机上暂未配备随行医务人员，乘务人员广播寻医的情况时有出现。在这种特定紧急情况下，部分热心群众、有过医学教育背景但尚未取得“医生执业资格”的乘客，出于热心而实施了与其身份不符的救助行为，甚至造成严重后果。此时，行为人是否构成非法行医罪？

首先，根据《民法典》第184条的规定，因自愿实施紧急救助行为造成受助人损害的，救助人不承担民事责任。据此，“举轻以明重”，这种情况下行为人一般不构成犯罪。其次，非法行医罪是职业犯，要求行为人反复实施非法行医行为或者主观上有反复实施非法行医行为的意思。此种情形，行为人只是在紧急情况下偶尔实施一次行医行为，并非以非法行医为业，因此不构成非法行医罪。最后，如果行为人在此种情况下存在严重过错且因此造成了他人身体严重损伤或者死亡的后果，可以考虑以过失致人重伤罪、过失致人死亡罪等作出处理。同时，还要考虑案件发生的特殊时空条件，案件处理的法律效果、社会效果等因素，避免案件处理结果违背社会大众的认知水平，造成不良社会影响。

二、非法行医罪的此罪与彼罪

（一）非法行医罪与医疗事故罪

医疗事故罪，是指医务人员由于严重不负责任，造成就诊人死亡或者严重损害就诊人身体健康的行为。非法行医罪与医疗事故罪的区别主要体现在以下四个方面：一是在犯罪主体方面，医疗事故罪的主体必须是医务人员，即直接从事诊疗护理事务的人员，包括国家、集体医疗单位的医生、护士、药剂人员、从事医疗管理、后勤服务等的人员，以及经主管部门批准开业的个体行医人员；而非法行医罪的主体是未取得医生执业资格的人，相较而言，非法行医罪主体的范围较之于医疗事故罪，更加广泛。二是在犯罪主观方面，医疗事故罪在主观上只能是过失，表现为在行医过程中疏忽大意或者过于自信而对风险认识不足，导致被害人死亡或者严重损害就诊人身体健康；而非法行医罪在基本犯罪构成的主观方面是直接故意，构成结果加重犯时，行为人对就诊人的伤亡后果主观上是过失或者间接故意，且大多数伴有牟利或者营利的目的。三是在犯罪客观方面，医疗事故罪主要表现为医务人员在履职过程中由于严重不负责任造成了就诊人死亡或者严重损害就诊人身体健康的后果；而非法行医罪的客观方面则表现为未取得医生职业资格擅自非法行医、情节严重，不要求造成就诊人员死亡或者身体健康严重损害，如果出现就诊人员死亡或者身体健康严重损害，则属于结果加重犯的范畴。四是在犯罪客体方面，虽然二者均是既侵犯了医疗卫生秩序，又侵犯了公民身体健康、生命安全，但是二者之间也有差别，医疗事故罪着重于侵犯医疗卫生秩序中的医务人员管理秩序，非法行医罪则着重于侵犯医疗卫生秩序中的医疗执业准入秩序。

此外，从实务案件的证据收集和审查判断来看，涉嫌非法行医罪的案件中基本没有医疗事故责任认定书，而涉嫌医疗事故罪的案件大多有这类证据。需要说明的是，医疗事故责任认定书是认定医疗事故罪的充分条件而非必要条件，即使在案证据中没有医疗事故责任认定书，司法机关也可以综合尸体检验、理化检验、病理检验等司法鉴定意见、相关书证、言词证据等在案证据来认定医疗事故责任。更不能因为案件中没有医疗事故责任认定书，影响对案件的准确定性，将本应认定为医疗事故罪的案件认定为非法行医罪。

（二）非法行医罪与关联犯罪的处理

根据 2016 年最高人民法院《关于审理非法行医刑事案件具体应用法律若干问题的解释》第 5 条的规定，行为人在非法行医过程中，自己制作或者销售假药、劣药，或者以行医为名，诈骗就诊人钱财，同时构成生产、销售假药罪，生产、销售劣药罪或者诈骗罪的，按照刑法关于处理牵连犯的处罚原则，以处罚较重的犯罪论处。

当行为人以诊断、治疗疾病为目的骗取他人钱财时，容易出现诈骗罪与非法行医罪混淆的情况。而且区分的关键在于，行为人对就诊人实施的行为是否属于医疗行为。如果行为人为了骗取钱财，装模作样对就诊人实施医疗行为且达到“情节严重”的程度，则有可能同时构成非法行医罪和诈骗罪。如果行为人仅是虚构其能包治百病、救人于危急，收取钱财后并未实施任何医疗行为或者仅是以画符念咒、假装施药等蒙骗他人，则只构成诈骗罪。

例如，李某某诈骗案。[①] 李某某20世纪90年代在某气功培训中心学习医疗气功3个月，后于2003年到北京，一直从事与医疗无关的工作。2010年，李某某到北京市某中医诊所学习问诊、开药方等，期间曾多次帮小区居民针灸、按摩、开中药。被害人金某某因其子（男，10岁）患有脑瘫经医院治疗无效，经朋友介绍认识李某某，李某某宣称能看到患儿体内的“黑气”，后经金某某同意采取“以‘发功’为主，以针灸、按摩、中药为辅”的方式为患儿治疗，每次“发功”收取人民币1万至2万元。患儿每周到李某某家中治疗。李某某“发功”的主要方式是：患儿平躺，其用双手不接触发功，将自身能量通过患儿头部传入患儿全身。李某某还多次为患儿做法事“消业”，每次收取人民币2万元。经所谓“治疗”，医疗费已经达到人民币60余万元，但患儿病况没有改善，被害人金某某发现被骗后报警。经查，李某某在作案时未取得医生执业资格，其将所获钱款用于购买汽车。

2019年9月23日，北京市朝阳区人民检察院以李某某涉嫌诈骗罪提起公诉，2020年4月10日，北京市朝阳区人民法院以诈骗罪判处李某某有期徒刑10年，并处罚金15万元。李某某提出上诉，2020年7月21日，北京市第三中级人民法院裁定驳回上诉，维持原判。

本案有两种分歧意见：第一种意见认为，李某某系非法行医，因未

① 参见北京市人民检察院法律政策研究室主办：《首都检察案例参阅》2021年第4期（总第345期）。

达到入罪标准，不构成犯罪。“医疗气功”是医疗活动，被告人在未取得医生执业资格的情况下从事医疗活动，系非法行医，但因被告人的行为未达到“情节严重”的追诉标准，所以不能构成非法行医罪。被告人在行医过程中虽然收取了高额费用，但其实施了医疗活动，医疗费用也已明确告知被害人，因而在客观上无法认定被告人实施了欺骗行为，在主观上亦无法认定其具有非法占有目的，无法认定为诈骗罪。第二种意见认为，气功是否是医疗行为应当结合被告人的职业背景与能力具体分析。以气功治病为由捏造疗效，使被害人陷入错误认识进而敛取明显超过正常医疗活动收费标准的钱款的，应以诈骗罪论处。

本案的裁判理由具体如下：

第一，气功是迷信还是医疗活动，不能一概而论，应当结合行为人的职业背景、技术能力和实施的气功种类、具体功效等方面综合判定。气功分为健身气功和医疗气功，人们通过练习健身气功，可以达到调节精神、呼吸，提高身体素质的功效，进而保持健康。国家体育总局下设有健身气功管理中心，倡导国民练习五禽戏、明目功等健身气功。而“迷信”是指对神仙鬼怪的盲目信仰，或指缺少科学论证基础的信仰。从功效与国家政策上看，健身气功不是封建迷信。医疗气功，也称外气功，泛指以向他人发功的方式为他人治疗疾病。医疗气功究竟是否有治疗疾病的功效目前仍有争议。根据2000年卫生部《医疗气功管理暂行规定》第4条规定，医疗气功被列入医疗机构诊疗科目的“中医科——其他”类中，同时该规定对开展医疗气功活动进行了严格的限制，包括：需取得中医执业医师资格或中医执业助理医师资格；需具有医疗气功专业知识与技能，通过医疗气功知识与技能考试并取得证书；需在获得医疗气功相关审批的医疗机构中开展诊疗活动。

第二，非法行医表现为以恢复健康为目的、具有一定科学依据、符合一定医学规范诊疗活动，而以毫无科学依据的所谓“治疗”行为敛财的，应当认定为诈骗。如果认定本案行为人的行为是非法行医，必须肯定本案中李某某的行为是医疗行为。我国法律没有明确规定什么是医疗活动，参考《医疗机构管理条例实施细则》第88条对诊疗活动的规定，“诊疗活动是指通过各种检查，使用药物、器械及手术等方法，对疾病作出判断和消除疾病、缓解病情、减轻痛苦、改善功能、延长生命、帮助患者恢复健康的活动”。由此可知诊疗活动必须以恢复健康为目的，通过特定手段实施。刑法通说也认为医疗活动必须以诊疗疾病为目的，且具有高度专业性，表现在运用医学科学理论和技术对疾病作出诊断治疗。本案中，从行为人宣称的气功治疗机理——看见“黑气”、传输能量，被告人履历能力（无正规气功学习经历与资质）、行为人具体治疗方法（隔空发功、烧纸消业）等各方面综合来看，行为人所谓的“治疗”行为不符合医学科学理论和技术要求，甚至不符合基础常识，不属于医疗行为。当然，如果行为人仅仅实施了养生保健活动，收取了对等的费用，也不宜认定为诈骗罪。但在本案中行为人不具备执业背景和技能，恶意捏造医疗效果，声称自己能看到病人身上的“黑气”，向被害人承诺可以治疗根本不可能治愈的疾病，并通过做法事来祛除病症，明显超出了科学范畴，属于捏造虚假事实，使被害人产生错误认识，以此骗取被害人人民币60余万元，也明显超出了“治疗”行为的对价，纯属借机敛财，故构成诈骗罪。

第三，应当结合本案被害人特殊处境来判断被害人是否陷入认识错误。有观点认为，脑瘫无法治愈是常识，且被害人多年求医，应该更加清楚此道理，因此不能认为被害人陷入认识错误，不能认定本案构成诈骗罪。此种观点没有结合被害人的特殊处境加以分析。被害人爱子心切，为了患儿四处求医不成，更加求医心切，不肯放过任何一点希望，因此更容易轻信他人，从而上当被骗。本案被害人具有特殊环境下的特殊心理，不能以局外人的理智、正常人的标准要求其谨慎思考。正是由于被害人在正规医院多次求助无法治疗，才比一般人更容易转而将希望寄托在一些偏方包括本案虚无缥缈的气功上。本案被害人甘于长期在行为人处“治疗”并支付巨额钱款，直至两年后才发现被骗从而报警，这也反映出被害人相信行为人具有神奇本领，可能能够治疗脑瘫，而陷入错误认识之深。

第四，行为人“发功”过程中掺杂的针灸、按摩、开中药行为不影响诈骗罪的认定，此部分收费应当计入诈骗数额。行为人在“发功”的过程中还对患儿针灸、按摩、开中药，此部分行为不应当认定为非法行医进而将此部分费用从诈骗数额中剔除。首先，行为人不具备任何中医资质与能力，其针灸、按摩、开中药行为是否是运用医学科学理论和技术对疾病作出诊断治疗无法判断，不能认定为医疗行为。即使认为其作出的针灸、按摩、开中药的行为是医疗行为，也不影响认定行为人整体行为是诈骗。

因为无论“发功”还是“针灸、按摩、开中药”都无法治疗脑瘫，且“针灸、按摩、开中药”是“发功”的辅助行为，这些行为的根本目的并非治疗疾病，而是为了制造出虚中有实的效果，使得被害人对行为人的“功力”更加深信不疑，实现加深被害人的错误认识进而敛财的目的，应认定为行为人实施诈骗的手段之一，因此这部分收费应当计入诈骗数额。

三、非法行医罪的其他有关问题

（一）“严重损害就诊人身体健康”的认定

根据2016年最高人民法院《关于审理非法行医刑事案件具体应用法律若干问题的解释》第3条的规定，具有下列情形之一的，属于“严重损害就诊人身体健康”，可以非法行医罪处3年以上10年以下有期徒刑并处罚金：（1）造成就诊人中度以上残疾、器官组织损伤导致严重功能障碍的；（2）造成三名以上就诊人轻度残疾、器官组织损伤导致一般功能障碍的。

审查行为人是否构成“严重损害就诊人身体健康”的结果加重犯，应当参照《医疗事故分级标准（试行）》认定，“就诊人中度以上残疾、器官组织损伤导致严重功能障碍”相当于二级医疗事故，“就诊人轻度残疾、器官组织损伤导致一般功能障碍”相当于三级医疗事故。在案证据中应当有医学专业人士、相关专家的证言或者司法鉴定机构的鉴定意见，证明行为人造成了前述损害后果。

（二）“造成就诊人死亡”的认定

根据2016年最高人民法院《关于审理非法行医刑事案件具体应用法律若干问题的解释》第4条的规定，非法行医行为系造成就诊人死亡的直接、主要原因的，应认定为《刑法》第336条第1款规定的“造成就诊人死亡”，可以非法行医罪处10年以上有期徒刑，并处罚金。

审查行为人是否构成“造成就诊人死亡”的结果加重犯，应当注意审查非法行医行为是否系造成就诊人死亡的直接、主要原因。如果非法行医行为并非造成就诊人死亡的直接、主要原因，不应认定行为人构成“造成就诊人死亡"的结果加重犯。司法实务中，应当结合法医鉴定认定非法行医行为是否系造成就诊人死亡的直接、主要原因；法医鉴定结论不明确的，可以咨询法医或者相关专家，查明为何不予明确，必要时，可以要求补充鉴定或者重新委托鉴定。

（三）非法行医罪的共犯问题

共同犯罪是指两人以上共同故意犯罪。如果两人以上的行为人均未取得医生执业资格，且均认识到其行为会发生危害社会的结果，仍决意共同实施非法行医行为，达到非法行医罪的追诉标准，可以构成非法行医罪的共犯。例如未取得医生执业资格的人，以手术方式为就诊人员提供医疗美容服务，辅助人员提供切割、抽脂、缝针等帮助，最终造成就诊人身体健康严重损害甚至死亡的，该辅助人员当然构成非法行医罪的共犯。当然，如果仅系提供一般性的劳务服务，对危害后果的发生没有帮助作用或者作用非常有限，则不宜认定为非法行医罪的共犯。

此外，行为人的亲友明知行为人非法行医，仍为其提供场所，有时还收取高额租金，行为人的亲友是否构成非法行医罪的共犯？此种情况，从共同犯罪的一般原理来看，行为人的亲友主观上明知行为人在非法行医，客观上也提供了帮助作用，或可构成非法行医罪的共犯；但是其对行为人的非法行医犯罪并未提供直接的帮助作用，而且司法解释也未对此作出明确的规定，目前也未查询到司法实务中有将此种情形作为非法行医罪共犯处理的案例，故此，对行为人的亲友不宜按照非法行医罪的共犯论处。

（四）医疗美容活动的认定

伴随生活水平的不断提高，医疗美容行业逐渐兴起，但相应地也出现了美容机构、执业医师不规范等问题，美容药物违规滥用的现象亦屡禁不止。根据《医疗美容服务管理办法》规定，医疗美容，是指运用手术、药物、医疗器械以及其他具有创伤性或者侵入性的医学技术方法对人的容貌和人体各部位形态进行的修复与再塑。美容医疗机构，是指以开展医疗美容诊疗业务为主的医疗机构。由于医疗美容通常伴有麻醉、外科手术等高风险医疗操作，按照《医疗美容项目分级管理目录》，根据美容手段的难易程度及风险程度，将医疗美容划分为四个等级。是否将医疗美容活动纳入医疗行为，是否纳入刑法规制范畴，需要从多方面加以分析。

1. 医疗美容与生活美容的区分。根据《医疗美容服务管理办法》对医疗美容的界定，医疗美容和生活美容的区别主要表现在对人体（面部）等侵入程度不同。生活美容主要是通过辅助性手段对个人容貌进行修饰，如皮肤护理、按摩等，而医疗美容是通过医疗器械、医疗药品对外貌、人体各部位的修复和再塑，如割双眼皮、隆鼻等，且由于后者对人体侵入性更强、操作难度更高、风险更大，其受到《医师法》《医疗机构管理条例》《医疗机构基本标准（试行）》规制，监管更严。

2. 医疗美容与普通医疗（诊疗）行为的关系。《医疗机构管理条例实施细则》第88条[①]分别对医疗美容和普通医疗（诊疗）行为[②]的定义作出解释，发现二者从操作手段层面具有重合性，即其手段行为如手术、药物等方式均具有对患者生理上的侵入和介入，并以此改变患者生理特征或者状态，因此从客观行为上分析，医疗美容与普通医疗（诊疗）行为具有密切联系甚至统一性。

3. 法律对医疗美容执业人员的准入门槛规定。美容手术是医疗美容中最常见的手段，而伴随麻醉等医疗手段，其本质与医疗手术无明显差异，若没有执业资格的美容医生进行操作，极易对接受美容者的生命健康产生严重威胁。对此，《医疗美容服务管理办法》一方面对举办美容医疗机构或医疗机构设置医疗美容科室有严格规定，同时跟医疗机构一样，也要求在美容医疗机构执业必须取得《医疗机构执业许可证》[③]；另一方面，

---

① 《医疗机构管理条例实施细则》第88条规定："条例及本细则中下列用语的含义：诊疗活动：是指通过各种检查，使用药物、器械及手术等方法，对疾病作出判断和消除疾病、缓解病情、减轻痛苦、改善功能、延长生命、帮助患者恢复健康的活动。医疗美容：是指使用药物以及手术、物理和其他损伤性或者侵入性手段进行的美容。"

② 因"医疗行为"尚无法律法规作出明确定义，故此处不对"医疗行为"和"诊疗活动"作严格区分。

③ 《医疗美容服务管理办法》第5条规定："申请举办美容医疗机构或医疗机构设置医疗美容科室必须同时具备下列条件：（一）具有承担民事责任的能力；（二）有明确的医疗美容诊疗服务范围；（三）符合《医疗机构基本标准（试行）》；（四）省级以上人民政府卫生行政部门规定的其他条件。"第8条规定："美容医疗机构必须经卫生行政部门登记注册并获得《医疗机构执业许可证》后方可开展执业活动。"

对可以负责实施医疗美容项目的主诊医师条件及可以开展执业活动美容医疗机构标准作了严格限制[1]。对于执业美容医师的要求除了非法行医罪中要求的"具有执业医师资格，经执业医师注册机关注册"外，还同时要求具有从事相关临床学科工作经历或者经过医疗美容专业培训或进修并合格，或已从事医疗美容临床工作 1 年以上等条件，其门槛与非法行医罪"医生执业资格"的要求相比，更加严格。

4. 医疗美容行为的法益侵害性。参考（2020）豫 0302 刑初 94 号张某某、王某某非法行医案和（2021）豫 0526 刑初 59 号刘某某、王某某非法行医案等案例，由医疗美容引发的后果极易达到《刑法》第 336 条第 1 款规定的"情节严重"情形，故认为对没有行医（医疗美容）执业资格的行为人擅自实施医疗美容行为，达到《刑法》第 336 条第 1 款规定的"情节严重"及以上的，以非法行医罪论处。

（五）非法行医犯罪从业禁止的问题

司法实务中，有部分案件，法院以非法行医罪对被告人判处缓刑，同时禁止被告人在缓刑考验期内及缓刑考验期满后的 3—5 年内从事相关医疗活动。根据《刑法》第 37 条之一第 1 款的规定，因利用职业便利实施犯罪，或者实施违背职业要求的特定义务的犯罪被判处刑罚的，人民法院可以根据犯罪情况和预防再犯罪的需要，禁止其自刑罚执行完毕之日或者假释之日起从事相关职业，期限为 3—5 年。因此，检察机关在对非法行医案件提起公诉的同时，针对可能判处缓刑、管制的被告人，可以在发表公诉意见时，建议法院对被告人适用禁止令、从业禁止，从而有效预防此类犯罪的发生。

---

① 《医疗美容服务管理办法》第 11 条规定："负责实施医疗美容项目的主诊医师必须同时具备下列条件：（一）具有执业医师资格，经执业医师注册机关注册；（二）具有从事相关临床学科工作经历。其中，负责实施美容外科项目的应具有 6 年以上从事美容外科或整形外科等相关专业临床工作经历；负责实施美容牙科项目的应具有 5 年以上从事美容牙科或口腔科专业临床工作经历；负责实施美容中医科和美容皮肤科项目的应分别具有 3 年以上从事中医专业和皮肤病专业临床工作经历；（三）经过医疗美容专业培训或进修并合格，或已从事医疗美容临床工作 1 年以上；（四）省级人民政府卫生行政部门规定的其他条件。"

第四节 相关案例评析

案例一 刑法上因果关系的准确认识与把握[①]

——陈某某非法行医案

【抗诉要旨】

检察机关的职能不是单纯指控犯罪，还要依法履行法律监督职能。本案中，检察机关准确把握刑法上的因果关系，有效纠正了一审判决的事实认定错误及法律适用错误，贯彻了罪责刑相适应原则，还对案件的刑事诉讼活动进行监督，及时纠正法院的不当羁押决定，有力保障了原审被告人的合法权益。

【基本案情】

原审被告人陈某某，男，1971 年出生，高中文化，无业。

2010 年 9 月以来，陈某某在未取得医师执业证书和《医疗机构执业许可证》的情况下，私自在福建省泉州市某小区开办诊所，非法行医。2012 年 12 月 24 日下午，陈某某在其诊所对被害人陈某霖进行针灸治疗过程中，被害人陈某霖支气管哮喘病发作，由于陈某某对被害人陈某霖的病情观察不仔细，评估不足，未及时转诊，且抢救措施不完善，导致被害人陈某霖在患冠心病基础上，因支气管哮喘病发作后致急性呼吸、循环功能衰竭而死亡。经司法鉴定：陈某某对被害人陈某霖的医疗行为存在一定过失，该过失与被害人陈某霖最终死亡后果间存在一定的因果关系，建议参与度为 20%—30%。案发当日，陈某某在泉州市第一医院打电话报警，并在现场等候公安机关处理，归案后如实供述事实。案发后已经赔偿被害

---

① 参见陈国庆主编:《刑事抗诉典型案例评析》，第 34 号案例，中国检察出版社 2017 年版。

人家属的经济损失，并取得被害人家属谅解。

【诉讼、监督经过】

该案由福建省泉州市某区公安局立案侦查。2013年11月29日，某区人民检察院以原审被告人陈某某涉嫌非法行医罪向某区人民法院提起公诉。同年12月16日，某区人民检察院作出变更起诉决定，将原起诉书认定的“原审被告人陈某某未取得医生执业资格而非法行医，致一人死亡”变更为“原审被告人陈某某未取得医生执业资格非法行医，对一名患者诊治不当，对该患者的死亡负20%—30%的责任，属情节严重”。2014年3月1日，某区人民法院作出一审判决，认定原审被告人陈某某的犯罪情节属于“造成就诊人死亡”，判处原审被告人陈某某有期徒刑3年。同年3月12日，某区人民检察院向泉州市中级人民法院提出抗诉，认为一审法院认定原审被告人陈某某符合“造成就诊人死亡”的情节属于认定犯罪情节错误，导致适用刑罚明显不当。泉州市人民检察院经认真研究一审判决结果和抗诉理由，于同年7月7日支持抗诉。同年7月30日，泉州市中级人民法院作出二审判决，认定原审被告人陈某某犯非法行医罪，属情节严重，不属于“致一人死亡”，改判原审被告人陈某某有期徒刑2年，缓刑3年。

【主要问题】

如何认定非法行医与“造成就诊人死亡”的因果关系？

【案件评析】

针对一审判决认定原审被告人陈某某属于“造成就诊人死亡”，泉州市两级检察机关深入研究法律规定，调查了解实践案例，从两个方面充分论证抗诉理由。

第一，经审查认为，刑法上规定的“造成就诊人死亡”，应当是非法行医行为直接导致他人死亡，即非法行医对死亡结果的发生具有决定性作用。本案中，鉴定意见为：（1）死者陈某霖符合在冠心病基础上，因支气管哮喘发作致急性呼吸、循环功能衰竭而死亡；（2）死者死亡后果的发生与个体医生陈某某针灸治疗行为无直接因果关系；（3）死亡的发生主要系其自身疾病转归所致，个体医生陈某某在对其进行针灸治疗过程中，由于对病情观察不仔细，评估不足，未及时转诊，患者支气管哮喘病发作后，抢救措施也存在不完善，医疗行为存在一定的过失，该过失与陈某霖最终死亡后果间存在一定的因果关系，建议参与度为20%—30%。由此可见，陈某某的医疗行为存在一定过失，与被害人的死亡存在一定的因果关系，但不足以形成刑法上的全部或者主要因果关系，不能认定陈某某对被害人死亡的结果起决定作用，故不应认定为“造成就诊人死亡”的情节。且结合泉州当地的审判实践来看，对原审被告人行为与被害人死亡后果间存在一定的因果关系，建议参与度为较低的类似非法行医案例，一般均不认定原审被告人的行为符合“造成就诊人死亡”的情节。故本案一审判决违背事实与证据，属认定犯罪事实错误。

第二，一审法院适用法律错误，导致量刑畸重，不适用缓刑不当。因为原审被告人陈某某的行为不能认定为“造成就诊人死亡”，根据鉴定意见，也未能证实其医疗行为“严重损害就诊人身体健康”，其行为应当以《刑法》第336条规定的第一个量刑幅度，对应在3年以下有期徒刑、拘役或管制，并处或者单处罚金的幅度内进行量刑，原审被告人陈某某还具有自首情节，认罪态度较好，且案发后已经赔偿被害人家属的经济损失，并取得被害人家属的谅解，具有悔罪表现，化解了社会矛盾，相对减小了社会危害性，对其适用缓刑既符合《刑法》第72条的规定，也符合宽严相济的刑事政策。故一审判决因适用法律错误导致量刑畸重，不适用缓刑不当。

【借鉴意义】

泉州市两级检察机关对本案的刑事诉讼活动进行了全面监督，不但从实体上对法院确有错误的判决进行监督，还从程序上及时纠正了法院的不当羁押决定，变逮捕为取保候审，切实维护原审被告人陈某某的合法权益。案件最终改判后，当事人双方对于改判结果均无异议，从而达到有效化解社会矛盾、促进和谐稳定的目的。

（一）树立实体与程序并重的司法理念，保障原审被告人的人权

审前阶段，考虑到原审被告人陈某某具有自首情节，并积极赔偿被害人家属，取得被害人家属谅解，且陈某某在侦查阶段及审查起诉阶段均能如实供述、随传随到，认罪态度好，对其取保候审不致发生社会危险性，公安机关与检察机关均对陈某某采取取保候审的强制措施。法院审理阶段，陈某某也未出现违反相关规定、不配合法院审理工作的举动，但法院在受理该案几天后就变更强制措施，将陈某某逮捕羁押。为此，某区人

民检察院及时审查法院对陈某某逮捕羁押的必要性，认为法院羁押不当，在法院作出羁押决定的两天后就及时发出羁押必要性审查建议书，认为陈某某在侦查、审查起诉阶段均能随传随到，如实供述自己的罪行，符合刑事诉讼法关于取保候审规定的条件，没有逮捕的必要，督促法院及时变更强制措施。次日，某区人民法院采纳建议，将陈某某的强制措施再次变更为取保候审。原审被告人陈某某的合法权益得到了及时、有效的维护。

（二）专业剖析与因果论证并举，落实罪责刑相适应原则，确保不枉不纵

该案二审阶段，泉州市人民检察院深入阅卷后，对案件涉及的医学专业问题进行全面剖析：邀请相关医疗专家进行详细阐述，厘清案件脉络；联系泉州市第一医院等医疗单位，安排承办人前往医院对冠心病并发支气管哮喘等现实病例进行深入了解，从而为进一步明确被害人死因、原审被告人不当医疗行为的死亡参与度提供了理论与实践依据。在此基础上，泉州市人民检察院对原审被告人陈某某的具体医疗行为、其行为与被害人陈某霖最终死亡后果之间的因果关系、不当医疗行为的死亡参与度等案件争议焦点展开全面梳理，深入研判该罪名法律适用特别是量刑条款的适用，查找相似案例，充实抗诉依据，最终决定支持区院抗诉。同时，注意强化与泉州市中院的沟通联系，分管副检察长多次就该案列席法院审委会发表意见，充分阐述抗诉理由，统一法律适用标准，促使审委会采纳抗诉意见。2014 年 7 月 30 日，泉州市中院作出二审判决，撤销原审判决中对陈某某的量刑，改判原审被告人陈某某有期徒刑 2 年，缓刑 3 年。

案例二　梁某医疗事故案①

【关键词】

医院护士　非法行医　医疗事故　擅自行为　职务行为

---

① 参见最高人民法院刑事审判一、二、三、四、五庭主办的《刑事审判参考》第 1288 号案例。

【基本案情】

被告人梁某系某医院护士，未取得医生执业资格；陶某丽、孙某是该医院妇科的医生，均系助理医师，陶某丽担任主任。2014年5月16日上午，被害人杨某某到该医院妇科就诊，陶某丽安排助理医师孙某给杨某某做人流手术，在孙某表示可以麻醉时，梁某在明知麻醉药丙泊酚应由受过训练的麻醉师或加强监护病房的医生给药的情况下，给被害人杨某某静脉推注了丙泊酚注射液，手术结束后杨某某昏迷，经抢救无效死亡。经法医鉴定，被害人杨某某系因在人流手术过程中静脉推注丙泊酚导致呼吸抑制而死亡，可以排除杨某某系毒物中毒致死、机械性窒息致死、机械性损伤致死和原发性疾病致死。案发后医院赔偿被害人杨某某亲属人民币60万元。

【诉讼过程和结果】

一审法院认为，被告人梁某身为医院的护士，未取得麻醉师和医生执业资格，在为被害人杨某某做人流手术时注射麻醉药丙泊酚，造成被害人杨某某死亡的严重结果，其行为构成非法行医罪，判处有期徒刑10年，并处罚金人民币1万元。被告人梁某不服一审判决，提起上诉。二审期间，上诉人梁某及其亲属与被害人亲属自行达成调解协议，赔偿被害人亲属14万元，取得被害人亲属的谅解。二审法院认为，梁某作为医院的医务人员在诊疗护理工作中严重违反法律、法规、规章和诊疗护理规范、常规，造成就诊人杨某某死亡，其行为构成医疗事故罪；有坦白、立功、赔偿被害人亲属经济损失并取得谅解等从轻处罚情节，可依法对其从轻处罚，但其在取保候审期间潜逃，严重影响司法权威，不宜适用缓刑。因此，二审法院撤销一审判决，以医疗事故罪改判梁某有期徒刑2年。

【主要问题】

被告人梁某的行为构成非法行医罪还是医疗事故罪？

【案件分析】

（一）推注麻醉药丙泊酚并非被告人梁某个人的擅自行为，梁某不构成非法行医罪

本案中，该医院是一家合法成立的私立医院，梁某作为护士应聘到医院工作，一直担任护士的职务，领取护士的薪水。在案证据证明，陶某丽是该医院妇科主任，有对妇科医务人员的人事安排权力，且该医院妇科

仅有陶某丽具有购买、保管麻醉药的权限。案发当天，陶某丽安排助理医师孙某给杨某某做人流手术，并未外聘麻醉师，虽然陶某丽否认安排梁某推注麻醉药丙泊酚，但综合全案证据，可以推定梁某参与手术是受医院安排的。在孙某表示可以麻醉时，作为护士的梁某给被害人杨某某静脉推注了麻醉药丙泊酚，手术结束后杨某某昏迷，经抢救无效死亡。这是一个完整的诊疗活动，梁某的行为是该诊疗活动的一个环节。梁某参与手术、推注麻醉药丙泊酚的行为系受院方安排的职务行为，并非其个人擅自决定。因而，虽然梁某本人没有医师资格，但是其推注麻醉药实际是医院和医师授权下的职务行为，尽管这一授权从管理角度是违规的，但梁某本人不属于《2016年解释》规定的“未取得医生执业资格的人非法行医”的四种情形，依法不构成非法行医罪。

（二）被告人梁某有明显过错，符合医疗事故罪的构成要件

医疗事故罪的主体必须是医务人员，包括医院医务人员及经批准的个体行医者、医疗防疫人员、药剂人员、护理人员和其他技术人员。梁某是取得护士执业资格的护士，符合本罪的主体要件。

在客观上，由于梁某严重不负责任的行为造成了就诊人的死亡。本案中，孙某仅是助理医师，不具有独立进行手术的资格，根据《执业医师法》第30条第1款的规定，执业助理医师应当在执业医师的指导下，在医疗、预防、保健机构中按照其执业类别执业。孙某在没有执业医师指导的情况下为被害人做人流手术，属违法违规；丙泊酚注射液应由受过训练的麻醉师或加强监护病房的医生来给药，梁某是医院的护士，没有医师资质而给患者推注麻醉药丙泊酚注射液，也属违法违规。对于杨某某的死亡，医院具有不可推卸的责任，而梁某严重不负责任的医务行为正是杨某某死亡的直接原因。

在主观上，梁某对对病人杨某某的死亡存在重大业务过失。本案中，综合梁某的供述和其身份、职业等，可以认定梁某能够清楚认识自己从事麻醉行为的危险性，梁某明知自己没有医师资质而给患者推注麻醉药丙泊酚注射液，存在重大的业务过失。

综合上述情况，即使被告人梁某的行为属于其所就职的医院安排的职务行为，但其个人仍然存在重大业务过失，符合医疗事故罪的犯罪构成，可依法构成该罪。

（三）认定被告人梁某构成医疗事故罪符合罪责刑相适应原则

实践中，对于已取得护士资格而未取得医生执业资格的护士，擅自从事诊疗活动损害就诊人身体健康的，以非法行医罪论处争议不大。但是本案中，被害人到合法成立的私立医院就诊，由医生安排手术，被告人梁某在医院的安排下从事超出其护理工作职责的麻醉行为，之所以发生被害人死亡的后果，与医院对医护人员资格、诊疗行为、手术规程等管理存在漏洞明显有关，如以非法行医罪对护士梁某判处有期徒刑 10 年，既不符合非法行医罪的构成要件，也明显有失公允。二审法院综合考虑案件的性质、情节以及医院方面的过错、赔偿等，以医疗事故罪改判梁某有期徒刑 2 年，符合罪责刑相适应原则。

第五节　相关法律规定

一、法律

1.《中华人民共和国刑法》第三百三十六条

2.《中华人民共和国执业医师法》

3.《中华人民共和国母婴保健法》

4.《中华人民共和国基本医疗卫生与健康促进法》

二、行政法规及部门规章

1.《中医师、士管理办法（试行）》

2.《医疗机构管理条例》

3.《医疗机构管理条例实施细则》

4. 卫生部、人事部《具有医学专业技术职务任职资格人员认定医师资格及执业注册办法》

5.《医师资格考试暂行办法》

6.《医疗气功管理暂行规定》

7.《医疗事故处理条例》

8.《医疗美容服务管理办法》

9.《乡村医生从业管理条例》

10. 卫生部、公安部《关于在严厉打击非法行医和非法采供血工作中加强衔接配合的暂行规定》

11. 卫生部办公厅《医疗美容项目分级管理目录》

12. 国家卫生计生委、国家中医药管理局《无证行医查处工作规范》

13.《医师执业注册管理办法》

14.《中医诊所备案管理暂行办法》

三、司法解释

最高人民法院《关于审理非法行医刑事案件具体应用法律若干问题的解释》

第十一章

妨害动植物防疫、检疫罪办案指引

第一节　妨害动植物防疫、检疫罪概述

一、妨害动植物防疫、检疫罪的立法沿革

1979 年《刑法》没有规定妨害动植物防疫、检疫罪，仅规定了第 178 条妨害国境卫生检疫罪（现《刑法》第 332 条）。之后出台的动植物防疫、检疫行政法律法规，逐渐严密了惩治妨害防疫、检疫行为的刑事法网。1983 年 1 月 3 日，国务院公布《植物检疫条例》第 16 条规定，违反本条例规定的，应给予批评教育或行政处分；造成损失的，并应视情况责令赔偿 。触犯刑律的，依法追究刑事责任。1991 年 10 月 30 日，第七届全国人民代表大会常务委员会第二十二次会议通过《进出境动植物检疫法》第 42 条规定，违反本法规定，引起重大动植物疫情的，比照刑法[①]第 178 条的规定追究刑事责任。2009 年 8 月 27 日该条修正为"违反本法规定，引起重大动植物疫情的，依照刑法有关规定追究刑事责任"。

为了维护进出境动植物检疫工作的正常进行，防止动植物疫情以及其他有害生物传入、传出过境，1997 年《刑法》第 337 条规定了本罪的前身——逃避动植物检疫罪。[②]2008 年 6 月 25 日，最高人民检察院、公安部发布《关于公安机关管辖的刑事案件立案追诉标准的规定（一）》，规定了逃避动植物检疫罪的立案追诉标准。

因故意违反境内动植物防疫、检疫规定，造成动植物疫情传播、扩散的案件时有发生，造成人民群众财产严重损失，2009 年颁布的《刑法

① 指 1979 年刑法。

② 1997 年《刑法》第 337 条规定："违反进出境动植物检疫法的规定，逃避动植物检疫，引起重大动植物疫情的，处三年以下有期徒刑或者拘役，并处或者单处罚金。单位犯前款罪的，对单位判处罚金，并对其直接负责的主管人员和其他直接责任人员，依照前款的规定处罚。"

修正案（七）》，将《刑法》第337条修改为妨害动植物防疫、检疫罪，相较于原来的逃避动植物检疫罪，进行了如下修改：一是将“违反进出境动植物检疫法的规定”修改为“违反有关动植物防疫、检疫的国家规定”，使该条的适用范围由过去只适用于“进出境动植物检疫”扩大到“境内”所有动植物防疫、检疫；二是对追究刑事责任增加了“有引起重大动植物疫情危险，情节严重的”情形[①]。针对《刑法修正案（七）》的修改，2017年4月27日最高人民检察院、公安部《关于公安机关管辖的刑事案件立案追诉标准的规定（一）的补充规定》相应修改了本罪的立案追诉标准。

2020年10月17日，第十三届全国人民代表大会常务委员会第二十二次会议通过《生物安全法》，其适用范围包括防控重大新发突发传染病、动植物疫情，其中第82条规定，违反本法规定，构成犯罪的，依法追究刑事责任。

二、妨害动植物防疫、检疫罪的发案态势

在中国裁判文书网上公布的2014—2020年的妨害动植物防疫、检疫案的一审判决书共125件。从时间上看，2014—2018年案件数量均为个位数，五年间共判决28件；2019年激增至44件；2020年则为53件。从发案地区看，共有27个省（直辖市、自治区）发生此类案件。数量最多的为四川，共有19件；其次为山东，有10件；其余省份均是个位数。本罪的案发情况受动植物疫情的影响较大，与各地防疫形势息息相关。例如，2018年下半年发生非洲猪瘟疫情后，国家对活猪的处理、运输监管力度加大，相应地，此类案件数量也出现较大幅度增长。在所有公布案情的125件案件中，一半以上的案件涉及生猪防疫。

三、妨害动植物防疫、检疫罪的概念和构成特征

动植物，包括动物、植物、动物制品、植物制品，《进境动物检疫疫病名录》对上述四个概念予以了规定。动物指饲养、野生的活动物，如

① 黄太云：《刑法修正案（七）解读》，载《人民检察》2009年第6期。

畜、禽、兽、蛇、龟、鱼、虾、蟹、贝、蚕、蜂等。动物产品指来源于动物未经加工或者虽经加工但仍有可能传播疫病的产品，如生皮张、毛类、肉类、脏器、油脂、动物水产品、奶制品、蛋类、血液、精液、胚胎、骨、蹄、角等。这里的动物产品即动物制品。植物指栽培植物、野生植物及其种子、种苗及其他繁殖材料等。植物产品指来源于植物未经加工或者虽经加工但仍有可能传播病虫害的产品，如粮食、豆、棉花、油、麻、烟草、籽仁、干果、鲜果、蔬菜、生药材、木材、饲料等。这里的植物产品即植物制品。

动物防疫，根据《动物防疫法》规定，"防疫"是指动物疫病的预防、控制、扑灭和动物、动物产品的检疫。植物防疫，指预防或减轻农业生态系统植物病害的发生和发展，以增进植物或作物的产量和品质的措施。动物检疫，指专门机构为防止动物疫病传播，对动物、动物制品进行检查。植物检疫，指专门机构为防止植物危险性生物传播，对植物、植物制品进行检查。

重大动植物疫情包括重大动物疫情和重大植物疫情。根据《重大动物疫情应急条例》第 2 条规定，重大动物疫情指高致病性禽流感等发病率或者死亡率高的动物疫病突然发生，迅速传播，给养殖业生产安全造成严重威胁、危害，以及可能对公众身体健康与生命安全造成危害的情形。重大植物疫情，一般指植物病、虫、有害物种的迅速蔓延，使粮食、瓜果、蔬菜严重减产；或者有害植物大面积入侵，使当地植物种群退化、消失，造成生态环境恶化，进而造成巨大经济损失或者环境资源的破坏。[①]
《生物安全法》第 85 条对重大新发突发动植物疫情予以了明确。重大新发突发动物疫情，是指我国境内首次发生或者已经宣布消灭的动物疫病再次发生，或发病率、死亡率较高的潜伏动物疫病突然发生并迅速传播，给养殖业生存安全造成严重威胁、危害，以及可能对公众健康和生命安全造成危害的情形。重大新发突发植物疫情，是指我国境内首次发生或者已经宣布消灭的严重危害植物的真菌、细菌、病毒、昆虫、线虫、杂草、害鼠、软体动物等再次引发病虫害，或者本地有害生物突然大范围发

① 郎胜主编:《中华人民共和国刑法释义》(第 5 版)，法律出版社 2011 年版，第 585 页。

生并迅速传播，对农作物、林木等植物造成严重危害的情形。

妨害动植物防疫、检疫罪是指违反有关动植物防疫、检疫的国家规定，引起重大动植物疫情的，或者有引起重大动植物疫情危险，情节严重的行为。在了解了本罪涉及的相关概念基础上来分析本罪的构成特征：

（一）客体特征

妨害动植物防疫、检疫罪的客体是国家动植物防疫、检疫管理制度，即由《动物防疫法》《进出境动植物检疫法》《植物检疫条例》等国家规定的动植物防疫、检疫管理制度。

（二）客观方面特征

妨害动植物防疫、检疫罪的客观方面表现为违反有关动植物防疫、检疫的国家规定，且该行为造成了法定的危害后果。故客观特征分为客观行为和危害后果两部分，二者必须同时具备。

1. 客观行为。本罪的客观行为表现为违反有关动植物防疫、检疫的国家规定，包括《动物防疫法》《进出境动植物检疫法》《植物检疫条例》等规定的行为。因国家规定一般具有高度概括性，一些地方主管部门还要进一步制定实施细则，同时为确保国家规定实施，也要发布一些命令等文件。故此处的“国家规定”并不排除根据植物防疫、检疫国家规定制定的规范性文件。

在具体办案中，应根据国家规定对案情作多维度分析。比如法律未禁止生猪跨省调运，非洲猪瘟疫情期间，农业主管部门发布了禁止跨省调运生猪的通知，同时不再出具跨省调运应持的动物检疫合格证明（A类）。此时，所有生猪必然未按照A类标准进行检疫。如行为人跨省调运生猪，不仅违反了农业主管部门的通知，也违反了《动物防疫法》未经检疫的动物产品禁止运输的规定，属于违反动物防疫、检疫的国家规定。

实践中，违反动植物防疫、检疫国家规定的行为一般分为两类：一类是违反有关动植物疫情管理规定的行为，目前主要是动物疫情管理规定，如违反《动物防疫法》的规定处置染疫动物、产品、排泄物、污染物等；另一类是违反有关动植物防疫、检疫管理规定的行为，如违反《动物防疫法》的规定经营、运输、屠宰、加工动物、动物产品逃避检疫等行为，违反《植物检疫条例》的规定调运应施检疫的植物、植物产品等行为，输入《进出境动植物检疫法》规定的禁止进境物逃避检疫等行为。

2. 危害后果。危害后果即上述违反有关动植物防疫、检疫的国家规定的行为所造成的后果。根据刑法规定，危害后果包括两种：第一种是引起重大动植物疫情。这里需要注意的是，重大动植物疫情应按照国家行政主管部门的有关规定认定，如《动物防疫法》第 32 条规定，重大动物疫情由省、自治区、直辖市人民政府农业农村主管部门认定，必要时报国务院农业农村主管部门认定。实践中，每种动植物疫病的特性不同，主管部门认定标准也不同。第二种是有引起重大动植物疫情危险且情节严重。需要注意两个问题：一是重大动植物疫情危险应是有证据证明的、具体的、现实的危险。也就是说，并非行为违反有关动植物防疫、检疫的国家规定即可认定为具有重大动植物疫情危险，需结合在案证据，以行为当时的具体情况为根据[①]，以重大动植物疫情为参照标准，进行综合评价。司法办案中，要参考主管部门或专家出具的评估意见。二是该种情形下应以情节严重为入罪条件。根据立案追诉标准，只有七种造成重大动植物疫情危险的行为应予以立案追诉，该七种行为即是情节严重的具体表现。

例如，被告人李某强从事活鸡饲养、销售过程中，违反有关动植物防疫、检疫的国家规定，对所购进的活鸡应当检疫而未全部检疫，并且其饲养的活鸡中检测出的高致病性 H7N9 流感病毒，可能引发人畜共患的高致病性禽流感疫情，会严重威胁养殖业生产安全及公众身体健康与生命安全，有引起重大动物疫情危险，情节严重，其行为符合妨害动植物防疫、检疫罪的构成要件，应当以妨害动植物防疫、检疫罪追究其刑事责任。本案辩护人提出被告人李某强所实施的行为不构成妨害动植物防疫、检疫罪形式要件的辩护意见。经查，李某强对所购进的活鸡应当检疫而未全部检疫，并将活鸡饲养在不符合规定距离的居民生活区、食品市场等人流密集的公共场所附近，在无相关资质的情况下，对外宰杀出售，且在饲养过程中鸡只出现死亡现象后，未对死体进行无害化处理，也未向有关部门报告，其行为虽然没有引起重大动物疫情，但是有引发高致病性禽流感疫情

① 张明楷：《刑法学》（第五版），法律出版社 2016 年版，第 167 页。

的危险。[①]本案中，无证据证明发生了重大动物疫情，法院即是根据饲养场所、处置行为、检疫结果等综合认定具有引起重大动植物疫情危险。

3. 因果关系。成立本罪，不仅要有重大动植物疫情，或者有引起重大疫情危险且情节严重的结果，该结果还应是违反有关动植物防疫、检疫国家规定的行为造成的。

例如，农垦医院病历中关于杨某某因在哈医大二院诊断布鲁氏杆菌症于2013年4月7日入农垦医院治疗的入院记录，足以证实其夫李某甲在2013年4月7日前就已经得知杨某某被传染布病，被害人、证人的言词证据均能证实在李某甲2013年4月18日入院前的一段时间内购买过李某甲的羊，且各被害人均证实购买时羊有患病症状。结合尚志市疾病预防控制中心说明可以得知，被告人李某甲夫妇是林场最早患布病的人，发病时间是2013年2、3月份，确诊时间为4月份，其他被害人发病时间是5、6、7、8月份，均于李某甲夫妇在农垦医院治疗康复之后发病。因此可以认定，被告人李某甲在得知妻子杨某某因自家养羊患布病后，在明知自家的羊患有能够传染人的布病的情况下，为减少自己的经济损失，未按国家相关规定申报检疫，而是集中将羊售出。被害人张某某、姚某乙、徐某因与李某甲家病羊或羊奶有过接触，身患布病与接触李某甲饲养的病羊引起布病传播有因果关系，被告人李某甲应当为此承担责任。[②]本案中，法院根据羊的发病时间、购买时的症状等，论证了行为与结果疫病传播之间有无因果关系。

（三）主体特征

本罪的主体是一般主体，包括达到刑事责任年龄、具有刑事责任能力的自然人，也包括单位。具体包括：从事动物饲养、屠宰、经营、隔离、运输以及动物产品生产、经营、加工、贮藏等活动的单位和个人；生产、经营、调运、引进植物和植物产品的单位和个人；繁育、引进种子、苗木和其他繁殖材料的单位和个人；输入、输出动植物、动植物产品的单位和个人；发现动植物疫病的人员；等等。

---

① 参见（2019）内2923刑初27号刑事判决书。

② 参见（2014）苇刑初字第5号刑事判决书。

例如，某公司发生的小反刍兽疫为二级重大疫情。苏某松作为引进该批山羊的介绍人和货主之一，明知应依法办理相关审批、检疫、申报手续，而不办理，且作为该公司的法人代表即负责人，明知动物卸车落地后须向当地动物卫生监督机构申报检验并隔离观察、经批准后方可进场饲养。苏某松未办理前述手续即将该批山羊放入其公司内饲养，最终导致该公司羊场内发生二级重大疫情。[①]

（四）主观方面特征

妨害动植物防疫、检疫罪的主观方面表现为故意，包括直接故意和间接故意。

1. 无须判断实施客观行为的主观态度。本罪的主观是故意还是过失，理论上存在争议。一方面，行为人实施违反有关动植物防疫、检疫国家规定的行为无疑是出于故意，但对自己行为会发生危害社会的后果未必持希望或放任的态度，从结果而论，不符合《刑法》第 14 条关于故意的规定；另一方面，通说认为，过失犯不能为危险犯。但本罪经《刑法修正案（七）》修改后变为危险犯，如认定为过失犯罪，则存在理论障碍。

国家制定动植物防疫、检疫规定的目的是防止动植物疫情发生。行为人如实施值得刑法调整的行为，且知道该行为违反有关动植物防疫、检疫国家规定，对该行为可能引起重大动植物疫情或疫情危险的结果至少具有过失。故从刑法理论的协调性出发，应认为本罪的主观方面系故意，在实施违反有关动植物防疫、检疫的国家规定的行为上主客观相统一。而刑法条文中规定该行为造成的危害后果，则是限制处罚范围的客观超过要素，无须考察行为人的主观态度。这样在案件办理中，法律论证更加严谨，证据收集也更为便宜。

2. "情节严重"的主观与行为或结果相一致。如前所述，在行为人故意违反国家规定的情况下，无需考察其对所引起的重大动植物疫情或疫情风险的主观态度。但因在有引起重大动植物疫情风险的情况下，成立本罪，还需"情节严重"，故应进一步确定"情节严重"的主观。

从立案追诉标准的规定来看，"情节严重"，既包括引起重大动植物

---

① （2018）桂 01 刑终 19 号刑事判决书。

疫情风险的程度严重，也包括违反国家规定的情节严重。笔者认为，应沿用前述的主观认定标准，即违反国家规定的情节严重应出于故意，引起重大动植物疫情风险的情节严重，则无须考察主观态度。

比如立案追诉标准规定，“非法调运、生产、经营感染重大植物检疫性有害生物的林木种子、苗木等繁殖材料或者森林植物产品”属于情节严重，要认定犯罪，必须判断行为人主观上是否明知涉案林木种子、苗木等繁殖材料或者森林植物产品感染重大植物检疫性有害生物。因故意也包括间接故意，故这里的明知系基于行为人的身份、经历等，根据涉案物品当时的状态、疫区的认定等，知道或应当知道行为对象是感染重大植物检疫性的有害生物。输入《进出境动植物检疫法》规定的禁止进境物逃避检疫，或者对特许进境的禁止进境物未有效控制与处置，导致其逃逸、扩散的，则只需判断行为人是否故意输入禁止进境物逃避检疫，或对特许进境的禁止进境物未有效控制与处置，但无须判断其对逃逸、扩散后果的主观心态。

3. 违法性认识可能对主观故意有一定影响。公民具有学法、守法的义务，不知法并不能成为阻却犯罪成立的理由。但如前所述，本罪是行政犯，主观上需证实行为人故意违反有关动植物防疫、检疫的国家规定。而动植物及其制品的生产、经营、运输等行为具有一定专业性，普通人确实难以知晓。实践中，行为人也常常以不知法作为辩解理由。

司法机关在认定本罪时应进行违法性认识可能的分析。首先，在行政机关依法履行了公告、宣传等职责，且能够及于行为人的情况下，行为人就具有违法性认识的可能，此种情况下，不知法原则上不能作为辩解理由；其次，如行为人为从事动植物经营、屠宰、运输等活动的人员，其应当具有的从业知识包括国家的检验、检疫相关要求；再次，违反动植物防疫、检疫国家规定行为常常表现为故意逃避主管部门的监管和处置，这种情况下，行为人知道或应当知道自己的行为违法、有关部门将查处，即使其并不准确知晓规范性文件的条文，也应认为其明知自己的行为违反了有关动植物防疫、检疫的国家规定；最后，如果行为人仅是偶尔实施了如帮助他人运输动植物的行为，确无渠道知晓其行为违法，这种情况下，认定行为人主观有责需要谨慎。

四、妨害动植物防疫、检疫罪的追诉标准

2017年4月27日，最高人民检察院、公安部《关于公安机关管辖的刑事案件立案追诉标准的规定（一）的补充规定》将《关于公安机关管辖的刑事案件立案追诉标准的规定（一）》第59条修改为妨害动植物防疫、检疫罪（《刑法》第337条），并规定："违反有关动植物防疫、检疫的国家规定，引起重大动植物疫情的，应予立案追诉。"其中的"重大动植物疫情"，按照国家行政主管部门的有关规定认定。根据《刑法》第96条的规定，国家规定是指违反全国人民代表大会及其常务委员会制定的法律和决定，国务院制定的行政法规、规定的行政措施、发布的决定和命令。另外，最高人民法院《关于准确理解和适用刑法中"国家规定"的有关问题的通知》（法发〔2011〕155号）规定，以国务院办公厅名义制发的文件，符合以下条件的，亦应视为刑法中的"国家规定"：（1）有明确的法律依据或者同相关行政法规不相抵触；（2）经国务院常务会议讨论通过或者经国务院批准；（3）在国务院公报上公开发布。

根据最高人民检察院、公安部《关于公安机关管辖的刑事案件立案追诉标准的规定（一）的补充规定》，违反有关动植物防疫、检疫的国家规定，有引起重大动植物疫情危险，涉嫌下列情形之一的，应予立案追诉：

1. 非法处置疫区内易感动物或者其产品，货值金额5万元以上的。这里的"疫区"，由主管部门的规范性文件予以确定，如农业农村部印发的《非洲猪瘟疫情应急实施方案》规定，疫区一般指由疫点边缘向外延伸3公里的区域，受威胁区一般是指由疫区边缘向外延伸10公里的区域。

2. 非法处置因动植物防疫、检疫需要被依法处理的动植物或者其产品，货值金额2万元以上的。

3. 非法调运、生产、经营感染重大植物检疫性有害生物的林木种子、苗木等繁殖材料或者森林植物产品的。

4. 输入《进出境动植物检疫法》规定的禁止进境物逃避检疫，或者对特许进境的禁止进境物未有效控制与处置，导致其逃逸、扩散的。

5. 进境动植物及其产品检出有引起重大动植物疫情危险的动物疫病或者植物有害生物后，非法处置导致进境动植物及其产品流失的。

6. 一年内携带或者寄递《禁止携带、邮寄进境的动植物及其产品名录》所列物品进境逃避检疫 2 次以上，或者窃取、抢夺、损毁、抛洒动植物检疫机关截留的《禁止携带、邮寄进境的动植物及其产品名录》所列物品的。

7. 其他情节严重的情形。此处“其他情节严重的情形”，在情节的严重程度上，应与前六种情形相当，可从无害化投入的人力、物力，受影响的范围，所涉疫病的特性等角度进行综合分析。

第二节　妨害动植物防疫、检疫罪的证据审查

一、妨害动植物防疫、检疫罪的证据要件

妨害动植物防疫、检疫案件一般情况下是通过行刑衔接的模式审查，由行政机关移送司法机关，且涉及动植物检疫的专业知识。该类案件的事实不一定复杂，但需要对行政机关收集的证据作专业性证据审查。检察机关应按照刑事诉讼法规定的证据要求，围绕证据的客观性、合法性、关联性审查证据，并引导侦查机关全面、客观、及时收集、固定相关证据，确保在案证据形成锁链，排除合理怀疑。

（一）客体方面的证据要件

应审查我国动植物防疫、检疫管理制度具体规定的证据，包括以下：

1. 全国人大及其常委会制定的法律和决定，国务院制定的行政法规、规定的行政措施、发布的决定和命令，证明行为是否违反有关动植物防疫、检疫的国家规定，侵害了我国动植物防疫、检疫的管理制度。

2. 各级农业、林业等行政主管部门根据国家规定发布的实施细则、管理办法、应急方案等规范性文件，疫情预警、通知，证明动植物防疫、检疫的国家规定所规定的涉案动植物的防疫、检疫，以及疫情防控具体要求，从而进一步证明涉案行为是否为相关规范性文件所禁止。

3. 相关行政部门出具的行政处罚决定书等，证明涉案行为具有行政违法性，且依据是国家规定。

（二）客观方面的证据要件

根据刑法相关规定，本罪客观方面包括行为与结果，而结果又规定为两类情形，故应当根据具体情形，分别审查判断客观方面的证据。

1. 行为违反有关动植物防疫、检疫的国家规定

违反国家规定，实质是义务人违反法定义务或者触犯禁止性规定，故应围绕义务与行为两方面审查证据：

（1）证明行为违反何种义务或禁止性规定。应审查相关规定，分为违反有关动植物疫情管理规定和违反有关动植物检疫管理规定。

①有关动植物疫情管理规定，一般情况下为动物疫情管理规定。一是审查有权机关公布疫情、认定疫区的文件等证据，证明发生了疫情；二是审查《动物防疫法》等关于染疫动植物的处置和禁止性规定、主管部门根据国家规定发布的疫情防控措施文件等证据，证明疫情期间行为人应履行的义务或禁止实施的行为。

②有关动植物防疫、检疫管理规定。不同于疫情管理，此处的防疫、检疫管理属于日常管理，一般情况下，仅需审查国家规定及其配套文件。《生物安全法》《进出境动植物检疫法》《动物防疫法》《动物检疫管理办法》《植物检疫条例》等规定了较多有关动植物防疫、检疫的内容，比如不符合主管部门有动植物防疫规定的动植物及其产品不得出售、运输、屠宰、经营、饲养、加工、贮藏、调运、出入境；动物饲养场（养殖小区）和隔离场所，动物屠宰加工场所，以及动物和动物产品无害化处理场所应符合防疫条件；等等。

（2）证明实施了违反上述规定的行为。无论是违反有关动植物疫情管理规定还是违反有关动植物检疫管理规定，司法机关办理的本类案件，客观上多表现为销售、购买、屠宰、运输、经营，此外违反有关动植物疫情管理规定的还有处置等行为。因此，应审查证明上述行为相关的证据：

①防疫、检疫证明的相关证据。因动植物出售、运输、屠宰等需分别取得《动物检疫合格证明》《动物防疫条件合格证》《植物检疫证书》《产地检疫合格证》《检疫放行通知单》等证明，司法实践中，最常见的妨害动植物防疫、检疫犯罪行为即与防疫、检疫证明有关，具体手段包括未取得证明、伪造证明、通过非法手段取得证明实施出售、运输、屠宰等

行为。一是证明未取得防疫、检疫证明的证据。包括：犯罪嫌疑人供述、证人证言、主管部门出具的行为人未办理《检疫合格证明》等证明的说明等。二是证明防疫、检疫证明系伪造的证据。除审查前述证据外，还需要审查该伪造证明及其笔迹鉴定、印章鉴定等。三是证明通过非法手段取得防疫、检疫证明的证据。犯罪嫌疑人供述、证人证言、出具防疫检疫证明人员的言词证据、检疫记录等。

②出售、购买的相关证据，重点审查买卖协议、转款记录、收款收据、过秤记录单、出货清单等，以证明是否存在动植物及其产品的交易。

③屠宰的相关证据，重点审查屠宰登记等，以证明是否有屠宰动物的行为。

④运输的相关证据，重点审查运输动植物的车辆或其照片、高速公路记录和收费票据、装车记录等，以证明是否有运输动植物的行为及其距离。

⑤处置的相关证据。动植物疫情发生后，应对染疫动植物及其产品，或者疫区内易感动植物及其产品作无害化处理。违反国家规定的处置行为，常常表现为私自将上述动植物食用、丢弃、掩埋等。应重点审查被处置的动植物及其产品的物证照片、现场勘验、检查笔录、现场辨认笔录等，以证明处置措施是否违反相关规定。

⑥经营的相关证据。与前述出售、运输等行为不同的是，经营行为构成本罪，一般是经营动物饲养场所、隔离场所、屠宰场所，动植物产品生产加工场所，动植物和动植物产品无害化处理场所，未按照国家规定做好防疫工作，并导致重大动植物疫情或疫情风险。一方面应审查开展了经营活动的相关证据，包括营业执照、许可证，账目、银行流水等，以证明其是否经营动植物及其产品；另一方面还需审查证明具体防疫行为的证据，包括动植物防疫条件合格证，防疫工作制度、工作记录，处理场所、设备的使用情况、鉴定或认定等。

2. 行为人的行为引起了重大动植物疫情，或引起重大动植物疫情风险且情节严重

（1）引起重大动植物疫情的证据。因重大动植物疫情应由有权机关认定，故需审查认定重大疫情的文件及报告书，重点审查书证中认定的机关，认定的疫情种类、级别、范围，造成疫情的原因。

（2）引起重大动植物疫情风险且情节严重的证据。引起重大动植物疫情风险与情节严重的证据应分别审查。

①证明有引起重大动植物疫情风险的证据，应重点审查有关专家、主管部门对疫情风险的评估报告、鉴定报告，涉案动植物的检测报告，无害化处理文件、扑杀登记表及文件等书证，人畜共患型疫病还应审查疾病预防控制中心或医院的说明、病历表等。

②证明情节严重的证据。因立案追诉标准将情节严重分为7类，故每种情形应分别审查相应证据。

一是非法处置疫区内易感动物或者其产品，货值金额5万元以上。重点审查疫区封锁令、扑杀令等有权机关对疫区的认定及公布的相关文件、涉案动物或其产品价值的鉴定意见、物证照片、处置现场勘验检查笔录。

二是非法处置因动植物防疫、检疫需要被依法处理的动植物或者其产品，货值金额2万元以上。重点审查要求处理的相关文件、涉案动物或其产品价值的鉴定意见、物证照片、处置现场勘验检查笔录。

三是非法调运、生产、经营感染重大植物检疫性有害生物的林木种子、苗木等繁殖材料或者森林植物产品。重点审查涉案林木种子、繁殖材料或森林植物产品的检测报告，重大植物检疫性有害生物的鉴定意见或认定意见，买卖、运输合同、运输车辆，生产、经营场所照片及现场勘验、检查笔录等。

四是输入《进出境动植物检疫法》规定的禁止进境物逃避检疫，或者对特许进境的禁止进境物未有效控制与处置，导致其逃逸、扩散。一般情况下重点审查所涉物品是否属于禁止进境物，以及证明是否有合法的特许进境文件的相关证据（具体可参考审查防疫、检疫证明的相关证据的方式），证明该进境物逃逸、扩散的言词证据及物证。经特许进境的，还应审查采取控制、处置措施的言词证据、物证及现场勘验、检查笔录等。

五是进境动植物及其产品检出有引起重大动植物疫情危险的动物疫病或者植物有害生物后，非法处置导致进境动植物及其产品流失。重点审查入境申报材料、疫情风险的评估报告、涉案动植物的入境检测报告、证明非法处置并流失的相关言词证据、物证及现场勘验、检查笔录等。

六是一年内携带或者寄递《禁止携带、邮寄进境的动植物及其产品名录》所列物品进境逃避检疫2次以上，或者窃取、抢夺、损毁、抛洒动植物检疫机关截留的《禁止携带、邮寄进境的动植物及其产品名录》所列物品。重点审查曾经因逃避检疫而受到的行政处罚，检疫机关截留物品所出具的文书，实施窃取、抢夺、损毁、抛洒行为的物证、现场勘验检查笔录、视听资料、言词证据等。

七是其他情节严重的情形。因该项为兜底性条款，从一般犯罪情节严重的角度分析，可能包括为无害化处理投入的人力、物力，行为所影响的范围，疫病的传染率、发病率、致死率等。应重点审查无害化工作的相关文件、费用的相关书证，防疫、检疫部门或专家对该种疫病特性的说明等。

（三）主体方面的证据要件

一方面，本罪的主体是一般主体，即任何人都可能构成本罪；另一方面，动植物防疫、检疫主要针对动物、植物及其产品的出售、运输、屠宰等经营性行为，故单位犯罪较常见。应根据犯罪主体的不同分别审查证据。

1. 自然人犯罪主体

（1）审查户籍信息，前科判决书、释放证明，行政处罚决定书，到案经过等证明行为人身份信息的证据，确定行为人已达到刑事责任年龄。

（2）在买卖、委托运输等存在多方主体的情况下，审查买卖合同、运输合同、委托书等确定检疫申报人等义务承担者的证据。

2. 单位犯罪主体

（1）审查企业登记材料、营业执照、组织机构代码证、税务登记证、动物防疫条件合格证等，证明单位信息及是否具有从事动植物相关经营活动的资格。

（2）如涉及承包经营等较复杂的关系，应审查承包合同等证明经营关系的证据。

（四）主观方面的证据要件

本罪可能涉及养殖、经营、买卖、运输等多个环节的多名涉案人员，因阅历、文化、环节等的不同，各行为人的主观未必完全相同，需审查每名涉案人员明知违法而故意实施违法行为的证据。

1. 证明行为人明知违反动植物防疫、检疫国家规定的证据：

（1）审查行为人签字的告知书、承诺书、防范责任书，行为人参加培训班记录、曾受到的行政处罚决定书，主管部门的防疫和疫情防控的宣传、告示等，证明行为人知道有关防疫、检疫的国家规定。

（2）审查证明行为人长期经营、运输、购买、销售、居间介绍动物、植物及其制品的犯罪嫌疑人供述、证人证言、转款记录、账本等，证明其应当知道有关防疫、检疫的国家规定。

（3）审查证明行为人运输路线异常、故意绕开检查站，在异常时间、地点交接货物，遮挡车牌、车身、更换耳标，买卖价格异常等，且不能作出合理解释的言词证据、物证，挡获经过等书证，推断行为人明知违法。在此种情况下，如有充分证据证明行为人确实不知其行为违法，则不能认定其主观故意。

2. 证明行为人故意实施涉案行为的证据。主要包括犯罪嫌疑人、同案人的供述，证人证言，现场勘验、检查笔录等证据，以证明行为人明知涉案物品为未合法取得检疫证明、许可、来自疫区的动植物及其制品，或是已经出现疾病的动植物，但仍然实施违反动植物防疫、检疫的相关规定的行为。

二、妨害动植物防疫、检疫罪常见证据审查

（一）检测报告的审查判断

在办理妨害动植物防疫、检疫案件中，为确定涉案的动植物是否可能引起重大动植物疫情，必须审查疫病检测报告。检测报告与刑事诉讼法规定的鉴定意见不同。鉴定意见是针对案件专门性问题所出具的意见，体现了鉴定人的专业知识和意见，是主观性证据。检测报告（或检验报告）则记载了实验室内对所涉动植物进行核酸、血清等检测结果，是客观性证据，故检测报告并不属于刑事诉讼法规定的鉴定意见。本罪的检测报告通常是行政机关收集、移送的，若在刑事诉讼中作为证据使用，仍然要满足刑事证据的客观性、关联性、合法性。其中，客观性和关联性的审查与普

通刑事证据无异，而合法性则根据有关行政规范性文件规定的取证程序进行审查。

需要注意的是，检测报告审查的对象，不仅包括检测过程，还包括扣押、取样（采样）、送检等，即使有关行政规范性文件没有相关规定，也应审查检材与扣押物品是否同一，排除检材被调换、受污染等可能性。

（二）专家论证意见的审查判断

由主管部门或专家出具的论证意见不属于刑事诉讼法规定的法定证据，却是认定行为有引起重大动植物疫情风险的重要参考。应重点审查专家身份、是否有涉案疫病的相关专业知识，论证所依据的事实证据是否充分、法律法规是否属于国家规定，论证过程是否符合逻辑、说理是否充分、论证结论是否清晰，必要时，可同出具意见的专家进行沟通。

（三）物证的审查判断

物证作为刑事诉讼法规定的法定证据，能够独立存在，具有较强的客观性。本罪涉及染疫动植物，从理论上而言，需收集物证以证明。但因为可能引起重大动植物疫情的疫病具有传染性，按照规定，行政部门查获染疫动植物后应当立即销毁。故妨害动植物防疫、检疫案件中并无物证实物，只有物证照片、录像。

对物证照片、录像审查时，应注意以下问题：一是是否由二人以上制作，有无制作人关于制作过程以及原物、处置情况的文字说明和签名；二是涉案动植物的来源是否明确，收集程序是否合法；三是涉案动植物的名称、特征、数量等是否注明，物证照片、录像能否反映涉案物品的特征；四是物证照片、录像与其他在案证据是否相互印证。

第三节　妨害动植物防疫、检疫罪的认定处理

一、妨害动植物防疫、检疫罪的罪与非罪

（一）妨害动植物防疫、检疫罪与普通行政违法

本罪系行政犯，客观行为表现为违反动植物防疫、检疫的国家规定。故司法办案中，特别是尚未引起重大动植物疫情的情况下，行为人常常会辩解仅是行政违法。根据刑法规定，此种情况下区分罪与非罪，应注意分析两个方面：

1. 是否引起重大动植物疫情或疫情危险且情节严重

“重大动植物疫情”系由行政主管部门按照国家规定予以认定；“重大动植物疫情危险”需经专家意见论证，并结合其他在案证据审查判断；立案追诉标准规定了六种具体的“情节严重”情形，上述问题均容易审查判断。但“其他情节严重的情形”，需要办案人员针对行为引起重大动植物疫情的可能性、严重性进行实质性判断。实践中，常见的客观情形有：

（1）从非疫区未经批准运输易感动植物或者其产品。此种情况下，应考察以下五个方面，对情节是否严重进行综合分析判断：

一是被查获的动植物染疫情况。有的案件中，虽然涉案动植物系从非疫区被非法调运，但运输时未经检疫，不确定该动植物是否健康，运输途中被查获，经立即检测，发现已染疫。这种情况下，无论是运输前还是运输途中染疫，均有非法调运染疫动植物的客观行为，有引起疫病跨区域传播的危险。

二是运输路线。应考察运输途中是否有感染、传播疫病的风险。如

调运路线长，路过发生重大动植物疫情的疫区，且沿途附近有染疫的动植物，这种情况下，其引起疫情危险的严重程度与从疫区直接调运大致相当。

三是疫病的传染率、发病率、致死率。虽然认定“重大动植物疫情危险”时，已对疫病的传染率等特性进行了评价，但是，涉案动植物所染疫病传染率、发病率、致死率越高，发生重大动植物疫情的危险越高，波及范围越广，情节越严重。

四是案发时间。如系重大动植物疫病流行期间非法调运，其引发重大动植物疫情的可能性、行为人的主观恶性都更严重。

五是处置措施。虽然审查“情节严重”的前提是发生“重大动植物疫情危险”而非“重大动植物疫情”，但是，危险是现实的。有关部门为防范重大动植物疫情发生，开展的无害化处理等处置措施，投入人、财、物力，也可作为“情节严重”的考量因素。

如果从非疫区非法调运动植物，未经过疫区或仅经过疫区无感染风险的封闭公路，涉案动植物被查获时未感染疫病，或感染的疫病传染性很小，则不能认定有引起重大动植物疫情危险且情节严重。

例如，被告人王某、杜某、钟某在国家对非洲猪瘟应急防控期间，为谋取非法利益，违反禁止跨省调运的相关规定，在未取得动物检疫合格证明情况下，故意采取隐蔽方式跨省运输、交易，被告人王某阳、郑某杰、杨某峰明知所运载的生猪没有检疫合格证明而帮助运输，且有逃避检查、冲关逃逸情节，六被告人的行为侵犯了国家关于动物防疫、检疫管理规定，有引起重大动物疫情危险，符合最高人民检察院、公安部《关于公安机关管辖的刑事案件立案追诉标准的规定（一）的补充规定》第9条“其他情节严重的情形”，构成妨害动植物防疫、检疫罪，属共同犯罪。①本案中，法院以被告人在非洲猪瘟应急防控期间，违法跨省调运，且有逃避检查、冲关逃逸的行为，认定其构成犯罪。

（2）未按照动物检疫合格证明规定路线运输。这种情况又可分为两类：一是获得B类动物检疫合格证明后伪造A类动物检疫合格证明；二是运输路线不符合检疫合格证明的规定，但未超越范围。

① （2019）川0184刑初451号刑事判决书。

B 类动物检疫合格证明限于本省调运、买卖，A 类动物检疫合格证明可跨省调运、买卖。动物跨省调运运输途中疫病感染、传播的风险更高，A 类证明较 B 类证明监管更严，增加了运载方式、运载工具消毒情况、到达时效等内容。如持 B 类动物检疫合格证将涉案动物运输出省，此时与无证运输无异，可综合判断是否构成犯罪。如合法获得 B 类证明后改变路线，但尚未运输出省，此时属于 B 类证明的使用范围，此时，主管部门不会实施更严格的检疫，故该种行为在防疫、检疫方面的违法性尚未达到足以科处刑法的程度。如因检疫时疫病尚在潜伏期等非违反国家规定的原因，引起重大疫情或疫情风险，行为人不应当承担本罪的刑事责任。

2. 与重大动植物疫情或疫情危险是否具有因果关系

因果关系是行为与结果之间引起与被引起的关系。在违反动植物疫情管理的案件中，行为人违反主管部门按照国家规定针对疫情发布的禁令，比如非法处置疫区内的易感染动植物且金额达到 5 万元，这是最高人民检察院、公安部《关于公安机关管辖的刑事案件立案追诉标准的规定（一）的补充规定》规定的“情节严重”的情节之一。此种情形下，要成立犯罪，还需有引起重大动植物疫情危险。

此处的“重大动植物疫情危险”应由行为人违反禁令行为所引起，而由原本疫情所引发的，与行为人的行为无关的后果，不能作为判断重大动植物疫情危险的依据。比如非洲猪瘟疫情期间，行为人在行政主管部门发布扑杀通知后，私自处理了自己饲养的猪。此时，不排除有引起重大疫情或者危险的可能。但是，不能将主管部门按照原通知的范围扑杀易感染动物作为其行为引起的结果。

（二）妨害动植物防疫、检疫罪与动植物疫情意外事件

动植物疫情从客观上而言是来自自然界的灾害，且有其特性，比如非洲猪瘟的潜伏期为 15 日，但传染性、发病率、致死率高。故行为人造成重大动植物疫情的，未必构成犯罪，以下两种情况属于意外事件：

1. 未违反行政法规

国家规定动植物防疫、检疫管理制度的目的是防范风险、应对疫情。妨害动植物防疫、检疫罪系行政犯，其违法性来源于行政法，行为人故意违反动植物防疫、检疫国家规定是成立本罪的条件之一，所引起的动植物

疫情或其风险则是限制处罚的条件；而意外事件并未违反行政性规定，此种情况下，即使动植物疫情系行为人引起，具有社会危害性，但也应从违法性上予以排除。

2. 主观不明知

司法办案中常见的主观不明知有两种情形：一种是不知道自己实施了涉动植物的违法行为，此种情况下，不能认定为故意违反国家规定；另一种是明知自己行为违法，但不知动植物防疫、检疫的国家规定，如前所述，此种情况一般不阻却犯罪故意。但在司法办案中，个别案件中在动植物疫情发生后，当地主管部门以防止恐慌为名，未按规定对外公布动植物疫情，但采取替代措施进行防控的情形，比如用其他名义实施扑杀易感染动物。如行为人违反主管部门以其他名义发布的措施，且不知行为地附近有疫情发生，将阻却违反动植物疫情管理行为的主观故意，该情形不能认定为故意非法处置疫区内易感染的动物；但如果行为人有其他行为违反防疫、检疫管理国家制度，比如擅自出售病死动物，则仍应认定其违反了动植物防疫、检疫的国家规定。

二、妨害动植物防疫、检疫罪的此罪与彼罪

（一）妨害动植物防疫、检疫罪与生产、销售不符合安全标准的食品罪

最高人民法院、最高人民检察院《关于办理危害食品安全刑事案件适用法律若干问题的解释》第 1 条规定，生产、销售属于病死、死因不明或者检验检疫不合格的畜、兽、水产动物及其肉类、肉类制品的，应当认定为生产、销售不符合安全标准的食品罪的危害性表现，即“足以造成严重食物中毒事故或者其他严重食源性疾病”，而上述情形也属于违反动物防疫、检疫管理的国家规定的行为。故行为人在将病死、死因不明或者检验检疫不合格的动物出售或用于制造食品时可能同时触犯两个罪名，但二者也有明显区别：

1. 生产、销售病死、死因不明或者检验检疫不合格的畜、兽、水产动物及其肉类、肉类制品在妨害动植物防疫、检疫罪中属于犯罪行为，还

需进一步判断是否造成危害结果；而在生产、销售不符合安全标准的食品罪中则是判断是否具有危害性的依据。

2. 虽然最高人民法院、最高人民检察院《关于办理危害食品安全刑事案件适用法律若干问题的解释》将生产、销售病死、死因不明或者检验检疫不合格的畜、兽、水产动物及其肉类、肉类制品的行为认定为“足以造成严重食物中毒事故或者其他严重食源性疾病”，但仍需进行实质性判断，如查明所涉的疫病不可能对人身体造成影响，则难以构成生产、销售不符合安全标准的食品罪。

（二）妨害动植物防疫、检疫罪与动植物检疫徇私舞弊罪、动植物检疫失职罪

动植物检疫徇私舞弊罪、动植物检疫失职罪规定于《刑法》第九章渎职犯罪，前者行为表现为徇私舞弊，伪造检疫结果；后者行为表现为严重不负责任，对应当检疫的物品不检疫，或者延误检疫出证、错误出证，致使国家利益遭受重大损失。两罪均实质妨害了动植物防疫、检疫的管理制度。但由于该两罪的主体为国家机关工作人员，另外动植物检疫失职罪主观上系过失，故一般情况下容易区分两罪与妨害动植物防疫、检疫罪。

承担动植物检疫职责的行为人私下经营或与他人经营相关的动植物产业，或与他人共谋，在进行动植物检疫时徇私舞弊，伪造检疫结果，引起重大动植物疫情或疫情风险且情节严重，则同时符合两罪的构成要件。此种情形下，根据《关于办理渎职刑事案件适用法律若干问题的解释（一）》第 4 条第 2、3 款规定，如果行为人仅利用其职务行为帮助他人实施伪造检疫结果，依照处罚较重的规定定罪处罚；如果行为人既利用其职务行为帮助他人伪造检疫结果，又以非职务行为与他人共同实施妨害动植物防疫、检疫的行为，如将染疫动植物非法处置的，依照数罪并罚的规定定罪处罚。

三、妨害动植物防疫、检疫罪的其他有关问题

动物防疫、检疫的法律体系比较完备，有法律、行政法规、配套名录及其他专门规范性文件予以规定。而植物防疫、检疫的规范性文件不

多，仅《进出境动植物检疫法》《植物检疫条例》属于国家规定，但其中并无对重大植物疫情的认定、植物疫病名录等影响定罪的规定。在案件办理中，针对该问题，应注意收集国务院及农业、林业主管部门对该类疫病出台的相关文件，并借鉴类案的处理依据。对尚无文件规定的，需要主管部门逐级向上请示。

例如四川省宜宾市翠屏区人民检察院2018年审查起诉的李某荣、曾某未妨害动植物防疫、检疫案，国家林业局《松材线虫病疫区和疫木管理办法》规定了松材线虫是重大植物检疫性有害生物，宜宾县、翠屏区为松材线虫疫区，该案的涉案松木锯材中检测出松材线虫，但没有认定引起重大植物疫情或疫情危险的依据。为办理该案，由林业主管部门逐级向上级部门请示，国家林业局办公室下发了《关于认定重大动植物疫情和重大植物检疫性有害生物问题的复函》（办函造字〔2018〕14号），明确松材线虫是重大植物检疫性有害生物，松材线虫病造成的疫情为重大植物疫情，该案最终定罪处罚。

第四节 相关案例评析

闫某甲等三人妨害动植物检疫、检验案①

【关键词】

重大疫情认定 主观明知

【基本案情】

2019年7月31日，被告人闫某甲、杨某未经动物部门动物检疫，跨省从陕西省定边县购进130头左右生猪拉至被告人闫某甲位于银川市兴庆区某村的养殖场。2019年8月1日，被告人闫某甲、杨某在没有检疫的情况下，又将其中的128头猪出售给从事生猪养殖业的被告人闫某乙。被告人闫某乙将购置的该批生猪放置在自己经营的银川市某村养殖场，与自己饲养的其他300余头生猪混养。至2019年8月15日，被告人闫某乙在饲养该批生猪过程中，生猪陆续出现病死情况。被告人闫某乙与被告人闫某甲、杨某等人先后几次将病死猪尸体私自掩埋，数量为二三十头。后被告人闫某乙与被告人闫某甲商量后，又将该批猪及被告人闫某乙混养的其他猪转移至被告人闫某甲的养殖场饲养。被告人杨某将其中10余头染病生猪拉运回其居住的灵武市某村一队饲养。后被告人闫某甲的养殖场内陆续仍有病猪死亡。三被告人商议后，将死因不明、带有疫病的生猪尸体及活体由被告人闫某乙、闫某甲、杨某等人进行私自掩埋，数量为200头左右。后被告人杨某拉回灵武市某村饲养的10余头染病猪死亡后，其私自进行掩埋。在此期间，三被告人一直未向动物检疫部门报告有大量生猪病死的情况，同时被告人闫某乙、闫某甲还出售了少量生猪。2019年9月6

① 参见宁夏回族自治区银川市兴庆区人民法院(2020)宁0104刑初505号刑事判决书。

日，被告人闫某甲因其饲养的生猪又出现多头死亡情况，其才向银川市兴庆区畜牧水产部门报告。后经宁夏回族自治区动物疾病预防控制中心对从被告人闫某某养殖场提取的病猪的猪肠系淋巴结、猪血清进行检验，对从被告人闫某乙养殖场及其病死猪掩埋点、被告人闫某甲养殖场及其病死猪掩埋点提取的猪环境拭子进行检验，灵武市动物疾病预防控制中心对杨某病死猪掩埋点提取的猪脾脏进行检验，均检验出非洲猪瘟病毒。

2019 年 9 月 10 日，银川市兴庆区人民政府发布疫情封锁令，启动《兴庆区重大动物疫情应急预案》IV 级响应。以宁夏荣颖养殖专业合作社为疫点，周围 3 公里为疫区进行封锁。银川市兴庆区畜牧水产技术推广中心证实对闫某乙养殖场的 213 只生猪和闫某甲猪舍内的 7 只生猪进行了无血扑杀。经宁夏回族自治区农业农村厅认定：银川市兴庆区掌政镇发生的非洲猪瘟疫情事件属于重大动物疫情。灵武市农业农村局证实，2019 年 9 月 10 日以来，受银川市兴庆区非洲猪瘟关联疫情影响，灵武市梧桐树乡杨洪桥村先后发生非洲猪瘟次生疫情，经上报农业农村部，将灵武市此次疫情定性为兴庆区非洲猪瘟关联点。2020 年 2 月 19 日，银川市兴庆区农业农村和水务局文件证实，关于兴庆区发生非洲猪瘟造成的损失包括政府投入救灾支出费用共 190.0184 万元。

【诉讼过程和结果】

宁夏回族自治区银川市公安局以被告人闫某甲、杨某、闫某乙涉嫌妨害动植物防疫、检疫罪，于 2020 年 7 月 20 日向宁夏回族自治区银川市兴庆区人民检察院移送审查起诉。

经审查认为，闫某甲、杨某、闫某乙违反动植物防疫、检疫的国家规定，引起重大动物疫情，情节严重。

宁夏回族自治区银川市兴庆区人民检察院于 2020 年 8 月 17 日以被告人闫某甲、杨某、闫某乙犯妨害动植物防疫、检疫罪，向宁夏回族自治区银川市兴庆区人民法院提起公诉。经法院审理，于 2020 年 10 月 21 日作出一审判决，被告人闫某甲犯妨害动植物防疫、检疫罪，判处有期徒刑一年三个月，并处罚金三万元；被告人杨某犯妨害动植物防疫、检疫罪，判处有期徒刑一年三个月，并处罚金三万元；被告人闫某乙犯妨害动植物防疫、检疫罪，判处有期徒刑一年，并处罚金二万五千元。

【主要问题】

1.“重大疫情”相关问题的认定？

2. 如何分析行为人的主观违法性？

【案件分析】

（一）“重大疫情”相关问题认定

1. 重大疫情的认定主体

根据《重大动物疫情应急条例》第19条规定，重大动物疫情由省、自治区、直辖市人民政府兽医主管部门认定，必要时，由国务院主管部门认定。本案中，检察机关提供的宁夏自治区农业农村厅关于《自治区公安厅关于商请出具重大疫情认定意见的函》的复函，并非自治区兽医主管部门的认定。

目前，我国兽医主管部门为农业农村厅下属的二级局畜牧兽医局，其工作职责包括划定疫点、疫区、受威胁区等。在侦查阶段，是由公安厅函请农业农村厅出具重大疫情认定意见，从公文来往层级对等的角度而言，应由农业农村厅向公安厅回函；从权限的角度而言，因畜牧兽医局为其二级局，其有权告知公安厅下属部门的认定意见，只要回函的内容真实、合法，涉及重大疫情认定，即应作为证据予以采信。

2. 重大疫情关联地的证据采信

本案中，灵武市农业农村局证实，2019年9月10日以来，受银川市兴庆区非洲猪瘟关联疫情影响，灵武市梧桐树乡杨洪桥村先后发生非洲猪瘟次生疫情，经上报农业农村部，将灵武市此次疫情定性为兴庆区非洲猪瘟关联点，即认定其造成的重大疫情地包括异地。有观点对此提出异议。

对于该问题，一方面，应审查灵武市农业农村局出具的有关情况说明等证据，看疫情关联点的认定程序是否符合相关法律法规；另一方面，应审查在案的其他证据，看被告人非法处置染疫猪的行为与灵武市是否有直接或间接的关联。该案判决书载明，灵武市农业农村局关于“9·10妨害动植物防疫、检疫案”有关情况说明函、宁夏回族自治区动物疾病预防控制中心检验报告、被告人杨某等人供述及辨认指认现场笔录、照片等证据，证实被告人杨某将已经染病的生猪拉至灵武市梧桐树乡杨洪桥村其居住处饲养，死亡后私自掩埋在该村南边的一渠边上，经自治区动物疾病预防控制中心实验室确诊并上报国家农业农村部，将该地区疫情定性为兴庆区非洲猪瘟疫情关联点。灵武市疫情发生过程符合非洲猪瘟疫情的特性，且认定程序合法，灵武市农业农村局出具的情况说明应予采信。

（二）行为人的主观违法性

本案中，闫某乙及其辩护人提出，其用消毒水和白灰连续一个月对方圆五十里范围消毒，尽到了合理的注意义务，主观上没有妨害动植物防疫、检疫的故意，也无法认识到其行为的后果。如前所述，行为人应尽的注意义务是一旦发现有猪非自然死亡，立即按照主管部门的要求上报，明知而违反上述防疫、检疫规定，即应认定具有主观故意。只有当其没有违法性认识可能时，才能阻却主观故意。本案中，行为人违反规定后，为防止疫情扩散个人采取的补救措施，更能说明其主观上明知自己先前行为违法且有害。

该案判决书载明的证据情况也是如此："查封令、说明、复函证、情况说明、证人证言、鉴定意见、被告人供述等证据可以证实，被告人闫某乙作为长年经营生猪繁殖、出售的养殖户，对于从事该行业的相关法律法规及有关规定，应当具备一定的认知度……在购买被告人闫某甲、杨某跨省运输购进的生猪时，未索要任何防疫、检疫手续，且在饲养过程中，对发生不明原因病死猪情况后，不及时上报当地兽医主管部门，又和被告人闫某甲、杨某等人转移并私自掩埋病死猪尸体及染病活体，造成发生一类动物疫病非洲猪瘟疫情传播"。

第五节 相关法律规定

一、法律

1.《中华人民共和国刑法》第三百三十条

2.《中华人民共和国进出境动植物检疫法》第五条、第六条、第三十九条至第四十二条

3.《中华人民共和国动物防疫法》第二十九条、第九十二条至第一百零四条、第一百零八条、第一百零九条

4.《中华人民共和国生物安全法》第七十三条、第八十二条

二、行政法规

《植物检疫条例》第十八条

图书在版编目（CIP）数据

环境卫生犯罪办案指引 / 劳娃主编 . — 北京 : 中国检察出版社 , 2022.5

ISBN 978-7-5102-2685-4

Ⅰ . ①环…　Ⅱ . ①劳…　Ⅲ . ①破坏环境资源保护罪—案件—处理—中国②危害公共卫生罪—案件—处理—中国
Ⅳ . ① D924.36

中国版本图书馆 CIP 数据核字（2021）第 271232 号

环境卫生犯罪办案指引
劳　娃　主编

责任编辑：杜英琴
技术编辑：王英英
封面设计：曹　晓

出版发行：中国检察出版社
社　　址：北京市石景山区香山南路 109 号（100144）
网　　址：中国检察出版社（www.zgjccbs.com）
编辑电话：（010）86423704
发行电话：（010）86423726　86423727　86423728
（010）86423730　86423732
经　　销：新华书店
印　　刷：河北宝昌佳彩印刷有限公司
开　　本：710mm × 960mm　16 开
印　　张：25
字　　数：393 千字
版　　次：2022 年 5 月第一版　2023 年 9 月第三次印刷
书　　号：ISBN 978-7-5102-2685-4
定　　价：78.00 元
